» … die vielen Morde … «

Dem Gedenken an die Opfer des Nationalsozialismus

»... die vielen Morde ...«

Der »Gedenktag 27. Januar«, auf den sich diese Publikation bezieht, gilt allen Opfern des Rassismus der NS-Diktatur. Er ist also nicht den Opfern der politischen Unterdrückung und Verfolgung in Deutschland zwischen 1933 und 1945 gewidmet. Indem wir uns bei der Wahl des Buchtitels auf die Rechtfertigung Ulrich-Wilhelm Graf Schwerin von Schwanenfelds vor dem »Volksgerichtshof« im August 1944 beziehen, möchten wir die politischen Opfer der nationalsozialistischen Verbrechen in die Würdigung ausdrücklich mit einbeziehen.
Zwar wurden nicht alle rassistisch Verfolgten getötet, die meisten Überlebenden wurden jedoch gleichsam seelisch gemordet. Daher glauben wir das Zitat auf alle Opfer beziehen zu dürfen.

Schwerin: Herr Präsident, was ich an politischen Erfahrungen persönlich gemacht habe, hat für mich mancherlei Schwierigkeiten in der Folge gehabt, weil ich ja sehr lange für das Deutschtum in Polen gearbeitet habe, und aus dieser Zeit heraus ein vielfaches Hin und Her in der Einstellung gegenüber den Polen praktisch erlebt habe.

Freisler: Jedenfalls ist das Hin und Her etwas, was Sie dem Nationalsozialismus zur Last legen können?

Schwerin: Ich dachte an die vielen Morde ...

Freisler: Morde?

Schwerin: Die im In- und Ausland ...

Freisler: Sie sind ja ein schäbiger Lump. Zerbrechen Sie unter der Gemeinheit?

Schwerin: Nein!

Freisler brach daraufhin die Vernehmung ab.

Aus: Detlef Graf von Schwerin: Dann sind's die besten Köpfe, die man henkt. Die junge Generation im deutschen Widerstand. München und Zürich: Serie Piper 1953, 1994, S. 426.

Berliner Institut für Lehrerfort- und
-weiterbildung und Schulentwicklung (Hg.)

» ... die vielen Morde ... «

Dem Gedenken an die Opfer des Nationalsozialismus

HENTRICH & HENTRICH

Die Umschlagseite zeigt Elemente aus der Tafel »Kennzeichen für Schutzhäftlinge in den Konz.Lagern«, die auf S. 39 dieser Publikation vollständig abgebildet ist.

Danksagung

Für ihre Bereitschaft, Beiträge für diese Publikation zu schreiben bzw. zur Verfügung zu stellen, danken wir den Autorinnen und Autoren sowie den Lizenzgebern. Darüber hinaus möchten wir Dank für Rat und Hilfe sagen an Hans-Norbert Burkert, Prof. Dr. Karla Etschenberg, Ute Gerecht, Dr. Günter Grau, Dr. Ruth Gross, Michael Hepp, Annelore Hermes, Magdalena Lähnemann, Prof. Dr. Manfred Messerschmidt, Michael Metto, Joachim Müller, Claus Nachtwey, Georg Rennschmid, Dr. Hazel Rosenstrauch, Sabine Stengel und Dr. Michael Zimmermann.

Impressum

Herausgeber
Berliner Institut für Lehrerfort- und -weiterbildung und Schulentwicklung (BIL)
Alte Jakobstraße 12, 10969 Berlin

Verlag
Hentrich & Hentrich, 16866 Teetz

Konzeption
Dr. Gernot Jochheim

Redaktion
Dr. Gernot Jochheim, Klaus Matußek

Layout
Dr. Gernot Jochheim

Satz und Bildbearbeitung
Peter Konkel, Jürgen Respondek

Druck
Druckhaus Hentrich Media GmbH

1. Auflage 1999
ISBN 3-933471-09-5

Bildnachweis

Andersson	S. 160 (unten rechts)
Bildarchiv Abraham Pisarek	S. 47, 52, 53 (unten), 57
Bildarchiv Preußischer Kulturbesitz	S. 9, 89, 92, 93, 127, 130, 131, 133, 179
Bundesarchiv Berlin	S. 36–38
Bundesarchiv Potsdam	S. 94, 95
Bundesarchiv Zentralnachweisstelle Kornelimünster	S. 171
Deutsch-russisches Museum	S. 204
Deutsches Historisches Museum	S. 128
DurchSicht	S. 53 (oben), 30, 136, 137
Förster	S. 145 (oben)
Gedenkstätte Dachau	S. 39
Gedenkstätte Hadamar	S. 117
Gedenkstätte Moringen	S. 181, 184
Gesellschaft für bedrohte Völker	S. 96
Heerde	S. 176 (oben Mitte)
Heimatarchiv Schöneberg	S. 144
Immel	S. 163
Jochheim	S. 61, 101, 149, 190 (rechts)
Landesarchiv Berlin	S. 97, 98, 99, 101, 123, 189 190 (links), 201, 202
Landesbildstelle Berlin	S. 145 (unten), 159
Landesmuseum Düsseldorf	S. 91, 196
Minehan	S. 108
Stanić	S. 191
Stiftung Topographie des Terrors	S. 203
Steyer	S. 208

Inhaltsverzeichnis

Der Übersichtlichkeit wegen stehen detaillierte Inhaltsverzeichnisse am Beginn der einzelnen Kapitel. Innerhalb des Kapitels II gibt es auch für jede Opfergruppe ein Inhaltsverzeichnis.

I Ideologie und Organisation des Rassismus 9

II Opfergruppen 45

1 Juden 47

2 Sinti und Roma 89

3 Kranke 109

4 Zwangsarbeiterinnen / Zwangsarbeiter 123

5 Homosexuelle 149

6 Kriegsdienstverweigerer / Deserteure 163

7 Jugendliche 179

III Lernorte 199

Der Gebrauch der neuen Rechtschreibung war in dieser Publikation nicht zu realisieren.

Vorwort

Sehr geehrte Damen und Herren,
liebe Kolleginnen und Kollegen,

mit dieser Handreichung will das BIL einen Beitrag leisten, um die schulische Arbeit zum Erinnern und Gedenken an die Opfer des Nationalsozialismus zu unterstützen.

Als wir den Auftrag dazu von der Senatsverwaltung erhielten, war uns die Übernahme dieser Aufgabe zuerst eine selbstverständliche Pflicht, aber bald kamen Zweifel auf, ob angesichts der Vielzahl von Veröffentlichungen mehr als eine pflichtgemäße, aber nicht unbedingt neuartige Publikation möglich wäre. Der jüngst entfachte Diskurs prominenter Protagonisten über Intentionen und Intensität des Gedenkens an den Holocaust ebenso wie das endlose Ringen um ein angemessenes Mahnmahl für die Opfer bezeugen, daß die NS-Vergangenheit heute in der Öffentlichkeit präsenter ist denn je. Wir müssen uns aber darüber im klaren sein. daß die Schülerinnen und Schüler der Jahrgangsstufen 9 und 10 mittlerweile 40 Jahre nach Kriegsende geboren worden sind. Selbst ihre Großeltern haben die Nazi-Zeit nicht als Erwachsene erlebt, so daß die Enkelgeneration keine biographischen Bezüge zum Nationalsozialismus hat. Die vom BIL organisierte Begegnung mit Zeitzeugen wird zunehmend schwieriger, der demographische Prozeß ist unaufhaltsam und verlangt nach neuer Orientierung für die Angehörigen der dritten Generation.

Die Schwierigkeiten einer Erziehung nach Auschwitz wachsen mit zeitlichem Abstand zu den Geschehnissen im Kontext eines wiedervereinigten Deutschlands, dessen Teilung lange als logisches Verdikt der Völkergemeinschaft über den Holocaust interpretiert werden konnte. Wie können wir Jugendliche von heute dafür gewinnen, daß sie sich an die Verbrechen von damals erinnern, daraus lernen wollen und Empathie für die Opfer empfinden? Angesichts aktueller rechtsextremistischer Tendenzen in und um Berlin erscheint die Problematik deutlicher denn je. Weder »antifaschistische Bekenntnisse« noch eine gut gemeinte Betroffenheitspädagogik konnten offenbar Ignoranz und Abwehrhaltungen beeinflussen.

Das vorliegende Kompendium unterbreitet Ihnen ein umfassendes Angebot für eine vielfältige Aufarbeitung der Thematik. Es enthält Definitionen der zentralen Begriffe wie Antisemitismus und Rassismus oder Holocaust und Shoa; es werden Antworten auf oft unausgesprochene Fragen zum Judentum gegeben. Aber die größte Opfergruppe wird nicht allein dargestellt. Nach einer Idee von Gernot Jochheim werden sechs weitere Opfergruppen von den Sinti und Roma bis zu unangepaßten Jugendlichen thematisiert. Dieser Ansatz soll unter Wahrung der Singularität von Auschwitz durch die Einbeziehung aller Opfergruppen verdeutlichen, wie die Nazi-Barbarei weite Teile der Bevölkerung erfaßte und wie eine rassistisch begründete Politik unschuldige – sogar junge – Menschen zu Opfern machen kann.

»Die Forderung, daß Auschwitz nicht noch einmal sein darf, ist die allererste an Erziehung. ... Jede Debatte über Erziehungsideale ist nichtig und gleichgültig diesem einen gegenüber, daß Auschwitz nicht sich wiederhole«.

Möge diese Schrift dazu dienen, im Sinne von Adornos berühmten Diktum Ihre pädagogische Arbeit so zeitgemäß zu gestalten, daß die Rolle der Opfer Ihren Schülerinnen und Schülern ins Bewußtsein gelangt.

Wir würden uns freuen, wenn diese Publikation darüber hinaus auch im außerschulischen Bereich eine breite Aufmerksamkeit fände.

Dr. Wilfried Fest

Einleitung

27. Januar: Tag des Gedenkens an die Opfer des Nationalsozialismus

Diese Publikation wurde angeregt durch den »Gedenktag an die Opfer des Nationalsozialismus«, der im Jahre 1996 von Bundespräsident Roman Herzog mit Zustimmung aller Fraktionen des Deutschen Bundestages eingeführt wurde und der alljährlich am 27. Januar, dem Jahrestag der Befreiung des Konzentrationslagers Auschwitz, begangen werden soll. Gemeint sind die **Opfer des NS-Rassismus**, also jene Menschen, die – so der Bundespräsident – »einer willkürlich definierten Rasse angehörten oder sonstwie vom willkürlich festgelegten Menschenbild abwichen« und deren Existenzrecht daher von den Nationalsozialisten bestritten bzw. deren Recht auf Lebensgestaltung brutal mißachtet wurde. Roman Herzog selbst nannte in seiner Rede, die Unvollständigkeit der Beispiele ausdrücklich hervorhebend: Juden, Sinti und Roma, Schwerstbehinderte, Homosexuelle. – Als weitere Opfergruppen werden in unserer Publikation Zwangsarbeiterinnen und Zwangsarbeiter, Kriegsdienstverweigerer und Deserteure sowie nicht angepaßte Jugendliche thematisiert.

Zur Dimension des NS-Rassismus

Im Zentrum des NS-Rassismus stand der Antisemitismus, der von den Nazis schon lange vor ihrer Machtübernahme hemmungslos politisch instrumentalisiert worden war – von Hitler selbst seit den ersten Tagen seiner politischen Betätigung. Die Vernichtung der Juden in Europa wurde zum Schwerpunkt der Verbrechen der Nazis. Diese beschränkten sich jedoch keineswegs auf jüdische Bürger und Menschen jüdischer Herkunft in Deutschland und den überfallenen europäischen Staaten. Der NS-Rassismus hatte ideologisch wie praktisch zwei Seiten. Da war einmal ein »ethnischer« Rassismus, gerichtet gegen sogenannte »Fremdvölkische«, die als »rassisch minderwertig« galten. Zu ihnen zählten grundsätzlich Juden – egal welchem Staatsvolk sie tatsächlich und zumeist seit vielen Generationen angehörten –; zu ihnen zählten weiter die Sinti und Roma und die Angehörigen osteuropäischer Staaten, womit u. a. die brutale Kriegführung in Ost- und Südosteuropa wie deren rücksichtslose »Vernichtung durch Arbeit« innerhalb und außerhalb des Reichsgebietes legitimiert wurde.

Zum anderen gab es einen »sozialen« Rassismus, der sich ohne weiteres gegen Menschen der sogenannten »arischen Rasse« richten konnte, wenn diese aufgrund ihrer Lebensführung, ihrer sexuellen Orientierung oder ihres gesundheitlichen Zustandes dem Bild des »nordischen Herrenmenschen« nicht entsprachen. Da wurden Hunderttausende angeblich »Erbkranker« zwangssterilisiert, was Tausende der Opfer sogar mit ihrem Leben bezahlen mußten und noch mehr mit lebenslangen psychischen Belastungen. Zehntausende Menschen jeden Alters, die in Anstalten lebten, wurden zu »lebensunwerten Leben« klassifiziert und mit den verschiedensten Methoden bewußt getötet. Viele, die durch Krieg, Inflation und Weltwirtschaftskrise aus der Lebensbahn geworfen worden waren, kamen als »Asoziale« in Konzentrationslager; nicht selten wurden auch sie zwangssterilisiert. Dies betraf auch angeblich »Arbeitsscheue«. Schließlich fielen die Homosexuellen durch das Raster der »deutschblütigen Volksgemeinschaft«. Sogar für Jugendliche, die sich den Zwängen dieser »Volksgemeinschaft« aus den verschiedensten Gründen nicht unterordneten, wurden Konzentrationslager – getarnt als »Jugendschutzlager« – errichtet. All diese Menschen waren keine »Fremdvölkischen«, sondern sie wurden als »Gemeinschaftsfremde« zu Objebten rassistischer Verfolgung.

Das Konstrukt »Gemeinschaftsfremder« hat in der Vergangenheit bei der Darstellung der Verfolgungspraxis während der NS-Zeit kaum eine Rolle gespielt, nichtsdestoweniger ist es von zentraler Wichtigkeit. Es war nämlich u. a. das Formierungsinstrument gegenüber jeglichem gesellschaftlichen Pluralismus und jedweder individuellen Lebensgestaltung. In unserer Gesellschaft würden heute von diesem Verdikt Millionen Menschen erfaßt sein – gerade auch Jugendliche. – Die Rechtfertigung zu all den Morden, den körperlichen und seelischen Verstümmelungen lieferten Wissenschaftler: »Rassentheoretiker« und »Rassenbiologen«, Mediziner und Juristen. Unmittelbar einbezogen in die Verbrechen waren Beamte, Wärter, Pfleger und Krankenschwestern. Indirekt mitgewirkt haben Abertausende von Menschen, indem sie ihre ganz »normale« Arbeit taten.

Mit der Einführung des Gedenktages an die Opfer des NS-Rassismus werden somit Menschen und Gruppen in den Blick gerückt, die lange Zeit (in zurückhaltender Formulierung) als »vergessene Opfer« des Nationalsozialismus angesehen wurden. Ihrer zu gedenken wäre aber seit je angebracht gewesen, verdeutlichen doch erst die Opfer in ihrer Gesamtheit – und hier gilt es die politisch Verfolgten einzubeziehen – das ganze Ausmaß der nationalsozialistischen Verbrechen. Auch entsteht ein zutreffenderes Bild von Alltag im Nationalsozialismus, das nach wie vor noch durch die verschiedensten Rechtfertigungen und Legenden verklärt wird. Tatsache ist: Vor dem Hintergrund der Inszenierung kollektiver Illusionen und der Einstimmung der Menschen auf einen Angriffskrieg war der Alltag im Nationalsozialismus durch manifesten und latenten Terror gekennzeichnet. In den Konzentrationslagern in Deutschland waren seit 1933 zu Hunderttausenden Deutsche gefangen, die sich keines Vergehens, geschweige denn eines Verbrechens schuldig gemacht hatten.

Zur Intention der Publikation

Die Erinnerung an die NS-Diktatur und ihre beispiellosen Verbrechen hat ihren Niederschlag in der Wertorientierung des Grundgesetzes gefunden und gehört heute zum nationalen und demokratischen Selbstverständnis der Deutschen. Diese Erinnerung gilt es auch künftigen Generationen zugänglich zu machen. – Die in der Erinnerung festgehaltenen Erfahrungen schärfen den Blick für die Gefährdungen von Menschenwürde, Freiheit, Gerechtigkeit und Demokratie. Sie fordern zugleich auf, offen zu sein für die Achtung menschlichen Lebens, für Zivilcourage und die Bewahrung und Weiterentwicklung der demokratischen Staats- und Gesellschaftsordnung.

Das Buch möchte grundsätzlich alle politisch-historisch Interessierten ansprechen, verfolgt im besonderen aber die Absicht, Lehrende im Bereich der historisch-politischen Bildung bei ihrer pädagogischen Arbeit zu unterstützen, indem Sachinformationen vermittelt sowie Hinweise auf Literatur, Medien und Unterrichtsmaterialien gegeben werden.

Wir gehen davon aus, daß bei den Leserinnen und Lesern, soweit sie pädagogisch tätig sind, didaktische Kompetenz vorhanden ist. Nichtdestoweniger möchten wir darauf hinweisen, daß, wann auch immer es möglich ist, namentlich im schulischen Bereich die rassistische Verfolgung durch das Nazi-Regime am Schicksal von Kindern und Jugendlichen vermittelt werden sollte, und zwar unter Einbeziehung möglichst vieler konkreter Einzelheiten.[1] Bei den vielen kursorischen Darstellungen auch in Unterrichtswerken wird nicht genügend ins Bewußtsein gerückt, daß unter den Abermillionen Ermordeter Millionen von Kindern und Jugendlichen gewesen sind. Sie lebten und starben in Ghettos, Lagern, als Arbeitssklaven, als Geiseln. Unbekannt ist die Zahl derer, die in Konzentrationslagern oder während der Gefangenschaft ihrer Mütter geboren wurden, und unbekannt ist auch die Zahl der schwangeren Frauen, die mit ihren ungeborenen Kindern gemordet worden sind. Und jene Kinder und Jugendlichen, die überlebten, deren Zahl ebenfalls unbestimmbar bleiben wird, haben oft so schwere seelische Schäden davongetragen, daß ihnen ein unbeschwertes Leben verwehrt blieb. Der NS-Rassismus war weitgehend auch ein brutaler, mitleidloser Krieg gegen Kinder. – Unsere Publikation stand unter der Vorgabe eines begrenzten Umfangs. So gibt es unter Gesichtspunkten historisch-politischer Didaktik inhaltliche Lücken, zum Beispiel die beschämende politische und gesellschaftliche Geschichte der sogenannten »Wiedergutmachung«. Insbesondere jedoch bleibt es den Lehrenden überlassen, bei ihrer Arbeit die Gegenwartsbezüge herzustellen. In unserer Gesellschaft – nicht allein in unserer, aber hier ist nun einmal unser pädagogisches Aufgabenfeld – existiert ein alltäglicher Rassismus in besorgniserregendem Ausmaß.

27. Januar: ein »Holocaust«-Gedenktag?

So kurz die Geschichte des Gedenktages auch ist, so wird mit ihm bereits doch insofern eine Einengung verknüpft, als für ihn der Begriff »Holocaust-Gedenktag« Verwendung findet. »Holocaust« jedoch ist, wie anhand des Beitrages von Christoph Münz (s. S. 81 ff.) nachvollzogen werden kann, abgeleitet von dem altgriechischen Wort für einen mit der jüdischen Religion eng verbundenen Begriff. Versucht also das Wort »Holocaust« die Ermordung der Juden aus den europäischen Staaten begrifflich zu fassen – in diesem Sinne wird seit geraumer Zeit auch die Errichtung eben einer »Holocaust«-Gedenkstätte in Berlin diskutiert –, so kann es nicht die Intention des Gedenktages für alle Opfer des NS-Rassismus ausfüllen. Auf die Möglichkeit, der Gedenktag könne in dieser Weise irrtümlich eingeengt werden, hat schon Roman Herzog in seiner Rede 1996 hingewiesen. Möglicherweise müssen wir es ertragen lernen, daß es (bisher?) anscheinend keinen generell vermittelbaren Begriff gibt, der den Zusammenhang der Verfolgung und Ermordung aller Opfer des NS-Rassismus zum Ausdruck bringen könnte, und daß wir gehalten sind, uns mit sperrigen bzw. erläuterungsbedürftigen Umschreibungen abzufinden.

Gernot Jochheim/Klaus Matußek

---

[1] Sachinformationen und Materialien finden sich bei den Hinweisen zu den einzelnen Opfergruppen sowie u. a. in folgenden Publikationen:

Edgar Bamberger/Annegret Ehmann (Hg.): Kinder und Jugendliche als Opfer des Holocaust. Heidelberg 1997[2]

Debórah Dwork: Kinder mit dem gelben Stern. Europa 1933–1943. München 1994

Kinder im KZ. Hrsg. von Dorothea Stanić/ Elefanten Press. Berlin 1982[2]

Die Verfolgung von Kindern und Jugendlichen. Dachauer Hefte, 9. Jg. (1993), Heft 9 (Alte Römerstraße 75, 85221 Dachau)

Verjagt, Ermordet: Zeichnungen jüdischer Schüler 1936–1941. Hrsg. vom Stadtmuseum Düsseldorf. Düsseldorf 1988

I Ideologie und Organisation des Rassismus

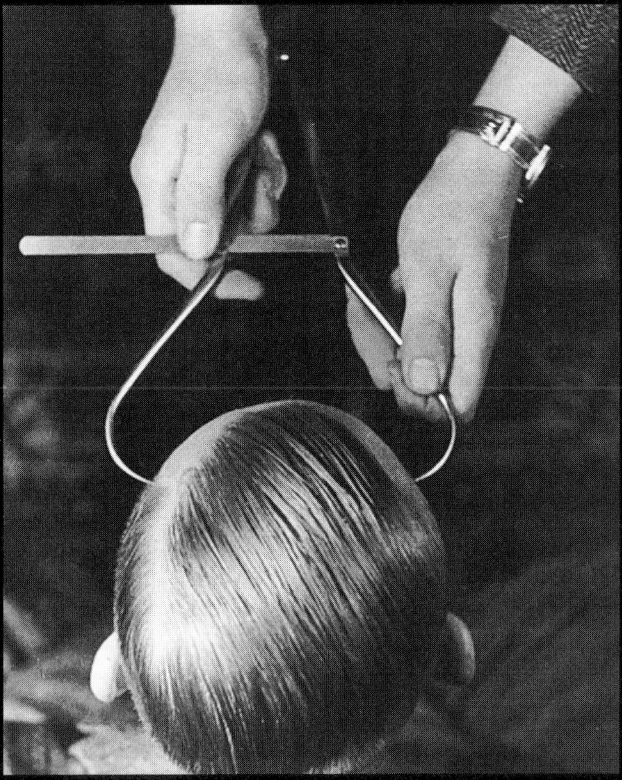

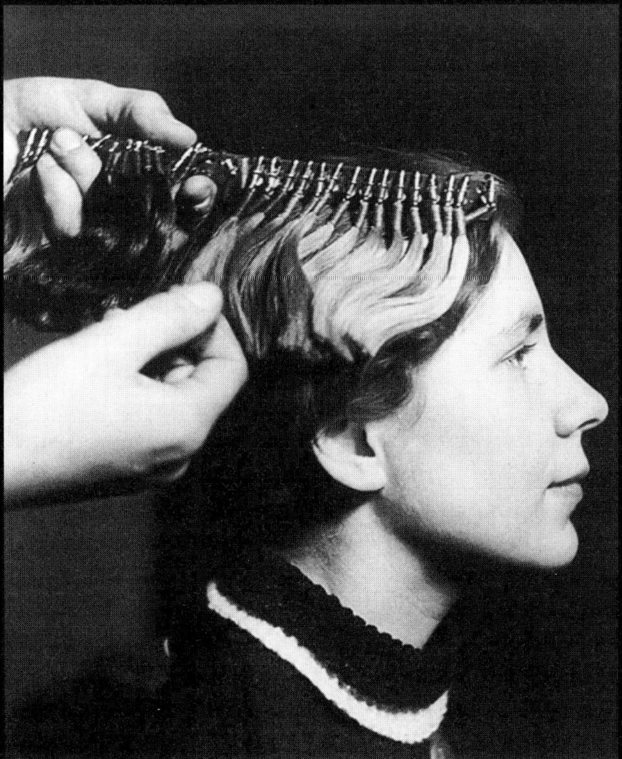

Inhaltsverzeichnis

Vielfalt der Menschen – aber keine Rassen! 11
Erläuterungen zur Stellungnahme eines UNESCO-Workshops
Ulrich Kattmann

Stellungnahme zur Rassenfrage 13

Rassismus – Lexikalisches Stichwort 15

Zur Konstruktion und Funktion des antisemitischen Vorurteils 23
Gernot Jochheim

Die »Nürnberger Gesetze« 27

Angewandte Rassenwissenschaft 30
Zur Arbeit der »Rassenhygienischen und Bevölkerungsbiologischen Forschungsstelle« sowie des »Kriminalbiologischen Institutes« der Sicherheitspolizei
Erich Schmidt

Die nationalsozialistische Idee der »Gemeinschaftsfremden« 34

Gesetz über die Behandlung Gemeinschaftsfremder 36

Der Begriff der »Schutzhaft« 38

Zur Organisation der Vernichtung und deren Voraussetzungen 40
Gernot Jochheim

Umseitig: Rassenkundliche Untersuchungen (Aufnahme 1937):

- Messung der Stirnbreite mittels eines Tasterzirkels,
- Feststellen der Haarfarbe mit Hilfe einer Farbtafel aus Glasfasern.

Diese Untersuchungen waren wesentlich umfassender und entwürdigender, als es solche Fotos vermitteln. Siehe hierzu das Beispiel S. 112.

Erläuterungen

Wer heute in sozio-historischen Zusammenhängen das Thema der Hexenverfolgung darstellt, kann gewiß sein, daß unter den Adressaten niemand an die Existenz von Hexen oder Zauberern glaubt. Hoffentlich treffen Lehrende in einigen Jahrhunderten auf ebensolche Voraussetzungen, wenn mit gleicher kognitiver und emotionaler Distanz auf Rassenlehren und rassistische Verfolgung zurückgeblickt werden kann. Die Destruktion des Begriffs »Rasse« ist in der wissenschaftlichen Diskussion jedenfalls auf den Weg gebracht, wie wir am Anfang dieses Kapitels mit der Wiedergabe und Erläuterung des Arbeitsergebnisses eines UNESCO-Workshops aus dem Jahre 1995 sowie mit weiterführenden Literaturhinweisen dokumentieren. »Rassen kommen in der Natur nicht vor. Sie sind das Produkt klassifikatorischer Anstrengungen« – lautet die zentrale These in dieser Debatte. (Wulf D. Hund). Noch aber sind Vorstellungen und Bilder von »Rassen« in den Köpfen der Menschen vorhanden. »Rassenlehren«, geweiht als angebliche »Wissenschaft«, sind eine historische Realität. Für Millionen Menschen haben sie wahrhaft »verheerende« Folgen gehabt bis hin zu ihrer Ermordung. Diese »Tat«-Sachen machen es unvermeidlich, »Rassenlehren« bei der Vermittlung entsprechender historischer Erscheinungen und Entwicklungen zu thematisieren. In Verbindung mit diesem Erfordernis kann sich allerdings immer die Gefahr einstellen, latent vorhandene oder sogar bereits manifeste rassistische Denkmuster bei den Adressaten zu nähren – in welchem Ausmaß auch immer und selbstverständlich ungewollt.
Einer solchen Gefahr läßt sich vermutlich am ehesten begegnen, wenn rassistische Lehren nicht unabhängig von ihrem jeweiligen politischen und gesellschaftlichen Bezug dargestellt werden, sondern in ihrer Funktion sowohl für Herrschafts- und ökonomische Interessen wie auch für die Selbstdefinition und das Identitätsgefühl von Individuen und Gruppen. Verräterisch genug ist es schließlich, daß rassistische Denkmuster nur von einzelnen oder Gruppen propagiert werden, die sich selbst zu den »Höherwertigen« rechnen. Als Alltagserfahrung verallgemeinernd formuliert: Wer auch immer Menschen in gute und schlechte einteilt, zählt sich zu den guten. – Rassisten verschaffen sich ein Gefühl von Überlegenheit, Bedeutung und Wichtigkeit allein durch ein ideologisches Konstrukt und im übrigen ohne irgendeine Leistung zu erbringen, ein psychischer Mechanismus, der u. a. auch in Sprüchen wie »Ich bin stolz, ein Deutscher zu sein« greift. Die erkenntnisleitenden Fragen ranken sich also um diese eine: Warum wird ein Mensch Rassist?

Vielfalt der Menschen – aber keine Rassen!

Erläuterungen zur Stellungnahme eines UNESCO-Workshops

Ulrich Kattmann

Die im folgenden abgedruckte Erklärung zur Rassenfrage beim Menschen wurde auf einer wissenschaftlichen Arbeitstagung verabschiedet, die der UNESCO-Konferenz »Gegen Rassismus, Gewalt und Diskriminierung« am 8. und 9. Juni 1995 in Stadtschlaining, Österreich, vorausging. Die Leitung hatte der Anthropologe Prof. Dr. Horst Seidler, Universität Wien.

Kaum ein Fachwort der Biologie ist in der Geschichte der Menschheit so weitgehend mit ideologischen, politischen, ja verbrecherischen Inhalten verbunden wie der Terminus »Rasse«. Die Stellungnahme ist gesellschafts-, bildungs-, und fachpolitisch bedeutsam, da sie geeignet ist, wissenschaftliche Argumente zu widerlegen, die bisher häufig allzu unbekümmert zur Diskriminierung von Rassen verwendet wurden.

Nach populations- und molekularbiologischen Untersuchungen hat die Unterscheidung von Rassen beim Menschen gegen allen Augenschein keine hinreichende genetische Basis[1]. Wer die populationsgenetischen Forschungen und Diskussionen um den Rassenbegriff der letzten Jahrzehnte verfolgt hat, wird daher kaum umhinkommen, seine diesbezüglichen Überzeugungen zu ändern. Die Autoren der Stellungnahme sehen sich daher gezwungen, auch vom populationsgenetischen Rassenkonzept beim Menschen Abschied zu nehmen. Auch gut gemeinte bisherige Darstellungen sind daher in diesem Lichte zu revidieren. Niemand wird die offensichtliche genetische Vielfalt der Menschen ernsthaft bestreiten wollen. Aber nicht die Einteilung in Rassen, sondern die geographische Variation ist unabweisbar vorhanden. Die systematisch schwer faßbare genetische Verschiedenheit der Menschen legt nahe, die Bemühungen und Klassifikationen unserer Spezies beiseitezulegen und das Konzept der Rasse durch die Beschreibung und Analyse der Vielfalt der Menschen selbst zu ersetzen.[2] Ein Streit darüber, ob menschliche Rassen existieren oder nicht, wäre müßig.

»Rassen« sind nicht als solche existent, sie werden durch die angewandte Sichtweise konstituiert. Im Gegensatz zur biologischen Art sind Unterarten oder Rassen keine biotisch vorgegebenen Einheiten, sondern bestenfalls wissenschaftliche Konstrukte. Während ein geschlechtlich differenzierter Organismus zwingend einer biologischen Art (definiert als Fortpflanzungsgemeinschaft) angehört, verpflichtet keine biologische Einsicht dazu, die genetische Vielfalt innerhalb der Arten durchgehend und gleichermaßen in die Kategorien von Rassen und Unterarten einzuteilen. Durch die Klassifikation in Unterarten oder Rassen werden Arten in einander ausschließende Einheiten aufgeteilt. Die bei vielen Merkmalen feststellbaren Übergänge, der aktuelle und historische Allelfluß zwischen den Populationen sowie die Dynamik der Populationsgeschichte geraten dabei leicht aus dem Blick. Das Konzept der »Rasse« oder »Unterart« ist der geographischen Verteilung der genetischen Verschiedenheit beim Menschen (wie auch in vielen Fällen bei Tieren) offensichtlich nicht gewachsen.[3] Die Einteilung und Benennung von Unterarten und Rassen täuscht eine Exaktheit nur vor, die der tatsächlich gegebenen genetischen Vielfalt nicht entspricht. Anthropologen konnten sich bis heute nicht auf ein annähernd einheitliches System der sogenannten Rassen des Menschen einigen. Die menschliche Vielfalt in ein angemessenes Rassensystem fassen zu wollen, ist offenbar vergeblich. Mit Rassekonzepten wird ein kleiner Teil der genetischen Unterschiede überbewertet – aus dem einzigen Grunde, weil er ins Auge fällt. Typenschau aber ist keine wissenschaftliche Methode, mit der man zu verläßlichen Erkenntnissen gelangt. Angesichts der Ergebnisse molekularbiologischer Untersuchungen kann man Menschenrassen als durch die Überredung unserer Sinne entstehende Trugbilder ansehen, mithin als »optische Täuschungen«.

Die Rasseneinteilung nach anschaulichen Merkmalen und typologisches Denken konnten beispielsweise in Lexika, Lehrbüchern und Richtlinien überleben, indem alte Rassentypologie trotz des zwischenzeitlich entwickelten populationsgenetischen Rassenbegriffs beibehalten wurden (vgl. Seidler in[4]). So führt sogar das Herder Lexikon Biologie die aus dem Jahr 1934 stammende Rassentypologie von Egon von Eickstedt als scheinbar heute noch gültige Rasseneinteilung ein.

Das zähe Festhalten vieler Menschen (darunter auch Biologen) an Rassekonzepten ist nicht wissenschaftlich, sondern sozialpsychologisch begründet. Der Abschied vom anthropologischen Rassebegriff ist jedoch Teil eines wissenschaftsethisch notwendigen Konzeptwandels. Wer weiterhin naturwissenschaftlich von Rassen des Menschen sprechen will, muß klären, in welchem Sinne dies sachgemäß und im Lichte der geschichtlichen Wirkungen des Konzeptes gerechtfertigt sein könnte. Hinter dieser Forderung lauert kein Denkverbot, sondern das Gebot, Denkgewohnheiten zu hinterfragen und Konzepte auch hinsichtlich ihrer ethischen Implikationen zu reflektieren. Wissenschaftler sind nicht nur verantwortlich für das Handeln, sondern auch für das Denken, das sie nahelegen oder anstiften (vgl. Frey in[4]).

Die traditionellen Rasseneinteilungen waren selbst von gesellschaftlichen Einflüssen und Voreingenommenheit nicht frei. Vorurteile und soziale Diskriminierung haben sich indes nie mit anthropologischen Rasseneinteilungen gedeckt, auf die sie sich bezogen und mit denen sie teilweise gerechtfertigt wurden. Weder die »Weißen« und »Schwarzen« in den USA oder Südafrika noch die »Juden« und »Arier« der Nationalsozialisten sind oder waren je »Rassen« im Sinne einer – wie auch immer – biologisch bestimmten Rassentypologie. »Rassen« wurden und werden konstruiert, um den Zusammenhalt der eigenen Gruppe mit der damit postulierten gemeinsamen Abstammung und nahen Verwandtschaft zu sichern. Rassismus ist also auf den biologischen Nachweis oder die biotische Existenz von Rassen nicht angewiesen; Rassisten schaffen sich vielmehr die für ihre gesellschaftlichen und politischen Interessen benötigten Rassen selbst. »Rasse« ist in diesem Zusammehang als sozialpsychologisch bestimmte Kategorie aufzufassen. Äußere Kennzeichen, wie Hautfarbe, Haarform, Gesichtsmerkmale, aber auch Eßgewohnheiten, religiöse Gebräuche und Sprache dienen als Erkennungsmarken, mit denen die Menschen der (rassisch) diskriminierten Gruppen ausgesondert werden. An ihnen macht sich die Ablehnung fest und kann sich so selbst verstärken. Für die rassische Aussonderung sind aber nicht die Eigenschaften der betroffenen Menschengruppe maßgebend. Die der Fremdgruppe zugeschriebenen Merkmale werden durch die Selbsteinschätzung bestimmt, die die diskriminierende Gruppe von sich hat. Das Eigenbild bestimmt das Fremdbild: Unsicherheiten werden durch Abgrenzung kompensiert; für das Selbstwertgefühl bedrohlich empfundene (negative) Eigenschaften werden auf die Fremdgruppe projiziert. Wo immer Konflikte zwischen Bevölkerungsgruppen aufbrechen, sind nicht Haut- oder Haarfarben die Ursachen, sondern soziale Ungerechtigkeit und politische Interessen.

Rassismus verschwindet daher nicht automatisch mit den diskriminierenden Gruppen. Wie anders ist es zu erklären, daß beispielsweise der Antisemitismus in Europa überdauert, obwohl Juden nach Massenmord und Vertreibung hier eine verschwindend geringe Minderheit sind? So bleibt Rassismus auch nach dem Abschied von biologischen Rassenkonzepten ein unvermindert ernstes Problem: Man kann in einem mehrfachen Sinne von »Rassismus ohne Rasse« sprechen.

Aus der Stellungnahme folgt daher nicht, daß das Wort »Rasse« künftig in jedem Fall zu vermeiden sei. Über Rassen zu sprechen, ist allemal besser, als über Rassismus zu schweigen. Das Thema »Rassen« darf daher keineswegs aus den Lehrplänen des Biologieunterrichts gestrichen werden. Das Behandeln des Themas »Rassen« sollte in Erwachsenenbildung und Schule das Ziel haben, die Lernenden an der Annäherung an die Erkenntnis der tatsächlichen Vielfalt der Menschen teilhaben zu lassen.

Anmerkungen

1 Cavalli-Sforza, F. & Cavalli-Sforza, L.L. (1994) Verschieden und doch gleich. Knaur, München

2 Kattmann, U. (1995) Was heißt hier Rasse? Unterricht Biologie 19 (204), 44–50

3 Gould, S.J. (1984) Warum wir menschliche Rassen nicht benennen sollten. In: Darwin nach Darwin (S. 195–200). Ullstein, Frankfurt, Berlin, Wien

4 Preuschoft, H. & Kattmann, U. (Hrsg.) (1994) Anthropologie im Spannungsfeld zwischen Wissenschaft und Politik. Bibliotheks- und Informationssystem (BIS), Oldenburg

Stellungnahme zur Rassenfrage

Die Revolution in unserem Denken über Populationsgenetik und molekularer Genetik hat zu einer Explosion des Wissens über Lebewesen geführt. Zu den Vorstellungen, die sich tiefgreifend gewandelt haben, gehören die Konzepte zur Variation des Menschen. Das Konzept der »Rasse«, das aus der Vergangenheit in das 20. Jahrhundert übernommen wurde, ist völlig obsolet geworden. Dessen ungeachtet ist dieses Konzept dazu benutzt worden, gänzlich unannehmbare Verletzungen der Menschenrechte zu rechtfertigen. Ein wichtiger Schritt, einem solchen Mißbrauch genetischer Argumente vorzubeugen, besteht darin, das überholte Konzept der »Rasse« durch Vorstellungen und Schlußfolgerungen zu ersetzen, die auf einem gültigen Verständnis genetischer Variation beruhen, das für menschliche Populationen angemessen ist.

»Rassen« des Menschen werden traditionell als genetisch einheitlich, aber untereinander verschieden angesehen. Diese Definition wurde entwickelt, um menschliche Vielfalt zu beschreiben, wie sie beispielsweise mit verschiedenen geographischen Orten verbunden ist. Neue, auf den Methoden der molekularen Genetik und mathematischen Modellen der Populationsgenetik beruhende Fortschritte der modernen Biologie zeigen jedoch, daß diese Definition völlig unangemessen ist. Die neuen wissenschaftlichen Befunde stützen nicht die frühere Auffassung, daß menschliche Populationen in getrennte »Rassen«, wie »Afrikaner«, »Eurasier« (einschließlich »eingeborener Amerikaner«), oder irgendeine größere Anzahl von Untergruppen klassifiziert werden können.

Im einzelnen können zwischen den menschlichen Populationen, einschließlich kleineren Gruppen, genetische Unterschiede festgestellt werden. Diese Unterschiede vergrößern sich im allgemeinen mit der geographischen Entfernung, doch die grundlegende genetische Variation zwischen Populationen ist viel weniger ausgeprägt. Das bedeutet, daß die genetische Diversität beim Menschen gleitend ist und keine größere Diskontinuität zwischen den Populationen anzeigt. Befunde, die diese Schlußfolgerungen stützen, widersprechen der traditionellen Klassifikation in »Rassen« und machen jedes typologische Vorgehen völlig unangemessen. Darüber hinaus hat die Analyse von Genen, die in verschiedenen Versionen (Allelen) auftreten, gezeigt, daß die genetische Variation zwischen den Individuen innerhalb jeder Gruppe groß ist, während im Vergleich dazu die Variation zwischen den Gruppen verhältnismäßig klein ist.

Es ist leicht, zwischen Menschen aus verschiedenen Teilen der Erde Unterschiede in der äußeren Erscheinung (Hautfarbe, Morphologie des Körpers und des Gesichts, Pigmentierung etc.) zu erkennen, aber die zugrundeliegende genetische Variation selbst ist viel weniger ausgeprägt. Obwohl es angesichts der auffälligen genetisch determinierten morphologischen Unterschiede paradox erscheint, sind die genetischen Variationen in den zugrundeliegenden physiologischen Eigenschaften und Funktionen sehr gering, wenn Populationsdurchschnitte betrachtet werden. Mit anderen Worten: Die Wahrnehmung von morphologischen Unterschieden kann uns irrtümlicherweise verleiten, von diesen auf wesentliche genetische Unterschiede zu schließen.

Befunde deuten darauf hin, daß es im Verlauf der Evolution des modernen Menschen relativ wenig Veränderungen in der genetischen Grundausstattung der Populationen gegeben hat. Die molekularen Analysen von Genen legen außerdem sehr nahe, daß der moderne Mensch sich erst vor kurzer Zeit in die bewohnbaren Gebiete der Erde ausgebreitet hat und in diesem Prozeß während einer relativ kurzen Zeitspanne an sehr unterschiedliche und zuweilen extreme Umweltbedingungen angepaßt worden ist (z. B. an rauhes Klima). Die Notwendigkeit der Anpassung an extreme unterschiedliche Umweltbedingungen hat nur in einer kleinen Untergruppe von Genen, die die Empfindlichkeit gegenüber Umweltfaktoren betrifft, Veränderungen bewirkt. Es ist wert zu erwähnen, daß die Anpassungen als Antwort auf Umweltbedingungen größtenteils historisch zu verstehen sind und keine Konsequenzen für das Leben in der modernen Zivilisation haben. Nichtsdestoweniger werden sie von einigen so ausgelegt, als spiegelten sie wesentliche Unterschiede zwischen Menschengruppen wider, wodurch sie zum Konzept der »Rassen« beitragen.

Nach wissenschaftlichem Verständnis ist die Einteilung von Menschen anhand der Verteilung von genetisch determinierten Faktoren daher einseitig und fördert die Hervorbringung endloser Listen von willkürlichen und mißleitenden sozialen Wahrnehmungen und Vorstellungen. Darüber hinaus gibt es keine überzeugenden Belege für »rassische« Verschiedenheit hinsichtlich Intelligenz, emotionaler, motivationaler oder anderer psychologischer und das Verhalten betreffender Eigenschaften die unabhängig von kulturellen Faktoren sind. Es ist allgemein bekannt, daß bestimmte genetisch bedingte Merkmale, die in einer Lebenssituation nützlich sind, in einer anderen nachteilig sein können.

Rassismus ist der Glaube, daß menschliche Populationen sich in genetisch bedingten Merkmalen von sozialem Wert unterscheiden, so daß bestimmte Gruppen gegenüber anderen höherwertig oder minderwertig sind. Es gibt keinen überzeugenden wissenschaftlichen Beleg, mit dem dieser Glaube gestützt werden könnte. Mit diesem Dokument wird nachdrücklich erklärt, daß es keinen wissenschaftlich zuverlässigen Weg gibt, die menschliche Vielfalt mit den starren Begriffen »rassistischer« Kategorien oder dem traditionellen »Rassen«-Konzept zu charakterisieren. Es gibt keinen wissenschaftlichen Grund, den Begriff »Rasse« weiterhin zu verwenden.

(Das Statement wurde von U. Kattmann übersetzt. Der deutsche Text ist von den Unterzeichnern nicht autorisiert. Im Zweifelsfall ist auf die englische Fassung zurückzugreifen. Das Statement soll nach Verabschiedung durch die UNESCO-Gremien Bestandteil einer umfassenden Deklaration werden, in der auch sozialwissenschaftliche Aspekte eingeschlossen sein werden.)

Kontaktadressen:

Prof. Dr. U. Kattmann, Carl von Ossietzky Universität Oldenburg, Postfach 2503, D-26111 Oldenburg.

Prof. Dr. H. Seidler, Institut für Humanbiologie, Althanstr. 14, A-1091 Wien.

Aus: Biologen in unserer Zeit. Informationen des Verbandes deutscher Biologen e.V., Nr. 5/96.

Die folgenden Wissenschaftler haben am genannten Workshop teilgenommen und der Stellungnahme zugestimmt:

Cavalli-Sforza, L.L., Stanford University of Medicine, California, USA

Charlesworth, W., Institute of Child Development, University of Minnesota, USA

Chiarelli, B., Instituto di Antropologia, Universita degli Studi di Firenze, Italien

Dittami, J., Institut für Zoologie, Universität Wien, Österreich

Eiben, O., Department of Biology, Eötvös Lorand University, Budapest Ungarn

Falk, D., Department of Anthropology, University of Albany, New York, USA

Frey, S., Laboratorium für Interaktionsforschung, Universität Duisburg, Deutschland

Gabain, A. von, Institut für Mikrobiologie und Genetik, Universität Wien, Österreich

Goodman, A.H., Department of Anthropology, Hampshire College, School of Natural Science, Amherst, Massachusetts, USA

Grammer, K., Institut für Stadtethologie, Wien, Österreich

Jürgens, H.W., Anthropologisches Institut, Neue Universität Kiel, Deutschland

Kattmann, U., Didaktik der Biologie, Fachbereich Biologie, Universität Oldenburg, Deutschland

Müller-Hill, B., Institut für Genetik, Universität Köln, Deutschland

Preuschoft, H., Abteilung für funktionelle Anatomie, Universität Bochum, Deutschland

Rudan, P., Institut for Anthropological Research, University of Zagreb, Kroatien

Seidler, H., Institut für Humanbiologie, Universität Wien, Österreich

Sjölander, S., Department of Biology, Linköpings Universitet, Schweden

Tiger, L., Department of Anthropology, University of New Jersey, New Jersey, USA

Literaturhinweis zur theoretischen Vertiefung

AG gegen Rassenkunde (Hg.)
Deine Knochen – Deine Wirklichkeit.
Texte gegen rassistische und sexistische Kontinuität in der Humanbiologie.
Hamburg/ Münster: UNRAST-Verlag, 1998

Hinweis auf Unterrichtsanregungen

Unterricht Biologie
Themenheft »**Anders**«
19. Jg. (1995), Heft 204 (Mai)

Rassismus

Lexikalisches Stichwort

RASSISMUS, Sammelbezeichnung für Ideologien, deren grundlegende Annahme ist, daß die rassische Herkunft eines Menschen oder einer Gemeinschaft entscheidend ist für Fähigkeiten, Neigungen, Geisteszustand, Erscheinung und Verhalten, und die die Menschen in »höhere« und »niedere« Arten einstuften. Seit der Renaissance diente der Begriff »Rasse« der Kategorisierung von Gruppen mit gemeinsamen Merkmalen – sowohl bei Menschen als auch bei Tieren. Der Einfluß des Rassismus in der Neuzeit ist Folge seiner Entwicklung zu einer Art weltlicher Religion, die auf vermeintlich naturwissenschaftlichen und historischen »Erkenntnissen« beruht. Rassismus versteht sich als eine gesellschaftliche und politische Ideologie und beruft sich sowohl auf Ästhetik und Moral als auch auf Naturwissenschaft und Geschichte. Die theoretischen Grundlagen des Rassismus entstanden im Laufe des 18. Jahrhunderts und der ersten Hälfte des 19. Jahrhunderts. In der Zeit von der Mitte des 19. Jahrhunderts bis zum Ende des Ersten Weltkriegs wurden rassistische Ideologien ausformuliert und gewannen zunehmend Anhänger. In der Zwischenkriegszeit wurde rassistisches Gedankengut mehr und mehr zum ideologischen Bestandteil der politischen Bewegungen in Europa, vor allem des Nationalsozialismus in Deutschland. Rassistische Ideologien blieben auch nach dem Zweiten Weltkrieg aktuell, wenngleich sie durch die in ihrem Namen begangenen Verbrechen diskreditiert waren.

Frühe Konzepte

Die romantische Geschichtsauffassung im 18. Jahrhundert war für die Entwicklung des Rassismus grundlegend. Hier wurden die Prinzipien der »organischen« Entwicklung formuliert, die später auch in die Anthropologie und die Philologie eingingen – zwei für die Rassenkonzepte entscheidende Disziplinen. Wissenschaftler und Philosophen der Aufklärung, wie Georges-Louis Buffon und Charles de Montesquieu, vertraten die Auffassung, daß die geschichtliche Entwicklung durch Faktoren wie z.B. Klima und Geographie bestimmt würde, und betrachteten daher die Unterschiede zwischen verschiedenen Völkern als zufällig. Die »organische« Theorie ging von einer unüberbrückbaren Kluft zwischen einzelnen Völkern aus – einer Kluft, die nicht das Ergebnis soziohistorischer Entwicklungen darstelle, sondern von der Natur und der »Vorsehung« geschaffen worden sei. Diese Vorstellung, vorgetragen von Johann Gotfried Herder (1744–1803), fand in Europa größtes Interesse. Nach Herder repräsentieren die »Wurzeln« eines Volkes eine Authentizität des Gefühls, der Spontaneität und Kraft und damit Eigenarten und »Charakter« eines Volkes. Seine Nationalsprache, seine Lieder und seine Mythologie sind demnach sein authentischer Ausdruck. Der einzelne ist nichts weiter als ein Teil des Volkes (bei Herder im ethnischen Sinne). Herder schreibt der Nation ästhetische und sprachliche Eigenheiten zu, vermöge derer sie zu einer besonderen Einheit geworden sei, die sich von jeder – zeitlich begrenzten, »äußerlichen« – politischen Organisationsform unterscheidet. Der Gedanke, das »organische« Volk sei der Organisation Staat überlegen, prägte die Entwicklung des rassistischen Gedankengutes. Der Aufklärer Herder propagierte jedoch nicht die Überlegenheit eines Volkes über ein anderes, und die Liebe zum eigenen Volk war bei ihm nicht mit Verachtung für andere Völker verbunden. Doch Immanuel Kant (1724-1804) benutzte den Begriff »Rasse« in seiner anthropologischen Bedeutung. Nach Kants Überzeugung waren Schwarze und Weiße unterschiedliche Rassen geblieben, weil sie sich nie miteinander vermischt hatten. Wie Herder, von der Aufklärung geprägt, propagierte auch Kant nie die Überlegenheit einer Rasse.

Die Hervorhebung der Sprache als Ausdruck einer gemeinsamen Vergangenheit war einer ganzen Generation von Philologen am Ende des 18. und zu Beginn des 19. Jahrhunderts gemeinsam. Die meisten teilten jedoch nicht Herders Interesse für die humanistischen Aspekte und konzentrierten sich vielmehr auf die daraus resultierende wissenschaftliche Erforschung der entstehungsgeschichtlichen Verwandtschaft zwischen verschiedenen Sprachen. Diese Forschungen schienen zu bestätigen, daß das Sanskrit, das alte Persisch sowie die aus ihnen abgeleiteten Sprachen mit vielen europäischen Sprachen verwandt waren und daß es daher eine ursprüngliche »Proto«-Sprache gegeben haben mußte, die durch die Wanderung »arischer« Völker von Asien nach Europa gekommen war – eine Sprache, die die Philologen »indoeuropäisch« oder »arisch-europäisch« nannten. In diesem Zusammenhang tauchte der Begriff »arisch« zum erstenmal auf. Unter der Prämisse, daß die Sprache eines Volkes den Ausdruck seiner gesammelten Erfahrungen durch die Zeitalter hindurch darstelle, schlossen die Wissenschaftler aufgrund der »arischen« Vergangenheit auf eine Überlegenheit des zeitgenössischen Europa. Mit

Hilfe der Philologie konstruierten sie eine Verbindung zur »arischen« Vorgeschichte des germanischen Volkes. Die Konstruktion dieses Geschichtsmythos sollte moralische und nationale Überlegenheit legitimieren.
Die Anthropologie leistete mit ihrer »exakten« Definition des Begriffs »Rasse« einen Beitrag zum Aufstieg des Rassismus. Die Klassifizierung der Menschheit in »Rassen« wurde von der Anthropologie im 18. Jahrhundert eingeführt. Buffon und Carl Linaeus (1707–1778) klassifizierten die Nationen anhand der Hautfarbe ihrer Mitglieder und der Form und Größe ihres Körpers; daraus folgte, daß Menschen von ähnlicher Farbe, Größe und Körperbau eine »Rasse« bildeten. Diese wissenschaftliche Definition wurde allerdings mit einer subjektiven Bewertung verbunden, nach der die äußere Erscheinung eines Menschen seine geistigen Fähigkeiten widerspiegelten. Peter Camper, ein holländischer Anatom, führte eine Untersuchung »rassischer Typologien« durch (1792/93), die auf dem Vergleich der Gesichts- und Schädelmaße von Affen, Schwarzen und Europäern beruhte. Er entdeckte einen steten »Fortschritt« von den Affen über die Schwarzen zum durchschnittlichen Europäer und von diesem zum griechischen Idealtyp.
Die Suche nach dem »Idealtypus« bestimmte die Entwicklung der »Rassemodelle« seit Beginn des 19. Jahrhunderts. Franz Joseph Gall verteidigte 1796 die »Wissenschaft« der Phrenologie, die in der Schädelform den Schlüssel zu den geistigen Fähigkeiten und moralischen Eigenschaften des Menschen sah. Schädelmessungen wurden für die »Rassenbiologie« zur bevorzugten Methode. Die Nationalsozialisten nutzten – wie andere Rassisten – die Ergebnisse einer solchen »Rassenbiologie«.
Als die Bedeutung äußerer Faktoren für die »Reinheit der Rassen« fragwürdig geworden war, richteten die Anthropologen ihre Aufmerksamkeit zunehmend auf den »Ursprung der Rassen«. Im 19. Jahrhundert versuchte man, zwischen »reinen« und anderen »Rassen« zu unterscheiden. Wie die Historiker und Philologen gingen die Anthropologen von einer vererbten Substanz aus, die bei allen Menschen der gleichen »Rasse« charakteristisch in Erscheinung trete. Die wesentlichen Merkmale einer »Rasse«, die sich auf eine gemeinsame Sprache und Geschichte gründen, sind demnach immer Körperstruktur und äußere Erscheinung. Das Stereotyp konkretisierte das Abstrakte und verlieh dem Rassismus die Klarheit und Einfachheit, die für seinen Erfolg wesentlich waren. (...)

Versuch

über die

Ungleichheit der Menschenracen.

Vom

Grafen Gobineau.

Deutsche Ausgabe

von

Ludwig Schemann.

Zweiter Band.

Vierte Auflage.

Stuttgart.
Fr. Frommanns Verlag (H. Kurtz)
1922

Entwicklung der rassistischen Ideologien bis zum Ersten Weltkrieg

Gobineaus *Essai sur l'inégalite des races humaines (Essay über die Ungleichheit der menschlichen Rassen, 1853–1855)* basierte auf anthropologischen und philologischen Erkenntnissen der Mitte des 19. Jahrhunderts. Gobineau verlieh den wissenschaftlichen Ergebnissen eine politische und kulturelle Dimension. Nach seiner Vorstellung war die »Verderbtheit« der Neuzeit die Folge »rassischer« Vermischung. Gobineau klassifizierte die »Rassen« – schwarz, gelb und weiß – auf der Grundlage der sozialen Struktur, die sie hervorgebracht hatten: Die »gelbe Rasse« hatte sich in Geschäft und Handel hervorgetan, war aber nicht in der Lage, sich über diese materialistischen Errungenschaften zu erheben. Die Schwarzen waren unfähig, irgendeine stabile Gesellschaftsform zu errichten, und mußten unter ständiger Kontrolle von außen leben. Nur die »weiße Rasse« verkörperte alles, was in Gobineaus Augen erhaben war: einen hohen Grad an Geistigkeit, Freiheitsliebe und einen ehrenhaften persönlichen Verhaltenskodex.
Allerdings sei es der »arischen Rasse« nicht gelungen, ihre Reinheit zu erhalten, weshalb sie ihre Überlegenheit verlöre und auf das Niveau der anderen, »minderwertigen Rassen« herabsinke. Bürgerliche Herrschaftsformen, der moderne Staat und sich entwickelnde demokratische Regierungsformen galten ihm als Bestätigung dieser Schlußfolgerungen. Diese pessimistische These wurde

aus späteren Ausgaben des *Essai,* Gobineaus grundlegendem Werk, gestrichen. Die Bedeutung dieser Arbeit lag nicht im Einfluß auf die Zeit, sondern in der Vorwegnahme späterer Entwicklungen.

Carl Gustav Carus, ein Zeitgenosse Gobineaus und führender Romantiker, ging einen Schritt weiter und entwikkelte eine rassistische Mystik. Wie Peter Camper vor ihm konzentrierte sich Carus auf die Suche nach »idealen Rassen«. Der ideale Mensch, geschaffen von der mystischen Kraft der Sonne, spiegelte nach Carus mit heller Hautfarbe, blondem Haar und blauen Augen die Lebenskraft des Himmels und der Sonne. Diese Definition betont die ästhetischen Elemente des Rassismus. Der Begriff der »arischen« Schönheit, der sich auf ein Modell des antiken Griechenland bezog, erhielt in Deutschland eine besondere Bedeutung.

Seit der zweiten Hälfte des 19. Jahrhunderts war nicht die Existenz der sogenannten schwarzen oder gelben Rassen, sondern der Antisemitismus Ausgangspunkt rassistischer Anschauungen. Juden wurden als Repräsentanten einer fremden Kultur im Herzen Europas angesehen; sie kleideten sich anders, sie beteten anders, sprachen eigene Sprachen (Jiddisch/ Hebräisch). Solange sie in Ghettos lebten, hatten sie kein großes Interesse erregt, aber dies änderte sich im Zuge ihrer Emanzipation zu Beginn des 19. Jahrhunderts. Die Emanzipation war den Juden unter der Annahme gewährt worden, daß sie damit auch ihre »Eigenarten« ablegen würden. Aber als die Juden die vollen Bürgerrechte erhalten hatten und sie mit ihren christlichen Nachbarn im ökonomischen und gesellschaftlichen Bereich rivalisieren konnten, wurden sie wegen ihrer Andersartigkeit angeklagt. Auch assimilierte Juden galten in der christlichen Welt als subversives Element. Tatsächlich war der Vorwurf, die Juden bildeten einen »Staat innerhalb des Staates«, zuerst in der Zeit der Emanzipation erhoben worden und führte zu der Forderung, sie von der Teilnahme am europäischen Leben auszuschließen. Auch der Erfolg jüdischer Familien, wie der Rothschilds und der Pereiras, im Bereich des Finanzkapitalismus – der eine zentrale Rolle bei der Industrialisierung Europas spielte – trug zur Verstärkung der Stereotypen bei. Die Schichten, die sich durch den Finanzkapitalismus bedroht fühlten, betrachteten den Erfolg jüdischer Bankhäuser als Beweis für die Existenz einer »kriminellen jüdischen Verschwörung«.

Für die Gegner der Emanzipation war der Fortbestand von Ghettos in Osteuropa ein Beweis für die Unüberwindbarkeit der Unterschiede zwischen Juden und anderen Völkern. Die Juden aus den Ghettos – Stadtmenschen mit einem häufig nicht über das Existenzminimum hinausreichenden Lebensstandard – repräsentierten die Antithese zum »arischen« Ideal. Außerdem trugen viele Juden – sowohl in den Ghettos als auch in Westeuropa – immer noch ihre traditionelle Kleidung, ihre Bärte und Peot (Schläfenlocken) und machten in Mittel- und Westeuropa einen fremden, geheimnisvollen Eindruck.

In Deutschland entlud sich der Judenhaß in den Hep-Hep-Unruhen von 1819, an denen Menschen aus allen sozialen Schichten beteiligt waren, die die Industrialisierung besonders fürchteten. In der Revolution von 1848 waren es vor allem die Handwerker, die den Ausschluß der Juden aus bestimmten Berufszweigen verlangten. Auch Angehörige der Mittelschicht und des Adels – alle, die nach ökonomischer und gesellschaftlicher Sicherheit strebten – tendierten dazu, die Juden für die Krise der Industrialisierung verantwortlich zu machen. Frühe Sozialisten wie Charles Fourier (1772–1837) und Pierre-Joseph Proudhon (1809–1865) waren antijüdisch und betrachteten die Juden als Ausbeuter der Arbeiterklasse.

Diese antijüdischen Ressentiments führten nicht notwendigerweise zum Rassismus, da viele noch der Überzeugung waren, der »gute Jude« sei in der Lage, sich von seinen »jüdischen« Eigenschaften zu lösen. Aber die Gruppe, die an die Existenz einer jüdischen Konspiration glaubte, agitierte für einen »Rassenkampf«. Der Darwinismus lieferte in der zweiten Hälfte des 19. Jahrhunderts eine scheinbar wissenschaftliche Basis für die »Zwangsläufigkeit« von »Rassenkriegen« nach dem Prinzip des »Überlebens des Stärkeren«. Die Arbeiten des Zoologen Ernst Heinrich Haeckel, die gegen Ende des 19. und zu Beginn des 20. Jahrhunderts weit verbreitet waren, propagierten die These, daß die Geschichte der Biologie eines Individuums in verkürzter Form die biologische Entwicklung seiner Vorfahren widerspiegele (das sogenannte biogenetische Gesetz). So verschmolz das mythische Bild der »Einheit des Volkes« mit der darwinistischen Weltanschauung.

Der Titel eines Buchs des deutschen Journalisten Wilhelm Marr von 1867 *Der Sieg des Judenthums über das Germanenthum,* war für diese Einstellung symptomatisch. In seinem Buch behauptete Marr, daß die Juden den Deutschen den Krieg erklärt hätten und durch die Kontrolle der deutschen Wirtschaft diesen Krieg gewinnen würden; es sei ein Krieg zwischen zwei »Rassen«, der keinen Kompromiß dulde. Einflußreiche Schriften wie Ludwig Woltmanns *Politische Anthropologie* (1903) bejahten aggressive Eroberungskriege mit dem Zweck, das »Überleben der Rasse« zu sichern. Hier ist der Nachweis der »arischen Überlegenheit« wieder mit der Ästhetik verbunden, denn nach Woltmann ist den Ariern die Wiederbelebung »absoluter Proportionen architekturaler Schönheit« nach dem griechischen Modell vorbehalten.

Dies war auch das zentrale Thema in Houston Stewart Chamberlains Buch *Die Grundlagen des 19. Jahrhun-*

Houston Stewart Chamberlain

DIE GRUNDLAGEN DES NEUNZEHNTEN JAHRHUNDERTS

ZWEITE HÄLFTE

Wir bekennen uns zu dem Geschlecht,
das aus dem Dunkeln ins Helle strebt.
Goethe

XIV. AUFLAGE

MÜNCHEN 1922 / BEI F. BRUCKMANN A.-G.

derts (1899). Die Deutschen sind darin die Erretter der Menschheit und die Träger der westlichen Kultur. Alle kulturellen Errungenschaften der Neuzeit sind Beweis ihrer Überlegenheit, die in einem endlosen Kampf gestählt wurde. Die »Arier« hätten ihre Reinheit im »Chaos der Rassen« bewahrt, aber eine »Mischlingsrasse«, die der Juden, sei zur gleichen Zeit in die Geschichte eingetreten und stehe ihnen jetzt in einem Endkampf gegenüber. Die Juden sind nach Chamberlain die Antithese zu den »Ariern«. Sie seien unfähig, sich auf ein höheres Niveau des Denkens und der Kultur zu erheben. Ihre Machtgier entbehrte jeder geistigen Tiefe. Der Kampf ums Überleben zwischen den »Rassen« könne nur in Sieg oder Vernichtung enden; was die »Arier« brauchten, um die Juden zu überwinden, sei ein Führer. Gegen Ende seines Lebens glaubte Chamberlain, daß in der Person Adolf Hitlers tatsächlich ein solcher Führer gefunden worden sei. **Chamberlains Buch** ist einer der Klassiker des Rassismus. Es war weit verbreitet und bildete ein Kompendium des Rassismus im 19. Jahrhundert.

Ein weiteres Buch, das zur Propagierung des Rassismus beitrug, war Julius Langbehns *Rembrandt als Erzieher* (1890). Er tritt für die Rückkehr zur »arischen Mystik« ein. Langbehn zufolge strömt die Lebenskraft aus dem Kosmos in die Seele des Volkes. Der Rassismus wurde in dieser Form zur mystischen Lehre, aufbauend auf Strömungen, die sich dem Übernatürlichen und dem Okkulten widmeten. Langbehn stand mit diesem Ansatz nicht allein; zu Beginn des 20. Jahrhunderts gab es in München einen Kreis »kosmischer« Philosophen, der ähnliche Ansichten vertrat, unter ihnen Ludwig Klages. Diesen »kosmischen« Philosophen zufolge besaß das »Arische« die einzigartige Fähigkeit, das Übersinnliche zu ergründen und den Kosmos widerzuspiegeln. Hitler, selbst ein Anhänger der Geheimwissenschaften, war mehr von der in diesem Kreis betriebenen Mystifikation der »Rasse« fasziniert als von Versuchen ihrer »wissenschaftlichen« Definition. Unter den Protestanten fand diese Form des Rassismus mehr Anhang als unter den Katholiken. Die autoritäre Hierarchie der katholischen Theologie gewährleistete, daß ihre Lehre unangetastet blieb. Der Protestantismus dagegen war häufig unklar, in verschiedene theologische Systeme zersplittert und darüber hinaus mit dem säkularen Staat eng verknüpft.

Der französische Philosoph Vacher de Lapouge verband in seinem Buch *L'Aryen, son rôle sociale* (1890; Die soziale Rolle des Ariers) die Eugenik mit Gobineaus Idealen der »arischen« Überlegenheit. In Deutschland wurde Eugenik als »Rassen-Eugenik« bekannt, und man stellte viele Überlegungen darüber an, wie sich die »überlegene Rasse« unter idealen Bedingungen fortpflanzen würde. Diese Entwicklung erreichte im nationalsozialistischen Deutschland ihren Höhepunkt: Durch pronatalistische Maßnahmen sollte der »rassisch wertvolle« Bevölkerungsteil vergrößert werden, während andererseits die »Euthanasie« – die Tötung der von Geburt an Kranken, der Geisteskranken und der körperlich Deformierten – als gerechtfertigt erschien, da solche Menschen die Degeneration der »überlegenen Rasse« darstellten. Der Begriff »Degeneration« war von Ärzten wie Jean-Baptiste Morrel und Cesare Lombroso geprägt worden; bestimmte körperliche Defekte und Nervenschwächen bewiesen demnach einen Prozeß der menschlichen Degeneration, ein Begriff, der von Rassisten übernommen wurde. Die »Säuberung« breiter Schichten nach Maßgabe der Eugenik erschien den Rassisten als ein Weg, die Utopie des »arischen Typus« in die Realität umzusetzen. Ebenso wie die Eugenik unterstützte die Medizin des 19. Jahrhunderts das an Kraft und Männlichkeit orientierte gesellschaftliche Ideal, und jeder, der von der Norm abwich, war moralisch und medizinisch suspekt. Vor allem wurde die sogenannte sexuelle Normalität zum Symbol der Gesundheit der Gesellschaft, und wer ihr nicht entsprach, galt als deformiert. Gegen Ende des Jahrhunderts wurden Juden zum Gegenstand des medizinischen Interesses. So glaubte der bekannte Psychiater Jean-

Martin Charcot, daß Juden besonders häufig unter Nervenschwächen und Hysterie litten. Doch diese Ärzte waren nicht notwendigerweise Rassisten – Charcot z.B. ging davon aus, daß Juden »geheilt« werden könnten. Aber die mit medizinischen Theorien vermengten moralischen Urteile ermöglichten es Rassisten, diese ideologisch zu verwerten. Sie profitierten dabei von den Ängsten der Mittelschicht, die sich von den »Unruhen der Neuzeit« bedroht fühlte.

Zwischen Rassismus und sexuellen Ängsten gab es eine direkte Verbindung: Als Interessenvertreter der Mittelschicht schrieben Rassisten den sogenannten minderwertigen »Rassen« gefährliche sexuelle Leidenschaften zu, die die Stabilität der bestehenden Ordnung bedrohten. Zuerst wurde den Schwarzen und später auch den Juden vorgeworfen, keine Liebe, sondern nur Lust zu kennen, die sich insbesondere auf die Frauen der »höheren Rasse« richte. Die Tendenz zu illegitimer Leidenschaft wurde mit einer angeborenen Neigung zu Nervosität und Instabilität auf seiten der Juden, der Homosexuellen und der geistig Kranken begründet – genau jene Gruppen, die die Nationalsozialisten später mit Hilfe einiger Ärzte ermordeten. Der »Rassenkrieg« war hauptsächlich gegen die Juden gerichtet, aber der Rassismus wollte auch all jene eliminieren, die die Gesundheit der »höheren Rasse« zu gefährden schienen.

Während der zweiten Hälfte des 19. Jahrhunderts kam es zu einer Massenemigration aus Mittel- und Südeuropa nach Amerika, und die Rassismus-Theorien, die man bereits auf Schwarze angewandt hatte, wurden nun auf alle Völker ausgedehnt, die nicht angelsächsischen Ursprungs waren. Typisch für diese Tendenz war Madison Grants Buch Passing of the Great Race (1916), das als Warnung an die amerikanische Nation gedacht war, die dabei sei, ihren »nordischen« Charakter zu verlieren. Rassistische Prinzipien wurden bis zu einem gewissen Grad benutzt, um Beschränkungen der Immigration aus anderen als den nordeuropäischen Gebieten zu rechtfertigen.

Inzwischen hatte der amerikanische Süden eine strikte Trennung von Schwarzen und Weißen durchgesetzt. Die physische Segregation der Weißen von den Schwarzen war das am weitesten reichende Mittel in der Zeit des Wiederaufbaus nach dem Bürgerkrieg (1861 bis 1865). Im Süden wurde die »Rassentrennung« strikt eingehalten, aber sie existierte auch im Norden, wo die Schwarzen auf bestimmte Stadtteile beschränkt wurden. Die Anklagen, die man in Europa gegen die Juden erhoben hatte, wurden in Amerika gegen die Schwarzen vorgebracht und ebenfalls mit der äußeren Erscheinung, Schädelmaßen und einer »moralischen Minderwertigkeit« begründet. Selbst angebliche Unterschiede im Geruch und in der Beschaffenheit des Haares, die schon die Antisemiten glauben beweisen zu können, übertrug man auf die Schwarzen. Besondere Bedeutung erlangte der Vorwurf der »unkontrollierten Sexualität«. Die Angst vor der »Rassenvermischung« führte zur Lynchjustiz gegenüber Schwarzen, die man der Vergewaltigung weißer Frauen verdächtigte, genauso wie die Rassisten in Europa die Juden der Vergewaltigung »arischer« Frauen angeklagt hatten. (...)

Vor dem Ersten Weltkrieg gewann der Rassismus überall an Stärke – insbesondere in Frankreich, wo die von Drumont und anderen inspirierte nationalsozialistische Bewegung in den unteren Schichten Anhänger fand. Die Action Française war genaugenommen keine rassistische Bewegung. Ihr geistiger Vater, Charles Maurras, haßte Juden, Deutsche und Engländer gleichermaßen, doch gründete diese Haltung nicht auf rassistischen Vorurteilen. Maurras' Konzept zufolge sollte Frankreich eine katholische Monarchie werden; in ihr würde es keinen Platz für irgendeine Art weltlicher Religion geben.

Den nachhaltigsten französischen Beitrag zum Rassismus in der zweiten Hälfte des 19. Jahrhunderts bildeten die »Protokolle der Weisen von Zion«, ein während der Dreyfus-Affäre entstandenes, erfundenes »Dokument«. Die Protokolle gaben vor, ein von internationalen jüdischen Führern besuchtes geheimes Treffen widerzugeben, bei dem ein Plan zur Erlangung der Weltherrschaft »durch List und Gewalt« aufgestellt worden sei. Die Fälschungen sollten den »Beweis« für das Vorhandensein einer jüdischen Konspiration liefern – eine Behauptung, die zu einem wichtigen Bestandteil im rassistischen Denken geworden war und die nach dem Ersten Weltkrieg von allen Rassisten übernommen wurde. In den Vereinigten Staaten z.B. sorgte Henry Ford für eine weite Verbreitung der *Protokolle*. Flüchtlinge aus dem bolschewistischen Rußland brachten die *Protokolle* nach Deutschland, wo sie bald zum Hauptthema der politischen Rechten wurden. Hitler selbst rechtfertigte seine politischen Ziele mit den *Protokollen*.

In Italien erlangte der Rassismus keinen großen Einfluß. Sowohl die katholische Kirche als auch Giuseppe Mazzinis humanistischer Nationalismus bremsten die Entwicklung des Rassismus. In Italien existierte – wie auch in Frankreich – ein virulenter katholischer Antisemitismus, der jedoch nicht rassistisch geprägt war. Mit dem Rassismus war die Nichtanerkennung der christlichen Taufe untrennbar verbunden; darüber hinaus drohte seine Ideologie zu einer rivalisierenden Religion zu werden.

In Mittel- und Osteuropa hingegen gingen Rassismus und Nationalismus die wirksamste Verbindung ein. In einer Reihe dieser Länder – Rumänien, Ungarn und Polen – waren die Juden exponierte Mitglieder der handeltrei-

benden Mittelschicht. Die Existenz städtischer Ghettos verstärkte außerdem den Glauben an rassisch bedingte Unterschiede. Auch hier schränkte der Einfluß der katholischen Kirche teilweise die Verbreitung des Rassismus ein; doch die in diesen Ländern verbreitete Ansicht, daß der Nationalismus von inneren und äußeren Kräften bedrängt werde, verstärkte den Rassismus.
In den letzten beiden Jahrzehnten des 19. Jahrhunderts entstanden zahlreiche Gruppen und politische Parteien mit antisemitischen Tendenzen. Manche, wie die Christlich-soziale (Arbeiter-)Partei in Deutschland (1878 bis 1918), gegründet von Adolf Stoecker, waren konservativ, und ihr Antisemitismus basierte auf einem konventionellen Protestantismus. Andere – wie die Antisemitische (Volks-)Partei (1890 bis 1894), gegründet von Otto Boekkel-, und andere antisemitische Organisationen – schlugen eine nationalsozialistische und rassistische Richtung ein. Diese Organisationen erreichten 1893 ihren Höhepunkt, als sie als Bündnis bei den Reichstagswahlen 263 861 Stimmen und 16 Mandate erhielten. Von größerer Bedeutung war die Allianz zwischen der Deutschkonservativen Partei und den antisemitischen Kräften von 1892 (Tivoli-Programm). In dem Berliner Parteiprogramm von 1892 hieß es u.a.: »Wir bekämpfen den ... zersetzenden jüdischen Einfluß auf unser Volksleben ...« Die Konservativen plädierten dafür, den Juden die Bürgerrechte zu entziehen – mit der Begründung, daß Deutschland ein christliches Land sei. Einflußreiche Kreise in der Partei hatten im Laufe ihrer Verbindung mit dem Bund der Landwirte, einer Organisation von Großgrundbesitzern, rassistische Anschauungen übernommen. Vor dem Ersten Weltkrieg gingen die konservativen politischen Gruppen und Parteien nicht mit Gewalt gegen die Juden vor. Mit Ausnahme des zaristischen Rußland, wo die Regierung von Zeit zu Zeit Pogrome initiierte, blieb die Anwendung offener Gewalt vor diesem Krieg auf Randgruppen beschränkt.

Von der Ideologie zur Massenbewegung: Rassismus und Politik

Vor 1918 fand rassistisches Gedankengut vor allem bei kleinen, miteinander rivalisierenden Sekten Anhänger, die eine eher mystische als »wissenschaftliche« Version des Rassismus vertraten. Der »Arier« galt ihnen als Geschöpf der Sonne mit direkter Verbindung zum Kosmos. An den Theoremen der Anthropologen und Philologen waren sie nicht interessiert. In Österreich publizierte Lanz von Liebenfels die rassistische Zeitschrift Ostara, nach der deutschen Frühlingsgöttin, mit dem Untertitel *Zeitschrift für Blonde*. Hitlers Rassismus war durch ähnliche Quellen inspiriert.
In *Mein Kampf* berichtet Hitler, daß er aufgrund einer Begegnung mit fremdartig gekleideten Juden aus Osteuropa auf den Straßen Wiens zum Antisemiten geworden sei. Seine Reaktion entsprach der vieler anderer Menschen in der zweiten Hälfte des 19. Jahrhunderts, die, konfrontiert mit fremd aussehenden Menschen, einen »Rassenkrieg« für notwendig hielten, um Deutschland zu erhalten. So hob Hans Friedrich Karl Günther, einer der Theoretiker des nationalsozialistischen Rassismus, die körperlichen Unterschiede zwischen der »arischen« und der »jüdischen Rasse« hervor und stellte sogar eine Liste »typisch jüdischer« Körperbewegungen und physischer Eigenschaften auf. Sein Gegner, der Psychologe Ludwig Ferdinand Clauss, wertete in seinem Buch *Die nordische Seele* (1932) die Bedeutung der äußeren Erscheinung ab und betonte statt dessen die »inneren« Werte der »Rasse«. Auf diese Weise umging Clauss das Problem, daß die meisten sogenannten Arier nicht blond, schlank und wohlgestalt waren.
Nach dem Ersten Weltkrieg gewannen rassistische Lehren in der Wissenschaft neue Anhänger. Einige Schulen der Psychologie – in Europa Carl Gustav Jung und in den Vereinigten Staaten William McDougall – betonten jetzt die Unterschiede zwischen den »Rassen«. Nach McDougall war der Herdentrieb bei den nordischen Völkern schwach und bei den Mittelmeer-Völkern stark ausgeprägt. Eine andere amerikanische Schule der Psychologie versuchte mit Intelligenztests ihre rassistischen Theorien zu beweisen. Die Jungsche Psychologie tendierte zu einem mystischen Symbolismus; sie betonte unveränderbare »Archetypen«. Jung selbst publizierte einige Jahre lang unter dem nationalsozialistischen Regime eine führende Zeitschrift für Psychologie. Viele Wissenschaftler versuchten, zwischen ihrer Arbeit in den Laboratorien, wo sie sich an die wissenschaftliche Methodik hielten, und der Außenwelt zu unterscheiden, wo sie irrationale Argumente akzeptierten. Solche Differenzierungen erwiesen sich als unhaltbar, und bald führte diese irrationale Haltung gegenüber politischen und gesellschaftlichen Fragen zu einer »arischen Physik«, einer »arischen Medizin« und einer »arischen Biologie«.
Der Erfolg der bolschewistischen Revolution in Rußland und die Revolutionen in Deutschland und Osteuropa verstärkten die Dynamik des Rassismus. Russische Emigranten verbreiteten die *Protokolle der Weisen von Zion* in ganz Europa, und der Bolschewismus wurde als ein Erfolg der »jüdischen Verschwörung« dargestellt. Juden waren schon immer der Unterminierung der christlichen Welt verdächtigt worden, und jetzt wurde die »jüdisch-kommunistische Verschwörung« – scheinbar bewiesen durch die Beteiligung zahlreicher führender Funktionäre jüdischer Herkunft an der Revolution – dem Arsenal der »Rassenlehre« hinzugefügt.

Nach dem Ersten Weltkrieg wurden Vorstellungen, die Madison Grant bislang nur im akademischen Umfeld propagiert hatte, in den Vereinigten Staaten populär. Der Ku-Klux-Klan hatte großen Zulauf, und 1923 schätzte man seine Mitgliederzahl auf drei bis sechs Millionen. Im Gegensatz zu den Ereignissen in Europa bildeten sich in den Vereinigten Staaten jedoch keine politischen Massenbewegungen mit rassistischer Ideologie. Zum großen Teil wurde der Rassismus in das bestehende politische Zweiparteiensystem integriert, wobei sich Rassismus-Gegner in beiden Parteien fanden; es blieb kein Raum für eine spezifische gegen das Establishment gerichtete rassistische Politik.
Nach dem Ersten Weltkrieg gab es in Europa Versuche, die Theorie in die Praxis umzusetzen. Die politischen Bewegungen nutzten den Rassismus zur Mobilisierung ihrer Anhänger. In dieser Hinsicht gab es zwischen dem Nationalsozialismus in Deutschland, der »Eisernen Garde« in Rumänien und der »Ustasa« in Kroatien keinen Unterschied. Die Propagandisten der rassistischen Bewegungen akzeptierten auch Gewalt als Mittel für politische Aktivitäten. Sie waren nicht mehr damit zufrieden, die Juden aus dem wirtschaftlichen oder gesellschaftlichen Leben zu verdrängen, sondern wollten nun ihre Vernichtung. Die Pogrome in Rumänien während der kurzen Zeit, in der die Eiserne Garde an der Macht war (1940/1941), und ähnliche Greueltaten der rassistischen Bewegungen in Ungarn und Kroatien beweisen, daß es überall, wo es Rassismus gab, auch zu Übergriffen kam.
Die Tatsache, daß Gewalt eine immer größere Rolle spielte, trug auch zur »Entmenschlichung« des Gegners bei. Dietrich Eckart, Hitlers Berater zu Beginn seiner politischen Karriere, verkündete, kein Volk hätte die Juden am Leben gelassen, wenn »Natur« und Ziel der Juden bekannt gewesen wären. Bei Eckart war dies Rhetorik, aber Hitler glaubte daran und erklärte, daß eine »minderwertige« menschliche Art den Affen näherstünde als den »höheren Rassen« der Menschheit. Heinrich Himmler verglich die Juden mit Fliegen und Mäusen – »widerwärtige Lebensformen«, die vernichtet werden müßten-, um die Motivation seiner Männer für die Ermordung der Juden zu stärken. Visuelle »Dokumentationen« dieser Theorien bildeten einen entscheidenden Teil der nationalsozialistischen Propaganda. (...)
In Deutschland verlangte das Programm der Nationalsozialisten die Vertreibung der Juden aus dem gesellschaftlichen und politischen Leben der Nation. Damit sich die Politik des »Rassenkriegs« in einem von bürgerlichen Werten geprägten Land durchsetzen konnte, mußte sie von »respektablen« Kräften ausgehen. Eine solche Bewegung konnte sich nicht profilieren, indem sie, wie die Eiserne Garde, eine Politik der Pogrome vertrat oder gar Lynchaktionen, wie sie wiederholt in den Vereinigten Staaten stattgefunden hatten. Statt dessen setzte der Nationalsozialismus einen Prozeß der Dehumanisierung des »Rassenfeindes« in Gang, so daß die Angehörigen der diffamierten »Rassen« nicht mehr als Menschen erschienen, sondern als Verkörperung des Bösen.
Der Rassismus erreichte sein Ziel des Genozids schließlich nicht durch offene Gewalt, sondern mit Hilfe einer systematischen bürokratischen Vorgehensweise. Die Taktik bestand in der allmählichen Beseitigung von Hindernissen sowie in Propaganda und Indoktrination. Von entscheidender Bedeutung waren die »Nürnberger Gesetze« (1935), die nicht nur die rechtliche Grundlage für die Trennung von Juden und Christen lieferten, sondern auch definierten, wer ein Jude war – was den rassistischen Lehren bis dahin nicht gelungen war.
Diesen Gesetzen zufolge war ein Jude, wer vier oder mindestens drei jüdische Großeltern besaß; wer zwei jüdische Großeltern hatte, wurde als »Mischling« bezeichnet. Diese Kategorie war aus Mangel an Nachkommenschaft zur Auslöschung bestimmt, da »Mischlinge« weder zu Juden noch zu »Ariern« sexuelle Beziehungen unterhalten durften. Dieselben Gesetze definierten auch zum erstenmal rechtlich präzise, wer ein »Arier« war: jemand, dessen Großeltern väterlicherseits und mütter-licherseits zur »arischen Rasse« gehörten. Mitglieder der SS mußten »rein arische« Vorfahren bis zur Zeit vor der jüdischen Emanzipation (d.h. vor 1850) nachweisen. Rassismus war integraler Bestandteil des Rechtssystems eines großen europäischen Staates geworden. (...)
Der Rassismus der faschistischen Führer Italiens war nichts anderes als Opportunismus, und selbst der altgediente Antisemit Roberto Farinacci glaubte im Grunde nicht an die von ihm propagierte »Rassenlehre«. Als Rassismus zur offiziellen Politik des italienischen Regimes wurde, prägte Mussolini die Losung: »Lieber Diskriminierung als Verfolgung«. Obwohl die italienischen Juden schwere Zeiten und viele Demütigungen durchlitten, wurde die Politik des Genozids nur unter der deutschen Besatzung durchgeführt. Die öffentliche Meinung Italiens hat Rassismus nie akzeptiert.
Die Nationen, die im Zweiten Weltkrieg gegen den Nationalsozialismus kämpften, waren sich in ihrer Ablehnung des Rassismus einig. Rassistische Tendenzen Großbritanniens fanden ihren Ausdruck vor allem in der Politik gegenüber der Kolonialbevölkerung des Empires. In Großbritannien selbst hatte die faschistische Bewegung Oswald Mosleys nie viel Unterstützung erhalten, auch als sie in der Hoffnung, der Bewegung zu neuem Schwung zu verhelfen, rassistische Theorien übernahm. In Rußland tauchte der Antisemitismus alten Stils hier und dort während des Kriegs auf, wurde aber von der offizi-

ellen sowjetischen Politik abgelehnt. In den Vereinigten Staaten, wo man den Rassismus der Nationalsozialisten strikt ablehnte, verhielt man sich den Schwarzen gegenüber allerdings weiterhin rassistisch.

Rassismus nach dem Zweiten Weltkrieg

Nach dem Krieg war Rassismus als Element der Regierungspolitik diskreditiert. Eine Ausnahme bildete lediglich Südafrika, wo Rassismus zur offiziellen Politik des Landes wurde. Die nationale Partei war 1914 ausdrücklich zu dem Zweck gegründet worden, die Tradition der weißen Herrschaft in Südafrika wiedereinzuführen. In den 20er Jahren wurde in allen Landesteilen eine Politik der Diskriminierung von Schwarzen eingeführt, wobei die Weißen die liberale Tradition der englischsprachigen Provinz Kapstadt zerstörten. Während des Zweiten Weltkriegs unterstützte die holländische protestantische Kirche Südafrikas die strenge »Rassentrennung«. Wie auch zahlreiche deutsche Protestanten war sie der Überzeugung, »Rassenunterschiede« seien gottgewollt. Im Jahr 1948 erließ die National Party eine Reihe von Gesetzen, die die Apartheid-Politik der Weißen legalisierten. Alle Formen »rassischer« Integration wurden untersagt, und die schwarze Bevölkerung des Landes wurde in bestimmte gekennzeichnete Gebiete verbannt. Seit Ende der 80er Jahre befindet sich Südafrika in einer Phase des politischen Übergangs. Erst seit den 90er Jahren zeichnet sich bei maßgeblichen südafrikanischen Politikern eine Bereitschaft ab, die Apartheid nach und nach aufzuheben.*

Die »Rassentrennung« in den Vereinigten Staaten wurde durch den Krieg nicht beendet. Erst durch den Bürgerrechtskampf in den 60er Jahren wurden das volle Wahlrecht und eine größere Gleichberechtigung für Schwarze erreicht. Diskriminierungen von Juden bei der Arbeit, in Hotels und Urlaubszentren dagegen wurden als Reaktion gegen die Verbrechen der Nationalsozialisten schon früher beendet.

In Frankreich gab es sporadisch antijüdische Ausschreitungen während des Algerien-Kriegs, und der Rassismus selbst lebte sowohl in Frankreich als auch in England als Resultat der Immigration von Schwarzen und Nordafrikanern aus den früheren Kolonien wieder auf. Einige arabische Länder, besonders Ägypten vor dem Friedensabkommen mit Israel, nutzten den Rassismus als Propagandamittel gegen den jüdischen Staat.

Der Rassismus besteht weiter, wenn nicht offen, so doch unter der Oberfläche. Das Bewußtsein vieler Menschen wird immer noch von Stereotypen bestimmt sowie von der Angst vor Normabweichungen und Fremdem.

* Dieses Stichwort stammt aus dem Jahre 1992.

Aus: Enzyklopädie des Holocaust. Die Verfolgung und Ermordung der europäischen Juden Band II. Herausgegeben von Eberhard Jäckel, Peter Longerich, Julius H. Schoeps. Berlin 1993 – Wir danken dem Argon Verlag für die freundliche Genehmigung zum Abdruck.

Literaturhinweise

Ch. Von Braun/ L. (Hg.): Der ewige Judenhaß. Christlicher Antijudaismus, Deutschnationale Judenfeindlichkeit, Rassistischer Antisemitismus. Stuttgart/ Bonn 1990.

C. Buttereregge/ S. Jäger (Hg.): Rassismus in Europa. Köln 1992

I. Geiss: Geschichte des Rassismus. Frankfurt a.M. 1988

J. Goldstein: Rasse und Politik. Darmstadt 1960

J. Katz: Vom Vorurteil bis zur Vernichtung. Der Antisemitismus 1700–1933. München 1989

C. Lingemann (Hg.): Rassenmythos und Sozialwissenschaften in Deutschland. Opladen 1987

B. Lewis: Treibt sie ins Meer! Die Geschichte des Antisemitismus. Frankfurt a.M./ Berlin 1987

U. Lohalm: Völkischer Radikalismus. Die Geschichte des Deutschvölkischen Schutz- und Trutz-Bundes 1919–1923. Hamburg 1970

G. L. Mosse: Ein Volk, ein Reich, ein Führer. Königstein/Ts. 1979

ders.: Der Rassismus. Ein Krankenheitssympton in der europäischen Geschichte. Königstein/Ts. 1978

P. von zur Mühlen: Rassenideologien. Geschichte und Hintergründe. Berlin/ Bonn 1979

L. Poliakov: Der arische Mythos. Zu den Quellen von Rassismus und Nationalismus. Wien 1977

ders.: Geschichte des Antisemitismus, 8 Bde. Worms/ Frankfurt a.M. 1977–1988.

ders./ C. Delacampagne/ P. Girard: Über den Rassismus. 16 Kapitel zur Anatomie, Geschichte und Deutung des Rassewahns. Frankfurt a.M./ Berlin/ Wien 1984

Unterrichtsanregungen

100 Jahre deutscher Rassismus. Katalog und Arbeitsbuch. Hrsg. von der Kölnischen Gesellschaft für Christlich-Jüdische Zusammenarbeit Köln 1995[2]. Bezug und Informationen zur Ausstellung: Köln. Gesellschaft, Kämmergasse 1, 50676 Köln.

Zur Konstruktion und Funktion des antisemitischen Vorurteils

Gernot Jochheim

Ein Zugang zur Psychodynamik des Vorurteils mit dem Stück »Andorra« von Max Frisch

Das Stück »Andorra« von Max Frisch dürfte nach wie vor das geeigneteste Medium sein, um Schülerinnen und Schülern ab der Sek. I die psychischen Mechanismen und die sozialen Funktionen von Vorurteilen zu vermitteln. Andorra ist als Ort und als Gesellschaft ein Modell – als literarische Form für Frisch ein Mittel, »eine Thematik durch Entaktualisierung freizulegen«.[1]

Das Selbstverständnis der Bewohner Andorras wird stark durch ein Feinbild geprägt: Dem »weißen« Andorra droht eine Aggression der »Schwarzen«. Hauptperson des Stücks ist der junge Andri. Ihm werden aufgrund der Bekundungen seines Pflegevaters, des Lehrers Can, er habe Andri, ein Judenkind, als Säugling vor den »Schwarzen« gerettet, zunehmend antisemitische Vorurteile entgegengebracht. Tatsächlich aber ist Andri das Kind einer nichtehelichen Beziehung des Lehrers mit einer Frau der »Schwarzen«, was der Lehrer verschwiegen hat. So von einer Vielzahl von Vorurteilen betroffen, sucht Andri Halt in der Liebesbeziehung zu Barblin, der ehelichen Tochter des Lehrers, also – ohne es zu wissen – zu seiner Halbschwester, die die Gefühle erwidert. Der Lehrer muß die Bitte Andris und Barblins, heiraten zu dürfen, abschlagen, wobei er Möglichkeiten, die Wahrheit doch noch rechtzeitig zu sagen, schuldhaft ausläßt. Andri kann daher die Weigerung nur als Ausdruck eines Vorbehalts selbst seines Pflegevaters ihm gegenüber als einem »Juden« werten. Als die »Schwarzen« Andorra dann tatsächlich überfallen, zeichnen sich die Andorraner durch Anpassung aus und überlassen Andri einer »Judenschau« durch die Okkupanten. Er wird zur Liquidation abgeführt. Sein Vater erhängt sich; Barblin verfällt dem Wahnsinn.

Namentlich der Mechanismus der Projektion wird in dem Stück sinnfällig. Der Wirt, der Tischler, der Geselle sind, wann immer es möglich ist, auf geldliche Vorteile aus. Sie nutzen gerade auch Schwierigkeiten aus, in denen sich Andri oder sein Pflegevater befinden, um ein günstiges »Geschäft« zu machen. Aber eben sie sind es, die Andri als »Juden« vorwerfen, geldgierig zu sein. Ähnliches gilt für die Vorwürfe der »Feigheit« oder »Geilheit«, was sich insbesondere mit dem Verhalten des Soldaten veranschaulichen läßt. Der Doktor benutzt das Klischee vom »jüdischen Ehrgeiz« wie auch das Gefühl der »Vaterlandstreue«, um von seinen mangelnden beruflichen Fähigkeiten und dem Mißlingen seiner Karrierepläne abzulenken (Sündenbock-Funktion). Und mit der Figur des Paters schließlich verdeutlicht Frisch, daß sich belastende Vorurteile auch in Wertungen äußern können, die vordergründig als positiv erscheinen.

Auch die Erscheinung einer »sich selbst erfüllenden Prophezeiung«, die einhergeht mit dem Phänomen psychischer »Rationalisierung«, läßt sich mit dem Stück verdeutlichen (Lehrprobe).

Max Frisch ist es weiter gelungen, den gemeinhin schwierig nachvollziehbaren Mechanismus, daß Menschen, die von Vorurteilen betroffen sind, nicht nur verunsichert, sondern durch eben diese Vorurteile auch geprägt werden können, in einer Art und Weise darzulegen, die für jugendliche Schülerinnen und Schüler erfahrungsgemäß nachvollziehbar ist.

Die Behandlung des Stücks erfordert es, zu klären, was die gemeinsamen Merkmale jener Gruppe Menschen sind, die sich als Juden betrachten. (s.S. 65 ff.) Dies ist angesichts historischer Geschehnisse wie auch aktueller Ereignisse in Deutschland und in anderen Gesellschaften eine wichtige aufklärerische Aufgabe.

Unterrichtsanregungen:

1. Arbeitsmaterialien Deutsch: Dokumente zu Max Frisch: »Andorra« Stuttgart: Ernst Klett Verlag, 1972.
2. Wolfgang Frühwald / Walter Schmitz: Max Frisch: »Andorra /Wilhelm Tell«. Materialien Kommentare. München u. Wien: Carl Hanser Verlag, 1977.
3. Hans Bänzinger: Zu Max Frisch: »Andorra«. Reklam UB 8170.

Zur historischen Verknüpfung von Antisemitismus und Rassismus

> *Die Missionare des Christentums erklärten einst: Ihr habt kein Recht, als Juden unter uns zu leben. Die nachfolgenden weltlichen Herrscher verkündeten: Ihr habt kein Recht, unter uns zu leben. Die deutschen Nazis schließlich verfügten: Ihr habt kein Recht zu leben.*
> *Raul Hilberg*[2]

In den christlichen Gesellschaften des Abendlandes waren Juden zu Fremden gemacht worden, die sich in vielen Ländern und an vielen Orten häufig nur aufgrund einer restriktiv gestalteten landesherrlichen Genehmigung aufhalten durften. Daß dies seinen wesentlichen Grund darin hatte, daß die christliche Religion der jüdischen so nahestand – Jesus und seine Jünger waren schließlich Juden gewesen –, sich aber auch zugleich wesentlich von ihr unterschied, hat Sigmund Freud in seiner Schrift »Der Mann Moses und die monotheistische Religion« so erhellend dargelegt. Die christliche Gesellschaft verwehrte Juden viele Tätigkeiten, was zugleich Ausdruck ihrer Isolierung war, wie es eben diese Isolierung von Generation zu Generation festschrieb. Damit ging einher, daß Juden wie »Hexen« oder »Zauberer« als Sündenböcke für Naturkatastrophen, Seuchen u.ä. herhalten mußten.

Jene Spielart des Antisemitismus, die sich im 19. Jahrhundert insbesondere in Mitteleuropa herausbildete, hatte nichts mehr gemeinsam mit einem religiös motivierten »Antijudaismus« und antijüdischen Ressentiments vorangegangener Jahrhunderte. Namentlich im letzten Viertel des vergangenen Jahrhunderts erhielt der Antisemitismus seine rassistische Einfärbung, nach der es – angeblich genetisch bedingt – einen »guten Juden« überhaupt nicht geben konnte.

Diese Epoche war in Mitteleuropa gekennzeichnet durch einen beschleunigten ökonomischen Modernisierungsprozeß auf dem Hintergrund einer Konsolidierung und Vertiefung der industriellen Revolution. Der Wandel in Güterproduktion und Landwirtschaft sowie die neuen Dimensionen in Handel und in der Finanzwirtschaft hatten – teilweise in quantitativ großen Bevölkerungsteilen – Verlierer: Großgrundbesitzer, bäuerliche Landwirte, Handwerker und Kleinhändler – Menschen, die ihr wirtschaftliches und gesellschaftliches Schicksal verstärkt als unbefriedigend empfanden und die hierfür Erklärungen und Lösungen suchten. Für nicht wenige bestand die Lösung übrigens im Auswandern. Allein von 1880 bis 1893 wanderten 1,8 Mio. Deutsche in die USA aus.

Bei den sich von der Dynamik des industriellen Wandels überflügelt und bedroht fühlenden traditionellen Gesellschaftsschichten stellte sich eine zunehmende Anfälligkeit für irrationales und neurotisches Denken ein. Nichts war einfacher, als in der Finanzwirtschaft, im Handel (großen Stils) und teilweise auch in der Industrie Juden auszumachen. Die Folge: Der ökonomische Liberalismus, ja der gesellschaftliche und politische Liberalismus überhaupt wurde als »jüdisch« also als nicht »wesensmäßig deutsch«, als fremd, diffamiert. Wie Hans Rosenberg in seinem Standardwerk »Große Depression und Bismarckzeit«[3] (Berlin 1967) ausgeführt hat, wurde der Antisemitismus zum »Leitmotiv des Depressionszeitalters«. Diese traditionellen ländlichen und städtischen Mittelschichten – die quantitativ nicht ins Gewicht fallende Schicht der Großgrundbesitzer kann hier ausgeblendet bleiben –, die im Kaiserreich den Nährboden für Antiliberalismus und Antisemitismus bildeten, waren es dann auch, die gemeinsam mit dem angewachsenen »neuen Mittelstand« der Angestellten das ausschlaggebende Wählerpotential der Nationalsozialisten bildeten.

Bekannt ist die zeitgenössische Darstellung dieser Stimmung durch Heinrich von Treitschke, mit der er 1879 den »Berliner Antisemitismusstreit« auslöste und die in dem folgenschweren Satz gipfelte: »Bis in die Kreise der höchsten Bildung hinauf, unter Männern, die jeden Gedanken kirchlicher Unduldsamkeit oder nationalen Hochmuts mit Abscheu von sich weisen würden, ertönt es heute wie aus einem Munde: die Juden sind unser Unglück!«[4]

Im letzten Viertel des 19. Jahrhunderts erfuhr ein aggressiver Antisemitismus in Deutschland seine ideologische Untermauerung und seine politische Organisierung (antisemitische Parteien und politische Gruppierungen bzw. derartige Gruppen in konservativen Parteien). Die ideologische Untermauerung fand ihren Ausdruck zum einen in der »Wahnidee, daß die jüdische Sonderart nicht etwa religiös oder historisch – milieumäßig bedingt, sondern durch das ›Blut‹ eingeboren und unzerstörbar und noch dazu ihrem Wesen nach verwerflich und teuflisch sei«[5] und zum anderen in der »Phantomvorstellung, daß eine organisierte, mit diabolischen Mitteln arbeitende jüdische Kollektivverschwörung vorliege, die auf die planmäßige Aussaugung, Unterjochung und schließlich wirtschaftliche Vernichtung der kleinen Leute hinarbeite«.[6]

Hierzu ein Beispiel aus der umfangreichen Pamphletliteratur jener Zeit, aus: Die Fremdlinge in unsrem Heim. Ein Mahnwort an das Deutsche Volk von einem Berliner Bürger, Berlin 1876, S. 3 f. und 6 f.:

»*Man kann die Religion wechseln, ohne an der angeborenen, ererbten Gesittung das mindeste einzubüßen. Ein Muhamedaner aus deutschem Blut wird immer deutsch fühlen und denken und immer nach deutscher Moral handeln; ebenso aber wird auch ein christlicher Jude stets dem Einflusse seiner semitischen Moral unterliegen ... Unbeschränkte Semitenherrschaft, unbeschränkte Freiheit des Betruges, Deiner Beraubung, Plünderung, Aussaugung und endlichen Vernichtung: das ist der Geist, das Ziel des modernen Juden ›Liberalismus‹, der von wahrer Liberalität himmelweit entfernt ist... Wann wirst Du endlich begreifen, daß auch der genialste Semit Dir weder in der Presse, noch in der Schule, weder in Deiner Vertretung noch in der Verwaltung, weder in der Pflege Deines Rechtes, noch sonst wo, von Nutzen sein kann; daß auch der ehrlichste Jude unter dem unentrinnbaren Einflusse seines Blutes, dem Träger seiner der Deinigen völlig entgegengesetzten Semitenmoral, überall nur an der Untergra-*

bung und Vernichtung deutschen Wesens, deutscher Moral, deutscher Gesittung arbeiten muß, wenn er auch tausendmal das Gegenteil beteuert, und Dir noch so viel Weihrauch streut!... Darum frage zuerst nach dem Blute, deutsches Volk, wenn Du deine Vertreter wählst... Erst in zweiter Linie frage nach dem politischen Bekenntnis«.

Schließlich bildete sich auf dem Hintergrund des sich verschärfenden Antisemitismus in Mitteleuropa als populären und populistischen Code das Bild vom »häßlichen Juden« heraus. Da wäre einmal das Bild des Juden in der Literatur zu nennen. Zwei Romane, die zu den erfolgreichsten der deutschsprachigen Literatur überhaupt zählen, sind zu anzuführen: Gustav Freytags »Soll und Haben« (1855) und Wilhelm Raabes »Der Hungerpastor« (1864). In beiden Romanen ist der unsympathisch gezeichnete Antiheld ein Jude, bei Freytag Veitel Itzig – ein Namen, der zum negativ belegten Inbegriff eines allein gewinnsuchenden (jüdischen) Kaufmanns überhaupt wurde -, bei Raabe Moses Freudenstein, ein kalter Intellektueller, der sich u.a. in seinen Beziehungen zu Frauen extrem schäbig verhält und dessen Konversion zum Katholizismus vom »christlichen Helden« Hans Unwirrsch als unglaubwürdig entlarvt wird. Ähnliche Darstellungen finden sich in der Fülle trivialer Romanliteratur oder auch bei Karl May. In »Soll und Haben« tauchen im übrigen zudem negative Klischees über Lebensweisen der polnischen Bevölkerung auf.

Neben dem literarischen Bild tritt das konkrete: Abbildungen in Karikaturen, Bilderbögen, Bildgeschichten, Illustrationen, vorzugsweise in der vielfältigen und weit verbreiteten Unterhaltungspublizistik. Ein bekanntes Beispiel dürfte Wilhelm Busch mit der Figur des Schmulchen Schievelbeiner sein. Auch in der Bildenden Kunst finden vielfache Beispiele für eine wenig ansprechende Darstellung jüdischer Figuren.

Biographen von Freytag, Raabe oder Busch betonen im übrigen, daß keiner der Schriftsteller Antisemit gewesen wäre. Jeder hätte sich vielmehr sogar öffentlich gegen den anwachsenden Antisemitismus im Kaiserreich und pauschalisierende negative Urteile über Juden gewandt. Tatsache ist allerdings, daß die genannte Literatur wie auch die Trivialliteratur in der Alltagskultur über das 19. Jahrhundert hinaus zu einem Ferment des Antisemitismus wurde und auch in der Nazizeit Verbreitung gefunden hat bzw. aufgegriffen wurde. Selbstverständlich konnte ein Schriftsteller 1855 oder 1864 nicht ahnen, in welchem Maße seine Literatur womöglich einmal politisch mißbraucht werden würde. Wirkungsgeschichtlich ist es allerdings unmaßgeblich, welche Intentionen und persönliche Einstellungen ein Autor gehabt haben mag. Die Bedeutung der Alltagskultur bei der Verbreitung und Festigung des Antisemitismus in Deutschland darf nicht unterschätzt werden. Für die Wahrnehmung des einzelnen Menschen, gerade eines heranwachsenden Menschens, in einer Gesellschaft gilt: Wertorientierungen, Vorurteile, Stereotype entstehen in der Regel nicht erst, sondern sie bestehen bereits. Sie sind in den Kommunikationsströmen der Gesellschaft vorhanden, vorhanden in Worten, in Bemerkungen, in Witzen, in Reden, in Unterhaltungen, in Geschichten, in Bildern, in der Literatur, soweit man das 19. Jahrhundert im Blick hat; und für das 20. Jahrhundert in seinem Verlauf läßt sich dies erweitern um Film, Funk, Fernsehen und die elektronischen Medien. Die Genese geistiger bzw. un-geistiger Strömungen rückblickend zu verfolgen, Zusammenhänge und Entwicklungsstränge aufzuspüren ist also ein höchst künstlicher Prozeß angesichts des geistig-moralischen Alltags. Tatsächlich gibt es zu einem jeden historischen Zeitpunkt ein bestimmtes Geflecht von u.a. stark milieubedingten vorherrschenden Denk-, Meinungs- und Verhaltensmustern, mit dem Menschen im Prozeß ihrer Sozialisation konfrontiert werden.

Zur Beliebigkeit des antisemitischen Vorurteils

Juden sollten all jene charakterlich verwerflichen Eigenschaften haben, die im Sinne des NS-Rassismus als minderwertig galten, und Juden mußten als Sündenböcke für alles und jedes herhalten, was gesellschaftlich und politisch zum Problem gemacht wurde. Eine Untersuchung dieser Vorwürfe wird eine eigentümliche Widersprüchlichkeit offenbaren.

So waren die Juden die Exponenten des Kapitals, des »raffenden Kapitals« allerdings, und damit schuldhaft verantwortlich für die Konflikte, die dieses Wirtschaftssystem hervorrief. Juden galten zudem als Protagonisten und Träger des liberalen westlichen gesellschaftlichen und demokratischen Systems (»Judenrepublik«) mit seinen als dekadent angesehenen Freiheits- und Menschenrechten. Juden – wir müssen in den meisten Fällen zutreffender sagen: Männer und Frauen jüdischer Herkunft – zählten aber auch zu den Exponenten jener radikalen oder gemäßigten politischen Bewegung, die eben jenes Ausbeutungssystem des Kapitalismus abschaffen bzw. überwinden wollten, teilweise in Verbindung damit ebenfalls die demokratische Ordnung. Den Juden wurden Feigheit und pazifistische Haltungen zugeschrieben, und sie wurden zugleich der Kriegstreiberei bezichtigt, ja ihnen wurde von den Nazis vorgeworfen, 1939 den Krieg vom Zaune gebrochen zu haben – eine Projektion in geradezu idealtypischer Form.

Angesichts solcher Widersprüchlichkeiten wird die Funktion des antisemitischen Vorurteils (wie im übrigen eines jeden Vorurteils) sinnfällig: »... der Antisemitismus diente ausschließlich den selbstdefinitorischen und identitätsstif-

tenden Zielen seiner Protagonisten.« Der Antisemitismus konnte im Grunde nur deshalb in den verschiedenartigsten Zusammenhängen schuldzuweisend genutzt werden, weil es tatsächlich keine Kausalitäten zwischen Juden und eben jenem Problem gab, dessen Erklärung zu liefern er vorgab. Überspitzt formuliert: Antisemitismus hatte und hat mit Juden überhaupt nichst zu tun – ebenso wenig wie irgendein anderes Vorurteil etwas mit jenen Menschen zu tun hat, gegen dies es gerichtet ist. Gerade deshalb hat Max Frischs Stück »Andorra« ja eine so erhellende Funktion. Zur Veranschaulichung dieses Vorurteilsmerkmals kann im übrigen auf die Hexenverfolgungen (nicht allein des Mittelalters, sondern noch der Neuzeit!) verwiesen werden: Denn der Hexenwahn hatte zweifelsfrei nichts mit irgendwelchen Hexen oder Zauberern zu tun.

In Verkennung der Psychodynamik von Vorurteilen haben auch Juden und jüdische Organisationen immer wieder geglaubt, antisemitischen »Argumenten« mit der »Wahrheit«, mit richtigstellenden Gegenargumenten, begegnen zu können. Eines von vielen Beispielen ist die Reaktion von Juden auf die Vorwürfe der antisemitischen Propaganda im Zusammenhang mit dem Verlauf des Weltkrieges von 1914 – 1918 und der Niederlage des deutschen Kaiserreichs. Tatsächlich waren auch die »deutschen Staatsbürger jüdischen Glaubens« wie auch die Zionisten den patriotischen Lügen und den Massensuggestionen im August 1914 und später erlegen, und sie hatten die jüdische Jugend zur freiwilligen Kriegsteilnahme aufgerufen. Nichtsdestoweniger hatten sich Juden – bereits während des Krieges – allermöglichen Verdächtigungen zu erwehren, namentlich der »Drückebergerei«. Hier sind zwei Dokumente wiedergegeben, mit denen Juden versucht haben, auf die gegen sie gerichteten Vorwürfe in der Öffentlichkeit zu reagieren. Dies wird einen Antisemiten allerdings nicht bewogen haben, seine Haltung zu hinterfragen. Vorurteile dokumentieren eben kein kognitives Defizit.

Anmerkungen

1 Zitiert nach: Alexander Stephan: Max Frisch. In: Kritisches Lexikon zur deutschsprachigen Gegenwartsliteratur. München: edition text + kritik, 1978, S. 15

2 Raul Hilberg: Die Vernichtung der europäischen Juden. Berlin 1982, S. 806

3 Hans Rosenberg: Große Depression und Bismarckzeit. Wirtschaftsablauf, Gesellschaft und Politik in Mitteleuropa. Berlin 1967, S. 67

4 H.v. Treitschke: Unsere Aussichten. In: Preußische Jahrbücher, Bd. 44 (1879), S. 574. Zum Antisemitismus siehe: Walter Boehlich: Der Berliner Antisemitismusstreit. Frankfurt 1965

5 Rosenberg, a.a.O., S. 109

6 Ebenda, S. 100

Die »Nürnberger Gesetze«

Literaturhinweis

»Rassenwahn als Norm«
Eine Publikation der Berliner Senatsverwaltung für Justiz (1996), u. a. mit pädagogisch verwendbaren Dokumenten und Abbildungen. Kostenlose Abgabe: Senatsverwaltung für Justiz – Pressereferat –
Tel.: (030) 7878 3622
Fax: (030) 7876 8813

1146 Reichsgesetzblatt, Jahrgang 1935, Teil I

Reichsbürgergesetz.

Vom 15. September 1935.

Der Reichstag hat einstimmig das folgende Gesetz beschlossen, das hiermit verkündet wird:

§ 1

(1) Staatsangehöriger ist, wer dem Schutzverband des Deutschen Reiches angehört und ihm dafür besonders verpflichtet ist.

(2) Die Staatsangehörigkeit wird nach den Vorschriften des Reichs- und Staatsangehörigkeitsgesetzes erworben.

§ 2

(1) Reichsbürger ist nur der Staatsangehörige deutschen oder artverwandten Blutes, der durch sein Verhalten beweist, daß er gewillt und geeignet ist, in Treue dem Deutschen Volk und Reich zu dienen.

(2) Das Reichsbürgerrecht wird durch Verleihung des Reichsbürgerbriefes erworben.

(3) Der Reichsbürger ist der alleinige Träger der vollen politischen Rechte nach Maßgabe der Gesetze.

§ 3

Der Reichsminister des Innern erläßt im Einvernehmen mit dem Stellvertreter des Führers die zur Durchführung und Ergänzung des Gesetzes erforderlichen Rechts- und Verwaltungsvorschriften.

Nürnberg, den 15. September 1935,
am Reichsparteitag der Freiheit.

Der Führer und Reichskanzler
Adolf Hitler

Der Reichsminister des Innern
Frick

Die Kommentierung und die Rechtsverordnungen zu den »Nürnberger Gesetzen« verdeutlichen noch eindrucksvoller als die Gesetze selbst die Ungeheuerlichkeit der mit diesen Gesetzen verknüpften rassistischen Gedankenwelt. Für die Nationalsozialisten war die Umsetzung ihrer rassistischen Ideologie ein bewußt herbeigeführter Bruch mit den humanen und demokratischen Werten der westlichen politischen Kultur. Dies veranschaulicht auch die Abb. auf der folg. Seite.

Kommentar zum Reichsbürgergesetz (Auszug)

Abkehr von den »Lehren von der Gleichheit aller Menschen«

Kein nach der nationalsozialistischen Revolution erlassenes Gesetz ist eine so vollkommene Abkehr von der Geisteshaltung und der Staatsauffassung des vergangenen Jahrhunderts wie das Reichsbürgergesetz. Den Lehren von der Gleichheit aller Menschen und von der grundsätzlich unbeschränkten Freiheit des einzelnen gegenüber dem Staate setzt der Nationalsozialismus hier die harten, aber notwendigen Erkenntnisse von der naturgesetzlichen Ungleichheit und Verschiedenartigkeit der Menschen entgegen. Aus der Verschiedenartigkeit der Rassen, Völker und Menschen folgen zwangsläufig Unterscheidungen in den Rechten und Pflichten der einzelnen. Diese auf dem Leben und den unabänderlichen Naturgesetzen beruhende Verschiedenheit führt das Reichsbürgergesetz in der politischen Grundordnung des deutschen Volkes durch.

(Stuckart/Globke: Kommentar zur deutschen Rassegesetzgebung, Bd. I, München/Berlin 1936, S. 9 ff. Zit. nach Schoenberner: Der gelbe Stern, S. 11)

IDEOLOGIE UND ORGANISATION

Gesetz zum Schutze des deutschen Blutes und der deutschen Ehre

Durchdrungen von der Erkenntnis, daß die Reinheit des deutschen Blutes die Voraussetzung für den Fortbestand des deutschen Volkes ist, und beseelt von dem unbeugsamen Willen, die deutsche Nation für alle Zukunft zu sichern, hat der Reichstag einstimmig das folgende Gesetz beschlossen, das hiermit verkündet wird

§ 1 (1) Eheschließungen zwischen Juden und Staatsangehörigen deutschen und artverwandten Blutes sind verboten. Trotzdem geschlossene Ehen sind nichtig, auch wenn sie zur Umgehung dieses Gesetzes im Auslande geschlossen sind.
(2) Die Nichtigkeitsklage kann nur der Staatsanwalt erheben.

§ 2 Außerehelicher Verkehr zwischen Juden und Staatsangehörigen deutschen und artverwandten Blutes ist verboten.

§ 3 Juden dürfen weibliche Staatsangehörige deutschen oder artverwandten Blutes unter 45 Jahren nicht in ihrem Haushalt beschäftigen.

§ 4 (1) Juden ist das Hissen der Reichs- und Nationalflagge und das Zeigen der Reichsfarben verboten.
(2) Dagegen ist ihnen das Zeigen der jüdischen Farben gestattet. Die Ausübung dieser Befugnis steht unter staatlichem Schutz.

§ 5 (1) Wer dem Verbot des § 1 zuwiderhandelt, wird mit Zuchthaus bestraft.
(2) Der Mann, der dem Verbot des § 2 zuwiderhandelt, wird mit Gefängnis oder mit Zuchthaus bestraft.
(3) Wer den Bestimmungen der Paragraphen 3 und 4 zuwiderhandelt, wird mit Gefängnis bis zu einem Jahr oder mit Geldstrafe oder mit einer dieser Strafen bestraft.

§ 6 Der Reichsminister des Innern erläßt im Einvernehmen mit dem Stellvertreter des Führers und dem Reichsminister der Justiz die zur Durchführung und Ergänzung des Gesetzes erforderl. Rechts- und Verwaltungsvorschriften.

§ 7 Das Gesetz tritt am Tage nach der Verkündung, § 3 jedoch erst am 1. Januar 1936 in Kraft.

Nürnberg, 15. September 1935.

Der Führer und Reichskanzler.
Der Reichsminister des Innern.
Der Reichsminister der Justiz.
Der Stellvertreter des Führers.

»Die Göttin des Westens: Sancta Democratia« (**Heilige Demokratie**)

Die Abbildung aus dem mit dem »Stürmer« vergleichbaren NS-Blatt »Die Brennessel«, 8. Jg. (1938), 20. Sept. 1938, dokumentiert sinnfällig den Bruch, den das NS-Regime mit der politischen Kultur der Demokratie vollzogen hatte. Die ausdrücklich benannten diskriminierten Werte: Freiheit, Gleichheit, Brüderlichkeit, Menschlichkeit, Pazifismus sowie – auf die Panzer der Brüste geschrieben – Freiheit der Presse, Schutz der Minderheiten. Die Göttin ist jedoch lediglich Maske, Helm und Kostüm. Hinter ihr steht, Schild, Lanze und Schwert haltend, der »häßliche Jude«, die übliche NS-Karikatur. (Ob es einen zusätzlichen diskriminierenden Hintergrund hat, daß »Menschlichkeit« auf der Lanze und »Pazifismus« auf dem Schwert geschrieben stehen, sei dahingestellt.)

Die Göttin des Westens

Sancta Democratia

Seite 29:
Die bürokratische Umsetzung der »Nürnberger Gesetze«: die graphische Darstellung der »Ehehindernisse«. Eine **Unterrichtsanregung** hierzu: Anne Aichinger/ Jutta Geier: Die Nürnberger Gesetze. »Dürfen Ernst und Marga heiraten?« In: Schulmagazin 5 bis 10, Heft 6/1995, S. 59 ff.

Uebersichtstafel
betreffend Ehehindernisse wegen jüdischen Bluteinschlags.

Gesetz zum Schutze des deutschen Blutes und der deutschen Ehre vom 15. September 1935 und seiner I. Ausführungsverordnung vom 14. November 1935 in Verbindung mit dem Reichsbürgergesetz vom 15. September 1935 und der I. Ausführungsverordnung v. 14. November 1935.

	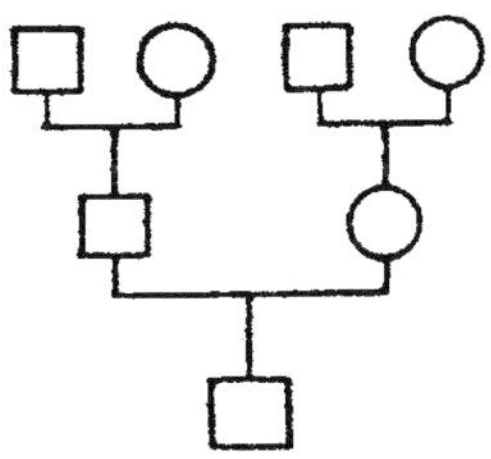	**Gruppe I.**		
1		0/4 — 0/4	Deutschblütiger	Ehe erlaubt
2		0/4 — 1/4	Jüd. Mischling 2. Grades	Ehe erlaubt
3		0/4 — 2/4	Jüd. Mischling 1. Grades	Ehe nur mit Genehmigung des Reichsministers des Innern und des Stellvertreters des Führers erlaubt — § 3 d. I. V. zum Bl. Sch. G. Ehe verboten, wenn Mischling 1. Grades unter die Bestimmungen — 5 Abs. 2 d. I. V. z. RBG. fällt.
4	Deutschblütiger (0/4)	0/4 — 3/4 oder 4/4	Jude	Ehe verboten
	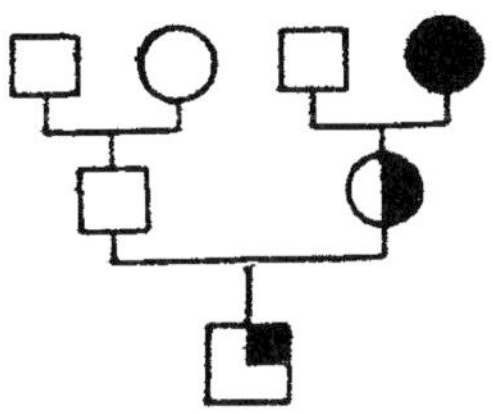	**Gruppe II.**		
5		1/4 — 0/4	Deutschblütiger	Ehe erlaubt
6		1/4 — 1/4	Jüd. Mischling 2. Grades	Ehe soll nicht geschlossen werden
7		1/4 — 2/4	Jüd. Mischling 1. Grades	wie zu Nr. 3
8	Jüd. Mischling 2. Grades	1/4 — 3/4 oder 4/4	Jude	Ehe verboten
	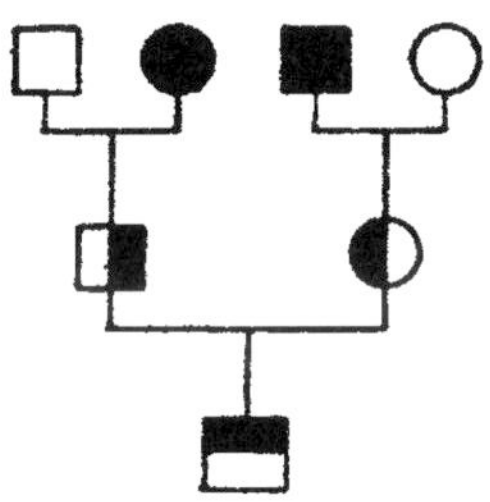	**Gruppe III.**		
9		2/4 — 0/4	Deutschblütiger	wie zu Nr. 3
10		2/4 — 1/4	Jüd. Mischling 2. Grades	wie zu Nr. 3
11		2/4 — 2/4	Jüd. Mischling 1. Grades	Ehe erlaubt
12	Jüd. Mischling 1. Grades	2/4 — 3/4 oder 4/4	Jude	Ehe erlaubt. Der jüdische Mischling 1. Grades wird Jude — § 5 Abs. 2 d. I. V. z. RBG.
	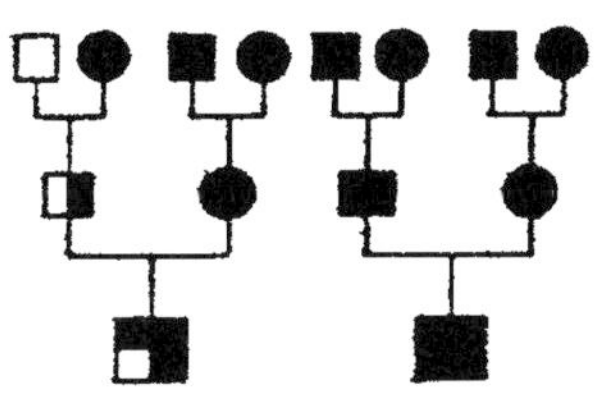	**Gruppe IV.**		
13		3/4 oder 4/4 — 0/4	Deutschblütiger	Ehe verboten
14		3/4 oder 4/4 — 1/4	Jüd. Mischling 2. Grades	Ehe verboten
15		3/4 oder 4/4 — 2/4	Jüd. Mischling 1. Grades	Ehe erlaubt (wie zu Nr. 12)
16	3/4 Jude Volljude	3/4 oder 4/4 — 3/4 oder 4/4	Jude	Ehe erlaubt

Erläuterung:

0/4 = Deutschblütiger.
1/4 = Jüd. Mischling 2. Grades (1 Großelternteil volljüdisch).
2/4 = Jüd. Mischling 1. Grades (2 Großelternteile volljüdisch).
Gilt als Jude, wenn er sich zur jüdischen Religion bekennt.
3/4 = Jude (3 Großelternteile volljüdisch).
4/4 = Jude (4 Großelternteile volljüdisch).

Abkürzungen:

RGB. = Reichsbürgergesetz.
I. V. z. RBG. = I. Verordnung zum Reichsbürgergesetz.
Bl. Sch. G. = Blutschutzgesetz.
I. V. z. Bl. Sch. G. = I. Verordnung zum Blutschutzgesetz.

Die Bruchzahlen bedeuten nicht mehr die Blutsanteile, sondern lediglich, wieviel Teile von den 4 Großelternteilen voll jüdisch sind.

Zeitschrift für Standesamtswesen, Berlin, 10. März 1936

IDEOLOGIE UND ORGANISATION

Angewandte Rassenwissenschaft

Zur Arbeit der »Rassenhygienischen und Bevölkerungsbiologischen Forschungsstelle« sowie des »Kriminalbiologischen Institutes« der Sicherheitspolizei

Erich Schmidt

Die »Rassenhygienische und Bevölkerungsbiologische Forschungsstelle« wurde im Sommer 1936 im Reichsgesundheitsamt in Berlin-Dahlem gegründet. Sie sollte »erbgeschichtliche und erbärztliche Forschungen über die in Deutschland lebenden, nichtseßhaften Bevölkerungsgruppen«[1] durchführen und »gleichzeitig wissenschaftliche Unterlagen zur Klärung der »Asozialen- und Psychopathenfrage« sowie umfangreiche Beiträge zur »Bastardforschung« schaffen. Als erstes und am ehesten lösbares Teilproblem wurde die »Zigeunerfrage« in Angriff genommen. Zusätzlich sollte die Forschungsstelle im Rahmen der erbbiologischen Bestandsaufnahme des deutschen Volkes ein zentrales Zigeunersippenarchiv aufbauen. Zur Leitung dieses Institutes wurde Dr. med. Dr. phil. habil. Robert Ritter berufen (s. Abb. S. 92).

Robert Ritters Theorien und Arbeitsweisen

Robert Ritter arbeitete seit August 1932 zunächst als Assistenzarzt im klinischen Jugendheim der Universitätsnervenklinik Tübingen.[2] Dort stellte er seinen Angaben zufolge »(e)rbbiologische Untersuchungen innerhalb eines Züchtungskreises von Zigeunern und ›asozialen Psychopathen‹« an. Für die Unterstützung solcher Forschungen setzten sich sein Vorgesetzter Prof. Gaup sowie Prof. Ernst Rüdin, zu jener Zeit Direktor der Deutschen Forschungsanstalt für Psychiatrie in München, erfolgreich bei der Deutschen Forschungsgesellschaft ein. Den erbwissenschaftlichen Erkenntniszugewinn erläuterte Ritter 1935 auf dem Internationalen Kongreß für Bevölkerungswissenschaft in Berlin. Ritter zufolge würden »die Nachkommen von väterlicher- wie mütterlicherseits asozialen Elemente(n) mit einer an Sicherheit grenzender Wahrscheinlichkeit sämtlich wieder asoziale und antisoziale Elemente werden«.[3] Das läge die Forderung nahe, sie analog den Vorschriften des Gesetzes zur Verhütung erbkranken Nachwuchses zu behandeln, d.h. von der Fortpflanzung auszuschließen. Das internationale Fachpublikum dürfte dieses Postulat kaum aufgeschreckt haben. Als Rassenhygieniker vertraten sie die Auffassung, mit einer züchterischen Politik das Staatsvolk biologisch veredeln zu können. Wo diese positive Bevölkerungspolitik nicht griff, sollte die negative, ausmerzende Variante greifen, die Menschen mit unerwünschten Merkmalen aus dem generativen Prozeß auszuschließen beabsichtigte. Nichts anderes hatte Ritter gefordert. Im Gegensatz zu vielen anderen Ländern Europas hatte das faschistische Deutschland solchen aufstrebenden Akademikern die Grundlagen geschaffen, das negative erbpflegerische Konzept auch praktisch umzusetzen.

Im Sommer des Jahres 1936 habilitierte Ritter sich mit einer Arbeit über »(einen) Menschenschlag. Erbärztliche und erbgeschichtliche Untersuchungen über die – durch zehn Geschlechterfolgen erforschten – Nachkommen von Vagabunden, Jaunern und Räubern«. In dieser Arbeit stellte er den sogenannten jenischen Menschenschlag vor. Der galt ihm als Beweis für die Existenz eines jahrhundertealten Erbstromes, dessen Erbgut beständig Asozialität und Schwachsinn hervorgerufen hätte.[4] Der biologischen Determinierung wäre weder durch »Rad, noch Galgen, noch Schwert«[5] erfolgreich begegnet worden. Es gäbe nach Ritter nur zwei Maßnahmen, die sich in der Vergangenheit bewährt hätten: »[D]ie Todesstrafe und die lebenslängliche Einweisung ins Zuchthaus, denn beide führten auf dem Wege über den Fortpflanzungsausfall zu einer Beschränkung des Gaunerschlages«.[6] Seine radikalen Schlußfolgerungen basierten auf der einer sozial wie auch biologisch aufzufassenden erbgeschichtlich-genealogischen Untersuchungsmethode.

Dazu sammelte er soziale Daten nichtseßhafter Personen aus »Kirchenbüchern (...), Strafregistern und Gerichtsrepositorien (...) Schulzeugnissen (...), aus dem Material der Vormundschafts-, Wohlfahrts- und Jugendämtern (...), Armenhäusern (...)«.[7] Sie gäben Auskunft über »charakteristische Reaktions- oder Verhaltensweisen«. Zum Beispiel »ob der betreffende Mensch sich asozial verhalten hatte, ob er intelligent oder schwachsinnig, ob er krank oder süchtig war, ob sich bei ihm ein Hang zum Wandern bemerkbar machte, ob er zu Delikten gegen das Eigentum oder auch zu Delikten gegen Personen neigte u.a.m.«. Solche Angaben übertrug Ritter auf die ebenfalls von ihm erstellten Ahnentafeln der jeweiligen Personen. Generationenübergreifende soziale Randständigkeit war damit aus dem gesellschaftlichen Kontext herausgelöst. Sie ließ sich nunmehr als biologisches Kontinuum ausweisen.

Weder die methodische Fragwürdigkeit noch seine menschenverachtenden Schlußfolgerungen waren Ritters

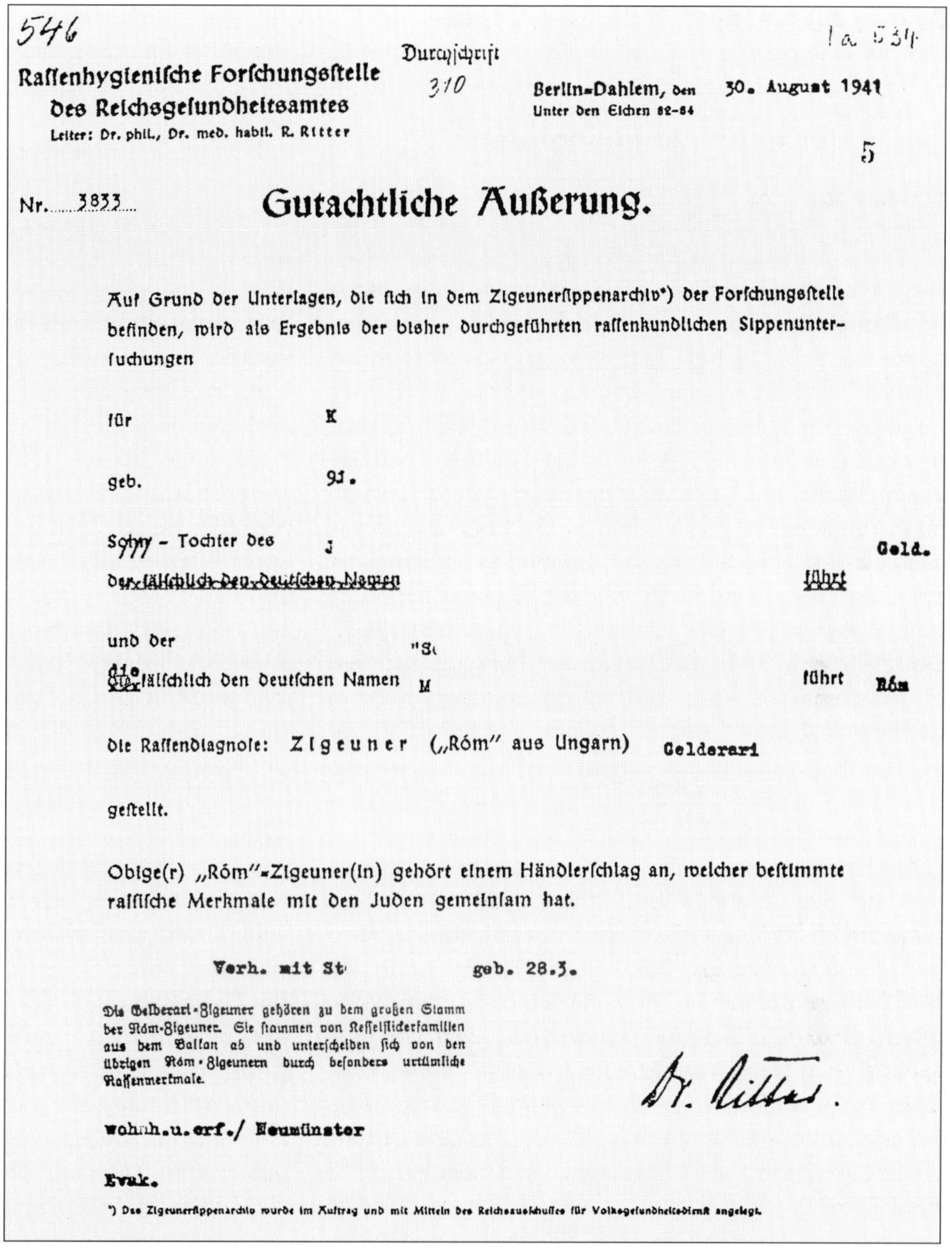

546 Ia 534

Durchschrift 310

Rassenhygienische Forschungsstelle
des Reichsgesundheitsamtes
Leiter: Dr. phil., Dr. med. habil. R. Ritter

Berlin-Dahlem, den 30. August 1941
Unter den Eichen 82-84

5

Nr. 3833

Gutachtliche Äußerung.

Auf Grund der Unterlagen, die sich in dem Zigeunersippenarchiv*) der Forschungsstelle befinden, wird als Ergebnis der bisher durchgeführten rassenkundlichen Sippenuntersuchungen

für K

geb. 91.

~~Sohn~~ - Tochter des J Geld.

der ~~fälschlich den deutschen Namen~~ ~~führt~~

und der "S

die ~~der~~ fälschlich den deutschen Namen M führt Róm

die Rassendiagnose: Z i g e u n e r („Róm" aus Ungarn) Gelderari

gestellt.

Obige(r) „Róm"-Zigeuner(in) gehört einem Händlerschlag an, welcher bestimmte rassische Merkmale mit den Juden gemeinsam hat.

Verh. mit St geb. 28.3.

Die Gelderari-Zigeuner gehören zu dem großen Stamm der Róm-Zigeuner. Sie stammen von Kesselflickerfamilien aus dem Balkan ab und unterscheiden sich von den übrigen Róm-Zigeunern durch besonders urtümliche Rassenmerkmale.

Dr. Ritter.

wohnh.u.erf./ Neumünster

Evak.

*) Das Zigeunersippenarchiv wurde im Auftrag und mit Mitteln des Reichsausschusses für Volksgesundheitsdienst angelegt.

Sogenannte »Gutachterliche Äußerung« vom 30. August 1941, unterzeichnet vom Leiter der »Rassenhygienischen Forschungsstelle« Dr. Robert Ritter. Links unten wird mit dem Kürzel »Evak.« (Evakuiert) die Deportation in ein Konzentrations- und Vernichtungslager notiert.

weiterer Karriere abträglich. Sie qualifizierte ihn im Gegenteil 1936 für die Leitung der Rassenhygienischen Forschungsstelle wie auch später für die Übernahme der kriminalbiologischen Forschungsstelle im Reichsgesundheitsamt. Denn Ritter bezweifelte ebenso wenig die biologische Determiniertheit bestimmter Phänomene, noch hielt er sich mit rassenhygienisch begründeten Forderungen zurück, diese durch staatliche Maßnahmen energisch zu bekämpfen.

Ritters Fach- und Methodenkenntnisse wurden zur Arbeitsgrundlage der Mitarbeiterinnen und Mitarbeiter der von ihm gegründeten Institute. Diese reisten in »fliegenden Arbeitsgruppen«[8] vorwiegend durch das Gebiet des Altreiches. Sie fahndeten nach Menschen, die letztmalig im Runderlaß zur »Bekämpfung der Zigeunerplage« vom 6. Juni 1936 als Zigeuner oder als nach Zigeunerart umherziehende Personen bezeichnet wurden. Der Erlaß schrieb die tradierte Doppelung des Begriffes Zigeuner fort, indem er zwischen einer ethnisch gedeuteten Kategorie Zigeuner und einer an sozialen Verhalten orientierten Sammelkategorie der nach Zigeunerart umherziehenden Personen unterschied.[9] Aus dem Nebeneinander von fremder Ethnie und einheimischer Nichtangepaßtheit zog der Erlaß in traditioneller Weise den Schluß, diese Personen »an einem bestimmten Ort seßhaft zu machen«, ohne je diesen bestimmten Ort zu benennen. Unter dieser Bedingung blieb die fortgesetzte Vertreibung das Ergebnis der Seßhaftmachung.

Die Institutsmitarbeiterinnen und -mitarbeiter vermaßen sie trotz begrifflicher Unklarheiten mit anthropologischen Bestecken. Sie nahmen ihnen Blut ab. Schließlich fragten sie eingehend nach den Verwandtschaftsverhältnissen. Dieses sogenannte Personenfeststellungsverfahren verlief häufig unter Androhung von Gewalt und Polizeihaft. Ritter und seine Mitarbeiterinnen kalkulierten bei solchen Verhören systematisch mit der zermürbenden Wirkung von Demütigungen und Tabubrüchen. Aus den Angaben wurde für jede Person ein sogenanntes rassenbiologisches Gutachten angefertigt.

Beitrag zur Lösung der »Zigeunerfrage«

Die Forschungsstelle kam neben ihrer Erfassungstätigkeit auch der Schaffung wissenschaftlicher Unterlagen zur Lösung der sogenannten Zigeunerfrage nach. Das schlug sich im Erlaß zur Bekämpfung der Zigeunerplage vom 8. Dezember 1938 und in der dazugehörigen Ausführungsanweisung vom 1. März 1939 nieder. Dort wurde die Erfassung sämtlicher Zigeuner, Zigeunermischlinge, und der nach Zigeunerart umherziehenden Personen angeordnet. Die endgültige Feststellung der rassischen Zugehörigkeit blieb der Forschungsstelle vorbehalten.[10] Desweiteren verpflichtete der Erlaß alle Polizeibehörden, den Mitarbeitern der Forschungsstelle zukünftig »jede gewünschte Auskunft zu erteilen sowie polizeiliche(n) Schutz und Unterstützung bei der Durchführung ihrer Aufgaben zu gewähren [...]«. Die Erkenntnisse rassenbiologischer Forschung selbst hätten es angezeigt erscheinen lassen, »die Regelung der Zigeunerfrage aus dem Wesen der Rasse heraus in Angriff zu nehmen«.[11] Das zielte nicht mehr auf Seßhaftmachung ab, sondern auf »die rassische Absonderung des Zigeunertums vom deutschen Volkstum, sodann auf die Verhinderung der Rassenmischung und schließlich die Regelung der Lebensverhältnisse der reinrassigen Zigeuner und der Zigeunermischlinge«[12]. Der Erlaß verwarf die bisherige begriffliche Differenzierung und folgte nunmehr den rassenkundlichen Termini Robert Ritters.

Zunächst stellte Ritter den Rassecharakter des reinrassigen Zigeuners heraus. Dabei setzte er von Anbeginn den anthropologischen Typus mit sozialer Lebensweise gleich. Denn der Zigeuner unterschied »sich von den Menschen seiner Umwelt nicht immer in erster Linie durch sein Äußeres«, sondern »vielmehr durch seine fremde Art, seine fremde Sprache und fremde Lebensweise«. In rassistischer Manier stellte er Zigeuner als Nomaden vor. Ihre Nichtseßhaftigkeit galt ihm nicht als Ausdruck von Verfolgung, sondern als gleichsam verinnerlichter wesensmäßiger Zwang zur Mobilität. Dies signalisierte geistige Primitivität, die auf der Stufe von Sammlern und Fängern weder planen, ordnen, geschweige denn mit Bewußtsein zu etwas in Opposition treten konnte. Somit wurden kurzerhand mangelnde Arbeit oder Verweigerung bestimmter Arbeiten in Arbeitsunfähigkeit transformiert, Arbeit in instinktgeleitete Betätigung und Müßiggang in Entwicklungsunfähigkeit. Sie wären nicht zu Bürgern dressierbar, sondern, so das Fazit Ritters, Angehörige einer primitiven fremden Rasse.

Die rassenwissenschaftliche Einordnung der Zigeunermischlinge stellte Ritter als Problem dar, das der »Rassengesetzgebung bisher unbekannt«[13] gewesen wäre. Sie erschien ihm gar als Kernproblem der sogenannten Zigeunerfrage. Während das sogenannte Blutschutzgesetz bei Juden davon ausging, das ein zunehmender deutscher Blutsanteil ihre rassische Inferiorität mindere, sollte für sogenannte Zigeunermischlinge das genaue Gegenteil gelten. Ritter wurde in seinen zahlreichen Publikationen nicht müde zu betonen, daß deutsche Blutsanteile die Asozialität der Zigeunermischlinge geradezu steigere. Er wies sie als Abkömmlinge einer regelrechten Zigeunermischlingspopulation aus, die sich beständig aus sich selbst heraus reproduziere. Damit gelang ihm, vermeintliche Nichtseßhaftigkeit, Kriminalität oder soziale Randständigkeit auf genetische Dispositionen zurückzuführen. Ein Teil der ehemals nach Zigeunerart umherziehenden Personen galt aus rassenhygienischer Perspektive schlicht ob ihres Verhaltens oder ihrer Lebensführung als minderwertig.

Mit der Neudefinition der einheimischen Landfahrer komplettierte Ritter sein rassisches Kategorisierungsschema. Verhalten und Lebensweise hielt er bei Zigeunern und Vagabunden für identisch. Was bei ersteren Ausdruck ihrer fremdrassigen Primitivität wäre, sollte für zweitere kein bloßes Spiel der Natur sein. Ritter schlußfolgerte, daß es sich bei den einheimischen Vagabunden um Angehörige »einer anderen ›Rass‹ «[14], um »weiße Zigeuner« handeln müsse.[15] Mit diesem Vehikel gelang es Ritter, jegliche Form argwöhnisch beäugten normabweichenden Verhaltens als den gewöhnlichen asozialen Ausdruck rassisch bedingter Primitivität auszuweisen. Soziale Deklassiertheit stand damit per Definition außerhalb der Volksgemeinschaft. Nichts anderes meint der der Begriff asozial: »a) gesellschaftsschädigend b) gemeinschaftsfremd, -unfähig«.[16] Diese rassistischen Begriffsbestimmungen fanden Eingang in die Verfolgung und Vernichtung vermeintlicher Zigeuner, Zigeunermischlinge und Asozialer, was der Erlaß vom 29. Januar 1943 dokumentiert, der sich direkt auf Himmlers Erlaß vom 16. Dezember 1942 bezog (s. S. 93).

Mit einer solchen rassenbiologischen Interpretation sozialer Phänomene befand sich Ritter im Gleichklang mit einem Schnellbrief zum Grunderlaß zur vorbeugenden Verbrechensbekämpfung durch die Polizei vom 14. Dezember 1937. Der stellte lapidar fest, daß »das Verbrechertum im Asozialen seine Wurzeln hat und sich fortlaufend aus ihm ergänzt«, weswegen »der Kriminalpolizei weitgehende Möglichkeit gegeben (werde), neben den Berufsverbrechern auch alle asoziale(n) Elemente zu erfassen, die durch ihr Verhalten der Gemeinschaft zur Last fallen und sie dadurch schädigen«.[17]

Das »Kriminalbiologische Institut«

Die sozialrassistische Ausdeutung abweichenden oder kriminellen Verhaltens wurde ebenfalls zur Arbeitsgrundlage des 1941 neugegründeten »Kriminalbilogischen Institutes« der Sicherheitspolizei. Dort sollte ebenfalls im Rahmen der erbiologischen Bestandsaufnahme des deutschen Volkes ein Verbrechersippenarchiv aufgebaut werden. Außerdem sollte das Institut die Kriminalbehörden bei der Klärung kriminalbiologischer Fragen unterstützen. Mit der Leitung dieses Institutes wurde Robert Ritter betraut. Ihm wäre es darum gegangen, »die Maßnahmen der vorbeugenden Verbrechensbekämpfung in Zukunft auch erb- und lebensgesetzlich auszurichten«.[18] Die sogenannte vorbeugende Verbrechensbekämpfung beabsichtigte perspektivisch, die Tat vor ihrer Ausführung zu verhindern. Mit der Akzentuierung der Biologie richtete sie ihr Augenmerk von der Tat auf den Täter. Sie zog mit dem Stand der Wissenschaft gleich: Kriminalität und Asozialität galten als genetische bzw. rassische Dispositionen. Solche ließen sich aus der Sicht der Rassenhygiene »von der Wurzel her noch sicherer auf erbpflegerischen Wege verhindern«. Erbpflegerisch meinte hier die Verhinderung der geschlechtlichen Fortpflanzung durch Inhaftierung oder Sterilisation.

Die biologische Kriminalprävention rückte insbesondere Jugendliche ins Fadenkreuz der Gutachter um Robert Ritter. Wurden gegenüber jugendlichen Delinquenten vorbeugende polizeiliche Maßnahmen verhängt, waren sie »für einige Wochen in die Kriminalbiologische Sichtungsstätte einzuweisen«. Die Sichtung sollte sich nach Ritters Auffassung »nicht allein auf eine gründliche psychologische Untersuchung des jugendlichen Prüflings stützen, sondern vor allem auch auf den Sippenbefund, d. h. das Erbbild seiner Sippe«. Dazu erläutert er: Wäre der als jugendlicher Rechtsbrecher Erkannte seiner Familie auch »wie ein schwarzes Lamm unter weißen«[19] erschienen, wie ein »aus der Art (G)eschlagen(er)«, so setzte dies doch, »von äußerst seltenen Mutationen« abgesehen, logisch zwingend »Erbfaktoren für schwarz« voraus. Wo Verbrechen zutage trat, waren demnach entsprechende Anlagen zu vermuten. Trotz der schwindeleregenden Zirkularität dieser Argumentation mußten die Jugendlichen aufgrund der sozialen und biologischen Prognose der Gutachter die Einweisung in ein »Jugendschutzlager« befürchten. Bei diesen Einrichtungen handelte es sich um Jugend-Konzentrationslager, von denen sich eines für Jungen in Moringen, ein weiteres für Mädchen in Ravensbrück befand. Das Moringer Lager war in ein von Ritter entwickeltes Blocksystem gegliedert. Es sah je einen Block vor für vermeintliche Störer, Dauerversager, Gelegenheitsversager, fragliche Erziehungsfähige und Erziehungsunfähige[20] (s. S. 181 ff.).

Ritter steuerte diese rassenwissenschaftlichen Beiträge zur Diskussion um ein »Gesetz zur Behandlung Gemeinschaftsfremder« bei. Das zum 1. Januar 1945 geplante Inkrafttreten dieses Gesetzes wurde jedoch durch den Vormarsch der sowjetischen Truppen verhindert (s. S. 34 ff.). Es wäre ein weiterer perfider Ausdruck einer rassenwissenschaftlichen Dynamik gewesen, die notwendig der Ausgrenzung des angeblich Fremden die Ausgrenzung des nur allzugut bekannten Eigenen folgen ließ und läßt.

Anmerkungen

1 Hier und im folgenden H. Reiter: Das Reichsgesundheitsamt 1933 – 1939. Sechs Jahre nationalsozialistische Führung. Berlin 1939, S. 356

2 Vgl. J. S. Hohmann: Robert Ritter und die Erben der Kriminalbiologie – »Zigeunerforschung« im Nationalsozialismus und in Westdeutschland im Zeichen des Rassismus (= Studien zu Tsiganologie und Folkloristik, Bd. 4), Frankfurt a.M. 1991, S. 135.

3 Hier und im folgenden: R. Ritter: Erbbiologische Untersuchungen innerhalb eines Züchtungskreises von Zigeunermischlingen und asozialen Psychopathen. In: Bericht des internationalen Kongresses für Bevölkerungswissenschaft in Berlin 1935. Hg.: H. Harmsen, F. Lohse. München 1936, S.717.

4 Vgl. R. Ritter: Ein Menschenschlag. Erbärztliche und erbgeschichtliche Untersuchungen über die – durch zehn Geschlechterfolgen erforschten – Nachkommen von »Vagabunden, Jaunern und Räubern«. Habil. Leipzig 1937, S. 110., im folgenden zitiert als: Ritter, Menschenschlag.

5 Ritter, Menschenschlag, S. 111.

6 Ritter, Menschenschlag, S. 93.

7 Hier und im folgenden: Ritter, Menschenschlag, S. 31.

8 Vgl. M. Zimmermann: Rassenutopie und Genozid. Die nationalsozialistische »Lösung der Zigeunerfrage«. (=Hamburger Beiträge zur Sozial- und Zeitgeschichte, Bd. 33). Hamburg 1997, S. 141f. , im folgenden zitiert als: Zimmermann, Rassenutopie.

9 Vgl. I. Wigger: Ein eigenartiges Volk. Die Ethnisierung des Zigeunerstereotyps im Spiegel von Enzyklopädien und Lexika. In: W. D. Hund (Hg.): Zigeuner. Geschichte und Struktur einer rassistischen Konstruktion. Duisburg 1996, S. 37-66, hier S. 57f.

10 Ausführungsanweisung des Reichskriminalpolizeiamtes vom 1. März 1939 zum Erlaß vom 8. Dezember 1938, zitiert nach: H. J. Döring: Die Zigeuner im nationalsozialistischen Staat, (= Kriminologische Schriftenreihe, Bd. 12), Hamburg 1964, S. 205, im folgenden zitiert als: Döring, Zigeuner.

11 Bekämpfung der Zigeunerplage, Erlaß vom 8. Dezember 1938, zitiert nach: Döring, Zigeuner, S. 197.

12 Ausführungsanweisung des Reichskriminalpolizeiamtes vom 1. März 1939 zum Erlaß vom 8. Dezember 1938, zitiert nach: Döring, Zigeuner, S. 201

13 R. Ritter: Die Bestandsaufnahme der Zigeuner und Zigeunermischlinge in Deutschland, In: Der Öffentliche Gesundheitsdienst. Zeitschrift des Reichsausschusses für Volksgesundheitsdienst e.V. der Staatsakademie des Öffentlichen Gesundheitsdienstes und der Wissenschaftlichen Gesellschaft der deutschen Ärzte des öffentlichen Gesundheitsdienstes, Heft 21, Leipzig, 5. Februar 1941, S. 477-489, hier S. 482.

14 Hier und im folgenden R. Ritter: Primitivität und Kriminalität. In: Monatsschrift für Kriminalbiologie und Strafrechtsreform, 31. Jhrg., Heft 9, Berlin 1940, S. 197-210, hier S. 207.

15 Vgl. hierzu ausführlich E. Schmidt: Die Entdeckung der weißen Zigeuner. Robert Ritter und die Zigeunerforschung als Rassenhygiene. In: W. D. Hund (Hg.): Zigeuner. Geschichte und Struktur einer rassistischen Konstruktion. Duisburg 1996, S. 129-152.

16 Duden. Das Fremdwörterbuch. Notwendig für das Verstehen und den Gebrauch fremder Wörter (= Duden Bd. 5). Mannheim 1990 (5. neubearb. u. erw. Aufl.), S. 84.

17 Reichskriminalpolizeiamt, Tgb. Nr. RKPA 6001//295.38, 1. Juni 1938, zitiert nach: W. Ayaß: »Ein Gebot der nationalen Arbeitsdisziplin«. Die Aktion »Arbeitsscheu Reich« 1938. In: Feinderklärung und Prävention. Kriminalbiologie, Zigeunerforschung und Asozialenpolitik (= Beiträge zur nationalsozialistischen Gesundheits- und Sozialpolitik, Bd.6). Berlin 1988, S.43-74, hier S.54.

18 Hier und im folgenden: R. Ritter: Das Kriminalbiologische Institut der Sicherheitspolizei, In: Kriminalistik, Heft 11, Berlin, November 1942, S. 117-119, hier S. 117f.

19 Hier und im folgenden R. Ritter: Die Artung jugendlicher Rechtsbrecher, In: Jugendrecht, Heft 4, Berlin 1944, S. 33-60. hier S.37.

20 Vgl. Zimmermann: Rassenutopie, S. 154 f.

Die nationalsozialistische Idee der »Gemeinschaftsfremden«[1]

Der NS-Rassismus war nicht allein gegen sog. »Fremdvölkische« gerichtet, also gegen Menschen, deren »Minderwertigkeit« und damit mangelndes Existenzrecht aufgrund ihrer angeblichen Zugehörigkeit zu einer anderen als der »arischen Rasse« abgeleitet wurde (ethnischer Rassismus), wie dies für Juden, Sinti und Roma oder die »Ostvölker« galt. Die NS-Rassenideologie richtete sich nämlich auch gegen Angehörige der »arischen Rasse« selbst, und zwar gegen jene, die aus den verschiedensten Gründen, von jener willkürlich gesetzten Norm abwichen, die sie erst zu einem vollwertigen Mitglied der »Volksgemeinschaft« gemacht hätte (sozialer Rassismus).
Dies betraf »Geistesschwache«, die zu Zehntausenden ermordet wurden, und »Erbkranke«, die zu Hunderttausenden der Zwangssterilisation anheim fielen. Das betraf Zehntausende, die durch Krieg, Inflation und Weltwirtschaftskrise verarmt und aus der Bahn geworfen, zu Bettlern und Obdachlosen geworden waren und nun – angeblich genetisch belastet – als »Arbeitsscheue« oder »Asoziale« klassifiziert und in KZs gesperrt wurden. Dies betraf auch Prostituierte oder Frauen mit häufig wechselnden Partnern, die durch Einweisung in KZs oder Anstalten zwar aus der Öffentlichkeit entfernt wurden, dann aber nach einer Zwangssterilisierung häufig von den Nazis perfiderweise wieder zur Prostitution, etwa in einem der Tausenden von Fremdarbeiterlagern, gezwungen wurden.
Der rassistisch geprägte Vernichtungswille traf auch jene Männer, die dem Wahnbild des »nordischen Herrenmenschen« nicht genügen konnten oder wollten: Homosexuelle, Kriegsdienstverweigerer, Deserteure. Verfolgt wuden weiter Tausende männlicher und weiblicher Jugendlicher, die sich den Sozialisationszwängen des NS-Regimes mehr und weniger bewußt entzogen oder aus anderen Gründen den sozialen – sich im wesentlichen als kleinbürgerlich darstellenden – Normen der »Volksgemeinschaft nicht genügten.
Es gab unter den »Ariern« eben nicht nur »Volksgenossen«, sondern auch »Volksschädlinge«. Der eher propagandistisch genutzte Begriff »Volksschädling« schlug sich in der juristischen Sprache der Nazis in dem Konstrukt eines/ einer »Gemeinschaftsfremden« nieder. Wenn auch während der Nazi-Herrschaft ein »Gemeinschaftsfremdengesetz« über Entwürfe nicht hinausgekommen ist, formal also nicht erlassen wurde, so spielten der Begriff und die damit einhergehenden Vorstellungen bei der Verfolgung von Menschen mit von den Nazinormen abweichenden oder nicht angepaßten Verhaltensweisen sowie von Menschen, die sich gesellschaftlich nicht einfügten, ohne schwere Straftaten zu begehen, in der Praxis eine maßgebliche Rolle. Insofern sind die Entwürfe zu einem »Gemeinschaftsfremdengesetz« und die damit einhergehenden Diskussionen als Substrat von spezifischen Denkmustern auf dem Hintergrund der nationalsozialistischen Volksgemeinschafts-Ideologie und einer entsprechenden tatsächlichen Verfolgungspraxis aufschlußreich. Hier wird im wesentlichen der letzte dieser Entwürfe vom Januar 1944 dokumentiert, der ein Inkrafttreten des Gesetzes am 1. Januar 1945 vorsah.
Die einleitende Generalklausel und § 1 des Gesetzentwurfes hatten den Charakter eines »Gummiparagraphen« und ließen beliebige willkürliche Interpretationen zu. In einem vorangegangenen Entwurf waren noch Begriffe wie »Versager«, »Tunichtgut«, »Schmarotzer« oder »Störenfried« benutzt worden, was sogar Goebbels – mit Zustimmung Hitlers – mit Blick auf die deutsche und die ausländische Öffentlichkeit als zu vage Formulierungen kritisiert hatte. Entscheidend für den Charakter des Gesetzes war, welche Institution feststellen sollte, wer als »gemeinschaftsfremd« zu gelten habe. Und dies war nicht etwa Sache eines Gerichts, sondern der Polizei, deren Leitung mit den Namen Heydrichs und Himmlers sowie mit der Institution des Reichssicherheitshauptamtes (RSHA) (s. S. 40) verknüpft ist. Und wenn, wie in § 2 Abs. 3 von einem »Lager der Polizei« die Rede ist, so heißt das im Klartext nichts anderes als: Konzentrationslager.
Nun wurden »Gemeinschaftsfremde« unterschieden in Personen, die als »nützliche Glieder« in die »Volksgemeinschaft« wieder »eingeordnet« werden könnten, und solche Personen, bei denen dies nicht zu erwarten wäre. Wie aber ließ sich das eine, wie das andere feststellen? Die Antwort auf diese Frage wird erhellt durch eine Passage aus der Gesetzesbegründung. Da heißt es:
»Die Regierungen der Systemzeit (das meint die Zeit der Weimarer Republik – G.J.) versagten gegenüber den Gemeinschaftsfremden. Sie machten nicht die Erkenntnisse der Erblehre und Kriminalbiologie zur Grundlage einer gesunden Fürsorge- und Kriminalpolitik. Sie sahen infolge ihrer liberalistischen Denkweise stets nur die ›Rechte‹ des Einzelmenschen und waren mehr auf dessen Schutz gegenüber staatlichen Machtäußerungen als auf den Nutzen der Allgemeinheit bedacht. Dem Nationalsozialismus gilt der Einzelne nichts, wenn es um die Gemeinschaft geht.«

»Erkenntnisse der Erblehre und der Kriminalbiologie« sollten also Kriterien für eine Nützlichkeitsprognose hinsichtlich eines Menschen sein, der als »gemeinschafts-fremd« eingestuft war. Auch die Idee eines/einer »Gemeinschaftsfremden« hatte also einen rassistischen Kern. Entsprechend sah die Skala der Sanktionen aus:

- Überstellung an die Polizei (§§ 6–9), also in ein KZ.
- Bei »Gemeinschaftsfremden«, »bei denen ein für die Volksgemeinschaft unerwünschter Nachwuchs zu erwarten ist« (§ 13), sollten Sterilisationen durchgeführt werden.
- Die Todesstrafe sollte ausgesprochen werden können, »wenn der Schutz der Volksgemeinschaft oder das Bedürfnis nach gerechter Sühne es erfordert« (§ 6).

Auch in diesen Zusammenhängen ist auf die Interpretationsspielräume hinzuweisen, die derartige Formulierungen eröffneten. Ohne eine formale Gesetzesgrundlage sind ihnen Tausende von Menschen, insbesondere Jugendliche, zum Opfer gefallen. Welches Gewicht dieses Gesetz im nationalsozialistischen Herrschaftsgefüge hatte, dokumentieren Einwände, die noch 1941 von Seiten des Justizministeriums vorgebracht worden waren: »Der Gesetzesentwurf, den das Reichsministerium des Inneren uns vorlegt, dürfte wohl unter den mancherlei harten Gesetzen, die das Dritte Reich geschaffen hat, der härteste sein. Er spricht den Polizeibehörden eine Fülle von Machtbefugnissen zu, die ihnen bisher durch ein Gesetz in noch keinem Lande der Welt gewährt worden ist, insbesondere die Befugnis zu lang dauernden Freiheitsentziehungen. Derartige Befugnisse sind durch die bisherige Gesetzgebung bisher nur den Gerichten übertragen. Den Gerichten sind aber gleichzeitig umfangreiche und verwickelte Vorschriften mit auf den Weg gegeben, um sie einerseits instand zu setzen, und sie andererseits vor Fehlentscheidungen zu bewahren. (...) Von allen diesen Sicherungen ist in dem uns vorgelegten Entwurf keine Rede. Ein Recht auf Gehör ist dem Betroffenen nicht zugebilligt. Eine Verteidigung durch Dritte findet nicht statt. ...«

Für Menschen mit abweichenden Verhaltensweisen war jegliche Rechtsgarantie aufgehoben. Wenn auch, wie bereits angeführt, das »Gemeinschaftsfremdengesetz« formal nicht rechtskräftig wurde, so entsprachen die Vorstellungen, die in den Entwürfen zum Ausdruck kamen, nicht mehr und nicht weniger als einer gängigen Praxis des Reichssicherheitshauptamtes, einer Praxis, die gerade auch Jugendliche getroffen hat. Auf diesem Hintergrund eröffnet sich eine bislang wenig genutzte Möglichkeit, namentlich Jugendlichen den nationalsozialistischen Terror bei der Herstellung einer faschistisch normierten Gesellschaft nachvollziehbar zu machen.

Gernot Jochheim

Anmerkung

1 Dieser Text ist zum Teil eine Zusammenfassung von Elementen des Aufsatzes von Detlev Peukert: Arbeitslager und Jugend-KZ: die »Behandlung Gemeinschaftsfremder« im Dritten Reich. In: Die Reihen fest geschlossen. Beiträge zur Geschichte des Alltags unterm Nationalsozialismus. Hrsg. von Detlev Peukert und Jürgen Reulecke. Wuppertal: Peter Hammer Verlag, 1981, S. 413–434

Literaturhinweis

Trotz der Bedeutung, die das Konstrukt der »Gemeinschaftsfremden« für die Verfolgungspraxis der Nazis in Deutschland selbst gehabt hat, ist es publizistisch wenig beachtet worden. »Gemeinschaftsfremde« zählten teilweise zu jenen Gruppen, die den so bezeichneten »vergessenen« Opfern des NS-Regimes zugerechnet wurden. Für die Hamburger Verhältnisse gibt es eine entsprechende Studie über das Schicksal von Prostituierten, Bettlern, Obdachlosen, Homosexuellen, Behinderten, Bibelforschern (Zeugen Jehovas) und die Swing-Jugend. Trotz des regionalen Bezuges beinhaltet die Publikation mit Blick auf Einzelschicksale und hinsichtlich der Dokumente eine Fülle von möglichen Unterrichtsmaterialien.

Projektgruppe für die vergessenen Opfer des NS-Regimes in Hamburg (Hg.): **Verachtet – verfolgt – vernichtet.** – Zu den »vergessenen Opfern« des NS-Regimes.

Hamburg: VSA Verlag, 1988[2]
Bezug: Projektgruppe, Lindenallee 54, 20259 Hamburg.

Gesetz

über die Behandlung Gemeinschaftsfremder

Um sicherzustellen, daß Gemeinschaftsfremde, die durch ihr Verhalten die Volksgemeinschaft schädigen, ihr als nützliche Glieder eingeordnet oder an einer weiteren Schädigung der Volksgemeinschaft gehindert werden, hat die Reichsregierung das folgende Gesetz beschlossen, das hiermit verkündet wird:

Artikel I

Gemeinschaftsfremde

§ 1

Gemeinschaftsfremd ist:

1. wer sich nach Persönlichkeit und Lebensführung, insbesondere wegen außergewöhnlicher Mängel des Verstandes oder des Charakters außerstande zeigt, aus eigener Kraft den Mindestanforderungen der Volksgemeinschaft zu genügen,

2. wer

   a) aus Arbeitsscheu oder Liederlichkeit

      ein nichtsnutzes, unwirtschaftliches oder ungeordnetes Leben führt und dadurch andere oder die Allgemeinheit belastet oder gefährdet

      oder

      einen Hang oder eine Neigung zum Betteln oder Landstreichen, zu Arbeitsbummelei, Diebereien, Betrügereien oder anderen nicht ernsten Straftaten oder zu Ausschreitungen in der Trunkenheit betätigt oder aus solchen Gründen Unterhaltspflichten gröblich verletzt

      oder

   b) aus Unverträglichkeit oder Streitlust den Frieden der Allgemeinheit hartnäckig stört,

      oder

3. wer nach seiner Persönlichkeit und Lebensführung erkennen läßt, daß seine Sinnesart auf die Begehung von ernsten Straftaten gerichtet ist (gemeinschaftsfeindlicher Verbrecher und Neigungsverbrecher).

Artikel II

Polizeiliche Maßnahmen gegen Gemeinschaftsfremde

§ 2

(1) Gemeinschaftsfremde werden durch die Polizei überwacht.

(2) Reichen Überwachungsmaßnahmen nicht aus, so überweist die Polizei Gemeinschaftsfremde den Gau-(Landes-)fürsorgeverbänden.

(3) Erfordert die Person eines Gemeinschaftsfremden eine schärfere Bewachung, als sie in den Anstalten der Gau-(Landes-)fürsorgeverbände möglich ist, so bringt ihn die Polizei in einem Lager der Polizei unter.

§ 3

(1) Die Gau-(Landes-)fürsorgeverbände bringen auf ihre Kosten die ihnen überwiesenen Gemeinschaftsfremden in geeigneten Anstalten unter. Sie führen diese Aufgabe als staatliche Aufgabe durch.

(2) Der Reichsminister des Innern bestimmt, welche Anstalten als geeignet anzusehen sind.

(3) Soweit den Gau-(Landes-)fürsorgeverbänden für den erstmaligen Neubau oder für die Erweiterung von Anstalten Kosten erwachsen, beteiligt sich das Reich an diesen Kosten zur Hälfte.

§ 4

Der Gemeinschaftsfremde hat die Kosten seiner Unterbringung zu erstatten.

§ 5

(1) Über Maßnahmen, die gegen Gemeinschaftsfremde wegen strafbarer Handlungen erforderlich sind, entscheiden die Gerichte. Daneben sind polizeiliche Überwachungsmaßnahmen zulässig.

(2) Die Polizei unterrichtet die Strafverfolgungsbehörde nach den Bestimmungen des Strafverfahrensrechts.

Artikel III

Strafrechtliche Maßnahmen gegen Gemeinschaftsfremde

§ 6

(1) Wer durch wiederholte verbrecherische Betätigung sowie nach seiner sonstigen Lebensführung und nach seiner Persönlichkeit einen Hang zu ernsten Straftaten erkennen läßt, wird als gemeinschaftsfeindlicher Verbrecher zu Zuchthaus von unbestimmter Dauer verurteilt, sofern nicht auf eine schwerere Strafe zu erkennen oder der Täter der Polizei zu überweisen ist. Der Richter setzt im Urteil das Mindestmaß der Zuchthausstrafe fest; es darf nicht weniger als 5 Jahre betragen.

(2) Der gemeinschaftsfeindliche Verbrecher verfällt der Todesstrafe, wenn der Schutz der Volksgemeinschaft oder das Bedürfnis nach gerechter Sühne es erfordert.

(3) Erlangt der Richter die Überzeugung, daß ein gemeinschafts~~fremder~~ Verbrecher eine Einordnung in die Volksgemeinschaft nicht mehr erwarten läßt, so überweist er ihn als unverbesserlich der Polizei.

§ 7

(1) Wer durch wiederholte verbrecherische Betätigung sowie nach seiner sonstigen Lebensführung und nach seiner Persönlichkeit eine Neigung zu ernsten Straftaten erkennen läßt, wird als Neigungsverbrecher zu Gefängnis von unbestimmter Dauer oder, wenn zur Ahndung Zuchthausstrafe geboten ist, zu Zuchthaus von unbestimmter Dauer verurteilt, sofern nicht auf eine schwerere Strafe zu erkennen ist.

(2) Der Richter setzt im Urteil das Mindestmaß der Freiheitsstrafe fest; es soll nicht weniger als 1 Jahr betragen.

§ 8

(1) Erlangt die Justizbehörde während des Vollzuges der unbestimmten Strafe die Überzeugung, daß ein gemeinschaftsfeindlicher oder ein Neigungsverbrecher eine Einordnung in die Volksgemeinschaft nicht mehr erwarten läßt, so überweist sie ihn als unverbesserlich der Polizei.

(2) Kann der zu unbestimmter Strafe Verurteilte nach achtjährigem Strafvollzug nicht entlassen werden, so ist er als unverbesserlich der Polizei zu überweisen. Dies gilt nicht, bevor der Verurteilte das 35. Lebensjahr vollendet hat. Der Reichsminister der Justiz kann Ausnahmen zulassen.

§ 9

(1) Wer aus Arbeitsscheu oder Liederlichkeit einen Hang oder eine Neigung zum Betteln oder Landstreichen, zu Arbeitsbummelei, Diebereien, Betrügereien oder anderen nicht ernsten Straftaten oder zu Ausschreitungen in der Trunkenheit betätigt oder aus solchen Gründen Unterhaltspflichten gröblich verletzt, wird vom Richter der Polizei überwiesen.

(2) Wer aus Unverträglichkeit oder Streitlust den Frieden der Allgemeinheit durch Beleidigungen oder ähnliche nicht ernste Straftaten hartnäckig stört, wird vom Richter ebenfalls der Polizei überwiesen.

§ 10

(1) Läßt ein Mann durch wiederholte Angriffe auf die Sittlichkeit sowie nach seiner Persönlichkeit einen Hang oder eine Neigung zu solchen Taten erkennen, so ordnet der Richter neben der Strafe oder Überweisung an die Polizei die Entmannung des Sittlichkeitsverbrechers an, wenn die öffentliche Sicherheit es erfordert.

(2) Als Angriff auf die Sittlichkeit können Anlaß zur Anordnung der Entmannung geben: Nötigung zur Unzucht, Schändung, Unzucht mit Kindern, Notzucht, Unzucht zwischen Männern, öffentlich vorgenommene unzüchtige Handlung, ferner aus Geschlechtslust begangene Tötung, Körperverletzung oder Tierquälerei sowie Vollrausch, wenn in diesem Zustand eine solche Tat begangen ist.

(3) Der Richter kann die Entmannung selbständig anordnen, wenn sich der Täter zur Zeit einer der bezeichneten Taten in einem nicht nur vorübergehenden Zustand der Zurechnungsunfähigkeit befunden hat.

(4) Von der Anordnung der Entmannung ist abzusehen, wenn der Täter zur Zeit der Tat das 21. Lebensjahr noch nicht vollendet hat.

Artikel IV

Minderjährige Gemeinschaftsfremde

§ 11

(1) Die polizeilichen Maßnahmen des Gesetzes sind gegen Minderjährige nur zulässig, wenn ihre Einordnung in die Volksgemeinschaft nach der Erklärung der Erziehungsbehörde mit den Mitteln der öffentlichen Jugendhilfe voraussichtlich nicht zu erreichen ist.

(2) Die Erklärung der Erziehungsbehörde entfällt bei Minderjährigen, die der Polizei nach den §§ 5, 8, 9 oder nach § 12 überwiesen werden.

(3) Minderjährige, die in einem Lager der Polizei untergebracht werden sollen, werden in Jugendschutzlager eingewiesen.

§ 12

(1) Jugendliche werden zu unbestimmter Strafe nur nach den Vorschriften für die Jugendstrafrechtspflege verurteilt.

(2) Erlangt die Justizbehörde während des Vollzuges der gegen einen Jugendlichen verhängten unbestimmten Strafe die Überzeugung, daß der Verurteilte eine Einordnung in die Volksgemeinschaft nicht erwarten läßt, und hat dieser das Mindestmaß der Strafe verbüßt, so überweist sie ihn der Polizei.

(3) Ebenso überweist die Justizbehörde den zu bestimmter oder unbestimmter Strafe verurteilten Jugendlichen nach Verbüßung der Strafe der Polizei, wenn er nach ihrer Überzeugung eine Einordnung in die Volksgemeinschaft voraussichtlich nicht erwarten läßt.

Artikel V

Unfruchtbarmachung

§ 13

(1) Gemeinschaftsfremde, bei denen ein für die Volksgemeinschaft unerwünschter Nachwuchs zu erwarten ist, sind unfruchtbar zu machen.

(2) Auf das Verfahren findet das Gesetz zur Verhütung erbkranken Nachwuchses vom 14. Juli 1933 (Reichsgesetzblatt I S. 529) in der jeweils geltenden Fassung nach Maßgabe näherer Vorschriften sinngemäß Anwendung.

Artikel VI

Schlußvorschriften

§ 14

(1) Das Gesetz tritt am 1. Januar 1945 in Kraft. Es gilt auch in den eingegliederten Ostgebieten. Den Zeitpunkt des Inkrafttretens des Gesetzes in den Alpen- und Donau-Reichsgauen bestimmt der Reichsminister des Innern im Einvernehmen mit dem Reichsminister der Justiz.

(2) Der Reichsminister des Innern, der Reichsminister der Justiz und der Chef des Oberkommandos der Wehrmacht erlassen die zur Durchführung und Ergänzung dieses Gesetzes erforderlichen Rechts- und Verwaltungsvorschriften auch auf dem Gebiet des bürgerlichen Rechts im Einvernehmen mit den beteiligten Reichsministern und dem Jugendführer des Deutschen Reiches.

(3) Die zuständigen obersten Reichsbehörden werden ermächtigt, Gesetze, die auf Grund des vorliegenden Gesetzes einer Änderung bedürfen, an dieses Gesetz anzupassen, dabei überholte Vorschriften wegzulassen, Unstimmigkeiten zu beseitigen, Fassungsänderungen vorzunehmen und die Gesetze in neuer Folge im Reichsgesetzblatt bekanntzugeben.

Der Führer · Der Vorsitzende des Ministerrats für die Reichsverteidigung · Der Reichsminister des Innern
Der Reichsminister der Justiz · Der Chef des Oberkommandos der Wehrmacht · Der Reichsarbeitsminister
Der Reichsminister der Finanzen · Der Reichsminister und Chef der Reichskanzlei · Der Leiter der Parteikanzlei

Der Begriff der »Schutzhaft«

Unter Schutzhaft verstand man bis zur Perversion aller Rechtsbegriffe durch den Nationalsozialismus eine polizeiliche Verwahrung, zu der die Polizeibehörden unter zwei Umständen befugt waren, nämlich
a) zum eigenen Schutz dieser Personen,
b) zur Beseitigung einer bereits eingetretenen Störung der öffentlichen Sicherheit oder Ordnung oder Abwehr einer unmittelbar bevorstehenden Gefahr, falls die Beseitigung der Störung oder die Abwehr der Gefahr auf andere Weise nicht möglich ist.

So stand es im § 15 des Polizeiverwaltungsgesetzes vom 1. Juni 1931. Nach diesem Gesetz mußten so in Haft Genommene »spätestens im Lauf des folgenden Tages aus der polizeilichen Verwahrung entlassen werden«. Im übrigen konnte man nur auf Grund richterlicher Haftbefehle in Untersuchungshaft genommen werden, wenn hinreichender Verdacht auf Täterschaft und sog. »Verdunkelungsgefahr« bestand.

Als nach dem Reichstagsbrand vom 27. Februar 1933 die »2. Notverordnung zum Schutz von Volk und Staat« erlassen wurde, hatte Deutschland aufgehört, ein Rechtsstaat zu sein, in dem der Einzelne unveräußerliche Grundrechte gegenüber dem Staat geltend machen kann. Es hieß in § 1 dieser Verordnung:

»Die Artikel 114, 115, 117, 118, 123, 124, und 153 der Verfassung des Deutschen Reiches werden bis auf weiteres außer Kraft gesetzt. Es sind daher Beschränkungen der persönlichen Freiheit, des Rechts der freien Mei-

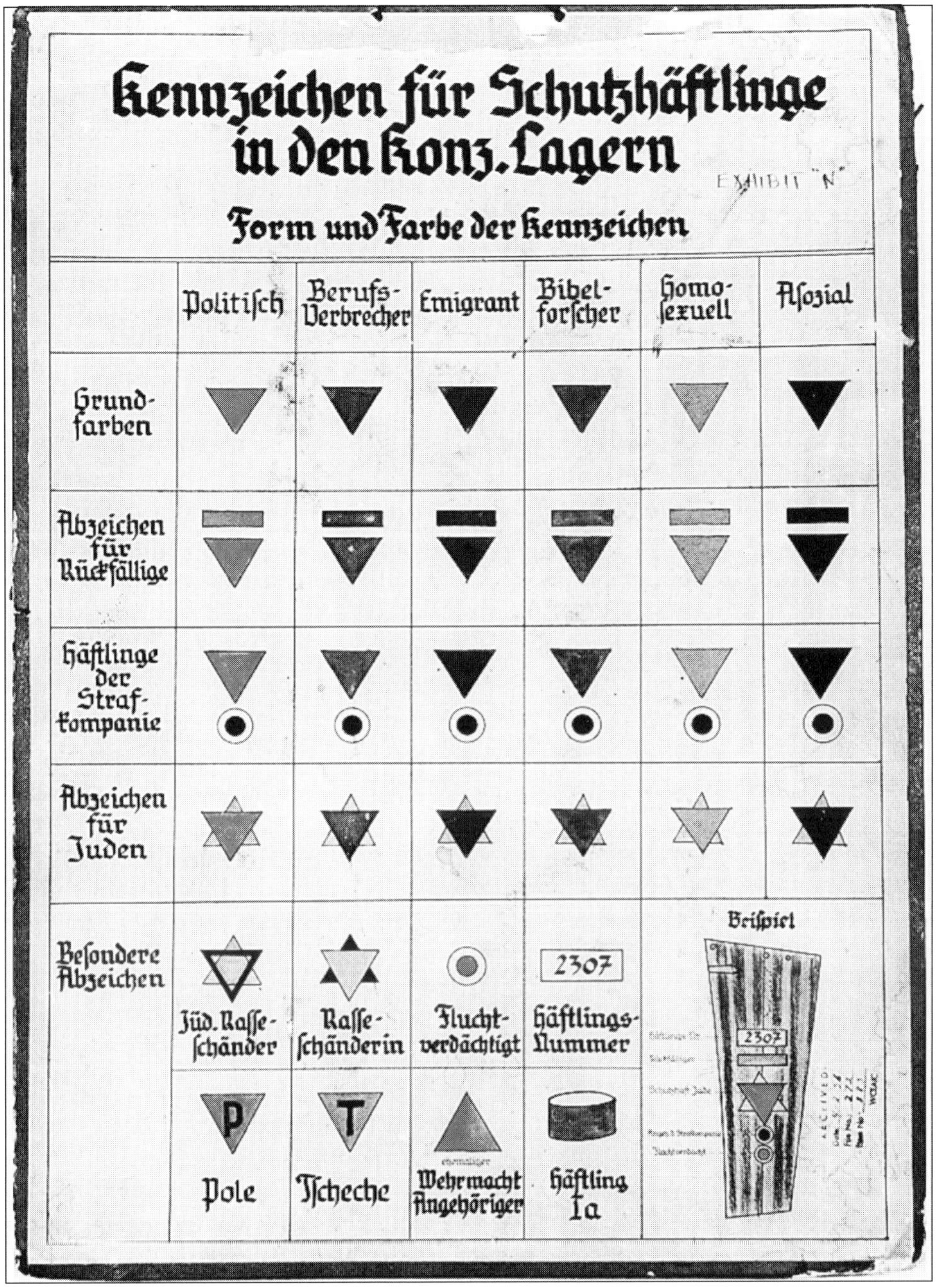

nungsäußerung, einschließlich der Pressefreiheit, des Vereins- und Versammlungsrechts, Eingriffe in das Brief-, Post-, Telegrafen- und Fernsprechgeheimnis, Anordnungen von Haussuchungen und von Beschlagnahmen sowie Beschränkung des Eigentums auch außerhalb der sonst hierfür bestimmten gesetzlichen Grenzen zulässig.«

Von da an benutzte man den Begriff »Schutzhaft«, um ohne gesetzliche Beschränkung mißliebige Bürger auf beliebig lange Zeit in Haft zu halten. Schutzhaft wurde zu einer Strafe ohne Straftat und Urteil. Sie wurde häufig aus den lächerlichsten Anlässen verhängt. Bezeichnenderweise wurde später auch bedenkenlos von »Vollstreckung« einer Schutzhaft gesprochen – ein Begriff, den es früher (und heute wieder) nur für die Ausführung einer gerichtlich ausgesprochenen Strafe gab. Als die Gefängnisse sehr bald nicht mehr ausreichten, die Menge der »Schutzhäftlinge« (in erster Linie Funktionäre und Mitglieder der Arbeiterparteien) aufzunehmen, wurden besondere »Sammellager« eingerichtet, die den offiziellen Namen »Konzentrationslager« (abgekürzt KL) erhielten. Im Volksmund kürzte man: KZ.

Aus: KZ Moringen. Männerlager, Frauenlager, Jugendschutzlager. Eine Dokumentation. Hrsg. von der Gesellschaft für christlich-jüdische Zusammenarbeit Göttingen e.V. und dem evangelisch-lutherischen Pfarramt Moringen. O. O. (1983)

Zur Organisation der Vernichtung und deren Voraussetzungen

Gernot Jochheim

Das Reichssicherheitshauptamt (RSHA) – das bürokratische Zentrum des Terrors

Das Reichssicherheitshauptamt (RSHA) war die wichtigste Zentrale für die nationalsozialistischen Gewaltverbrechen.[1] Das RSHA hatte zwei Vorläuferorganisationen: Zum einen den »Sicherheitsdienst des Reichsführers SS« (SD). Diese 1931 gegründete Einrichtung war ein Nachrichten- und Spitzeldienst, den Heinrich Himmler zunächst zur Überwachung von Parteimitgliedern nutzte. Leiter des SD wurde Reinhard Heydrich, der 1931 als Oberleutnant aus der Reichsmarine entfernt worden war. Nach der Regierungsübernahme in Deutschland durch die Nazis wurde die Tätigkeit des Sicherheitsdienstes auf alle Lebensbereiche in Gesellschaft, Wirtschaft und Politik ausgedehnt, nach Kriegsbeginn auch auf die besetzten Gebiete.

Zum anderen die Sicherheitspolizei (SiPo). Teil der Sicherheitspolizei war die Gestapo, die im April 1933 auf Geheiß Görings, zu jenem Zeitpunkt preußischer Ministerpräsident, aus der Abteilung IA (politisch-polizeiliche Nachrichtenstelle) des Berliner Polizeipräsidiums am Alexanderplatz entwickelt worden war. Die Gestapo, deren Leiter 1934 ebenfalls Heydrich wurde, übernahm die Aufgabe, die politischen Gegner des Nazi-Regimes zu verfolgen. 1936 wurde die Gestapo mit der mittlerweile zentralistisch organisierten Kriminalpolizei zur Sicherheitspolizei verbunden. Von diesem Zeitpunkt ab fungierte Heydrich als »Chef der Sicherheitspolizei und des Sicherheitsdienstes (SD)«. Die institutionelle Verknüpfung von SD und SiPo erfolgte im Reichssicherheitshauptamt. Die **Partei**organisation SD wurde also mit einer **staatlichen** Polizeiorganisation zusammengefaßt.

Das RSHA bestand aus sieben Ämtern. Das Amt IV war die Gestapo, geleitet von Heinrich Müller. Die Abteilungen befaßten sich mit den politischen »Feinden«. Die Leitung des Referats IV B 4 (»Judenangelegenheiten, Räumungsangelegenheiten) übernahm der SS-Obersturmbannführer Adolf Eichmann. Amt V war das Reichs-Kriminalamt, dem auch das »Kriminalbiologische Institut« der Sicherheitspolizei zugeordnet wurde (s. S. 30 ff.). Für »Weltanschauungsfragen« war das Amt VII unter Prof. Franz Six zuständig. Nach dem Attentat auf Heydrich übernahm im Januar 1943 Ernst Kaltenbrunner dessen Funktionen.

Das RSHA hatte seine Zentrale in der Prinz-Albrecht-Straße 8, dem Baukomplex des ehemaligen Kunstgewerbemuseums bzw. der Kunstgewerbeschule. Das Gelände ist heute Ort der Ausstellung »Topographie des Terrors« (s. S. 203). Nicht alle Referate des RSHA kamen in der Prinz-Albrecht-Straße 8 unter. Das Referat Eichmanns beispielsweise hatte seinen Sitz in dem Gebäude Kurfürstendamm 116, das zuvor einer Freimaurerloge gehört hatte. Die Berliner Leitstelle der Gestapo befand sich in der Burgstraße 28 am damaligen S-Bahnhof Börse (heute: Hackescher Markt). Das »Kriminalbiologische Institut« hatte die Adresse Werderscher Markt 5/6 (Berlin-Mitte).

Allein die Tatsache, daß es in der von Nazis durchwobenen Bürokratie »Fachleute« für Judenfragen gab, führte zu einer Eigendynamik in der NS-Judenpolitik.[2] Als ein Beispiel hierfür sei auf die letztendlich 431 antijüdischen Verordnungen verwiesen, die im Deutschen Reich erlassen wurden. Die »Isolierung« der jüdischen Bevölkerung war am 12. November 1938 Thema auf einer von Göring geleiteten Sitzung im Luftfahrtministerium nach der Pogromnacht vom 9./10. November gewesen. Goebbels hatte dort energisch für die verschärfte gesellschaftliche Isolierung der jüdischen Bevölkerung plädiert. Bereits auf dieser Sitzung schlug Heydrich vor, daß »jeder Jude im Sinne der Nürnberger Gesetze ... ein bestimmtes Abzeichen tragen« müsse, um dann anzumerken: »Ich wollte bloß grundsätzlich das Einverständnis erbitten, daß wir diese Dinge einleiten dürfen.« Gegen Ende der Sitzung fiel dann die berüchtigte Bemerkung von Göring: »Im übrigen muß ich noch einmal feststellen: ich möchte kein Jude in Deutschland sein.« In den Folgejahren ging es dann Schlag auf Schlag, bis 1943. Es bedurfte keiner weiteren Anweisungen. Die Phantasie der Bürokraten ließ keine Gemeinheit aus, wie in dem Aufsatz von Wolfgang Wippermann ausgeführt ist (s. S. 54 ff.).

Die Eigendynamik rassistischer Maßnahmen ist im übrigen gerade auch bei der Verfolgung der Sinti und Roma anzutreffen, gegen die von Seiten der Naziführung überhaupt kein ausdrückliches Verfolgungsinteresse formuliert worden war (s. S. 91 ff.).

Das bürokratische Handeln im Zusammenhang mit den NS-Gewaltverbrechen zeigt sich auch in der peniblen Registrierung und Protokollierung aller Geschehnisabläufe. Hierzu gibt es eine Fülle von Beispielen in dem Buch »Die Grunewald-Rampe« (s. S. 64) sowie in dem gleichnamigen Film. Besonders sinnfällig und eindrucksvoll sind diese Phänomene auch in dem Film »Das war alles schrecklich normal« (s. S. 64) dokumentiert.

Der Blick auf die verantwortlichen NS-Täter

In geschichtlichen Unterrichtswerken ist der Komplex der verantwortlichen NS-Täter bislang nur unzureichend thematisiert worden – ein Umstand, der nicht allein den Autorinnen und Autoren anzulasten ist, sondern der eine Widerspiegelung der in dieser Hinsicht lückenhaften fachwissenschaftlichen Forschung darstellt. Was kann auf diesem Hintergrund in der schulischen und außerschulischen Bildungsarbeit überhaupt erreicht werden?

Ein Zugang zur Persönlichkeitsstruktur der NS-Verantwortlichen läßt sich mit einer Vergegenwärtigung des Lebensalters führender Nationalsozialisten und SS-Führer anbahnen. Im übrigen erwähnen Zeitzeugen, namentlich überlebende Opfer, häufig wie jung die NS- bzw. SS-Führer gewesen sind.

Adolf Hitler, 1889 geboren, zählt schon zu den älteren führenden Nationalsozialisten. Noch 43-jährig wurde er 1933 Reichskanzler, in einem Alter, das für ein derartiges Amt auch heute noch als niedrig angesehen werden würde.

Joseph Goebbels wurde 1897 geboren. 1926 – also nicht einmal 30-jährig – wurde er von Hitler zum Gauleiter der NSDAP in Berlin ernannt; mit 36 kam er als Reichsminister für Volksaufklärung und Propaganda in das 2. Kabinett Hitler.

Hermann Göring, Kampfflieger im Weltkrieg, war 1893 geboren worden. Bei der Verfolgung der politischen Gegner der Nazis spielte er – 40-jährig – schon 1933 zunächst als kommissarischer Innenminister und ab April als Ministerpräsident Preußens eine maßgebliche Rolle.

Heinrich Himmler und Martin Bormann, der Leiter der Parteikanzlei und Sekretär Hitlers, haben den Geburtsjahrgang 1900. Himmler wurde mit 29 Führer der SS, stand mit 34 an der Spitze der politischen Polizei und mit 36 der gesamten Polizei in Nazi-Deutschland. Zur Person Himmlers führt die dokumentarische Erzählung »Der Vater eines Mörders« von Alfred Andersch, in der der Autor persönliche Erlebnisse mit dem Vater Heinrich Himmlers, dem Direktor eines humanistischen Gymnasiums in München, verarbeitet hat. Allerdings bildet den Rahmen der Erzählung eine Griechischstunde, was für beinahe alle Lehrpersonen sowie für Schülerinnen und Schüler eine Schwierigkeit beim Zugang bedeuten dürfte (Alfred Andersch: Der Vater eines Mörders. Eine Schulgeschichte. Mit einem Nachwort des Autors. Zürich: detebe 20498).

Reinhard Heydrich, die rechte Hand Himmlers, wurde 1904 geboren. Heydrich stand mit 30 an der Spitze der Geheimen Staatspolizei. Als 38-jähriger leitete er 1942 die Wannsee-Konferenz. Nur ein Jahr älter als Heydrich war dessen Nachfolger Ernst Kaltenbrunner.

Noch jünger als Heydrich bzw. Kaltenbrunner waren der 1905 geborene Architekt Albert Speer, der von Hitler 1937 zum Generalbauinspekteur für Berlin ernannt worden war und 1942, also 37-jährig, verantwortlicher Minister für die Kriegsproduktion wurde, sowie Adolf Eichmann, geboren 1906. Dessen engster Mitarbeiter, Alois Brunner, als »Schlächter von Wien« bezeichnet, war sogar erst 1912 geboren worden. Als Endzwanziger hatte er Wien »judenrein« gemacht, ein »Verdienst«, aufgrund dessen er 1942, also 30 Jahre alt, in Berlin seine brutalen Praktiken anwenden sollte und dies – ebenso wie später in anderen Teilen Europas – auch tat.

Für die »Gehilfen« aus der ersten Reihe sehen die biographischen Daten im übrigen nicht anders aus. Nehmen wir Namen, die in dieser Publikation eine Rolle spielen. Der Mitkommentator der Nürnberger Gesetze 1935, der Jurist Hans Globke, war 1898 geboren worden. Der Psychiater und Psychologe Robert Ritter hatte das Geburtsjahr 1901. Als Mitdreißiger also avancierte er 1936 zum Leiter der »Rassehygienischen und Bevölkerungsbiologischen Forschungsstelle«. Eine seiner wichtigsten Mitarbeiterinnen, Eva Justin, war noch 8 Jahre jünger!

Auch der Verfolger der Homosexuellen, der Kriminalbeamte Josef Meisinger, war um die Jahrhundertwende geboren worden, nämlich 1899. 40-jährig wurde er später Kommandeur der Sicherheitspolizei und des Sicherheitsdienstes der SS für den Distrikt Warschau. Seine brutalen Praktiken brachten ihm den Beinamen »Schlächter von Warschau« ein.

Schnelle Aufstiegsmöglichkeiten in einer im doppelten Sinne »jungen Bewegung«, als die sich die Nationalsozialisten verstanden – Goebbels sprach häufig von der »jungen Revolution« der Nazis –, (beinahe noch jugendlicher) Fanatismus, geringe Lebenserfahrung – solche und ähnliche Gesichtspunkte können den Radikalismus nicht allein des Wortes, sondern gerade im Handeln jedoch nicht hinreichend erklären. Vielmehr scheinen sich die psychischen Dispositionen und die handlungsbestimmenden Erfahrungen dieser wie im übrigen Hunderttausender, ja Millionen anderer junger Männer nicht erfassen zu lassen ohne jenes ungeheuerliche Geschehen, das für die Zeitgenossen der, wie wir heute wissen, erste Weltkrieg bedeutet hat, und nicht ohne die Folgen und Spätfolgen dieses Krieges in allen Lebensbereichen. Erich Maria Remarques Roman »Im Westen nichts Neues« und der Film von 1930 zu diesem Buch dürften nach wie vor die besten Zugänge sein, um die Gefühlswelt jener »zerstörten Generation« (Remarque) nachvollziehen zu können. Eine Jugend mit diesen Erfahrungen gab es nicht allein in Deutschland (und Österreich). Aber diese deutsche Jugend und jene deutsche Gesellschaft, in der sie herangewachsen war, hatten den Krieg verloren. Jahrelang, teilweise jahrzehntelang genährte kollektive Illusionen

waren im November 1918 über Nacht zusammengebrochen. Die rassistisch ausgerichtete Nazi-Ideologie, das irrationale Aufbegehren gegen die Versailler Verträge und die (Männer-)Organisationen der NSDAP boten den vielen zerrütteten Existenzen (schein-) intellektuellen, emotionalen und sozialen Halt und damit das persönliche Gefühl von Bedeutung, das sie ansonsten nicht zu finden glaubten oder auch nicht finden konnten.
Zu den nachhaltigsten Erfahrungen des Krieges dürfte für jene Generation, die mit einem militärischen Vernichtungspotential bis dahin ungeahnten Ausmaßes konfrontiert worden war, eben dies gezählt haben: wie wenig Bedeutung, ja Wert der einzelne Mensch hatte. In den Materialschlachten war aus Menschen »Menschenmaterial« geworden.

Arbeitsteilung und moralisches Handeln

Die Thematisierung der NS-Verantwortlichen darf nicht den Eindruck erwecken bzw. fördern, die Repressionen, der Terror und das Morden während des Naziregimes wären das Handeln einer relativ kleinen und womöglich besonders fanatischen Clique gewesen. Denn ohne eine aktive Beteiligung Hunderttausender und ohne die passive Unterstützung durch Millionen Menschen wäre die Vernichtungspolitik gar nicht möglich gewesen. Um dies zu verdeutlichen, können einige Überlegungen angestellt werden.
Nehmen wir als einen Ausgangspunkt beispielsweise die Zahl der Konzentrationslager. Im Zusammenhang mit der Entschädigung von Opfern des Nationalsozialismus in der Bundesrepublik erwies es sich als erforderlich festzulegen, welche Lager während der NS-Zeit als Konzentrationslager anzuerkennen wären. Dies geschah 1977, über 30 Jahre nach dem Ende der NS-Herrschaft. Eine Auflistung erschien als Ergänzung zum Bundesentschädigungsgesetz im Bundesgesetzblatt (s. S. 187). **Danach gab es im Deutschen Reich und in den von Nazi-Deutschland besetzten Gebieten 1634 Konzentrationslager einschließlich ihrer Außenkommandos.** Hinzu kamen allein im Reichsgebiet Tausende von Lagern für Zwangsarbeiterinnen und Zwangsarbeiter, deren Höchstzahl 1944 beinahe acht Millionen betrug. Die Überlegung: Wieviele Menschen mußten tätig sein, damit ein Lager überhaupt organisatorisch aufrecht erhalten werden konnte? Wieviele Menschen waren allein für die Bewachung der Gefangenen und Verschleppten nötig? Derartige Überlegungen können eine Ahnung von der Zahl der Menschen vermitteln, die die Terror- und Vernichtungssituationen der Nazis direkt mitgetragen haben müssen.
Die Zahl der indirekt Beteiligten dürfte ungleich größer gewesen sein. Auch hierzu ein Beispiel: Da ist im Zusammenhang mit der Deportation jüdischer Menschen aus Berlin etwa folgendes zu lesen (hier eine sachlich richtige Formulierung ohne irgendwelche Zitierung): **»Am 18. Oktober 1941 beginnen die Massendeportationen aus Berlin. Der erste Transport mit 1013 Menschen geht vom Bahnhof Grunewald ab und endet im Ghetto von Lodz.«** – Es gilt sich zu vergegenwärtigen, welche organisatorischen Maßnahmen erforderlich waren und wie viele Menschen ihre »normalen« beruflichen Tätigkeiten ausgeübt haben, damit ein solcher Zug überhaupt fahren konnte – wie im übrigen Tausende anderer in ganz Europa. Zu benennen wären u.a.: Aufstellen des Fahrplans, Zusammenstellen der Waggons, Tätigkeiten von Lokomotivführern, Heizern, Weichenstellern, Schrankenwärtern usw. Allein das fahrplanmäßige Organisieren der Transporte vollzog sich in folgender Weise:
»Keine einzige Deportation wäre ohne die Mitwirkung der ***Deutschen Reichsbahn*** *möglich gewesen. Ihr Chef, Staatssekretär Albert Ganzenmüller, gab Himmler die Zustimmung zur Einbeziehung der Bahn in die Deportationen. In der Reichsbahnleitung gab es kein besonderes Judenreferat. Ihre Techniker und anderen Mitarbeiter integrierten die Menschenverschleppung in die Routinevorgänge.*
Drei Abteilungen der Reichsbahnleitung im Verkehrsministerium wirkten an den Deportationen mit: Abteilung E I, die die Tarife festlegte, die für das Streckennetz zuständige Betriebsabteilung E II und die Abteilung L, die für den Bedarf der Wehrmacht zuständig war.
In der Abteilung E II lag die Nahtstelle zwischen dem RSHA und der Reichsbahn. Der Geschäftsanteil 211 des Referats 21 (Massenbeförderung) war für die Planung von Sonderzügen zuständig. Dessen Sachbearbeiter, Amtsrat Otto Stange, oblag damit die Koordinierung aller ›Umsiedlerzüge‹ der Transport von ausländischen Zwangsarbeitern und ›Volksdeutschen‹ in das Reich ebenso wie die Verschleppungen der Juden. Eichmanns Transportreferent Franz Novak erwirkte wie ein normaler Kunde bei Stange regelmäßig die Bereitstellung von Waggons und freien Strecken für die Deportationszüge. Für diese Dienstleistung forderte die Tarifabteilung E I die Bezahlung der Deportationen nach dem regulären Personenfahrpreis der 3. Klasse: Er lag im Jahr 1942 bei 4 Pfg. pro Kilometer, Kinder unter 12 Jahren zahlten die Hälfte, Kleinkinder unter 4 Jahren fuhren umsonst. Für Transporte von mehr als 400 Personen gestand die Reichsbahn dem RSHA die übliche Gruppenermäßigung von 50 % zu.
Anschließend beauftragte die Abteilung E II die Generalbetriebsleitungen (GBL) mit der Vorbereitung der Transportpläne, im Falle der Deportationszüge aus dem Reich

die GBL-Ost in Berlin. Für Deportationszüge, die innerhalb der besetzten Gebiete fuhren, erging die Weisung an die jeweils zuständigen Bahnorganisationen, z.B. an die Generaldirektion der Ostbahn im Generalgouvernement. Hier mußten die Waggons beschafft und die Strekken bestimmt werden. Der Hauptwagendienst stellte, obwohl Deportationen im Rahmen des Personenverkehrs verwaltet wurden, ab 1942 überwiegend Güterwagen zur Verfügung, die nicht im sonstigen Frachtverkehr benötigt und oft so eng belegt wurden, daß pro Person weniger als ein halber Quadratmeter Platz blieb.
Der Personenwagendienst der GBL-Ost prüfte die Strekkenbelegungen in Abstimmung mit den Wehrmachtstransportzügen, die auf dem Schienennetz vorrangig abzufertigen waren. Es wurde daher eine Sondergruppe eingerichtet, die regelmäßig zu Fahrplankonferenzen zusammentrat. Sie arbeitete die Umlaufpläne der Sonderzüge aus und glich die Fahrten mit der Wehrmachts-Abteilung L des Verkehrsministeriums ab. Im Verkehr zwischen den Endbahnhöfen belegte sie die Sonderzüge mit jeweils anderen Personengruppen: Fuhr also z.B. ein Zug mit Berliner Juden nach Auschwitz, so brachte er auf seiner Rückkehr polnische Zwangsarbeiter in die Stadt. In gleicher Weise legte z.B. die Generaldirektion der Ostbahn die Fahrten zwischen den Ghettos und den Vernichtungslagern fest.
Den groben Fahrplan gab die GBL-Ost an die verschiedenen Reichsbahndirektionen weiter, in deren Aufgabenbereich die Umsetzung dieser Rundfahrpläne auf den jeweiligen Strecken lag. Der Schriftverkehr lief unter dem Zeichen ›Nur für den Dienstgebrauch‹, der niedrigsten Geheimhaltungsstufe. Die Betriebsämter stellten dort die exakten Fahrpläne für die einzelnen Strecken auf. Die Dezernate ›33‹ der Reichsbahndirektionen legten die Fahrten der Sonderzüge reibungslos und kostengünstig im Bedarfsfahrplan fest. Die Züge selbst waren also im regulären bahninternen Fahrplan verzeichnet, verkehrten aber nur dann, wenn das RSHA eine Zugbestellung aufgab. Den Sonderzügen mit Deportierten wiesen die Dezernate ›33‹ jene Fahrzeiten auf den Strecken zu, die noch nicht an andere Kunden vergeben worden waren. Waren sie vollständig belegt, zeigten sich die Dezernate flexibel genug, den Auftrag des RSHA mit Sonderfahrplänen für Umwegfahrten dennoch zu erfüllen.
Für die Deutsche Reichsbahn war die Übernahme der Deportationstransporte also nicht nur ein Verwaltungsvorgang, sondern auch ein einträgliches Geschäft.«[3]
Auf dem Hintergrund der Frage, wie es gelingen konnte, daß völlig normale Menschen sich in so großer Zahl direkt und indirekt an Massenmorden beteiligten, hat der Sozialwissenschaftler Herbert C. Kelman drei Bedingungen formuliert:

1. Das Gewalthandeln muß durch Befehle oder als legitim geltende Anweisungen »von oben« **autorisiert** sein.
2. Die Handlungen müssen **Routinesache** sein.
3. Die Opfer müssen einem Prozeß der **Dehumanisierung** unterliegen.

Der erste und der dritte Gesichtspunkt bedürfen hier hinsichtlich der NS-Rassenlehre und ihrer politischen Praxis keiner weiteren Erläuterung. Es läßt sich namentlich eine Fülle von Zitaten zusammenstellen, in denen Juden mit Ungeziefer, Schädlingen und Krankheitserregern verglichen werden und auf diese Weise bereits allein semantisch die Assoziation von Vernichtung angelegt ist. Der zweite Gesichtspunkt scheint von zentraler Bedeutung zu sein, betrifft er doch die konkrete Organisation der nationalsozialistischen Gewaltverbrechen.
Die Schilderung der Fahrplangestaltung für die Transporte in die Vernichtungslager zeigt, gibt es allein in diesem Segment des Organisationsgeschehens eine vielfache **Arbeitsteilung**, die sich in weiteren Organisationsbereichen der nationalsozialistischen Gewaltverbrechen ähnlich darstellt. »Man muß sich bewußt machen«, schreibt Raul Hilberg in seinem Standardwerk »Die Vernichtung der europäischen Juden«, »daß die meisten Mittäter keine Gewehre auf jüdische Kinder abfeuerten oder Gas in die Gaskammern leiteten ... es waren Bürokraten, die Schriftsätze formulierten, Zeichnungen anfertigten, die telefonierten und an Besprechungen teilnahmen.«[4]
Die hochgradige Arbeitsteilung hatte zur Folge, daß es in dem Prozeß vom Plan bis zur Ausführung – beispielsweise eines jeden Deportationszuges – eine Fülle begrenzter, oft sogar nur minutiöser Handlungen gab, die erst in ihrer Gesamtheit das Morden ermöglichten. Welcher psychische Mechanismus macht dies möglich?
»Das Resultat ist, daß es viele Handlungen gibt, für die niemand mit vollem Bewußtsein Verantwortung übernimmt. Für den Auftraggeber existieren sie nur als Worte oder in der Vorstellung; er betrachtet sie nicht als die eigenen, weil er ihre Ausführung nicht miterlebt. Der Mann, der sie tatsächlich ausführt, identifiziert sich andererseits nicht damit, weil der glaubt, selbst nur das schuldlose Instrument fremden Willens zu sein ...
Ohne die unmittelbare Erfahrung der Konsequenz eigenen Handelns agiert auch der Untadeligste in einem moralischen Vakuum: die abstrakte Kenntnis des Bösen ist weder ein zuverlässiger Leitfaden noch ein hinreichendes Motiv ...«[5]
Daß sich für das Individuum aufgrund der Arbeitsteilung der Anteil an der »Gesamtschuld« für die Gewaltverbrechen als relativ gering dargestellt hat, wurde in der deut-

IDEOLOGIE UND ORGANISATION

schen Gesellschaft gefördert durch einen Arbeitsethos, in dessen Rahmen Sekundärtugenden eine absolute Priorität genossen und die Frage nach den moralisch vertretbaren Zielen von Arbeit nicht gestellt wurde. Der Nationalsozialismus hat einen Mangel an gefestigter Humanität sichtbar gemacht, der seine Wurzeln in tradierten Werteorientierungen in der deutschen Gesellschaft hatte:

»Hochentwickelten sittlichen Maßstäben, die an den einzelnen und seine privaten Handlungen gelegt wurden, stand in Deutschland kein entsprechender Konsensus gegenüber, an dem politische und militärische Übung gemessen worden wären. Technische und militärische Tüchtigkeit nahmen gerade in den tonangebenden bürgerlichen und kleinbürgerlichen Kreisen den Platz von selbständigen sittlichen Werten ein; das Humane hingegen, dem sie hätten dienen sollen, wurde nur zu gern als ›Schlappheit‹ abgewertet. Pflichttreue rangierte als eine der höchsten deutschen Tugenden, ohne daß ihr als Kontrolle ebenso selbstverständlich die Pflicht zur Erwägung an die Seite gestellt worden wäre, ob und wie weit die Pflichterfüllung im einzelnen nicht zur Unmenschlichkeit im ganzen führe.

Die traditionell vorhandene Kluft zwischen privater Moral, persönlicher Anständigkeit und ahumaner Betrachtung der überprivaten Dinge wirkte sich in der Hitlerzeit verheerend aus. Auch als zahllose Menschen in Deutschland den verbrecherischen Charakter wenn nicht des ganzen nationalsozialistischen Systems, so doch einzelner seiner Maßnahmen erkannt hatten, entschieden sich im Konfliktfall die meisten dafür ›persönlich integer‹ zu bleiben und – damit die Menschlichkeit zu opfern. Als konkretes Beispiel möge das Verhalten der Pfarrämter bei den staatlich von ihnen verlangten Bestätigungen der ›Rassereinheit‹ aller jener dienen, die im nationalsozialistischen Deutschland ihren Weg unbehindert gehen wollten oder auch nur zu heiraten beabsichtigten: Während sehr viele Pfarrer die Rassegesetzgebung und -praxis des nationalsozialistischen Staates als Unrecht erkannt hatten, dienten sie doch gleichzeitig der Verwirklichung dieser Gesetze, indem sie ›pflichttreu‹ die Taufbescheinigungen für die ›Ariernachweise‹ nach den Kirchenbüchern ausstellten. Vielen erschien es mit ihrer ererbten Pflichtauffassung nicht vereinbar, etwa an sie herangetragenen Bitten zu entsprechen, jüdische Großeltern in ›arische‹ umzufälschen, obwohl sie damit möglicherweise Menschen vom Paria-Dasein und Tod hätten retten können. Solche Konfliktsituationen gab es im Hitlerreich in zahlreichen Lebensbereichen; in den meisten Fällen fiel die Entscheidung zugunsten der ›Pflicht‹ und gegen die Humanität.

Ähnlich wirkte auch die fatale Identifizierung von Vaterland, Staat und Regierung aus (jedenfalls soweit es sich um einen ›völkischen‹ Staat mit ›völkischer‹ Führung handelte). Der Begriff Vaterland und alles, was dazu assoziiert wurde, ist mit der Entwicklung des deutschen Nationalismus im 19. Jahrhundert zu einem selbständigen sittlichen Wert höchster Qualität erhoben worden, ohne daß ihm ein humanitäres Korrektiv beigegeben worden wäre. Hitler konnte sich darauf verlassen, daß die Masse der Deutschen im Krieg mehr dem ›höheren Wert‹ des gefährdeten Vaterlandes wenn notwendig den ›geringeren‹, die Humanität, unterordnen würde. Auch jene, die die Mordverbrechen an den Juden und unterdrückten Völkern des Ostens kannten und verabscheuten, hatten größte Skrupel zu überwinden, bevor sie sich – wenn überhaupt – entschlossen, gegen den das Vaterland repräsentierenden Urheber des Massenmordes vorzugehen.«[6]

Anmerkungen

1 Literatur: Johannes Tuchel, Reinhold Schattenfroh: Zentrale des Terrors. Prinz-Albrecht-Straße 8 / Das Hauptquartier der Gestapo. Berlin: Siedler Verlag, 1987

2 Vgl. Zygmunt Baumann: Dialektik der Ordnung. Die Moderne und der Holocaust. Hamburg: EVA, 1992; hier zitiert nach der Ausgabe der Büchergilde Gutenberg, S. 32

3 Aus: Die Grunewald-Rampe, a.a.O. (Anm. 1), S. 29 + 31

4 Raul Hilberg, zitiert nach Baumann, a.a.O., S. 38

5 John Lachs / Responsibility of the Individual in Modern Society. Brighton 1981). Zitiert nach Baumann, a.a.O., S. 39

6 Reinhard Henkys: Die nationalsozialistischen Gewaltverbrechen. Geschichte und Gericht. Stuttgart u. Berlin: Kreuz-Verlag, 1964 (Auszugsweiser Sonderdruck der Landeszentrale für politische Bildungsarbeit Berlin), S. 29/30

~~Arzt: 8~~
Akten. 1

Geschlechtsgliederung:

Männer: 416
Frauen: 591
1007

Altersgliederung:

1.- 6 Jahre: 41
6 - 14 " : 62
14 - 18 " 62
18 - 50 " 408
über 50 " 434
1007

Berufsgliederung:

Akademiker: 3
selbst. Kaufleute: 30
Angestellte: 22
Handwerker 137
Arbeiter 297
landw. Berufe: 7
Hausangestellte 40
ohne Beruf 521
1007

Geschlechtsgliederung:

Männer: 416

Frauen: 591

Altersgliederung:

41 1 - 6 Jahre:

62 6 - 14 Jahre:

62 14 - 18 Jahre:

18 - 50 Jahre: 408

Über 50 Jahre: 464

Berufsgliederung:

selbstständiger Kaufmann: ~~30~~ 30

Angestellter: ~~22~~ 22

Handwerker: 137

Arbeiter: ~~297~~ 297

Hausangestellte: 40

landwirtschaftliche Berufe: 7

ohne 529

3

Inhaltsverzeichnis

1 Juden 47

2 Sinti und Roma 89

3 Kranke 109

4 Zwangsarbeiterinnen/ Zwangsarbeiter 123

5 Homosexuelle 149

6 Kriegsdienstverweigerer/ Deserteure 163

7 Jugendliche 179

Umseitig: Zählliste des Transportes zur »Evakuierung von Juden« am 11. Dezember 1942 von Düsseldorf nach Riga. Die Zahl der Menschen betrug 1007. Die Zugfahrt dauerte 61 Stunden.

JÜDISCHE
PRIVATSCHULE
Dr. L. GOLDSCHMIDT
JOSEPH-
LEHMANN
SCHULE
683

Inhalt

Zur Geschichte der Juden in Berlin 49
Annegret Ehmann

Judenverfolgung und Widerstand in Berlin 1933 bis 1945 54
Wolfgang Wippermann

Die Deportation der Berliner Juden 64
Hinweise auf Literatur und Medien

Hinweise zur Komplexität des Begriffs »Jude« 65
Gernot Jochheim

Deutschsprachige Kinder- und Jugendliteratur und der Holocaust 70
Rüdiger Steinlein

Den Holocaust vergegenwärtigen 79
Hinweise auf Literatur, Verzeichnisse, Medien und Methodisches

Holocaust – Sho'ah – Churban 81
Versuche, dem Unbegreifbaren einen Begriff zu geben
Christoph Münz

Umseitig: Schülerinnen und Schüler jüdischer Schulen auf einem Sportfest im Grunewald am 3. September 1936, fotografiert von Abraham Pisarek.

Hinweise

Die Verfolgung jüdischer Menschen – das schließt, wie immer wieder angemerkt werden muß, jene Menschen ein, die allein aufgrund der NS-Rassengesetzgebung als Juden klassifiziert wurden – dürfte im pädagogischen Raum bislang ein Hauptgegenstand bei der Vermittlung der nationalsozialistischen Verbrechen gewesen sein. Viele Lehrende im schulischen wie außerschulischen Bildungsbereich zeigen angesichts dieses historischen Komplexes ein hohes Engagement und haben sich hierzu eine ausgeprägte pädagogische Kompetenz erarbeitet. Für die anderen in dieser Publikation behandelten Opfergruppen wird dies nur in Einzelfällen gelten.

Somit stellte sich für unser Konzept die Frage, welche Informationen und Hinweise wir zu dieser Thematik überhaupt zusammenstellen sollten, um nicht weitgehend Bekanntes einmal mehr zu präsentieren. Daher haben wir auch von einer ausdrücklichen Auflistung von Unterrichtsmaterialien zur Judenverfolgung abgesehen.

Wir haben uns zum einen dafür entschieden, die Geschehnisse der Judenverfolgung in den Blick zu rücken, wie sie sich in Berlin zugetragen hat. Die Thematik »Juden und Judenverfolgung« ist in besonderem Maße mit Berlin verknüpft. Lebte in Berlin 1933 doch rund ein Drittel aller in Deutschland lebenden Juden, etwa 160 000 Menschen, von denen knapp 50 000 (etwa 30 %) nicht die deutsche Staatsangehörigkeit hatten (siehe S. 68/69). Zugleich war Berlin das Machtzentrum der verantwortlichen Täter. Und der für alle wahrnehmbare Prozeß von Diskriminierung, Ausgrenzung, Verfolgung und Deportation sowie die Reaktionen von Betroffenen wie der Nichtbetroffenen lassen sich in Berlin gleichsam fokussiert nachvollziehen. Zudem ist in keiner anderen Stadt Deutschlands das Verbrechen an den Juden in Europa ein ähnlich gegenwärtiges Thema wie in Berlin.

Neben den auf Berlin bezogenen historischen Informationen finden sich in diesem thematischen Block zum anderen zwei Beiträge, die außerhalb der fachdidaktischen bzw. fachwissenschaftlichen Diskussion nur wenig bekannt sein dürften: der Überblick von Rüdiger Steinlein über die Erscheinungsformen deutschsprachiger Kinder- und Jugendliteratur zum Holocaust seit dem Ende der Nazi-Herrschaft sowie die Darstellung von Christoph Münz über Entstehung und Geschichte der Begriffe »Holocaust«, »Sho'ah« und »Churban«, über Versuche also, dem Unbegreiflichen einen Begriff zu geben.

Zur Geschichte der Juden in Berlin

Annegret Ehmann

Wechselvolle frühe Geschichte

Bereits für das 10. Jahrhundert findet sich eine erste Erwähnung von Juden in der Mark Brandenburg. Aus dem 13. Jahrhundert stammen die frühesten Urkunden über ihre Ansiedlung in verschiedenen brandenburgischen Städten. 1295 werden erstmals Juden in Berlin erwähnt. Die Markgrafen von Brandenburg waren ausschließlich an der wirtschaftlichen Tätigkeit der Juden und an damit verbundenen Steuereinnahmen interessiert. Sie verliehen Juden Schutzbriefe und Privilegien, wofür an den Markgrafen Schutzgelder zu entrichten waren. Das Niederlassungsrecht war an den Besitz von Vermögen geknüpft. Juden wurden immer dann bereitwillig aufgenommen, wenn sie eine Lücke im Wirtschaftssystem füllten. Als Erwerbsquelle war ihnen nur der Fern- und Geldhandel gestattet, eine Tätigkeit, aus der zugleich eines der stereotypen Vorurteile gegen sie abgeleitet wurde. Zinsnehmen galt nach der christlichen Morallehre als Sünde.

Als Gründungsdatum der jüdischen Gemeinde zu Berlin gilt das Jahr 1671, doch gab es zwischen dem 13. und 16. Jahrhundert bereits jüdische Ansiedlungen in Berlin, die allerdings immer wieder durch Raub, Mord und Vertreibung zerstört wurden. In Krisenzeiten entluden sich Neid und Aberglaube der christlichen Mehrheit oft in Haß und Gewalt gegenüber der Minderheit der Juden. Als Gründe dienten Beschuldigungen wie Hostienschändung, Ritualmord, Brunnenvergiftung oder die Verbreitung der Pest. 1356 erhielt ein Jude aus Spandau das Privileg des Turmwächteramtes. Der Turm der Spandauer Zitadelle, heute *Juliusturm* genannt, hieß deshalb im 14. Jahrhundert *turris judeorum,* Judenturm.

1420 wurde das Judenprivileg erweitert auf den Handel mit Lebensmitteln. Juden zahlten den gleichen Zoll wie Christen. 1446 konfiszierte Kurfürst Friedrich II. das Vermögen der Juden und ließ sie vertreiben. Immerhin protestierte der Bischof von Brandenburg dagegen und prangerte das Unrecht an. Bald danach wurden die Juden wieder aufgenommen, weil die hohenzollernschen Territorialherren die Steuereinkünfte brauchten.

Das städtische Bürgertum empfand die Juden zunehmend als lästige Konkurrenten und drängte auf ihre Vertreibung. Dabei bediente es sich zumeist religiöser Argumente. 1510 kam es zum sogenannten Berliner Hostienschändungsprozeß: Ein christlicher Kesselflicker hatte eine goldene Monstranz mit Hostien aus einer Dorfkirche gestohlen. Die Geistlichkeit bezichtigte die Juden dieses Diebstahls. Hunderte wurden eingekerkert, 39 von ihnen nach unter Folter erpreßten Geständnissen am 19. Juli 1510 auf dem Neuen Markt in Berlin verbrannt. Anschließend wurden alle Juden aus der Mark Brandenburg ausgewiesen.

1540 verfügte Kurfürst Joachim II. die Wiederzulassung der Juden, damit der Handel mit Polen wieder in Gang kommen sollte. Außerdem benötigte er sie als Münzhersteller. Wegen des großen Geldbedarfs des Kurfürsten für seine Hofhaltung wurden Juden mit hohen Zahlungen für Niederlassungsrechte und mit Schutzgeldern belegt. Mit der Eintreibung und Verwaltung dieser Gelder wurde der jüdische Münzmeister Lippold beauftragt. Er war einer der ersten sogenannten »Hofjuden«, die als Finanzberater an Fürstenhöfen dienten.

Nach dem Tode Joachims II. ließ sein Nachfolger Johann Georg den Münzmeister Lippold unter der falschen Beschuldigung verhaften, dieser habe Joachim vergiftet, um Gelder zu veruntreuen. Es kam zu pogromartigen Ausschreitungen gegen die Juden, zu Plünderungen und zur Zerstörung von Häusern und der Synagoge. 1573 wurde Lippold zum Tode verurteilt und hingerichtet. Zugleich erging – einmal mehr – ein allgemeiner Ausweisungsbefehl an die Juden, verbunden mit der Auflage, hohe Abzugsgelder zu zahlen. Die meisten Juden zogen nach Polen und Böhmen.

Der Ruf des Großen Kurfürsten

Für ein Jahrhundert gab es keine Juden in der Mark Brandenburg. In dieser Zeit veränderte sich Preußen territorial erheblich. Zugleich hatte es durch den Dreißigjährigen Krieg eine starke Bevölkerungsabnahme gegeben. Das Land war wirtschaftlich zerrüttet. Im Zuge der absolutistischen Wirtschaftspolitik Friedrich Wilhelms I. (des Großen Kurfürsten) wurden Juden wieder ins Land gerufen. Sie waren dem Herrscher unmittelbar zugeordnet, da die Einnahmen aus den von ihnen zu zahlenden Abgaben direkt in die Kasse des Landesherrn flossen, während die Steuerabgaben der christlichen Untertanen von der Ständevertretung gebilligt werden mußten.

Friedrich Wilhelm I. stellte den Juden sogenannte Geleitbriefe aus, d.h. Schutzbriefe, in denen ihre Privilegien festgelegt waren. Im Rahmen dieser Entwicklungspolitik gestattete der Große Kurfürst 50 der reichsten, aus Wien vertriebenen jüdischen Familien Aufnahme in

Preußen. Am 21. Mai 1671 erließ er das »Edikt wegen aufgenommenen 50 Familien Schutz-Juden«. Genau vorgeschrieben war darin der Handel mit Wolle, Tuch und Konfektionswaren, verboten war »Wucher«. Der Leibzoll, eine von Juden bei Grenzübertritten zu zahlende Gebühr, wurde erlassen. Das Schutzgeld betrug 8 Taler pro Jahr und Familie. Das Abhalten von öffentlichen Gottesdiensten in einer Synagoge blieb ihnen jedoch verboten, Gottesdienste waren nur in Privathäusern gestattet. Das Edikt von 1671 markiert den Anfang der jüdischen Gemeinde zu Berlin.

Seit 1700 wurde die Steuer für die Juden pauschal festgesetzt, d.h. die Gemeinde hatte insgesamt eine bestimmte Summe aufzubringen. Daraus ergab sich, daß auch die Gemeindevorsteher vor allem ein Interesse am Zuzug wohlhabender Juden hatten. Es gab unter den Juden große soziale Unterschiede. Die sogenannten Wiener Juden bildeten die Aristokratie der preußischen Juden. Darunter standen die zu Wohlstand gekommenen Schutzjuden, danach kamen mit Abstand die sogenannten unvergleiteten Juden, kleine Händler und Hausierer, die keine Schutz- und Geleitbriefe hatten.

Das Judenedikt von 1671 war allerdings längst nicht so großzügig wie das Toleranzedikt für die Hugenotten vom 29. Oktober 1685. Dieses räumte den protestantischen Flüchtlingen aus Frankreich so weitreichende Vergünstigungen und Anreize ein, daß ca. 5 000 von ihnen sich in Berlin ansiedelten und zeitweise jeder fünfte Berliner ein Franzose war.

Edikte, Generalreglements und Anordnungen regelten die rechtliche Lage der Juden in der Zeit bis zum Emanzipationsedikt von 1812, durch das im Zuge der preußischen Reformen die Juden in den Provinzen Brandenburg, Pommern, Ostpreußen und Schlesien preußische Staatsbürger wurden.

Die in den verschiedenen Judenreglements vorgenommenen Einschränkungen und Konzessionen spiegeln die allgemeinen politischen, sozialen und wirtschaftlichen Verhältnisse der die Juden umgebenden nichtjüdischen Gesellschaft wider sowie die jeweiligen innenpolitischen Auseinandersetzungen zwischen dem Landesherrn und den Ständen. Zugeständnisse und Sonderrechte orientierten sich allein am wirtschaftlichen Interesse der Herrscher. Der Gedanke an eine soziale und rechtliche Gleichstellung und Integration der Juden lag ihnen dabei fern. Die Juden wurden im Unterschied zu anderen Kolonistengruppen als fremde, abgesonderte Gruppe behandelt und engherzigen Vorschriften unterworfen. Daraus ergab sich eine starke Diskrepanz zwischen ihrem ökonomischen und sozialen Status.

Die jüdische Gemeinde verwaltete sich selbständig entsprechend ihren religiösen Traditionen und besaß sogar eine eigene Gerichtsbarkeit. 1672 erwarb sie ein Grundstück in der Großen Hamburger Straße für die Anlage eines Friedhofs. 1675 wurden die Chevra Kaddischa, der Krankenpflege- und Bestattungsverein, sowie zahlreiche Wohlfahrtseinrichtungen zur Versorgung der Armen und Kranken gegründet. Wohlhabende Juden unterhielten in ihren Häusern Betstuben und Schulen. Um 1700 hatte die jüdische Gemeinde 70 Mitglieder.

Erste Synagoge in der Heidereutergasse, 1714

1712 war Baubeginn für die erste Synagoge in der Heidereutergasse mit Betsaal, Beth Hamidrasch (Lehrhaus) und Mikweh, dem rituellen Bad. Das Gebäude durfte nicht höher als ein Bürgerhaus sein, der Hauptraum lag daher unter Straßenniveau. Die Gläubigen mußten in den Kultraum hinabsteigen. Zur Grundsteinlegung verlas der Kantor ein Gebet auf deutsch mit einer Huldigung auf den preußischen König, das in den Grundstein eingemauert wurde.

Zur Einweihung des Tempels 1714 war der preußische königliche Hof anwesend. Für die Erlaubnis, den Tempel zu nutzen, mußten 3 000 Taler an die königliche Kasse gezahlt werden. Ab 1723 wurde das Protokollbuch der Gemeinde, »Pinqas Kehillat Berlin«, geführt.

Wirtschaftliche Bedeutung – soziale Diskriminierung

Die Reglements zwischen 1730 und 1750 verschlechterten die Lebensbedingungen der Juden in der Stadt Berlin wieder. 1737 wurde die Zahl der Familien auf 120 beschränkt. Nur die Vermögendsten durften bleiben. 584 Juden mußten die Stadt innerhalb von drei Wochen verlassen.

Die innere Spannung zwischen rechtlicher und sozialer Diskriminierung der Juden und ihrer wirtschaftlichen Rolle erreichte ihren Höhepunkt unter Friedrich II., der gemeinhin als aufgeklärter Monarch gilt und dessen Thesen über religiöse Toleranz gerne zitiert werden. In Wirklichkeit war seine Auffassung in bezug auf die Juden noch ganz mittelalterlich am Gesichtspunkt der Nützlichkeit der Untertanen für den Herrscher orientiert. Friedrich II. unterschrieb 1750 ein revidiertes Generalprivileg und Reglement für die Juden, das ihre Lage abermals entscheidend verschlechterte. Danach wurde fortan zwischen ordentlichen und außerordentlichen Schutzjuden unterschieden. Die ordentlichen Juden durften ihr Ansiedlungsrecht nur auf ein Kind vererben, d.h. die »Ansetzung« weiterer Kinder war untersagt, praktisch aber für hohe Geldzahlungen möglich. Die Schutzbriefe der außerordentlichen Schutzjuden liefen mit dem Tode ab. Der französische Staatsmann Mirabeau, ein Kenner und Kritiker Preußens, nannte das Generalprivileg »ein Gesetz, eines Kannibalen würdig«.

Sebastian Hensel, ein Nachkomme der Mendelssohn-Familie, schrieb 1880 rückblickend: »Die Christen betrachteten zu damaliger Zeit die Juden ebensowenig als gleich hoch organisierte, bildungsfähige Menschen, wie dies noch heutigen Tages in Amerika mit den Negern geschieht.«
Besonders diskriminierend war die festgeschriebene solidarische Haftbarkeit der gesamten jüdischen Gemeinde im Falle von Vergehen eines einzelnen Gemeindemitgliedes. Darüber hinaus gab es das Verbot, ein bürgerliches Handwerk zu treiben und Land zu kaufen. Diese Maßnahmen führten zu der bekannten Konzentration der Juden auf wenige Berufe: Großhandel und Manufakturbetriebe, Hausier- und Trödelhandel. Nur ein Zehntel der Juden durfte unzünftiges Handwerk betreiben. 1750 gab es in Berlin 203 Familien der ordentlichen Schutzjuden und 63 Familien der zweiten Kategorie außerordentlicher Schutzjuden. Moses Mendelssohn hatte nach seiner Ankunft in Berlin 1743 nur den Status eines ungeschützten ausländischen Juden, dessen Aufenthalt lediglich geduldet war. Erst viel später erreichte er den Status des außerordentlichen Schutzjuden.

Die jüdische Aufklärung

Die Aufklärung fand ihre Entsprechung in der Haskala, der jüdischen Aufklärung, die in Berlin um Moses Mendelssohn entstand. Wie die deutsche, so hatte auch die jüdische Aufklärung nicht den Bruch mit der Religion zum Ziel. Die jüdischen Aufklärer wandten sich vielmehr nur gegen die Enge der rabbinischen Tradition, die sie für die Absonderung der Juden und die Verhinderung des Fortschritts verantwortlich machten. Die Mauern des Ghettos, die wirtschaftlich durchbrochen waren, sollten auch geistig überwunden werden. 1778 wurde auf Empfehlung von David Friedländer und Moses Mendelssohn eine jüdische »Freyschule« gegründet, in der neben der traditionellen religiösen auch weltliche Bildung vermittelt wurde. Das Gebäude schenkte Daniel Itzig, ein Münzunternehmer. Sein Schwiegersohn David Friedländer leitete die Schule, der Unterricht war kostenlos. Mendelssohn und Friedländer verfaßten die Schulbücher für Juden in deutscher Sprache. Vorlage war der 1776 erschienene »Kinderfreund«. Diese Schule, an der auch christliche Lehrer und Schüler zugelassen waren, bis der preußische Herrscher dies verbot, war das Vorbild für ähnliche Schulen in Wolfenbüttel, Dessau und Seesen. Die Schule machte eine Druckerei erforderlich, die 1784 unter dem Namen »Orientalische Buchdruckerei und Buchhandlung« gegründet wurde. Nachfolgerin der »Freyschule« wurde die 1827 gegründete Knabenmittelschule in der Großen Hamburger Straße 27. 1835 wurde eine Mädchenmittelschule eröffnet, die 1931 mit der Knabenschule zusammengeschlossen wurde.

Moses Mendelssohn formulierte das neue jüdische Selbstverständnis, das die bis dahin gültige Einheit von Religion, Kultur, Tradition und Nation aufbrach. Er definierte Judentum nicht mehr als Gesetz, sondern als Religion, das jüdische Volk nicht mehr als »Nation innerhalb der Nation«, sondern als religiöse Gemeinschaft, die in Einklang mit den Sitten und der Verfassung des jeweiligen Landes gebracht wird, in dem Juden leben.

Der Grundkonflikt: Reform versus Orthodoxie

Der Lebensstil der jüdischen Oberschicht orientierte sich zunehmend an dem der christlichen. Die religiöse Bindung nahm ab. Damit begann der Prozeß der Assimilation bzw. Akkulturation. Ein Jahrhundert später verstand sich die Mehrheit der Juden als »deutsche Staatsbürger jüdischen Glaubens«. Die Auseinandersetzung zwischen der Orthodoxie, den strikten Bewahrern der Tradition, und den Reformern der Aufklärung prägte nicht nur die Berliner Gemeinde bis ins 20. Jahrhundert hinein, sondern das Judentum weltweit. Zwangsläufig führte diese Entwicklung zu einer Preisgabe von Besonderheiten des Judentums zugunsten der politischen und kulturellen Identifikation mit der jeweiligen Nation, in der Juden lebten.
Nach dem Tode Friedrichs II. 1786 bemühten sich die Vorsteher der jüdischen Gemeinde Berlins und jüdische Aufklärer um die Abschaffung der die Juden bedrückenden Sondergesetze, zunächst allerdings mit wenig Erfolg. Erst der Sieg des napoleonischen Frankreich über Preußen eröffnete die Voraussetzungen für eine Reform der verkrusteten preußischen Staats- und Gesellschaftsordnung. Die preußischen Reformen wurden freilich vor allem in der Absicht durchgeführt, revolutionären demokratischen Bestrebungen wie in Frankreich zuvorzukommen und die notwendige Liberalisierung und Modernisierung in von oben kontrollierte Bahnen zu lenken. Die ersehnte rechtliche Gleichstellung der Juden brachte aber auch Nachteile mit sich, wie den Verlust der Gemeindeautonomie und die Beschränkung der Bürgerrechte für Juden auf das Gebiet Preußens in den Grenzen von 1812. Hierdurch wurde ein Zuzug von Juden aus neuerworbenen und zurückgewonnenen Gebieten erschwert. Diese Regelungen und die Taufbewegung bewirkten, daß die jüdische Bevölkerung Berlins bis zur Mitte des 19. Jahrhunderts nur langsam von 3 000 im Jahr 1812 auf 8 300 im Jahr 1847 zunahm.
Die Juden übernahmen weitgehend die Normen der sie umgebenden Mehrheitsgesellschaft. Zu den vielfältigen jüdischen Bestrebungen, sich in den deutschen Staat loyal einzugliedern, gehörte auch das Angebot an die mit dem Staat eine Einheit bildende protestantische Kirche zur Errichtung einer gemeinsamen jüdisch-christli-

chen Kirche. Der Vorschlag wurde abgelehnt. Die Juden wurden vielmehr aufgefordert, zum Christentum überzutreten. Auch die der Verständigung zwischen Juden und Christen dienende »Gesellschaft der Freunde«, eine von einem Sohn Moses Mendelssohns 1792 gegründete und bis 1938 bestehende wohltätige und kulturelle Vereinigung, fand nicht die entsprechende Erwiderung von christlicher Seite. Die jüdischen Reformbestrebungen des 19. Jahrhunderts, die den religiösen Kultus sowie Bildung und Unterricht betrafen, wurden nicht nur von den gesetzestreuen Teilen der Gemeinde bekämpft, sondern auch von maßgebenden Regierungskreisen beargwöhnt und behindert.

Die literarischen Salons – eine Zeit-Erscheinung

Nur zwischen einer kleinen, durch Bildung und Besitz aufgestiegenen jüdischen Oberschicht und einem Teil des den Ideen der Aufklärung zugeneigten preußischen Bürgertums und Adels kam es zu intensiver gesellschaftlicher Begegnung. Berühmt wurden die literarischen Salons jüdischer Frauen wie Dorothea Veit-Mendelssohn, Rahel Varnhagen, Henriette Herz, von denen nicht nur wichtige Impulse für das kulturelle Leben in Deutschland, sondern auch für die Emanzipation der Frauen in Deutschland ausgingen. Trotz der Fortschritte auf kulturellem und wirtschaftlichem Gebiet im Verlauf des 19. Jahrhunderts blieben für die Juden einschneidende Beschränkungen im öffentlichen Leben bestehen. Ihnen blieben der Zugang zum Staatsdienst, Karrieren im Militär und in der Wissenschaft versperrt, es sei denn, sie ließen sich taufen. Ebenso waren Eheschließungen mit Christen bis zur Einführung der Zivilehe 1874/75 nur durch Übertritt zur christlichen Konfession möglich.

Vor der Lotte-Kaliski-Schule, einer jüdischen Privatschule in Berlin-Dahlem, 1938

1871: Formale rechtliche Gleichstellung

Mit Gründung des deutschen Kaiserreichs 1871 begann eine neue Ära auch für die Juden, indem die rechtliche Gleichstellung in Deutschland durch die Verfassung formal gesichert wurde. Berlin fiel als Reichshauptstadt eine besondere Rolle zu. Von allen Beschränkungen befreit, konnten Juden nun aus allen Teilen des Landes nach Berlin ziehen. Die demographische Entwicklung verdeutlicht die Entwicklung der jüdischen Gemeinde: 1871 lebten 36 326 Juden in Berlin und seinen Vororten, 1910 waren es schon 142 289. Berlin wurde das Zentrum des deutschen Judentums. Die Mehrzahl der Berliner Juden kam aus den östlichen Provinzen. Zudem flohen viele Juden aus Rußland sowie aus den von Rußland okkupierten polnischen Gebieten vor den Pogromen und vor der Armut. Für viele war Berlin nur Durchgangsstation für die Auswanderung nach Übersee oder in andere Staaten. Nur ein kleiner Teil von ihnen blieb in Berlin. Diese als »Ostjuden« bezeichneten Menschen wurden sowohl von Christen als auch von akkulturierten Juden als »Exoten« empfunden.
Die wirtschaftlich und sozial aufgestiegenen deutschen Juden nahmen aktiv teil an der bürgerlichen Kultur des Kaiserreichs und schlossen sich politischen Parteien an. Dennoch blieben sie gesellschaftlich oft Außenseiter. Trotz der Verbreitung des Antisemitismus in einer Vielzahl von Organisationen und trotz einer zum Teil offen diskriminierenden Verwaltungspraxis hielt die Mehrheit der deutschen Juden an dem Weg der Assimilation fest und teilte den Nationalstolz der Deutschen. Nur eine Minderheit wandte sich als Reaktion auf den die Juden ausgrenzenden Nationalismus der zionistischen Bewegung zu.

Vorübergehende politische und kulturelle Gleichberechtigung in der Weimarer Republik

Erst in der kurzen Phase der Weimarer Republik genossen die jüdischen Staatsbürger volle Gleichberechtigung. Das kulturelle Leben Berlins der zwanziger Jahre war entscheidend von ihnen geprägt: in Presse, Film, Theater, Kunst, Wissenschaft, in den freien Berufen als Ärzte,

Architekten, Anwälte und in einigen Bereichen der Wirtschaft wie in der Warenhaus- und Modebranche. Im politischen Leben spielten jüdische Bürger – vor allem in der Sozialdemokratie und in den liberalen Parteien – eine wichtige Rolle.
1925 lebten 173 000 jüdische Bürger in Berlin, das waren 4,3 % der Berliner Bevölkerung und fast ein Drittel aller deutschen Juden. Gut ein Viertel der Berliner Juden besaß nicht die deutsche Staatsbürgerschaft. Es waren u. a. Zuwanderer aus Osteuropa, die nach dem verlorenen Krieg aus den abzutretenden Gebieten Posens und Westpreußens gekommen waren. Berlin entwickelte sich zum geistigen Zentrum des europäischen Judentums. Es war auch Sitz aller bedeutenden jüdischen Organisationen. Die soziale und kulturelle Gliederung der Berliner Juden blieb höchst heterogen. Nur in der Wahnvorstellung der Antisemiten bildeten sie eine bedrohliche Einheit.
Walther Rathenau wurde der erste deutsche Außenminister jüdischen Glaubens. Zugleich zeigt sich an seinem Schicksal – er wurde 1922 von Rechtsradikalen ermordet – die Widersprüchlichkeit der Lage der jüdischen Deutschen in der Weimarer Republik. Einerseits war der gesellschaftliche Erfolg möglich, andererseits wuchs die existentielle Bedrohung durch das ungehinderte Anwachsen des Antisemitismus. Die Weimarer Demokratie wurde von den Rechtsradikalen bekämpft und als »Judenrepublik« diffamiert. In den Jahren 1923 und 1932 kam es zu pogromartigen Ausschreitungen gegen Juden. Die tödliche Gefahr, die den Juden mit dem Machtantritt der Nationalsozialisten drohte, wurde von vielen unterschätzt. Sie vertrauten auf die rechtsstaatlichen Institutionen und die gewachsenen Bindungen zwischen Juden und Nichtjuden. Erst nach und nach wurde ihnen bewußt, daß sie nur scheinbar in die deutsche Gesellschaft integriert waren. Die nicht-jüdische Mehrheit hatte sie niemals wirklich als gleichberechtigte Bürger anerkannt.
Die gesellschaftliche Integration der Juden konnte nur erfolgreich sein, wenn sich die Demokratie gesamtgesellschaftlich durchsetzte. Alle Versuche, eine demokratische Staatsordnung zu etablieren, scheiterten in Deutschland bis 1918. Auch die Demokratie von Weimar erwies sich als nicht gefestigt. Mit den Nürnberger Gesetzen und letztendlich mit den Gewaltakten des Pogroms vom 9. November 1938 wurde die 1812 in Preußen begonnene Judenemanzipation total revidiert. Die nach dem beispiellosen Völkermord an den europäischen Juden wiedergegründeten kleinen jüdischen Gemeinden in den beiden deutschen Nachkriegsstaaten waren keine Fortsetzung der deutschen Judenheit vor 1933. Der neuen jüdischen Gemeinschaft gehören nur noch wenige dem Massenmord Entronnene und mehrheitlich zufällig – meist ungewollt – in der Bundesrepublik Deutschland verbliebene Juden Osteuropas an. Sie saßen lange Zeit auf gepackten Koffern, ehe sie, stets begleitet von Zweifeln und vielfältigen Schwierigkeiten, einen Neuanfang in der Gesellschaft wagten, von der der Völkermord ausgegangen war.

Aus: Zentrum für audio-visuelle Medien. Landesbildstelle Berlin (Hg.): Die Grunewald-Rampe. Die Deportation der Berliner Juden. Berlin: Edition Colloquium, 1993, S. 14–21 (s. S: 14 ff.)

Zeichenunterricht in der jüdischen Volksschule für Knaben, Kaiserstraße 29/30 (um 1939)

Judenverfolgung und Widerstand in Berlin 1933 bis 1945

Wolfgang Wippermann

1933 lebten in Berlin etwa 160 000 der insgesamt ca. 500 000 deutschen Juden, Ende 1945 noch etwa 8 000. Nach groben Schätzungen überlebten 1 400 Juden im Untergrund und 4 700 in sog. »Mischehen«. 1 900 Juden kehrten aus Konzentrationslagern zurück. Von den Juden Berlins gelang 90 000 die Auswanderung, 7 000 starben, davon viele durch Selbsttötung. 55 000 Berliner Juden wurden in Konzentrationslagern umgebracht, mehr als die Hälfte von ihnen in Auschwitz. Diese nüchternen Zahlen können in nur sehr unzureichender Weise verdeutlichen, was die Vernichtung der bei weitem größten jüdischen Gemeinde in Deutschland für das politische, wirtschaftliche und vor allen Dingen kulturelle Leben der Stadt, ja ganz Deutschlands bedeutet. Um so überraschender ist es, daß die Geschichte der Berliner Juden in der NS-Zeit bisher nur sehr unzureichend erforscht wurde. Die Geschichte der Berliner Juden in der NS-Zeit kann man natürlich nur vor dem Hintergrund der allgemeinen Geschichte der nationalsozialistischen Judenverfolgung sehen. Der Forschungsstand zu diesem Thema kann folgendermaßen charakterisiert werden: Im Mittelpunkt des Interesses stand und steht die Aufarbeitung der Fakten[2]. Dabei lag das Schwergewicht der Forschungen auf der Endphase der nationalsozialistischen Judenpolitik, d. h. auf der Darstellung und Beschreibung der Deportation und des fabrikmäßigen Massenmordes in den nationalsozialistischen Vernichtungslagern. Die Vorgeschichte, d. h. die langsame Diskriminierung, Entrechtung, Ausplünderung und beginnende Verfolgung der Juden ist dagegen schon weniger intensiv behandelt worden. Sehr gering an Zahl sind Arbeiten über die Reaktionen der Juden und der nicht-jüdischen Bevölkerung auf die nationalsozialistische Judenpolitik. Dies ist aus wissenschaftlichen und pädagogisch-didaktischen Gründen zu beklagen. Erschwert doch die einseitige Sicht auf die Handlungen der nationalsozialistischen Verfolger die Identifizierung mit den Juden als einzelnen, handelnden und sich zum Teil auch wehrenden Menschen, die sich dabei überwiegend nicht der Hilfe und Sympathie der nichtjüdischen Bevölkerung erfreuen konnten. Ich meine daher, daß eine Darstellung der nationalsozialistischen Judenpolitik im überregionalen und regionalen Bereich sowohl die Maßnahmen der nationalsozialistischen Machthaber wie die Reaktionen der Juden berücksichtigen muß, die wiederum ganz wesentlich von dem Verhalten der nicht-jüdischen Bevölkerung abhingen. Im folgenden soll daher versucht werden, diese drei Aspekte – Maßnahmen der Nationalsozialisten gegen die Juden, Verhalten der Nicht-Juden und Reaktionen der Juden auf die Judenpolitik – zu berücksichtigen, wobei die nationalsozialistische Judenpolitik wiederum in drei Phasen eingeteilt wird, nämlich:

1. in die Phase von 1933 bis zur Pogromnacht im November 1938,
2. in die Phase von 1938 bis zum Beginn der Deportationen im Oktober 1941 und schließlich
3. in die letzte Phase der Deportationen und der Vernichtung.

1. 1933 bis 1938

Die nationalsozialistische Judenpolitik dieser Phase war von dem Bestreben gekennzeichnet, die Juden zu diskriminieren, sie aus der Volksgemeinschaft auszugrenzen, sie zu entrechten und aus dem Wirtschaftsleben zu verdrängen.[3] Temporär und partiell schlug diese Judenpolitik bereits in dieser Phase in eine physische Verfolgung um. Dies gilt vor allem für solche Juden, die entweder Mitglieder der kommunistischen oder sozialdemokratischen Partei waren oder die nicht im Besitz der deutschen Staatsbürgerschaft waren. Kommunisten und Sozialisten jüdischer Herkunft sowie »Ostjuden« gehörten in den ersten Monaten des Dritten Reiches zu den bevorzugtesten Opfern der Terrorbanden der SA. Bei diesen »Ostjuden« handelte es sich um meist sehr arme jüdische Einwanderer aus Osteuropa, die häufig schon äußerlich, an ihrer Haar- und Barttracht als Juden erkennbar waren.[4] Sie lebten in Berlin im sog. Scheunenviertel in äußerst schlechten Wohnverhältnissen. Die seit dem 22. Februar 1933 zu »Hilfspolizisten« ernannten SA- und SS-Banden haben hier verschiedene Razzien durchgeführt, wobei sie von der normalen Polizei unterstützt wurden. Dabei wurden mehr oder minder wahllos Personen gefangen genommen und in die Gefängnisse und die zahlreichen »wilden« Konzentrationslager in Berlin verbracht, wo sie dann gefoltert wurden. Eine bis heute nicht genau ermittelte Zahl von »Ostjuden« ist in Berlin schon in den ersten Monaten des Jahres 1933 ermordet worden.

Auch gegenüber den assimilierten deutschen Juden haben die Nationalsozialisten in den ersten Monaten des Dritten Reiches Gewalt angewandt. So wurden schon im März 1933 jüdische Anwälte und Richter von SA-Leuten am Betreten der Gerichtsgebäude gehindert.[5] Nationalsozialistische Ärzte haben sich an besonderen Razzien gegen ihre jüdischen Berufskollegen beteiligt, die dann in den Folterkellern des Gestapo-Hauptquartiers in der Prinz-Albrecht-Straße 8 abgeliefert wurden. Doch derartige gewaltsame Übergriffe gegen einzelne Juden wurden von den nationalsozialistischen Machthabern eingeschränkt. Man konzentrierte sich statt dessen auf die Verdrängung der Juden aus dem Wirtschaftsleben und die Beschränkung ihrer staatsbürgerlichen Rechte. Doch auch diese scheinlegale Politik wurde mit Unterstützung der aufgeputschten Volksmenge durchgeführt und mit dem Hinweis auf die angeblich judenfeindliche »Stimme des Volkes« legitimiert. In Wirklichkeit zeigt jedoch bereits der Verlauf des Boykotts jüdischer Geschäfte, Arztpraxen und Anwaltskanzleien am 1. April 1933, daß diese judenfeindliche Stimmung künstlich geschaffen und im Grunde auch nur von den Nationalsozialisten repräsentiert wurde. Der Boykott selber war von der Partei vorbereitet, wurde von ihr »schlagartig« begonnen, durchgeführt und schließlich auch auf Befehl der Partei wieder eingestellt.

Nach diesem Zeitpunkt konzentrierte sich die judenfeindliche Politik des Regimes auf das Bestreben, die Juden mit pseudolegalen Methoden und Gesetzen aus der sog. Volksgemeinschaft auszugrenzen, sie schrittweise zu entrechten und aus dem Wirtschaftsleben zu verdrängen.[6] Bereits am 7. April 1933 wurden durch das Gesetz »zur Wiederherstellung des Berufsbeamtentums« Beamte, die »nicht-arischer Abstammung« waren, entlassen, sofern sie nicht den noch schützenden Frontkämpfer-Status besaßen. Am 22. April 1933 wurde jüdischen Ärzten die Zulassung zu den Krankenkassen entzogen. Am 25. April folgte ein Numerus clausus für jüdische Schüler und Studenten, der vorsah, daß ihr Anteil an Schulen und Studenten, und Universitäten nicht ihren Anteil an der Gesamtbevölkerung von etwa 1 % übersteigen durfte. Seit dem 6. Mai 1933 durften sich keine jüdischen Steuerberater mehr niederlassen. Am 2. Juni wurden jüdische Zahnärzte und Zahntechniker von den Krankenkassen ausgeschlossen. Das am 14. Juni 1933 verkündete Gesetz über den Widerruf von Einbürgerungen sah die Aberkennung der deutschen Staatsbürgerschaft von solchen Personen vor, die nach dem 9. 11. 1918 eingebürgert worden waren. Dies richtete sich vor allem gegen solche »Ostjuden«, die es geschafft hatten, in den Besitz der deutschen Staatsbürgerschaft zu gelangen. Aufgrund des »Gesetzes über die Errichtung der Reichskulturkammer« vom 22. September 1933 wurden faktisch alle Juden, bzw. »Nicht-Arier« aus dem kulturellen Bereich verbannt. Einen ähnlichen Arier-Paragraphen enthielten das »Reichserbhofgesetz« vom 29. Septemer 1933, das Reichsschriftleitergesetz vom 4. Oktober 1933 und das »Gesetz zur Ordnung der nationalen Arbeit« vom 20. Januar 1934 und weitere Gesetze und Verordnungen.

Nachdem es in der zweiten Hälfte des Jahres 1934 zu einer gewissen Verlangsamung der antijüdischen Gesetzesmaschinerie gekommen war, ergingen in der ersten Hälfte des Jahres 1935 weitere Verordnungen und Gesetze, die sich vor allen Dingen gegen die Tätigkeit von noch nicht entlassenen jüdischen Akademikern richteten. Als besonders demütigend wurden von vielen Juden die Verfügungen vom 21. Mai und 25. Juli 1935 empfunden, durch die Juden vom aktiven Wehrdienst ausgeschlossen wurden. Die Befürchtungen vieler deutscher Juden, daß auf die dadurch verfügte Wehrunfähigkeit die Wehrlosigkeit und die Rechtlosigkeit folgen würde, sollte sich dann am 15. Septemer 1935 bestätigen, als sie mit dem Erlaß des »Reichsbürgergesetzes« die staatsbürgerliche Gleichberechtigung endgültig verloren. In dem ebenfalls in Nürnberg am 15. September 1935 verkündeten »Gesetz zum Schutz des deutschen Blutes und der deutschen Ehre« wurden Ehen und Geschlechtsverkehr zwischen »Ariern« und »Nicht-Ariern« verboten und unter Strafe gestellt. 1936 verlangsamten die nationalsozialistischen Machthaber mit Rücksicht auf die Olympiade und die Haltung des Auslandes die antijüdische Gesetzgebung. Dies rief bei vielen Juden den verhängnisvollen Eindruck hervor, das Schlimmste sei bereits vorbei. Doch 1938 wurde die Berufsverbotspolitik gegenüber den Juden im verstärkten Maße fortgesetzt. Besonders wichtig und in die Zukunft der totalen Ausraubung verweisend war die Verordnung vom 26. April 1938, die vorsah, daß die Juden ihr Vermögen, soweit es über 5 000 RM betrug, bei den Behörden anmelden mußten. Am 17. August 1938 wurde angeordnet, daß die Juden vom 1. Januar 1939 an die zusätzlichen Zwangsvornamen Sara bzw. Israel führen mußten. Auch dies verwies genau wie die am 5. Oktober angeordnete Kennzeichnung der Reisepässe der Juden mit einem roten »J« auf die Zukunft der Deportation und Vernichtung.

Mitte Juni 1938 wurden auf einen Schlag 1 500 Juden gefangen genommen und in die Konzentrationslager Buchenwald und Sachsenhausen gebracht, wo sie unter unmenschlichen Bedingungen leben mußten und als Arbeitssklaven eingesetzt wurden. Bei diesen Juden handelte es sich um Personen, die in irgendeiner Weise als »vorbestraft« galten, und sei es nur aufgrund eines Bagatellvergehens oder wegen des Verstoßes gegen das von den Nationalsozialisten geschaffene Willkürrecht. Am 18. Oktober 1938 wurden schließlich etwa 15 000 Juden, die nur im Besitz eines polnischen Passes waren, aber häufig schon jahrzentelang in Deutschland gelebt hatten, über die Reichsgrenze nach Polen abgeschoben, wo sie tagelang ohne Verpflegung im Niemandsland vegetieren mußten, weil sich die polnischen Behörden zunächst weigerten, sie aufzunehmen. Im November wurde dann jenes von der NSDAP gelenkte Pogrom durchgeführt, das heute meist unter der verharmlosenden Bezeichnung »Reichskristallnacht« bekannt ist. Am 9. und 10. November 1938 wurden jedoch keineswegs nur Fensterscheiben zerschlagen und Geschäfte (insgesamt etwa 7 000) zerstört und geplündert, in Deutschland wurden fast alle Synagogen geschändet und verbrannt, 26 000 Juden in Konzentrationslager eingeliefert und 91 Juden (wahrscheinlich weit mehr) ermordet.[7]

Innerhalb der nicht-jüdischen Bevölkerung haben sowohl die gewaltsamen Übergriffe auf einzelne Juden wie die pseudolegale Ausschließung der Juden aus der »Volksgemeinschaft« und ihre schrittweise Entrechtung und Verdrängung aus dem Wirtschaftsleben ein im Grunde erstaunlich geringes Echo gefunden.[8] Davon wußte man zwar, denn schließlich fand dies alles vor aller Augen statt und wurde lang und breit in den Zeitungen beschrieben und in meist hämischer Weise kommentiert, doch Zeichen einer Betroffenheit mit dem Schicksal der Juden und Manifestationen einer aktiven Solidarität sind sehr selten. Es hat zwar auch in Berlin einzelne Nicht-Juden gegeben, die etwa am 1. April 1933 ostentativ in jüdischen Geschäften einkauften, trotz aller öffentlichen Anfeindung auch in der Folgezeit ihren jüdischen Ärzten, Rechtsanwälten etc. die Treue hielten und während der Novemberpogrome einzelne Juden schützten etc., doch dies sind eher Einzelfälle. Andererseits wurden die Demonstrationen und Aktionen gegen die Juden ganz eindeutig von der Partei und nicht von der Bevölkerung durchgeführt. Die große Masse dieser Bevölkerung blieb jedoch mehr oder minder passiv, sah den Verhaftungen und den Zerstörungen zu. Als überflüssig und störend wurde dabei allenfalls empfunden, daß bei den Novemberpogromen auch dringend benötigte Sachwerte, insbesondere rare Lebensmittel vernichtet wurden.

Und was taten die Gruppen und Organisationen des Widerstandes?[9] Die Mitglieder der späteren bürgerlich-militärischen Widerstandskreise, die erstmals im September 1938 die Außenpolitik Hitlers als viel zu waghalsig kritisierten und Aktionen planten, haben zur Judenpolitik dieser Phase mehr oder minder geschwiegen. Dies gilt, von einigen Ausnahmen abgesehen, auch für die Kirchen. Ähnlich wie die katholische Kirche hat die oppositionelle Bekennende Kirche zwar die Übertragung des sog. Arierparagraphen auf den Bereich der Kirche abgelehnt und kritisiert, aber sich kaum für die bedrängten Juden eingesetzt. Hilfsaktionen wurden fast ausschließlich für Christen »nicht-arischer« Herkunft, nicht für Juden durchgeführt. Die kommunistischen und sozialistischen Widerstandsgruppen haben zwar die Judenpolitik des Regimes in ihren illegalen Flugschriften verurteilt, doch dies war relativ selten und führte nicht zu einer aktiven Solidarisierung mit den schon in dieser Phase verfolgten Juden. Die illegale KPD hat sogar 1936 ihren Genossen jüdischer Herkunft geraten, entweder zu emigrieren oder die bisherigen kommunistischen Widerstandsgruppen zu verlassen. Zusammenfassend ist zu sagen, daß die Juden in dieser sehr entscheidenden Phase der nationalsozialistischen Judenpolitik mehr oder minder allein dastanden. Weder bei den Widerstandsgruppen noch innerhalb der Bevölkerung haben sie wesentliche Hilfe und aktive Solidarität gefunden.

Diese Erfahrung mußten schon unmittelbar nach dem 30. Januar 1933 die beiden großen jüdischen Abwehrorganisationen der »Centralverband deutscher Staatsbürger jüdischen Glaubens« und der »Reichsbund jüdischer Frontsoldaten« machen, die bis zu diesem Zeitpunkt einen recht intensiven und mit propagandistischen Mitteln ausgefochtenen Abwehrkampf gegen Antisemitismus und Nationalsozialismus geführt hatten, wobei sie sehr eng vor allem mit der SPD und dem sozialdemokratisch geprägten »Reichsbanner« zusammengearbeitet hatten.[10] Zu diesem Zweck war in Berlin vom CV ein eigenes Informationszentrum gegründet worden, das »Büro Wilhelmstraße«, das gerade die SPD in ihrem Kampf gegen die NSDAP mit Propagandamaterial und offensichtlich auch mit Geld unterstützt hatte. Doch auch nach der Schließung des »Büro Wilhelmstraße«, des Verbots des Reichsbanners und schließlich auch der SPD haben Repräsentanten des CV und des RjF ihre deutsch-nationale Einstellung betont und ebenso verzweifelt wie letztlich erfolglos versucht, daß ihre Söhne den Arbeits- und Wehrdienst für das inzwischen nationalsozialistische Deutschland ableisten durften. War dies ein Zeichen für eine würdelose Anbiederung an das Dritte Reich?

Die Beantwortung dieser Frage ist keineswegs so einfach, wie dies auf den ersten Blick erscheint.[11] Geht man nämlich vom Selbstverständnis und von den Zielsetzungen der Nationalsozialisten aus, die den deutschen Juden ja ihr Deutschsein und schließlich auch ihr Menschsein absprachen, dann können diese Bestrebungen auch als Versuch angesehen werden, sich nicht willen- und widerstandslos aus der nationalen Gemeinschaft ausgrenzen zu lassen. In Berlin haben Mitglieder der beiden deutsch-national eingestellten jüdischen Organisationen auch nach deren Verbot gegen einzelne judenfeindliche Aktionen des Regimes protestiert, indem sie illegale Flugblätter herstellten und verteilten.

Schließlich haben jedoch auch die deutschen Juden, die sich so sehr mit Deutschland verbunden fühlten, einse-

Die gesellschaftliche Ausgrenzung der jüdischen und als jüdisch definierten Bevölkerung durch das Nazi-Regime hatte u. a. zur Folge, daß die Kinder und Jugendlichen weitgehend auf die Freizeitangebote der Gemeinde angewiesen waren. Diese Aufnahme wurde 1937 auf dem Hof der jüdischen Schule Auguststraße 14 während einer Freizeit gemacht.

hen müssen, daß es jetzt mehr darauf ankam, ihr Juden-, ja ihr Menschsein zu betonen und zu verteidigen.[12] Die Mahnung des Zionisten Robert Weltsch, der schon am 4. April 1933 in dem berühmt gewordenen Artikel »Tragt ihn mit Stolz, den gelben Fleck!« das »angegriffene Judentum« aufforderte, »sich zu sich selbst zu bekennen«, wurde nun auch von den assimilierten deutschen Juden gehört und befolgt. Die bis dahin so verfeindeten Zionisten auf der einen, die national-deutschen Juden auf der anderen Seite näherten sich einander an und arbeiteten innerhalb der neu geschaffenen »Reichsvertretung der Juden in Deutschland« zusammen. Unter der Leitung des Berliner Rabbiners Dr. Leo Baeck versuchte diese Vertretungsorganisation der deutschen Juden, der alle Gemeinden und alle jüdischen Organisationen angehörten, durch Geldsammlungen und Umschulungsmaßnahmen die auswanderungswilligen und auswanderungsfähigen Juden zu unterstützen und darüber hinaus durch die Gründung zahlreicher karitativer und kultureller Einrichtungen die materielle Lage und den inneren Zusammenhalt der im Lande verbliebenen Juden zu wahren und zu festigen. Berlin war dabei das Zentrum dieser vielfältigen Selbsthilfeorganisationen, der Einrichtungen zur Umschulung und der vielen kulturellen Institutionen. Innerhalb der Forschung hat man diesen »Neuaufbau im Untergang«, diese Intensivierung des jüdischen Gemeindelebens überhaupt als eine Form eines »geistigen Widerstandes« bezeichnet. Ist dies berechtigt?[13] Sicherlich hatten und konnten diese Maßnahmen nicht das Ziel haben, das nationalsozialistische Regime zu stürzen. Dazu waren die ganz auf sich selbst gestellten Juden, auch wenn sie gewollt hätten, nicht in der Lage. Versucht man jedoch, Widerstand auf einer Skala idealtypischer Verhaltensweisen einzuordnen, die von Anpassung über Nonkonformität, »Resistenz« zu passivem und offenem Widerstand reicht, so wird man sagen müssen, daß die vielfältigen Aktivitäten der jüdischen Schulen, Theater, Vereine etc. durchaus die Widerstandsfähigkeit der Juden stärkten. Richteten sie sich doch gegen das vorrangige Ziel der Nationalsozialisten, die Juden nicht nur zu entrechten und aus dem Wirtschaftsleben zu verdrängen, sondern sie darüber hinaus als sog. Volksschädlinge

JUDEN

zu diskriminieren und ihnen ihr Selbstwertgefühl abzusprechen. Die Juden haben sich diesem Anspruch nicht gebeugt, haben ihr Jude- und Menschsein verteidigt und damit durchaus Widerstand im weiteren Sinne geleistet.

2. 1938 bis 1941

Nach den Novemberpogromen wurde die antijüdische Gesetzesmaschinerie noch schneller in Bewegung gesetzt und auf nahezu alle Lebensbereiche ausgedehnt.[14] Am 12. November wurden die deutschen Juden dazu verpflichtet, die während des Pogroms angerichteten Schäden zu bezahlen und darüber hinaus als »Sühneleistung« für den Mordanschlag an dem Gesandten von Rath eine Milliarde Reichsmark an den Staat zu zahlen. Diese offene Ausplünderung der Juden wurde dann durch verschiedene weitere Gesetze und Verordnungen weitergeführt. Am 3. Dezember wurde angeordnet, daß Juden Gegenstände aus Gold, Platin, Silber sowie Edelstein weder kaufen noch verkaufen durften. Sie mußten an den Staat zunächst unter Preis verkauft und schließlich seit März 1939 ohne Entgelt abgeliefert werden. Ebenfalls seit dem November 1938 wurde die sog. Arisierung der deutschen Wirtschaft, d. h. die Enteignungen von jüdischen Betrieben, Geschäften etc. fortgesetzt und vollendet. Das Berufsverbot wurde auf nahezu alle Berufe ausgedehnt. Der Mieterschutz wurde für Juden eingeschränkt und schließlich ganz aufgehoben. Am 1. September 1939 wurden Ausgangssperren für Juden verfügt. Am 23. September mußten sie ihre Rundfunkgeräte abliefern. In der Folgezeit wurde ihre Versorgung mit Kleidung und Nahrungsmitteln immer mehr eingeschränkt. Ende April/Anfang Mai 1940 wurden alle jüdischen Männer zwischen 18 und 55 Jahren und alle jüdischen Frauen zwischen 18 und 50 Jahren aufgefordert, sich für einen Zwangsarbeitseinsatz registrieren zu lassen. Seit dem 19. September 1941 den gelben Stern zu tragen. Am 18. Oktober 1941 begannen die Deportationen der Berliner Juden, die inzwischen durch die erwähnten und zahlreiche andere Gesetze und Verordnungen weitgehend recht- und eigentumslos waren.

Die hier nur skizzierte Forcierung und Radikalisierung der judenfeindlichen Politik des Regimes war der Bevölkerung zwar bekannt, hat jedoch zu keinem grundsätzlichen Wandel in der eher passiven Einstellung gegenüber den verfolgten Juden geführt.[15] Es gab zwar Hilfsaktionen für einzelne Juden, doch dies waren und blieben wie gesagt Einzelfälle. Von den Widerstandsgruppen kam und konnte auch keine Hilfe kommen. Die Gruppen des Arbeiterwiderstandes, der gerade in diesem Zeitraum seinen Tiefpunkt erreichte, hatten Mühe, ihren teilweise sehr lockeren Zusammenhalt zu wahren. Zu größeren Hilfsaktionen für Juden fehlten die Mittel, das Personal und offensichtlich auch der Wille. Die oppositionellen Kräfte in den Kirchen haben sich öffentlich so gut wie gar nicht, intern nur sehr vereinzelt kritisch zur Judenverfolgung geäußert. Hilfsaktionen, wie die Vorbereitung und Unterstützung der immer schwieriger werdenden Auswanderung, erfolgten vornehmlich, aber nicht ausschließlich, für »nicht-arische« Christen. Nach dem Verbot des katholischen St. Raphaelsvereins am 25. Juni 1941 und der schon im Dezember 1940 erfolgten Schließung des Büros Grüber in Berlin war es mit dieser so wichtigen und lebensrettenden Hilfe vorbei. Die sich in diesem Zeitraum konstituierenden bürgerlich-militärischen Widerstandsgruppen beschäftigten sich mit sehr vagen, über das Planungsstadium nicht hinaus gekommenen Gedanken, wie ein Umsturz zu erreichen und eine Neuordnung des politischen Lebens durchzuführen sei. Dabei war, wie aus der Anfang 1941 von Beck und Goerdeler verfaßten Denkschrift »Das Ziel« hervorgeht, nicht daran gedacht, den deutschen Juden die von den Nationalsozialisten entrissene volle Staatsbürgerschaft wiederzugeben. Die deutschen Juden sollten auch nach einem erfolgreichen Umsturz unter Fremdenrecht gestellt werden. Bei einer »Ehe zwischen einem Juden und einer Nichtjüdin» sollte diese gezwungen werden, »der Staatsangehörigkeit des Mannes zu folgen«, d. h. sie sollte ebenfalls auf ihre deutsche Staatsbürgerschaft verzichten. Die Versicherung Becks und Goerdelers, »die Ghettos in den besetzten Gebieten... menschenwürdig zu gestalten« (!), unterstreicht ebenfalls, daß diese Verschwörer weder an eine Wiedergutmachung, einen Minderheitenschutz, eine Wiederherstellung der staatsrechtlichen Gleichheit noch an aktive Hilfsmaßnahmen für die verfolgten Juden dachten.[16]

Die Juden blieben auch in dieser so wichtigen Phase, in der die Auswanderung und damit die einzige Möglichkeit der Vernichtung zu entgehen, noch teilweise, wenn auch unter sehr großen Schwierigkeiten, möglich war, auf sich allein gestellt. Die Vorbereitung und Intensivierung der Auswanderung war und mußte in dieser Phase auch im Mittelpunkt der Tätigkeit der jüdischen Organisation stehen.[17] Tatsächlich ist gerade in dieser Beziehung sehr viel geleistet worden. Doch es war leider nicht genug. Dies lag natürlich vor allem an der Haltung der nationalsozialistischen Machthaber, deren Politik in dieser Phase ganz offensichtlich darauf abzielte, nicht mehr die ohnehin nach Ausbruch des Krieges begrenzte Auswanderung der Juden zu fördern, bzw. zu erzwingen, sondern ihre Deportation und Vernichtung vorzubereiten. Dies lag u. a. an der Haltung des Auslandes, das die restriktiven Aufnahmebestimmungen nicht aufgeben wollte und nach dem 1. September 1939 auch nicht aufgeben konnte. Dies lag schließlich aber auch daran, daß die jüdischen Organisationen weder bereit noch in der Lage waren, die Auswanderung auch mit Methoden voranzutreiben, die von den Nationalsozialisten als illegal angesehen wurden. Dies galt vor allem für die Herstellung bzw. für den Kauf von gefälschten Papieren, die es auswanderungswilligen und auswanderungsfähigen Juden noch ermöglicht hätten, Deutschland rechtzeitig zu verlassen. Doch dafür reichten die vorhandenen Geldmittel nicht aus. Die Juden selber waren von den Nationalsozialisten nahezu völlig ausgeplündert worden. Aus dem Ausland und von jüdischen Organisationen sowie von der Firma Bosch, die der Reichsvereinigung der Juden in der Zeit von 1938 bis 1940 1 200 000 Reichsmark – natürlich geheim – zur Verfügung gestellt hatte[18], kamen zwar noch Geldbeträge, doch die Repräsentanten der Reichsvertretung und auch die Jüdische Gemeinde Berlin zögerten, diese für illegale, aber lebensrettende Aktionen einzusetzen. Generell haben die Repräsentanten der jüdischen Organisationen gemeint, auch in dieser Phase sich an die Gesetze des nationalsozialistischen Unrechtsstaats halten zu müssen, um »Schlimmeres« zu verhüten.

Diese Haltung ist damals (und noch mehr heute) auf die Kritik von einigen Juden gestoßen, die vorschlugen, in den Untergrund zu gehen und die Auswanderung, d. h. die Flucht auch durch illegale Methoden vorzubereiten und zu fördern.[19] Dies gilt vor allem für Mitglieder zionistischer Jugendorganisationen, von denen sich einige gegen den Willen der Repräsentanten der jüdischen Organisationen schon vor dem Beginn der Deportationen auf das Leben in der Illegalität einstellten. Angehörige der inzwischen verbotenen zionistischen Jugendgruppen kamen in Kontakt mit Juden, die aus den illegalen kommunistischen Widerstandsgruppen ausgetreten waren bzw. ausgeschlossen worden waren. Dies gilt für die Gruppe um Herbert Baum, die sich etwa 1939 zusammenschloß. Auf die Tätigkeit dieser jüdischen Widerstandsgruppen wird noch näher einzugehen sein. Festzuhalten ist, daß die Anfänge dieser jüdischen Widerstandstätigkeit im engeren Sinne, die über den geschilderten »geistigen Widerstand« hinausging, bereits in die Zeit vor dem Beginn der Deportationen im Oktober 1941 fielen.

4. 1941 bis 1945

In diese Zeit fällt die Deportation fast aller 55 000 Juden, die Ende 1941 noch in Berlin lebten.[20] Seit Juli 1942 fuhren die Deportationszüge von den Bahnhöfen Grunewald und Putlitzstraße direkt nach Auschwitz. Ende 1942 gab es in Berlin nur noch 33 000 Juden. Die meisten von ihnen wurden dann im Februar 1943 im Zuge der sog. »Fabrik-Aktion« verhaftet, in die Sammellager in der Levetzowstraße, Großen Hamburger Straße, Zimmerstraße etc. gebracht und dann meist in Viehwaggons nach Auschwitz transportiert. EndeJuni 1943, zu diesem Zeitpunkt waren auch fast alle Mitarbeiter der »Reichsvereinigung der Juden in Deutschland« und der Jüdischen Gemeinde Berlin nach Theresienstadt deportiert worden, soll es nur noch 6 700 »Nicht-Arier« in Berlin gegeben haben.

In dieser Zeit erreichte jedoch auch die antisemitische Gesetzesmaschinerie der Nationalsozialisten ihren Höhe- und Endpunkt. Juden durften seit dem 21. 12. 1941 keine öffentlichen Fernsprecher mehr benutzen, mußten am 10. 1. 1942 ihre Pelz- und Wollsachen abliefern, durften seit dem 17. 2. 1942 keine Zeitungen und Zeitschriften mehr kaufen, seit dem 17. Februar 1942 keine »arischen« Friseure mehr aufsuchen, seit dem 24. April 1942 keine öffentlichen Verkehrsmittel benutzen, mußten am 15. Mai 1942 ihre Haustiere, am 19. Juni 1942 ihre elektrischen und optischen Geräte sowie Fahrräder, Schreibmaschinen und Schallplatten abliefern etc. Am 1. Juli 1943 wurden die noch in Deutschland verbliebenen Juden der ordentlichen Strafgerichtsbarkeit entzogen und unter Polizeirecht gestellt. Damit waren sie völlig recht- und weitgehend eigentumslos geworden. Daß Juden unter diesen Umständen bereit und in der Lage waren, Widerstand zu leisten, ist mehr als erstaunlich und bewundernswert, zumal sie auch in dieser Phase der nationalsozialistischen Judenpolitik weitgehend auf sich allein gestellt blieben.

Die Kirchen haben zwar ihre bisher gezeigte Zurückhaltung aufgegeben und den Judenmord auch öffentlich verurteilt, doch konkrete Hilfsmaßnahmen für Juden blieben auch in dieser Phase das Werk von einzelnen. Den eindeutigen Worten der 12. Bekenntnissynode der Altpreußischen Union, die am 16. und 17. Oktober 1943 erklärte: »Begriffe wie ›Ausmerzen‹ ›Liquidieren‹ und ›unwertes Leben‹ kennt die göttliche Ordnung nicht. Vernichtung von Menschen, weil sie Angehörige eines Verbrechers, alt oder geisteskrank sind oder einer anderen Rasse angehören, ist keine Führung des Schwertes, das der Obrigkeit von Gott gegeben ist«[21] – folgten keine konkreten Taten. Ähnlich war es im Bereich der katholischen Kirche, die am 19. August 1943 erklärte: »Tötung ist an sich schlecht, auch wenn sie angeblich im Interesse des Gemeinwohls verübt würde: an schuld- und wehrlosen Geistesschwachen und -kranken, an unheilbar Siechen und tödlich Verletzten, an erblich Belasteten und lebensuntüchtigen Neugeborenen, an unschuldigen Geiseln und entwaffneten Kriegs- oder Strafgefangenen, an Menschen fremder Rasse und Abstammung«.[22]

Hilfe für Juden, das war das Werk von einzelnen, die unter Berufung auf ihr Gewissen handelten. So war es auch im Bereich des Widerstandes bürgerlich-militärischer

Kreise. Doch die Rettung der noch in Deutschland oder im deutschen Machtbereich lebenden Juden stand nicht im Mittelpunkt ihrer Planungen. Immerhin haben die Mitglieder des Kreisauer Kreises anders als Goerdeler geplant, nach einem erfolgreichen Staatsstreich »alle Gesetze und Anordnungen, die einzelne wegen ihrer Zugehörigkeit zu einer bestimmten Nation, Rasse oder Religion benachteiligen,... nicht anzuwenden« und »darauf beruhende diskriminierende Maßnahmen sofort aufzuheben.«[23]

Hilfsmaßnahmen für Juden standen schließlich auch nicht im Mittelpunkt der Tätigkeit der Widerstandsgruppen, die sich vor allem nach 1941 aus der Arbeiterbewegung und der Arbeiterschaft bildeten. Eine Ausnahme stellt die Berliner Widerstandsgruppe »Europäische Union« von Georg Groscurth, Arnim Richter und Robert Havemann dar, die verfolgten Juden Verpflegung, Unterkünfte, gefälschte Papiere beschaffte und einigen auf diese Weise das Untertauchen und die Flucht ermöglichte.[24]

Wie wichtig derartiges für Juden war und hätte sein können, zeigen Aktionen von Frauen und Männern, die wie Helene Jacobs, Gräfin Maria von Malzan, Gertrude Luckner, Hermann Mass, Ernst Hallermann und andere »unbesungene Helden«, die untergetauchten Juden durch Lebensmittel, Unterkünfte, Geld und gefälschte Ausweispapiere das Weiterleben ermöglichten.[25]

Es ist geschätzt worden, daß in Berlin temporär 5 000 Juden im Untergrund gelebt haben. 1 500 haben auf diese Weise die Zeit des Dritten Reiches überlebt. Bisher sind längst noch nicht alle dieser Fälle bekannt. Jeder einzelne von ihnen zeigt jedoch, was selbst unter den Bedingungen des terroristischen Dritten Reiches noch möglich war oder gewesen wäre. Im ganz besonderen Maße gilt dies für die beispiellose Demonstration von mehreren Hundert mit »Nicht-Ariern« verheirateten Frauen, die im Februar/ März 1943 mehrere Tage lang in der Berliner Rosenstraße zusammenkamen und lautstark die Freilassung ihrer im Zuge der sog. »Fabrik-Aktion« bereits gefangen genommenen Angehörigen forderten und schließlich auch erreichten.[26]

Diese nach wie vor wenig bekannte Demonstration ist eine ebenso mutige wie deprimierende Tat. Wird doch gerade durch den Erfolg dieser Aktion die Frage provoziert, was geschehen wäre, wenn sich mehr nicht-jüdische Bürger zu ähnlichen Beweisen der Solidarität mit den verfolgten Juden bereitgefunden hätten. Doch diese Frage ist und muß spekulativ bleiben und darf nicht dazu führen, die terroristische Qualität und die Entschlossenheit der nationalsozialistischen Machthaber, eine »Endlösung der Judenfrage« in Deutschland und in ganz Europa zu erreichen, zu unterschätzen. Andererseits bleibt bei aller Anerkennung für den Mut derjenigen, die aus christlichen, ethischen und politischen Motiven einzelnen Juden geholfen haben, die Frage nach dem, was die Gruppen und Organisationen des Widerstandes für die Juden getan haben. Was sie möglicherweise hätten tun können oder sogar müssen, wird deutlich, wenn man sich ansieht, was die völlig auf sich allein gestellten jüdischen Widerstandsgruppen selbst in dieser an sich völlig hoffnungslosen Situation getan haben.

Wie bereits erwähnt, haben Mitglieder zionistischer Jugendgruppen auch nach dem Verbot ihrer Organisationen versucht, ihre Arbeit in der Illegalität fortzusetzen. Beispielhaft dafür ist die von Edith Wolff und Jitzchak Schwesenz geleitete zionistische Jugendgruppe, die in Berlin im Untergrund lebte, Schulungskurse durchführte und sich auf die Vorbereitung und Erkundung von Fluchtmöglichkeiten konzentrierte, was für einige von ihnen schließlich erfolgreich war.[27] Nicht erfolgreich, aber von beispiellosem Mut beseelt, war die von Werner Scharff geleitete »Arbeitsgemeinschaft für Frieden und Freiheit«.[28] Scharff, der als Elektriker in dem Sammellager in der Berliner Levetzowstraße gearbeitet hatte, hat, teilweise mit Erfolg, versucht, Juden vor der Deportation zu bewahren, indem er ihnen gefälschte Ausweise und Verstecke beschaffte. 1943 ging er dann selber in den Untergrund, wurde jedoch kurz darauf von einem Gestapo-Mann auf der Straße erkannt, verhaftet und nach Theresienstadt deportiert. Von dort konnte er fliehen und nach Berlin zurückkehren. Hier gründete er die bereits erwähnte Widerstandsgruppe, die Kontakte zu ähnlichen Gruppierungen in Gera, Hamburg, München und Lukkenwalde unterhielt. Scharff wollte sich dann nicht mehr damit begnügen, einzelne Juden zu verstecken, sondern plante, das jüdische Gefängnis in der Berliner Schulstraße zu stürmen, um die dort Inhaftierten und auf die Deportation Wartenden zu befreien. Dieser phantastisch wirkende Plan (eine ähnliche Aktion hat eine jüdische Widerstandsgruppe in Belgien erfolgreich durchgeführt) konnte jedoch nicht mehr verwirklicht werden, weil die Gruppe an die Gestapo verraten wurde. Scharff selber wurde am 12. Oktober 1943 verhaftet und besonders schweren Folterungen unterworfen. Er ist am 16. März 1944 im Konzentrationslager Sachsenhausen erschossen worden.

Zweifellos die bedeutendste jüdische Widerstandsorganisation in Berlin und Deutschland überhaupt war die ebenfalls bereits erwähnte Gruppe um Herbert Baum, der Kommunisten, Sozialisten und Zionisten angehörten. Fast alle von ihnen waren Juden. Die unterschiedliche politische und soziale Herkunft ist von diesen noch relativ jungen Frauen und Männern nicht als Problem empfunden worden. Entscheidend war für sie das, was sie mitein-

Bekanntmachung.

Die am 10. Dezember 1942 vom Volksgerichtshof wegen Vorbereitung zum Hochverrat und landesverräterischer Feindbegünstigung zum Tode verurteilten

Heinz Israel Rotholz, 21 Jahre alt,
Heinz Israel Birnbaum, 22 Jahre alt,
Lothar Israel Salinger, 23 Jahre alt,
Helmuth Israel Neumann, 21 Jahre alt,
Siegbert Israel Rotholz, 23 Jahre alt,
Hella Sara Hirsch, 21 Jahre alt,
Hanni Sara Meyer, 22 Jahre alt,
Marianne Sara Joachim, 21 Jahre alt, und
Hildegard Sara Loewy, 20 Jahre alt,

sämtlich aus Berlin, sind heute hingerichtet worden.

Berlin, den 4. März 1943.

Der Oberreichsanwalt beim Volksgerichtshof.

Plakat, auf dem die Hinrichtung von Mitgliedern der Gruppe Baum bekannt gemacht wurde. Diese Plakate waren scharlachrot.

ander verband, nämlich Juden und damit Angehörige einer verfolgten Minderheit zu sein, die sich überwiegend nicht der Hilfe und Sympathie der nicht-jüdischen Mehrheit erfreuen konnten. Die Gruppe Baum, die sich bereits 1939 bildete, hat sich zunächst darauf konzentriert, den Zusammenhalt und das Selbstbewußtsein der Mitglieder zu wahren. Darüber hinaus haben sie versucht, Kontakte mit ausländischen Zwangsarbeitern in Berliner Betrieben aufzunehmen, in denen die meisten von ihnen als Sklavenarbeiter beschäftigt waren. Im Mittelpunkt ihrer Tätigkeit stand jedoch das Bestreben, die Deportation von Berliner Juden zu verhindern, indem man Geld und gefälschte Ausweispapiere beschaffte und »organisierte«. Schließlich wurden auch antifaschistische Flugblätter hergestellt und verteilt, in denen alle Deutschen dazu aufgerufen wurden, den Krieg zu beenden und das nationalsozialistische Regime zu stürzen, das die Freiheit der Deutschen beseitigt hatte und die Juden umbrachte.

Höhepunkt und Ende der Widerstandstätigkeit der Gruppe Baum bildete dann ein Anschlag auf die nationalsozialistische Propagandaausstellung »Das Sowjetparadies« im Berliner Lustgarten, der am 18. Mai 1942 stattfand und neben Sachschäden auch Verletzungen von 11 Besuchern hervorrief. Da sich innerhalb der Gruppe vermutlich ein Spitzel der Gestapo befand, gelang es den Verfolgungsbehörden, nur wenige Tage nach dem Attentat die Beteiligten selber und weitere 25 Mitglieder der Gruppe Baum zu inhaftieren. Während Herbert Baum schon am 11. Juni 1942 an den Folgen der Folterungen starb, die er in der Haft erleiden mußte, sind fast alle Mitglieder der Gruppe, auch solche, die sich an dem Anschlag gar nicht beteiligt hatten, Ende 1942 und im Laufe des Jahres 1943 vom Volksgerichtshof wegen »Vorbereitung zum Hochverrat und Feindbegünstigung« zum Tode verurteilt und in Plötzensee hingerichtet worden.

Elf Tage nach dem Anschlag, am 29. Mai 1942, hat Adolf Eichmann die Vorstandsmitglieder der Reichsvereinigung der Juden in Deutschland in sein »Judenreferat« in der Kurfürstenstraße 116 zitiert und ihnen mitgeteilt, »daß im Zusammenhang mit einem Anschlag auf die Ausstellung ›Das Sowjetparadies‹ in Berlin, an dem 5 Juden aktiv beteiligt waren, 500 Juden in Berlin festgenommen, davon 250 erschossen und 250 in ein Lager abgeführt worden sind.«[30] Eichmann drohte, daß »weitere Maßnahmen dieser Art zu erwarten sind, falls noch einmal ein Sabotageakt vorkommen sollte, an dem Juden beteiligt sind«.

Diese Reaktion der Nationalsozialisten auf den Anschlag der Gruppe Baum zeigt, welche Gefahren und Risiken jüdische Widerstandskämpfer auf sich nehmen mußten. Sie mußten nämlich, spätestens von jenem Zeitpunkt ab, mit der Gewißheit leben, nicht nur ihr eigenes, sondern auch das Leben völlig unbeteiligter hilfloser jüdischer Menschen zu gefährden. Es ist nicht bekannt, ob die Mitglieder der Gruppe Baum dies wußten, als sie ihren spektakulären Brandanschlag auf die Propagandaausstellung der Nazis, in der die Gefahr der »jüdisch-bolschewistischen Verschwörung« an die Wand gemalt worden war, planten. Doch auch wenn sie es gewußt hätten, welche Folgen ihr Anschlag haben würde, dürfen wir heute ihnen deshalb Vorwürfe machen? Ich meine, diese Frage mit einem entschiedenen Nein beantworten zu können und zu müssen. Ihre Tat war nicht sinnlos und schon gar nicht verantwortungslos. Die Mitglieder der Gruppe Baum wußten, was ihnen und den übrigen Juden bevorstand. Sie wollten aber dennoch ein Zeichen, ein Signal setzen, darauf hinweisen, daß es Juden gab, die sich nicht »wie die Lämmer zur Schlachtbank« führen lassen wollten. Vielleicht, und dies ist und bleibt jedoch

eine Vermutung, haben sie in ihrer völlig hoffnungslosen Situation, die man sich extremer nicht vorstellen kann, doch insgeheim gehofft, durch ihre Aktion die so passive deutsche Bevölkerung aufzurütteln und die Organisation des deutschen Widerstandes auffordern zu können, mehr als bisher für die verfolgten Juden einzutreten.
In dieser Hoffnung wurden sie jedoch getäuscht. Dies lag jedoch nicht nur an der Schwäche des deutschen Widerstandes, sondern auch an seiner mangelnden Bereitschaft, vorrangig den Juden zu helfen. Um so mehr sollten wir uns bemühen, mehr über den jüdischen Widerstand in Erfahrung zu bringen, den es eben auch in Berlin gab. Dies ist deshalb notwendig, um die Juden eben nicht nur als Opfer, als Angehörige eines namenlosen und die Vorstellungskraft übersteigenden Kollektivs von 6 Millionen, sondern als einzelne handelnde und sich zum Teil auch wehrende Menschen zu sehen, mit deren Schicksal man sich möglicherweise besser identifizieren kann. Die Kenntnis des jüdischen Widerstandes ist aber auch deshalb notwendig, um einer Überschätzung des Ausmaßes und der Intensität des deutschen Widerstandes zu begegnen, denn so traurig dies ist, zur Entstehung eines spezifisch jüdischen Widerstandes in Berlin und Deutschland hat nicht nur die nationalsozialistische Judenpolitik, sondern eben auch das sehr zurückhaltende Verhalten der Organisationen des deutschen Widerstandes in der sog. »Judenfrage« geführt.

Anmerkungen:

1 Knapper Überblick bei: Wolfgang Wippermann, Steinerne Zeugen. Stätten der Judenverfolgung in Berlin, Berlin 1982 (=Stätten der Geschichte Berlins Bd. 1). Ferner verschiedene Beiträge in: Herbert A. Strauß/ Kurt R. Grossmann (Hrsg.), Gegenwart im Rückblick. Festgabe für die Jüdische Gemeine zu Berlin 25 Jahre nach dem Neubeginn, Heidelberg 1970; Kurt Jacob Ball-Kaduri, Berlin wird judenfrei. Die Juden in Berlin in den Jahren 1942/43, in: Jahrbuch für die Geschichte Mittel- und Ostdeutschlands 22, 1973, S. 196–246; Burkhard Asmuss/Andreas Nachama, Zur Geschichte der Juden in Berlin und Das Jüdische Gemeindezentrum in Charlottenburg, in: Wolfgang Ribbe (Hrsg.), Von der Residenz zur City. 250 Jahre Charlottenburg, Berlin 1980, S. 165–228. Einzelne Hinweise auch in: Wer sich nicht erinnern will... ist gezwungen, die Geschichte noch einmal zu erleben. Kiezgeschichte Berlin 1933, Berlin 1983. Eine fesselnde Auswertung von schriftlichen und mündlichen Zeugenaussagen in: Leon Brandt, Menschen ohne Schatten. Juden zwischen Untergang und Untergrund 1938 bis 1945, Berlin 1984. Sehr wichtig auch die Erinnerungsberichte von: Hildegard Henschel, Aus der Arbeit der Jüdischen Gemeinde Berlin während der Jahre 1941–1943. Gemeindearbeit und Evakuierung von Berlin, in: Zeitschrift für die Geschichte der Juden 9, 1972, S. 33–52; Jizchak Schwersenz/ Edith Wolff, Jüdische Jugend im Untergrund. Eine zionistische Gruppe in Deutschland während des Zweiten Weltkrieges, in: Bulletin des Leo Baeck-Instituts 12, 1969, S. 1–100; Inge Deutschkron, Ich trug den gelben Stern, Köln 1978; Inge Deutschkron, Berliner Juden im Untergrund, Berlin 1980 (= Beiträge zum Thema Widerstand 15); Ilse Rewald, Berliner, die uns halfen die Hitlerdiktatur zu überleben, Berlin 1979 (= Beiträge zum Thema Widerstand 6); Martin Riesenburger, Das Licht verlöschte nicht, Berlin 1960; Joel König, David. Aufzeichnungen eines Überlebenden, Frankfurt/ M. 1977

2 Vgl. dazu die knappe Zusammenstellung der Fakten bei: Wolfgang Scheffler, Judenverfolgung im Dritten Reich, Berlin 1964. Ferner: Uwe Dietrich Adam, Judenpolitik im Dritten Reich, Düsseldorf 2. Aufl. 1979; Helmut Krausnick, Judenverfolgung, in: Hans Buchheim u. a., Anatomie des SS-Staates, Bd. 2, München 2. Aufl. 1979, S. 233–366; Gerald Reitlinger, Die Endlösung. Hitlers Versuch der Ausrottung der Juden Europas, Berlin 1966; Raul Hilberg, Die Vernichtung der europäischen Juden. Die Gesamtgeschichte des Holocausts, Berlin 1982

3 Das folgende nach: Bruno Blau, Das Ausnahmerecht für die Juden in Deutschland 1933–1945, Düsseldorf 3. Aufl. 1965; Joseph Walk (Hrsg.), Das Sonderrecht für die Juden im NS-Staat, Heidelberg – Karlsruhe 1981; ferner die folgenden Quellensammlungen: Helmut Eschwege (Hrsg.) Kennzeichen J. Bilder, Dokumente, Berichte zur Geschichte der Verbrechen des Hitlerfaschismus an den deutschen Juden 1933–1945, Frankfurt/ M. 2. Aufl. 1979; Kurt Pätzold (Hrsg.), Verfolgung, Vertreibung, Vernichtung. Dokumente des faschistischen Antisemitismus 1933 bis 1942, Leipzig 1983; Hans-Dieter Schmidt/ Gerhard Schneider/ Wilhelm Sommer, Juden unterm Hakenkreuz. Dokumente und Berichte zur Verfolgung und Vernichtung der Juden durch den Nationalsozialismus 1933 bis 1945, Bd. 1–2 Düsseldorf 1983; Gerhard Schoenberner, Der gelbe Stern. Die Judenverfolgung in Europa 1933–1945, Hamburg 1960; Ders., Wir haben es gesehen. Augenzeugenberichte über Terror und Judenverfolgung im Dritten Reich, Hamburg 1962.

4 Salomon Adler-Rudel, Ostjuden in Deutschland 1880 bis 1940. Zugleich eine Geschichte der Organisationen, die sie betreuten, Tübingen 1959. Vgl. auch den eindrucksvollen Bildband von Eike Geisel, Im Scheunenviertel. Bilder, Texte und Dokumente, Berlin 1981.

5 Darstellung der Vorgänge in Berlin im Jahr 1933 in: Hans-Norbert Burkert/ Klaus Matußek/ Wolgang Wippermann, »Machtergreifung«. Berlin 1933, Berlin 1982 (= Stätten der Geschichte Berlins Bd. 2); Ferner die Dokumentensammlung: Das Schwarzbuch – Tatsachen und Dokumente. Die Lage der Juden in Deutschland 1933, Paris 1934.

6 Vgl. zum folgenden die in den Anm. 2 und 3 genannte Literatur sowie vor allem: Helmut Genschel, Die Verdrängung der Juden aus der Wirtschaft im Dritten Reich, Göttingen 1966. Auf Einzelverweise wird im folgenden verzichtet.

7 Zu den Novemberpogromen außer der genannten Literatur noch: Hermann Graml, Die Reichskristallnacht Geschichte des Pogroms vom 8.–10.November 1938, in: Reichskristallnacht. Eine Arbeitshilfe für Unterricht und Gemeindearbeit, hrsg. von dem Evangelischen Arbeitskreis Kirche und Israel in Hessen und Nassau, Frankfurt/ M. 1978, S. 3–18; Wolfgang Scheffler, Ausgewählte Dokumente zur Geschichte des Novemberpogroms, in: Aus Politik und Zeitgeschichte. Beilage zur Wochenzeitung »Das Parlament« 44, November 1978.

8 Dazu: William S. Allen, Die deutsche Öffentlichkeit und die »Reichskristallnacht« – Konflikte zwischen Werthierarchie und Propaganda im Dritten Reich, in: Detlev Peukert/ Jürgen Reulecke (Hrsg.), Die Reihen fast geschlossen. Beiträge zur Geschichte des Alltags unterm Nationalsozialismus, Wuppertal 1981, S. 397–412; Ian Kershaw, Antiseminitismus und Volksmeinung. Reaktionen auf die Judenverfolgung, in: Martin Broszat/ Elke Fröhlich (Hrsg.), Bayern in der NS-Zeit, Bd. II, München 1979, S. 281–348.

9 Die Haltung des deutschen Widerstandes zur sog. Judenfrage ist bisher nur sehr unzureichend erforscht worden. Vgl. jetzt vor allem: Christof Dipper, Der Deutsche Widerstand und die Juden, in: Geschichte und Gesellschaft 9, 1983, S. 349–280.

10 Vgl. dazu: Arnold Paucker, Der jüdische Abwehrkampf gegen Antisemitismus und Nationalsozialismus in den letzten Jahren der Weimarer Republik, Hamburg 1968; Ulrich Dunker, Der Reichsbund jüdischer Frontsoldaten 1919–1938. Geschichte eines jüdischen Abwehrvereins, Düsseldof 1977.

11 Zum folgenden vor allem: Konrad Kwiet/Helmut Eschwege, Selbstbehauptung und Widerstand. Deutsche Juden im Kampf um Existenz und Menschenwürde 1933–1945, Hamburg 1984, Knappe Skizze bei: Wolfgang Wippermann, Die Berliner Gruppe Baum und der jüdische Widerstand, Berlin 1981 (= Beiträge zum Thema Widerstand 19).

12 Salomon Adler-Rudel, Jüdische Selbsthilfe unter dem Nazi-Regime 1933–1939. Im Spiegel der Berichte der Reichsvertretung der Juden in Deutschland, Tübingen 1974; Ernst Simon, Aufbau im Untergang. Jüdische Erwachsenenbildung im nationalsozialistischen Deutschland als geistiger Widerstand, Tübingen 1959; Herbert Freeden, Jüdisches Theater im Nazideutschland, Tübingen 1964; Max Birnbaum, Staat und Synagoge 1918–1938. Eine Geschichte des Preußischen Landesverbandes jüdischer Gemeinden, Tübingen 1981; Marion Kaplan, Die jüdische Frauenbewegung in Deutschland. Organisation und Ziele des Jüdischen Frauenbundes 1903–1938, Hamburg 1981.

13 Zur Diskussion um den Widerstandsbegriff vor allem die folgenden Überblicke und Sammelwerke: Ger van Roon, Widerstand im Dritten Reich, München 1979; Christoph Kleßmann/Falk Pingel (Hrsg.), Gegner des Nationalsozialismus, Frankfurt/M.1980; Richard Löwenthal/Patrik von zur Mühlen (Hrsg.), Widerstand und Verweigerung in Deutschland 1933 bis 1945, Bonn 1982. In diesen Arbeiten wird der jüdische Widerderstand weder erwähnt noch die Frage erörtert, ob man zur gerechten Bewertung des Verhaltens der Juden im Dritten Reich andere Kriterien verwenden muß. Dazu vor allem: Wippermann, Die Berliner Gruppe Baum; und Kwiet/Eschwege, Selbstbehauptung und Widerstand.

14 Zum folgenden die in Anm. 2 und 3 genannte Literatur, bes. Walk, Das Sonderrecht.

15 Dazu vor allem Dipper, Der Deutsche Widerstand und die Juden. (Anm. 9)

16 Zitiert nach: Bodo Scheurig (Hrsg.), Deutscher Widerstand 1938–1944. Fortschriftt oder Reaktion?, München 2. Aufl. 1984, S. 53–129, bes. S. 75 f

17 Zum folgenden bes. Jewish Emigration from Germany. Nazi Policies und Jewish Response I, in: Year Book Leo Baeck Institute 25, 1980, S. 326 ff; ders., Jewish Emigration from Germany ... II, in: Year Book Leo Baeck Institute 26, 1971, S. 343 ff.

18 Nach Kwiet/Eschwege, Selbstbehauptung und Widerstand, S. 47 u. 165. (Anm. 11)

19 Dazu besonders: Brandt, Menschen ohne Schatten, S. 39 ff (Anm. 1)

20 Zum folgenden bes.: Ball-Kaduri, Berlin wird judenfrei. (Anm. 1)

21 Abgedruckt in: Georg Denzler/Volker Fabricius (Hrsg), Die Kirchen im Dritten Reich, Christen und Nazis Hand in Hand? Bd. 2, Frankfurt/M. 1984, S. 183–188.

22 Abgedruckt in: Klaus Drobisch/Gerhard Fischer (Hrsg.), Ihr Gewissen gebot es. Christen im Widerstand gegen den Hitlerfaschismus, Berlin (Ost), S 193 f.

23 Abgedruckt in: Ger van Roon, Neuordnung im Widerstand. Der Kreisauer Kreis innerhalb der deutschen Widerstandsbewegung, München 1967, S. 570.

24 Kwiet/Eschwege, Selbstbehauptung und Widerstand, S. 167 f (Anm. 11)

25 A.a.O. S. 168 ff; Kurt R. Großmann, Die unbesungenen Helden. Menschen aus Deutschlands dunklen Tagen, Berlin 1961; Heinz David Leunes, Als Mitleid ein Verbrechen war, Wiesbaden 1967.

26 Dazu Ball-Kaduri,Berlin wird »judenfrei«, S. 213 f. Korrektur der hier und in Erinnerungsberichten genannten Zahl von 6 000 Frauen (vgl. auch Wippermann, Steinerne Zeugen, S. 71 f.) bei Richarz, Jüdisches Leben, S. 64. Siehe weiter: Gernot Jochheim: Frauenprotest in der Rosenstraße. Berlin: Edition Hentrich, 1993.

27 Jizchak Schwersenz/Editz Wolff, Jüdische Jugend im Untergrund. Eine zionistische Gruppe in Deutschland während des Zweiten Weltkrieges, in: Bulletin des Leo Baeck Instituts 12, 1969, S. 1–100; Brandt, Menschen ohne Schatten, S. 58 u. ff.

28 Edith Hirschfeld, Werner Scharff, in: Den unvergessenen Opfern des Wahns 1933–1945, Heidelberg 1952, S. 11 ff; Kwiet/Eschwege, Selbstbehauptung und Widerstand, S. 184 f.

29 Jetzt zusammenfassend: Kwiet/Eschwege, Selbstbehauptung und Widerstand, S. 114–137. (Anm. 12) Ferner: Wippermann, Die Berliner Gruppe Baum; Bernhard Mark, Grupa Bauma. Zdzieow walki antyfaszystowskeie mlodziezy Zyydowskiej w Niemczech w latach 1937–1942, in: Biuletyn Zydowskiego Instytut Historycznego Nr. 33, 1960, S. 3–45; Marion Pikarski, Über die führende Rolle der Parteiorganisation der KPD in der antifaschistischen Widerstandsgruppe Herbert Baum, Berlin 1939 bis 1942, in: Beiträge zur Geschichte der Arbeiterbewegung, 1966, S. 867–882; dies., Jugend im Berliner Widerstand. Herbert Baum und Kampfgefährten, Berlin (Ost) 1978 2. Aufl. 1984. Mit Auszügen aus den Anklageschriften und Urteilsbegründungen des Volksgerichtshofes: Brandt, Menschen ohne Schatten, S. 73 ff. (Anm. 1)

30 Zitiert nach: Hans-Georg Adler, Der verwaltete Mensch. Studien zur Deportation der Juden in Deutschland, Tübingen 1974, S. 180.

Aus: Christian Pross und Rolf Winau: »nicht mißhandeln«. Das Krankenhaus Moabit. Stätten der Geschichte Berlins, Band 5. Berlin: Edition Hentrich im Verlag Frölich und Kaufmann, 1984.

JUDEN

Die Deportation der Berliner Juden

Hinweise auf Literatur und Medien

Für Berliner Lehrerinnen und Lehrer sowie für Multiplikatoren im Bereich Politische Bildung/ Geschichte gibt es zwei leicht erreichbare und zudem kostenlose Bücher, die das Schicksal des Berliner Judentums während der Nazi-Zeit zum Gegenstand haben. Die eine Publikation ist das Begleitmaterial zu einer Schulfernsehsendung:

Die Grunewaldrampe.
Die Deportation der Berliner Juden.
Hg.: Zentrum für audio-visuelle Medien. Landesbildstelle Berlin.
Berlin: Edition Colloquium, 1993
Bezug: Landesbildstelle Berlin, Wikingerufer 7, 10555 Berlin

Diese Veröffentlichung kann in allen Teilen unabhängig von der Schulfernsehsendung, zu der sie erstellt wurde, genutzt werden. Sie beinhaltet zunächst einmal grundlegende Informationen zur Geschichte des Judentums in Berlin, namentlich während der Zeit von Verfolgung und Deportation. Einen zweiten Schwerpunkt bildet die Zusammenstellung einer Fülle von Dokumenten zur Deportation der Berliner Juden – Dokumente, die im einzelnen direkt als unterrichtliches Arbeitsmaterial genutzt werden können. Besondere Beachtung sollte der Teil »*Gedenk- und Denktexte*« erfahren. Hier handelt es sich um eine einzigartige Zusammenstellung u.a. von poetischen Zeugnissen zum Holocaust sowie von »Texten wider das Vergessen«. Eine Anthologie dieses Charakters dürfte ansonsten nicht verfügbar sein.
Im Zentrum des **Dokumentarfilms »Die Grunewald-Rampe«** (Labi-Verleih-Nr.: 42 52555) steht der Bahnhof Grunewald, einer der beiden Deportationsbahnhöfe in der Reichshauptstadt (der andere war der Bahnhof Putlitzstraße). Der Film thematisiert neben den äußeren Geschehnissen namentlich das Problem, inwieweit Menschen – in einem moralischen Sinne – schuldhaft an Deportationen mitgewirkt haben, indem sie – wie etwa Eisenbahner von Direktoren bis zum Lokomotivführer – ihre »normale« Arbeit taten.
Ein **Dokumentarfilm**, der sich thematisch mit »Die Grunewald-Rampe« sinnvoll verknüpfen läßt, hat den Titel **»Das war alles schrecklich normal«** (Labi-Verleih-Nr.: 42 53937). Hier werden angesichts der Deportationen jüdischer Menschen aus Berlin u. a. Denunziationen dokumentiert, schwergewichtig wird der banal-bürokratische Umgang mit Vermögenswerten und Habseligkeiten der Deportierten dargestellt, wobei Gestapo, Hausbesitzer und Finanzamt in aller Form um materielle Werte streiten.

Eine nützliche (preiswerte) Ergänzung zu den genannten Medien ist die **Broschüre** von Wolfgang Gruner: **Judenverfolgung in Berlin 1933–1945.** Eine Chronologie der Behördenmaßnahmen in der Reichshauptstadt. Hg.: Stiftung Topographie des Terrors. Berlin 1996.

Die zweite kostenlos zu beziehende Publikation ist das Buch **»Frauenprotest in der Rosenstraße«** von Gernot Jochheim, das ursprünglich als Jugendbuch konzipiert worden ist. Inhalt des Buches ist die Erzählung eines Mannes – in der Nazi-Terminologie eines »Mischlings 1. Grades« (So wurden Menschen kategorisiert, die zwei jüdische Großelternteile hatten bzw. zwei Großelternteile jüdischer Herkunft.) – über seine Kindheit und Jugend während der Nazi-Herrschaft in Berlin. Einen Höhepunkt der Darstellung machen seine Erinnerungen an die Geschehnisse in der Rosenstraße (Berlin-Mitte) während der ersten Märzwoche 1943 aus. Hier vor dem Gebäude der ehemaligen Sozialverwaltung der jüdischen Gemeinde (Ecke Heidereutergasse), protestierten nach der sogenannten »Fabrik-Aktion« am 27. Februar 1943 mehrere hundert Menschen – überwiegend Frauen – gegen eine drohende Deportation ihrer jüdischen Ehepartner und Kinder. Tagelang, nächtelang.

Gernot Jochheim
Frauenprotest in der Rosenstraße.
Berlin: Edition Hentrich, 1993
Bezug: Landeszentrale für politische Bildungsarbeit, Hauptstraße 98, 10827 Berlin (Innsbrucker Platz)

Sie protestierten mit Erfolg. Aufgrund eines ausdrücklichen Befehls von Goebbels erfolgte, beginnend mit dem 6. März 1943, die Entlassung der etwa 1500 gefangenen Männer, Frauen und Jugendlichen. Eine einmalige Widerstandsaktion in Nazi-Deutschland, die lange Zeit bei der Aufarbeitung der deutschen Widerstandsgeschichte unbeachtet geblieben ist. Ein Vorzug dieser Erzählung, in der vom Autor authentische Berichte mehrerer Überlebender des Holocaust zusammengefügt wurden, ist die Verknüpfung von subjektiver Wahrnehmung und geschichtlichen Hintergrundinformationen, die in Form von Quellen eingebracht werden. Elemente dieser Quellensammlung – in erster Linie Originaltexte zur Rassenlehre und Rassenpolitik sowie Texte von Naziführern, insbesondere aus dem Tagebuch von Goebbels – können ohne weiteres unabhängig von der Erzählung genutzt werden.

Klaus Matußek

Hinweise zur Komplexität des Begriffs »Jude«

Gernot Jochheim

Wer ist Jude?

Im Paragraph 4 des Rückkehrgesetzes des Staates Israel von 1962 wird festgelegt, wer als Jude anzusehen ist: Dies ist jemand, der von einer jüdischen Mutter geboren wurde oder sich zum Judentum bekehrt hat und der nicht einer anderen Religion angehört.[1]

Der Gesichtspunkt, daß Jude ist, wer von einer jüdischen Mutter geboren wurde, ist eine jahrtausendealte Festlegung und hängt mit der Tradition archaischer Stämme bzw. Völker zusammen, wonach die Stammeszugehörigkeit biologisch zweifelsfrei nur über die Mutter nachzuvollziehen war.

Angesichts unserer Frage darf als gesicherte Aussage gelten: Juden sind eine sozial-religiöse Gemeinschaft, getragen durch eine gemeinsame Religion, eine gemeinsame Geschichte, die seit Jahrhunderten bewußtseinsmäßig durch den Status einer religiösen und verfolgten Minderheit geprägt ist bzw. war, sowie durch ein individuell unterschiedlich ausgeprägtes Gefühl der Zusammengehörigkeit. Dieses Gefühl kann auch dann noch bestehen, wenn eine religiöse Orientierung aufgegeben worden ist.

Mit diesem Hinweis ist übrigens eine Schwierigkeit angesprochen, die sich als irritierend darstellen kann. Es ist beispielsweise möglich, auf einen Menschen zu treffen, der sich zugleich als Atheist und als Jude bezeichnet. Solche – im strengen Sinne – Unvereinbarkeiten haben ihre Ursache in der religiösen, historischen und sozialen Einmaligkeit des Judentums. Im Judentum – genauer: in den Erscheinungsformen des Judentums – können nämlich ansonsten voneinander getrennte Aspekte wie Religion, Kultur, Land, Ethnizität und Nationalität zusammenfallen. Wie für die Menschen keiner anderen Religion dürfte für Juden ein religiöses mit einem sozialen und historischen Selbstverständnis zusammenfallen, wobei die Wertigkeit dieser einzelnen Elemente in sich als auch in ihrem Verhältnis zueinander individuell eine große Spannweite aufweisen kann. Denn Juden sind alles andere als eine homogene Gruppe.

Hinsichtlich des Judentums sollte in unterrichtlichen Zusammenhängen über die rituelle Beschneidung informiert werden (die auch der Islam kennt), zumal Unkenntnis in dieser Hinsicht erfahrungsgemäß mannigfache Phantasien nähren kann. In verschiedenen Filmen zur Judenverfolgung ist die Kenntnis der Beschneidung konstitutiv für das Verstehen entweder einzelner Passagen (»Gute Nacht, Kinder«) oder sogar des gesamten Handlungszusammenhanges (»Hitlerjunge Salomon«) (s. S. 79).

Mit Sicherheit läßt sich sagen, was Juden nicht sind: eine Rasse. Am einfachsten kann man dies selbstverständlich mit den neuesten humanbiologischen Erkenntnissen begründen, wonach das Kriterium »Rasse« als Klassifizierungsmerkmal für Menschen untragbar (geworden) ist. Jedoch läßt sich dieses Argument nicht – und schon gar nicht als Kritikpunkt – auf Zeiten beziehen, in denen die Zulässigkeit, Menschen (wir unterstellen einmal: wertfrei) nach Rassen zu unterscheiden, grundsätzlich nicht angezweifelt wurde. Es nützt im übrigen auch wenig, den Nachweis zu führen, daß »arisch« und »semitisch« ursprünglich als Kennzeichnungen von Sprachfamilien fungierten und der rassistische Antisemitismus des 19. Jahrhunderts und in der Folge die NS-Rassenideologie sich diese Begriffe sozusagen »verfälschend« zu eigen gemacht hat. Viele Begriffe unterliegen Unschärfen oder sogar Verfälschungen, sobald sie zu Kampfbegriffen im öffentlichen Raum werden, und sie lassen sich dann in ihrer Bedeutung nicht mehr verbindlich auf ihren Ursprung hin rekonstruieren.

Vielmehr bringt, wie im folgenden gezeigt wird, die Kodifizierung der Rassenlehre durch die Nazis mittelbar den Beweis, daß Juden keine Rasse sind. Denn selbst die Nazis, die im Zweifelsfall auch jede begriffliche Willkür walten ließen, vermochten es nicht, die Juden als Rasse biologisch zu definieren.

Wer galt bei den Nazis als Jude?

Wenn auch nicht erst in der NS-Ideologie Juden zu einer »Rasse« deklariert wurden oder der Begriff »Rasse« im allgemeinen – möglicherweise auch unbedacht – auf Juden bezogen wurde[2], so waren die Nazis aufgrund der rassistischen Grundlagen und Ziele ihrer Politik doch gleichsam gezwungen, festzulegen, wer als Jude anzusehen wäre. In den »Nürnberger Gesetzen« von 1935 war schließlich einerseits von »Staatsangehörigen deutschen und artverwandten Blutes« die Rede, die als »Reichsbürger« galten, und andererseits von »Juden«.

In einer Verordnung, nämlich in der Ersten Verordnung zum Reichsbürgergesetz vom 14. November 1935, findet sich die Auflösung dieses Problems (im Sinne der NS-Ideologie). Da heißt es in § 5 Abs. 1: »Jude ist, wer von mindestens drei der Rasse nach volljüdischen Großeltern abstammt.« Ergänzend wird in Abs. 2 bestimmt:

»(2) Als Jude gilt auch der von zwei volljüdischen Großeltern abstammende staatsangehörige jüdische Mischling,
a) der beim Erlaß des Gesetzes der jüdischen Religionsgemeinschaft angehört hat oder danach in sie aufgenommen wird,
b) der beim Erlaß des Gesetzes mit einem Juden verheiratet war oder sich danach mit einem solchen verheiratet,
c) der aus einer Ehe mit einem Juden im Sinne des Absatzes 1 stammt, die nach dem Inkrafttreten des Gesetzes zum Schutze des deutschen Blutes und der deutschen Ehre vom 15. September 1935 geschlossen ist,
d) der aus dem außerehelichen Verkehr mit einem Juden im Sinne des Absatzes 1 stammt und nach dem 31. Juli 1936 außerehelich geboren wird.«

Bei diesen Festlegungen wird logischerweise zum ausschlaggebenden Gesichtspunkt, wie »volljüdisch« definiert ist. Dies geschieht in § 2 Abs. 2 Satz 2 der Verordnung, wo es heißt:
»Als volljüdisch gilt ein Großelternteil ohne weiteres, wenn er der jüdischen Religionsgemeinschaft angehört hat.«
Eine außerordentlich bemerkenswerte Definition! Denn hier offenbart sich, daß die NS-Rassenideologen und Juristen nicht in der Lage gewesen sind, eine »jüdische Rasse« aufgrund biologischer Kriterien (andere könnte es ja wohl nicht geben!) zu bestimmen. Allein die Konfessionszugehörigkeit galt als Kriterium! Die Konfessionszugehörigkeit wurde zu einem biologischen Tatbestand deklariert; mit einer Konfessionszugehörigkeit wurde eine genetisch determinierte Minderwertigkeit verknüpft. Wenn auch mit dieser grotesken Verbindung jedwede »Wissenschaftlichkeit« der NS-Rassenlehre oder ihrer Vorläufer ad absurdum geführt war, bedeutete sie doch für Millionen Betroffene Diskriminierung, Ausgrenzung, Verfolgung und Tod.
Die Wirklichkeit schaffte im übrigen auch den NS-Rassebiologen durchaus definitorische Probleme. Da gab es Menschen, die hatten zwei »volljüdische« Großelternteile, erfüllten aber nicht jene Bedingungen, die sie zu Juden machte. Beispielsweise gehörten sie keiner Konfession an. »Biologisch« waren sie aber »jüdische Mischlinge 1. Grades«. Nun: Dieser Mensch wurde von den Juristen zum »Geltungsjuden« abgestempelt. Heiratete ein »Geltungsjude« allerdings einen jüdischen Partner, so wurde er selbst zum Juden.
»Mischlinge 1. Grades« firmierten verkürzt auch als »Halbjuden«, ein Begriff, den es bereits vor der Nazi-Zeit gegeben hat und der bis heute gebraucht wird (siehe unten).
Die Bewertung der »Mischlinge 1. Grades« durch die NS-Rassenlehre ist nicht ohne denkwürdige Auffälligkeit. Zumindest im mitteleuropäischen Raum dürften viele von ihnen zwei »deutschblütige« Großeltern gehabt haben. Nach der Nazi-Terminologie hätten sie somit ohne weiteres als »Halbarier« bezeichnet werden können. Das »deutsche oder artverwandte Blut« scheint aber dem »zersetzenden jüdischen Bluteinschlag« gegenüber als wenig widerstandsfähig eingeschätzt worden zu sein. Auf diesem Hintergrund ist auch die »rassische« Beurteilung der »Zigeuner« aufschlußreich, die gemäß der NS-Rassenlehre ihrer Herkunft nach als »Arier« hätten angesehen werden müssen (s. S. 96)

Juden sind keine homogene Gruppe

Nur in den Köpfen von Antisemiten bilden Juden eine homogene Gemeinschaft.
Monika Richarz[3]

Juden sind nie eine homogene Gruppe gewesen. Unter religiösen Gesichtspunkten gibt es orthodoxe und liberale Richtungen. In Deutschland – wie auch anderswo – gab und gibt es Juden in allen gesellschaftlichen Schichten und in allen politischen Lagern. Politiker und bekannte Unternehmer waren Juden. Es wäre hier als eine bekannte historische Persönlichkeit Walter Rathenau zu nennen. Der Sohn Emil Rathenaus, des Begründers der AEG, organisierte die deutsche Rohstoffwirtschaft während des 1. Weltkrieges, war Außenminister der Weimarer Republik und wurde 1922 von Rechtsradikalen ermordet. Viele Arbeiterführer und Arbeiterführerinnen waren Juden oder jüdischer Herkunft. Unter den Ärzten Berlins gab es viele Juden, interessanterweise besonders unter den Armenärzten. Berühmte deutsche Künstler, Schriftsteller, aber auch Kritiker waren Juden. Es gab und gibt wohlhabende Juden; allerdings in der Mehrzahl lebten und leben Juden in aller Welt in bescheidenen, vielfach sogar in einfachen ökonomischen und sozialen Verhältnissen.
Die Journalistin Hazel Rosenstrauch hat die Vielfalt des Judentums in Deutschland zum Zeitpunkt der Machtübernahme durch die Nazis in folgender Weise skizziert:
»Als die Macht Hitler und der NSDAP übergeben wurde, war das Leben der jüdischen Minderheit sehr viel mehr von der Angleichung an ihre Umgebung als von der Gemeinschaft bestimmt, die durch jahrhundertelange Verfolgung entstanden war. Hinter der Bezeichnung ›Juden‹ verbirgt sich eine Vielfalt weltanschaulich, religiös und regional bedingter Unterschiede. Es gab zahlreiche Gruppen mit teilweise sehr gegensätzlichen Lebensgewohnheiten und Zielen. Neben den Gemeinden existierten die politischen Organisationen, Interessen-, Frauen-

und Jugendverbände. Es gab religiöse Juden und solche, die bestenfalls zu den hohen Feiertagen in die Synagoge gingen und vom Judentum ungefähr soviel verstanden wie ihre christlichen Nachbarn vom Christentum; unter den Gläubigen befanden sich die Anhänger des reformierten Judentums und Traditionalisten, die jeweils ihre eigenen Synagogen, Rabbiner und Schulen hatten. Seit Beginn der jüdischen Emanzipation, die Teil der deutschen Aufklärungsbewegung im 18. Jahrhundert war, wurde die Diskussion um Deutschtum und Judentum, Reform und Orthodoxie, Eingliederung und verschiedene Möglichkeiten der Bewährung des ›Jüdischen‹ von weit auseinanderliegenden Positionen her geführt.

Zu ›Rassejuden‹ wurden auch Kommunisten und Sozialisten aus jüdischen Elternhäusern, deren Selbstverständnis und Lebensform mit Judentum nichts mehr zu tun hatte, und Getaufte, die manchmal erst, als sie den ›Ariernachweis‹ erbringen mußten, von ihren jüdischen Großeltern erfuhren. Es gab bewußt jüdische Sozialisten, Konservative und sogar eine kleine Gruppe deutschnationaler Juden, die sich mit völkisch verstandenem Deutschtum identifizierte.

Die größte Gruppe bildeten die Liberalen, die vorwiegend im ›Zentralverein deutscher Staatsbürger jüdischen Glaubens‹ orgnisiert waren. Die vom modernen Nationalismus inspirierten Zionisten hatten zahlenmäßig zunächst nur kleine, wenngleich effektive Organisationen, die vor allem um die Einwanderung nach Palästina und die Eingliederung der Ostjuden warben; unter diesen Zionisten gab es Rechte und Linke, die in vielen Punkten divergierten.

Die – auch für die assimilierten Juden – exotischen Ostjuden brachten ihrerseits unterschiedliche Sprachen und Traditionen aus ihren jeweiligen Ländern mit. Innerhalb der jüdischen Jugendbewegung gab es religiös, zionistisch oder deutsch orientierte Bünde; sie waren dem Vorbild der deutschen Jugendbünde nachgeformt. Die Bedeutung der Religion war für die meisten Juden Deutschlands relativ gering; nur die Orthodoxen und die zunächst kleine Gruppe der Zionisten, die sich als Angehörige eines jüdischen Volkes verstanden, kultivierten die Idee einer ›jüdischen Gemeinschaft‹ – auf sehr unterschiedliche Art, gilt doch für die Gläubigen die Gründung eines jüdischen Staates vor der Ankunft des Messias bis heute als Sakrileg. Jüdische Studenten hatten sich in eigenen Verbindungen organisiert, nicht zuletzt, weil sie von der antisemitischen Studentenschaft ausgeschlossen worden waren. Den Reichsbund jüdischer Frontsoldaten, der sein Heil in der Annäherung an nationalsozialistische Ideologie suchte, hatte für die Alijah, die sich auf die Einwanderung nach Palästina vorbereitete, wenig übrig, bevor sie alle mit gleicher Brutalität verfolgt wurden. Jüdische Sozialisten und deutschnationale Juden waren auch noch nach 1933 weit voneinander entfernt. Die Reaktion auf den Antisemitismus reichte (schon in der Weimarer Republik) von der Wiederbelebung einer jüdischen Identität bis zum Bemühen, die Loyalität gegenüber Deutschland in verschiedenen Formen zu beweisen.

Neben einer schmalen Oberschicht mit geringer jüdischer Identität überwog ein breites jüdisches Bürgertum und Kleinbürgertum neben einem Proletariat, das vorwiegend ostjüdischer Herkunft war. Wie in der gesamten Bevölkerung gab es seit der Wirtschaftskrise eine wachsende Zahl von Arbeitslosen und von Selbständigen, die in Konkurs gehen mußten. Die Oberschicht – jene Bankiers, Warenhausbesitzer und Fabrikanten, die in der Nazi-Propaganda eine wichtige Rolle spielten – war weitgehend assimiliert und von der übrigen jüdischen Gemeinschaft ebenso weit entfernt wie die nichtjüdische Oberklasse von den Mittel- und Unterschichten. Wenn auch die Zahl der Selbständigen, nicht zuletzt wegen des Antisemitismus, unter Juden besonders groß war, so zählten selbständige Händler und Ladenbesitzer von ihrem Einkommen her eher zur Unterschicht. Sowohl innerhalb der verschiedenen sozialen Gruppen wie unter den verschiedenen Organisationen gab es die normalen Gegensätze und Konflikte.

Von allen diesen Unterschieden mußte abgesehen werden, bevor ›der Jude‹ zum erfolgreichsten Symbol der Nazi-Propaganda werden konnte. Und mit ›dem Juden‹ wurden nicht nur die mehr oder weniger erkennbaren Gruppen ausgegrenzt. Die Zauberformel umfaßte alles, was Opposition war, was nicht in das einfache, durch klare Begriffe gezeichnete Weltbild der Nazis paßte. Gewerkschaftler, kritische Intellektuelle oder Künstler, die ›rassekundlich‹ nicht als ›jüdisch‹ abzustempeln waren, galten als ›Judenknechte‹, als ›jüdisch-entartet‹ oder ›jüdisch-bolschewistisch verseucht‹.

Die deutsche Gesellschaft bildete ja nur sehr künstlich, sehr kurz und formal eine ›nationale Einheit‹. Der ›einheitliche Jude‹ ist eine Variante der Sehnsucht nach der nationalen Einheit. Erst im Affekt gegen alles Unvertraute, gegen die Vielschichtigkeit einer demokratischen Gesellschaft mit all ihren Konflikten entstand die ›deutsche Volksgemeinschaft‹.«[4]

Der Eindruck, Juden wären eine homogene sozial-religiöse Gruppe, könnte im übrigen weiter gefördert werden, wenn Juden weitgehend als Objekte gesellschaftlicher und politischer Prozesse dargestellt werden. Generell läßt sich sagen, die Gewaltverbrechen der Nazis heben bewußtseinsmäßig Unterschiede zwischen den Opfern auf. Gerade im Hinblick auf das Thema »Juden« besteht die Gefahr, daß sich das Bild von jüdischen Menschen zu einseitig mit dem Bild von Opfern verknüpft. Angesichts dieser Schwierigkeit sollte – wann immer möglich – etwa in unterrichtlichen Zusammenhängen auf jüdische Menschen als Individuen (Schriftsteller, Künstler, Naturwissenschaftler, Architekten etc.) verwiesen und die Judenverfolgung anhand autobiographischer Erfahrungen vermittelt werden.

Die »Ostjuden« – oder:
Wie kam der »Krakauer« in die Grenadierstraße?

Der 3. Akt von Carl Zuckmayers »Der Hauptmann von Köpenick« beginnt in dem nördlich vom Alexanderplatz gelegenen Scheunenviertel in der Grenadierstraße: im Kellerladen eines »Kleiderjuden«, des »Krakauer« (Regieanweisung: »sagenhafte Ghettogestalt«). Ein häufig gespieltes Bühnenstück, zudem eine vielgelesene Schullektüre, führt zu den sogenannten »Ostjuden«, deren Schicksal u.a. mit einem der belasteten Daten der deutschen Geschichte verknüpft ist, mit der Pogromnacht vom 9./10. November 1938, was allerdings in den allermeisten geschichtlichen Unterrichtswerken unerwähnt bleibt. Die »Ostjuden« sind ein Teil der Geschichte des Judentums in Berlin.

Die Besiedlung Osteuropas durch Juden hatte während der Zeit der Kreuzzüge begonnen, als wegen antijudaistischer Feindseligkeiten große Massen in Deutschland ansässiger Juden nach u.a. Böhmen, Polen und Litauen, auswanderten. In den neuen Lebensräumen bewahrten sie ihre traditionellen religiösen Bräuche und ihre Sprache, das Jiddische (»Judendeutsch«), die wichtigste der aufgrund der jüdischen Kulturbesonderheit entstandenen jüdischen Sprache. Die Männer behielten aus der Kleidung des Mittelalters den Judenrock (Kaftan) und den schwarzen Hut sowie die traditionelle Haar- und Barttracht bei.

Im Jiddischen der osteuropäischen Juden vermischten sich die alt- und mittelhochdeutschen Ursprünge mit hebräischen und aramäischen (Thora, Talmud) sowie slawischen Elementen. Bis zum 2. Weltkrieg sprachen die etwa 10 bis 12 Millionen osteuropäischen Juden das Jiddische als Umgangssprache, während es sich in Westeuropa vollständig und in den USA weitgehend verloren hatte.

Im 18. und 19. Jahrhundert wurden die Juden in Osteuropa – d.h. im zaristischen Rußland – zunehmend unter Ausnahmegesetze gestellt und auf ein tiefes soziales Niveau herabgedrückt. Angesichts wachsender Pogrome in Rußland, dem östlichen Nachbarn des Deutsches Reiches, setzte in den 80er Jahren des 19. Jahrhunderts eine massenhafte Wanderungsbewegung nach Westen ein. (Die Kenntnis der staatlichen Verhältnisse in Mittel- und Osteuropa und deren Genese ist zum Verständnis unabdingbar: Teilungen Polens, Ergebnisse des Wiener Kongresses usw.) Die weitaus größte Zahl der osteuropäischen Juden wanderte nach Nordamerika aus, ein im Vergleich sehr kleiner Teil blieb im österreichisch bzw. preußisch besetzten Polen oder wanderte nach Österreich und Deutschland, namentlich in die urbanen Zentren, ein. Um die Jahrhundertwende lebten in Deutschland 41 000 osteuropäische Juden, zehn Jahre später 78 000. Damit waren etwa 12 % der in Deutschland lebenden Juden Ausländer.[5] Deren Zahl vergrößerte sich während des 1. Weltkrieges, als aus den besetzten Gebieten im Osten etwa 35 000 Juden – teilweise unter Zwang – in das Reichsgebiet umgesiedelt wurden, um in der Kriegsindustrie eingesetzt zu werden.[6]

In Berlin hatten sich die meisten osteuropäischen jüdischen Emigranten im »Scheunenviertel« nördlich vom Alexanderplatz im Umkreis der Grenadierstraße niedergelassen.[7] Im Kaiserreich wie in der Weimarer Republik waren die »Ostjuden« Gegenstand antisemitischer Hetze, Objekte behördlicher Willkür und sogar Opfer pogromähnlicher Ausschreitungen. Auch die assimilierten »deutschen Staatsbürger jüdischen Glaubens« verwehrten ihnen gesellschaftliche Kontakte. Viele dieser im Berliner Westen lebenden Juden nahmen lange Zeit an, der Antisemitismus – auch jener der Nazis – richte sich weitgehend gegen die »Ostjuden«. 1933 hatten knapp 30 % der 160 000 in Berlin lebenden Juden nicht die deutsche Staatsbürgerschaft.

Bald nach der Machtübernahme durch die Nazis wurden auch die Juden im Scheunenviertel zu Opfern des nationalsozialistischen Terrors. Weil die NS-Außenpolitik das Verhältnis zu Polen nicht beeinträchtigen wollte, übte das Nazi-Regime gegenüber den polnischen Juden eine gewisse Zurückhaltung, bis zu jener eiligen und brutalen Abschiebe-Aktion Ende Oktober 1938, als etwa 10 000 Juden polnischer Herkunft oder mit polnischer Staatsangehörigkeit im Niemandsland ausharren mußten, weil die polnischen Behörden eine Einreise verweigerten. Zu den Betroffenen gehörten auch die Familienangehörigen jenes Herschel Grynszpan, der mit seinem Attentat auf einen Angestellten der deutschen Botschaft in Paris auf eben diese Unmenschlichkeit hinweisen wollte. Die Nazis nahmen die Tat als Vorwand für den Pogrom vom 9./10. November.

Wolfgang Wippermann hat im übrigen auf die negativen Assoziationen hingewiesen, die mit dem Begriff »Ostjude« verknüpft waren bzw. verknüpft sein konnten: »Der Begriff ›Ostjude‹ hat im Deutschen eine negative Bedeutung. Dies gilt im doppelten Sinne. Schon die an sich völlig korrekte Bezeichnung ›Jude‹ erweckte so negative Assoziationen, daß sich die deutschen Juden meist selber lieber ›Bekenner des mosaischen Glaubens‹ oder ... ›deutsche Staatsbürger jüdischen Glaubens‹ nannten. In der

Zusammensetzung mit ›Osten‹ wurde die negative Bedeutung noch gesteigert. Galt doch ›der Osten‹ bei vielen Deutschen als ›barbarisch‹, ›primitiv‹ und ›unkultiviert‹. Hier herrschte die ›polnische Wirtschaft‹ oder, um ein weiteres Stereotyp zu verwenden, Zustände ›wie in Russisch-Polen‹.«[8]

Es ist nicht von der Hand zu weisen, daß auch noch heute ähnliche Assoziationen bei dem Begriff »Ostjude« aktiviert werden (können). Das sollte allen im Bildungs- und Erziehungsbereich Tätigen bewußt sein.

Anmerkungen zu einigen aktuellen terminologischen Unschärfen

Wie oben angemerkt wird der Begriff »Halbjude« auch heute noch verwendet, als Zuschreibung, aber auch in autobiographischen Darstellungen. Es darf gefragt werden, ob sich jene, die von »Halbjuden« sprechen bzw. sich selbst so bezeichnen, der Problematik des Begriffs bewußt sind. Was soll das Wort »Halbjude« aussagen? In der Regel vermutlich, daß es einen jüdischen und einen nicht-jüdischen Elternteil gibt. Was ist jedoch ein »Halbjude« zur anderen Hälfte? Warum wird nicht diese andere Hälfte benannt? Gibt es »Halbchristen«, »Halbmuslime«, »Halbatheisten« oder ähnliches? Ist mit der Verwendung des Begriffs »Halbjude« nicht ein Verständnis von jüdischer Identität jenseits der Konfessionszugehörigkeit verknüpft? Wenn ja, um welches Verständnis handelt es sich dann? Ähnliche Unklarheiten sind mit sprachlichen Wendungen verbunden, die häufig in öffentlichen Reden oder von Journalistinnen und Journalisten verwendet werden. Da ist etwa von der Beziehung zwischen »Deutschen und Juden« die Rede. Da müßte sich die Frage einstellen: Welche Juden mit welcher Nationalität sind gemeint? Deutsche Juden offenbar nicht. Wenn ja – tatsächlich ist das nicht selten der Fall –, so kann man nur verwundert feststellen, wie nachhaltig sich das Auseinanderdividieren von »Deutschen« und »Juden« in der deutschen Gesellschaft noch immer auswirkt. Eine andere Ebene betrifft die Frage, welche Assoziationen derartige Formulierungen in der Zuhörerschaft – aufgrund des Fernsehens unter Umständen also bei Millionen Menschen jeden Alters – erwecken mögen.

Vergleichsweise unüberlegt erscheinen Formulierungen wie die von den »Berührungspunkten zwischen deutscher und jüdischer Kultur«, sei sie auf die Vergangenheit oder auf die Gegenwart bezogen. Selbstverständlich gibt es eine »jüdische Kultur« im Sinne einer religiösen Kultur. In dieser Hinsicht läßt sich etwa auch von »christlicher Kultur« sprechen. Weniger eindeutig ist ein Begriff von jüdischer Kultur jenseits der religiösen Sphäre. Mit Blick auf das Ostjudentum kann man festhalten, daß sich dort eine Volkskultur und eine eigenständige Literatur entwickelt hatte. Auch gibt es jüdische Geisteswissenschaftler, deren Werk außerhalb des Judentums Einfluß gehabt hat. Die Schwierigkeit einer Zuordnung beginnt jedoch in vielen Fällen, in denen Juden oder Menschen jüdischer Herkunft sich in der Bildenden Kunst, in der Literatur, in der Architektur, in der Musik, in der Philosophie etc. im Kontext nationaler Kulturen, die zudem nie abgeschottete Kulturen waren, betätigt haben oder betätigen. Oder ist es letztendlich allein das Selbstverständnis einer Künstlerin oder eines Künstlers, einer Schriftstellerin oder eines Schriftstellers, einer Philosophin oder eines Philosophen, das eine Zuschreibung möglich oder nicht möglich macht?

Damit ist die hier problematisierte Formulierung keineswegs erschöpfend hinterfragt, zumal nicht in ihrem zweiten Bestandteil: der »deutschen Kultur«. Es war lediglich die Absicht, darauf zu verweisen, wie wenig manche der Formulierungen durchdacht sind, die heutzutage vielfach benutzt werden.

Anmerkungen

1 Vgl. Die Grunewald-Rampe. Die Deportation der Berliner Juden. Begleitmaterial zum Schulfernsehen. Hrsg. vom Zentrum für audiovisuelle Medien. Landesbildstelle Berlin. Berlin: Edition Colloquium, 1993, S. 166/167 (s. S. 64 in dieser Publikation).

2 Hierzu darf eine in den Schulen (zurecht) häufig gelesene Lektüre als Beispiel gelten, und zwar Carl Zuckmayers »Der Hauptmann von Köpenick«. Der Autor formuliert beispielsweise in einer Regieanweisung, die das Äußere von Adolf Wormser, den Besitzer des Uniformladens in Potsdam, betrifft: »Er ist rundlich, rosig, graublond, mit nur geringen jüdischen Rassemerkmalen«. (1. Akt, 1. Szene) – Eine andere Art an Klärungsbedarf ergibt sich in Zusammenhang mit diskriminierenden Äußerungen der Figuren über Juden, z.B. Jellinek: »Nich so fett wie sonst bei Juden?« (1. Akt, 3. Szene) (Siehe auch den folgenden Exkurs: Die Ostjuden. – Oder: Wie kam der »Krakauer« in die Grenadierstraße?)

3 Monika Richarz: Jüdisches Leben in Deutschland. Dritter Band: Selbstzeugnisse zur Sozialgeschichte 1918-1945. Stuttgart 1982

4 Hazel Rosenstrauch (Hg.): Aus Nachbarn wurden Juden. Ausgrenzung und Selbstbehauptung 1933-1942. Berlin: Transit-Buchverlag, 1988, S. 11-17. Der Text hat hier die Überschrift »Vielfalt und Gemeinschaft«.

5 Vgl. Wolfgang Wippermann: Geschichte der deutschen Juden. Darstellung und Dokumente. Hrsg. vom BIL (s. S. 79), S. 64 ff., hier insbesondere S. 67.

6 Hierzu Inge Blank: »... nirgends eine Heimat, aber Gräber auf jedem Friedhof«: Ostjuden in Kaiserreich und Weimarer Republik. In: Klaus Bade (Hg.): Deutsche im Ausland – Fremde in Deutschland. Migration in Geschichte und Gegenwart. München: Beck, 1992, S. 324–332.

7 Hierzu insbesondere: Eike Geisel: Im Scheunenviertel. Bilder, Texte und Dokumente. Berlin: Severin und Siedler, 1981. Dieses beim Verlag vergriffene Buch ist nach wie vor im modernen Antiquariat zu finden.

8 Wippermann, a.a.O., S. 64.

Deutschsprachige Kinder- und Jugendliteratur und der Holocaust

Rüdiger Steinlein

Wer sich heute über den Stand der Kinder- und Jugendliteratur zum Thema Drittes Reich/ NS informieren will, der sieht sich nicht nur einer unübersehbaren Fülle einschlägiger Titel gegenüber, sondern kann sich zugleich auch auf Handreichungen und kommentierte Auswahlverzeichnisse stützen, die den Weg durch das Labyrinth bedeutend erleichtern, zumal für Lehrer und Lehrerinnen auf der Suche nach geeigneten Lesestoffen zum Thema[1]. Das Thema selbst ist, wie ein Blick auf die aktuellen politischen Auseinandersetzungen – handle es sich nun um Rechtsradikalismus in der Bundesrepublik oder um die Frage einer zentralen Gedenkstätte für die Opfer des Holocaust – zeigt, von ungebrochener Aktualität. Davon zeugen nicht zuletzt die einschlägigen Neuerscheinungen, die gerade in der Literatur für Kinder und Jugendliche zahlreich zu beobachten sind und im Hinblick auf den Gesamtumfang, den das Corpus von Texten der Kinder- und Jugendliteratur zu diesem Thema erreicht hat, einen gewissen Orientierungsbedarf gerade für nicht mit diesen Texten und ihren Problemen vertraute Pädagoginnen und Pädagogen entstehen lassen, wenn es um die Frage geht, nach welchen Gesichtspunkten zum Beispiel eine Auswahl geeigneter Lektüreangebote für den Unterricht erfolgen sollte.

Die imposante Zahl von mittlerweile über 1000 einschlägigen Titeln, die von 1945 bis heute in der BRD, Österreich, der Schweiz und der DDR erschienen sind und die der Kinder- und Jugendliteratur zugerechnet werden können (davon gut zwei Drittel erzählende Literatur einschließlich Überlebendenberichten etc.) und an deren Zustandekommen die SBZ/ DDR des ersten Nachkriegsvierteljahrhunderts von 1946 bis 1970 mit ca. 225 gegenüber ca. 125 Titeln im Westen einen überproportionalen Anteil hat, belegt einerseits die Aufmerksamkeit, die diesem Themenbereich im Lauf der Jahrzehnte zugewachsen ist, macht andererseits aber auch deutlich, daß für den verantwortlichen Umgang mit den entsprechenden Texten Einblicke in die Entwicklung und die Besonderheiten dieses Spezialbereiches zeitgeschichtserzählender Kinder- und Jugendliteratur nötig sind.

Die Jahre 1970 bis 1979 bringen einen Gleichstand zwischen DDR und BRD. In beiden deutschen Staaten werden jeweils etwa 110 Titel zum Thema für junge Leserinnen und Leser veröffentlicht. In der BRD spricht man auch von der »Hitlerwelle«, als deren Begleiterscheinung auch die erhöhte Titelzahl im Bereich der Kinder- und Jugendliteratur zu sehen ist.

Signifikant ist dann der Sprung in den 80er Jahren, der hauptsächlich auf die überproportional-boomartig wachsende Titelzahl in der Bundesrepublik zurückzuführen ist. Sie schnellt noch einmal auf ca. 330 hoch. Das gehört nicht zuletzt auch zu den Folgen der Ausstrahlung der Holocaust-Serie in der Bundesrepublik 1979/ 80. Im letzten Jahrzehnt der Existenz der DDR geht die Zahl einschlägiger Titel in dieser ihrer ursprünglichen kinder- und jugendliterarischen Domäne leicht auf knapp 90 zurück. In den Jahren seit 1990 sind bis jetzt bereits an die 200 einschlägige Titel bzw. Neu- und Taschenbuchausgaben älterer Titel erschienen. Die genannten Zahlen sagen nichts über inhaltliche Schwerpunkte aus und lassen daher auch keinerlei Rückschlüsse auf die literarische oder »Aufklärungsqualität«, auf den Bewußtseinsstand dieser Texte zu. So erweist sich zum Beispiel bei kritischer Würdigung der einschlägigen bundesrepublikanischen Kinder- und Jugendliteratur zum Thema Drittes Reich/ Nationalsozialismus der späten 40er und der 50er Jahre, daß es sich hier mehrheitlich um »wehleidige [...] Flüchtlings- und Vertreibungsgeschichten«[2] handelt, deren Beitrag zu einer kritischen »Aufarbeitung der Vergangenheit« gleich null bzw. hierfür kontraproduktiv ist. Zu dieser Gattung sind zwischen 40 und 50 Titel, das heißt 75% bis 90% der bundesdeutschen Gesamtproduktion dieses Zeitraums zu rechnen! Beispielsweise die Bücher von Margot Benary-Isbert *Die Arche Noah* (1948); Herbert Alexander *Einer von jenen* (1950); Hans Wilhelm Smolik *Ein Mädchen allein* (1950) oder Karl Hochmuth *In der Taiga gefangen* (1954)[3]. Das bedeutet natürlich auf der anderen Seite, daß diese Literatur mentalitätsgeschichtlich von großem Interesse ist, spiegeln sich doch in ihrer Motiv- und Themenwahl Bewußtseinsstand und Idiosynkrasien der bundesdeutschen Öffentlichkeit bezüglich des peinvoll-peinlichen Themas Drittes Reich/ Nationalsozialismus recht bezeichnend wider! Man kann auch sagen, daß die entsprechende Kinder- und Jugendliteratur einen auf ihre Weise höchst signifikanten Gradmesser für den jeweiligen Zustand des Projektes »Aufarbeitung der Vergangenheit« bildet.

Lisa Tetzners verdrängte kinderliterarische Pioniertat

Eine Sonder- und Vorreiterrolle bei der kinderliterarischen Aufarbeitung der Vergangenheit nimmt die neunbändige Romanfolge *Die Kinder aus Nr. 67* – die sogenannte *Kinderodyssee* der nach 1933 endgültig ins Schweizer Exil getriebenen Kinderbuchautorin Lisa Tetzner (1894–1963) – ein. Sie entstand bereits in den 30er und 40er Jahren und lag schon in den ersten Nachkriegsjahren vollständig vor. Der letzte Band *Der neue Bund* wurde 1949 veröffentlicht, wiewohl Tetzner das Manuskript bereits um 1943 an ihren Verleger geschickt hatte. Das öffentliche Interesse an diesem Werk, das den Nationalsozialismus mit seinen Schrecken anhand der Schicksale einiger Berliner Kinder vom Anfang (beginnend mit der Situation im Gefolge der Weltwirtschaftskrise um 1930) bis zum Ende und darüber hinaus bis zum Neuanfang der ersten Nachkriegsjahre schildert, war in West wie Ost lange Zeit aufgrund jeweils unterschiedlicher politischer Vorbehalte gering. Tetzners Kinderromanzyklus paßte hüben wie drüben nicht ins weltanschauliche Raster. In der Bundesrepublik der Adenauer-Ära galten die Erzählungen der deutschen Emigrantin als zu »politisch«, wohl auch zu realistisch, was die Ausschnitte aus der jüngsten Vergangenheit betraf. Typisch für die Ablehnung ist die Argumentation einer jungen Bibliothekarin gegenüber Lisa Tetzner 1949.

> »Sehen Sie [...] ich habe die letzten drei Bände ihrer Kinderodyssee beiseite getan, weil sie uns zu stark an unsere Vergangenheit erinnern und uns unsere Fehler zeigen. Wozu sie ans Licht zerren? Wir wissen's ja selber«.[4]

Die Rezeption in der DDR war ähnlich behindert. 1949 erscheinen zwar die ersten fünf Bände der Kinderodyssee im parteieigenen Sachsenverlag Dresden (die Autorin genießt wegen sowjetfreundlicher Darstellungstendenzen in ihrem ersten Kinderbuch *Hans Urian* [1929] noch gewisse Sympathien im sozialistischen Lager). Allerdings fällt sie dann wegen angeblich zu pro-amerikanischer Textstellen in *Mirjam in Amerika* bei maßgeblichen Kulturfunktionären in Ungnade. Zudem weigert sie sich, diese Textstellen zu verändern oder zu streichen und zusätzlich ein rußlandfreundliches Vorwort zu verfassen. Sie betont, daß sie nicht bereit ist, sich in einem ihrer Bücher einer bestimmten Ideologie unterzuordnen, da sie und ihr Verleger »alle totalitären Ansprüche als geistige Terrormethoden ablehnen«[5].

Das hat zur Folge, daß in der amerikanischen Besatzungszone der *Hans Urian* »wegen seines explizit positiven Rußlandbildes verboten wird und im Osten die bis dahin so außerordentlich erfolgreiche Kinderodyssee mit ihren Bänden 1 bis 5 dem Lesepublikum nicht lange erhalten bleibt. Wegen der angeblichen ›amerikanischen Propaganda‹ wird in der DDR nicht nur die Druckerlaubnis für sämtliche Folgebände entzogen, auch die Bibliotheksbestände der ersten Bände werden nicht erneuert«[6]. Das Vorhandene ist dann um 1960 in der Regel derart verschlissen, daß es aus dem Ausleihbestand genommen werden muß. In der DDR kommt es nicht mehr zu einer Tetzner-Renaissance.

Noch 1976 unterlag die Autorin hier dem Verdikt, »ganz im Kleinbürgerlich-Konventionellen befangen, das Bild der zeitgeschichtlichen Realität [zu] verzerren«[7].

Aber auch in der Bundesrepublik nehmen *Die Kinder aus Nr. 67* erst in den 80er Jahren mit dem Erscheinen der Taschenbuchausgabe bei dtv sowie der Verfilmung des Anfangs der Geschichte den ihnen gebührenden Platz ein.[8]

Die Judenverfolgung als Hauptthema kinderliterarischer »Wiedergutmachung«

Die ersten im Sinne kritischer Forderungen beachtenswerten Titel der Kinder- und Jugendliteratur zur Faschismusproblematik erscheinen in der alten BRD seit der Mitte der 50er Jahre und dann verstärkt ab 1960. Dies dürfte seine Ursache in der moralischen Betroffenheit und in dem Bewußtsein haben, sich angesichts eines nach wie vor vorhandenen »postnazistischen« (Antonia Grunenberg) Potentials (Hakenkreuzschmierereien, Synagogenschändung in Köln, davor bereits der Ulmer Einsatzgruppenprozeß 1958: in ihm kamen die unvorstellbaren Brutalitäten von SS und Sonderpolizeieinheiten gegenüber den litauischen Juden an die schockierte Öffentlichkeit)[9] das Dritte Reich entschieden als Unrechtssystem zu vergegenwärtigen.

Das Thema, womit nunmehr die Tür zu dieser Problematik zumindest einen Spalt breit geöffnet wurde, war in der Bundesrepublik hauptsächlich die Judenverfolgung. Eingeführt worden war gerade dieser schlimmste Aspekt des Nationalsozialismus durch die Betroffenheit, die das Erscheinen des *Tagebuch der Anne Frank* (1950) und v.a. die Dramatisierung dieses Werkes Mitte der 50er Jahre ausgelöst hatte. Die auffällige Häufung einschlägiger Titel in diesen Jahren ist angesichts der geringen Konjunktur zeitgeschichtlicher Themen in der Kinder- und Jugendliteratur sicherlich als Ausdruck des Willens zu verstehen, den peinlichen und beschämenden Zeichen der Zeit etwas entgegenzusetzen. Andererseits erwiesen sich viele dieser Texte, zum Beispiel Alfred Müller *Die Verfolgten* (1959), Wilhelm Gronemann *Geheime Freundschaft* (1960), Nikolai v. Michalewsky *Und alle gingen vorüber* (1961) oder Helga Strätling-Tölle *Jeanette Leon. Das Mädchen mit dem Stern* (1961) – zumal aus der Distanz betrachtet – unverkennbar als Zeugnisse eines letztlich doch hilflos-moralisierenden Umgangs mit der jüngsten Zeitgeschichte. Für die meisten der Autoren und Autorinnen, die damals mit Büchern zu diesem Thema hervortraten, scheint dessen Berücksichtigung nur um den Preis beruhigender Handlungsführung, der Auflösung der Bedrohung in ein happy-end, möglich zu sein; was im Fall der Holocaustthematik natürlich zu Verzerrungen des Bildes führt. Damit markieren diese Texte zugleich die Grenze dessen, was damals an Problemdarstellung geleistet bzw. dem jugendlichen Lesepublikum und v.a. seinen pädagogischen Mandataren in Deutschland zugemutet werden konnte.

Was das lange Ausbleiben »einigermaßen akzeptable[r] Darstellungen zum Faschismus/ Nationalsozialismus« betrifft, das Malte Dahrendorf gerade »in der westdeutschen Kinder- und Jugendliteratur«[10] zu Recht als sehr bezeichnend ansieht, so gehen die Meinungen darüber, ob das überhaupt als Verlust anzusehen sei, mittlerweile auseinander.[11]

Stephan Hermlin und Erich Kästner – zwei Vorkämpfer für die kinder- und jugendliterarische Berücksichtigung des NS

Im Gegensatz zur Kinder- und Jugendliteratur der alten Bundesrepublik ist der Nationalsozialismus in der DDR von Anfang an ein bevorzugtes, offiziell gefördertes und gefordertes kinder- und jugendliterarisches Sujet, allerdings mit besonderen Schwerpunkten und Zielsetzungen. Man kann sagen, daß sich beide deutsche Kinderliteraturen auf diesem Gebiet komplementär bzw. spiegelverkehrt zueinander verhalten: Was die eine lange Zeit vernachlässigt und unterschlägt (z.B. die BRD die politische Verfolgung der Linken und den Arbeiter-, speziell den kommunistischen Widerstand, die Leiden und Opfer der überfallenen UdSSR bzw. die DDR etwa die Judenverfolgung), das thematisiert um so mehr die andere.

Aufschlußreich für die Unterschiede, aber auch die untergründigen Korrespondenzen, welche die Berücksichtigung des Themas in Ost und West ursprünglich bestimmten, sind Zeitpunkt und Argumentation zweier Vorworte von zwei prominenten deutschen Autoren: Stephan Hermlin und Erich Kästner. Hermlins Text bildet die Einleitung zu seinem Buch *Die erste Reihe*, einer erstmals 1951 im Verlag Neues Leben, Berlin/ DDR (1946 als Verlag der FDJ gegründet) publizierten Sammlung von Porträts aus dem Jugendwiderstand gegen den Nationalsozialismus. Kästners Text findet sich 1962 – also gut zehn Jahre später – als Geleitwort zur deutschen Ausgabe von Clara Ascher-Pinkhofs *Sternkinder* (1946). Bei letzterem Werk handelt es sich um den ersten relevanten kinderliterarischen Versuch, den Holocaust zu vergegenwärtigen. Er war 1961 mit einer bezeichnenden Verspätung von 15 Jahren aus dem Niederländischen übersetzt worden und ein Jahr später nach erheblichen Auseinandersetzungen in der Jury sogar mit dem deutschen Jugendbuchpreis ausgezeichnet worden.

Hermlin erinnert an die jüngste Vergangenheit als

> »an den schrecklichsten, blutigsten, demütigendsten [...] Geschichtsabschnitt, den wir alle als Beteiligte erlebt haben, von dem jeder spricht, aber von dem dennoch vieles Wichtige nicht gesagt wurde. Das deutsche Volk, das an der Machtergreifung Hitlers und an seinen Massakern beteiligt war, war auch an dem unaufhörlichen, offenen und verborgenen, leidvollen und stolzerweckenden Kampf gegen Hitler und jene, die ihn gerufen hatten, und ihrem schändlichen Krieg beteiligt. Allzu wenig ist bisher über diesen Kampf gesprochen worden. Er ist ein wichtiges Stück unserer Geschichte, er ist jener Teil der Geschichte, den ein Volk zum Leben braucht [...] Festgestellt sei nur, daß dieser Kampf in der Sphäre des Atlantikpaktes und der faschistischen Renaissance von Opportunisten, fingerfertigen Memoirenschreibern, militärischen Metaphysikern, Rettern des Abendlandes in allen Schattierungen verfälscht werden konnte, sofern er von den Verrätern an den Interessen Deutschlands nicht einfach bereits wieder Verrat genannt werden darf. Auch die Jugend der Deutschen Demokratischen Republik berührt dies, weil es Deutschland berührt. Diese Arbeit spricht von deutscher Jugend, die gegen Hitler und den Krieg kämpfte. Daß es diese Jugend gab, ist nicht nur bedeutsam für die deutsche Jugend in unseren Tagen, sondern auch für die Jugend aller anderen Länder«.[12]

Das (volks)pädagogische Motiv der Aufklärung, des Bewußtmachens und der identitätsstiftenden Erinnerung im Medium der Darstellung des antifaschistischen Widerstandskampfes ist für Hermlin entscheidend. In einer jugendliterarischen Veröffentlichung der BRD dieser Jahre wäre eine derartige Stellungnahme undenkbar gewesen; und zwar auch ohne die eindeutige Stoßrichtung des ganzen Unternehmens auch gegen jene Kräfte, die (von) jenseits des »eisernen Vorhangs« wirkten und gemäß DDR-Verständnis die Kontinuität des Faschismus im anderen deutschen Staat sinnfällig repräsentierten.

Für Kästner stellt sich in der BRD ein Jahrzehnt später die Sache ebenfalls unter dem Gesichtspunkt Aufklärung der jungen Generation über den Nationalsozialismus dar; allerdings einer sträflich vernachlässigten bzw. unterbliebenen, durch Politik und Zeitgeist im eigenen

Lande behinderten, die nunmehr dringend gefördert werden müsse: bezeichnenderweise gerade über ein Kinderbuch, das die Judenverfolgung und -vernichtung als schändlichsten Teil des Naziterrors zum Gegenstand hat. Zugleich betont Kästner den Aspekt der deutschen Schuld, was wiederum in einem Kinderbuch der DDR nicht möglich gewesen wäre (da gab es nur die Schuld der »Faschisten«).

> »Diese Sternkinder sind so wichtig, so erschütternd und so schrecklich wie das *Tagebuch der Anne Frank*. Die Erwachsenen und die Halbwüchsigen müssen es lesen. Da hilft keine Ausrede [...] Und auch die Schulkinder, wenigstens die älteren, sollten erfahren, wie damals Kindern mitgespielt wurde. Sie werden Fragen stellen und von Eltern und Lehrern Auskunft erwarten. Die Aufgabe ist schwer, aber unabwendbar. Den Abgrund der Vergangenheit zu verdecken, hieße den Weg in die Zukunft gefährden. Wer die Schuld aus jenen Jahren unterschlüge, wäre kein Patriot, sondern ein Defraudant. Wer aus der schuldlosen Jugend eine ahnungslose Jugend zu machen versuchte, der fügte neue Schuld zur alten«.[13]

Gleichzeitig dämmert in dieser Zeit in der BRD auch auf offizieller Seite die Einsicht, daß Versäumtes in Sachen politische Bildung und Aufklärung über die jüngste deutsche Vergangenheit unbedingt nachgeholt werden müsse. Entsprechende kultusministerielle Erlasse, den Geschichtsunterricht betreffend, sowie die Auslobung eines Sonderpreises zur Förderung des »politischen Jugendbuches« durch den damaligen Familienminister Wuermeling mit dem Schwerpunktthema »Der junge Mensch und seine Umwelt« (1959) zeugen davon.

Ein fragwürdiger kinderliterarischer »Klassiker« der Judenverfolgungsproblematik

Ebenfalls 1961 (d.h. zeitgleich mit der deutschen Übersetzung der *Sternkinder*) und sicherlich nicht ohne Verbindung zu dem weltweites Aufsehen erregenden Jerusalemer Eichmann-Prozeß erscheint Hans Peter Richters westdeutscher Kinderbuchklassiker zum Thema Judenverfolgung *Damals war es Friedrich*. Diese nüchterne Episodenerzählung von der Ausgrenzung und Vernichtung der deutschen Juden unter den Augen und mit Duldung oder sogar aktiver Teilnahme ihrer deutschen Mitbürger ist bis heute empfohlene Schullektüre. Wie die israelische Literaturwissenschaftlerin Zohar Shavit nachgewiesen hat, enthält aber auch dieses jugendliterarische Grundwerk zur jüngsten deutschen Vergangenheit – ganz gegen seine gute Absicht – einige nicht unbedenkliche antisemitische Klischees! Zum Beispiel die ursprüngliche Besserstellung der jüdischen Familie Schneider, die dem Vorurteil Nahrung gibt, deutschen Juden sei es in Deutschland selbst in den schlimmsten Zeiten der Massenarbeitslosigkeit einfach besser als ihren deutschen Mitbürgern gegangen, sie seien »reicher« gewesen.[14]
Die entsprechenden Titel aus der BRD der späten 50er und v.a. frühen 60er Jahre lassen – von wenigen Ausnahmen abgesehen – den Schluß zu, daß wir es hier mit kinder- und jugendliterarischen Aufarbeitungsversuchen zu tun haben, die man als »Wiedergutmachungsliteratur« bezeichnen könnte. Sie erscheinen zugleich bemüht darum, moralischen Abscheu vor den Naziunmenschen zu erzeugen, das entsetzliche Unrecht zu brandmarken, aber auch die Entlastung der anständigen, guten Deutschen zu betreiben; und die figurieren als Mehrheit. Das kann so weit gehen, daß der Eindruck entsteht, die Nazis wären die eigentlichen Außenseiter im Lande gewesen: sind sie doch in der Darstellungsperspektive dieser Jugendbücher von vornherein moralisch gerichtet und erscheinen als isolierte Outcasts, zum Beispiel in *Die Verfolgten* (1959) – Untertitel »Eine Jungengeschichte aus der Zeit, in der das Unrecht regierte« –, in *Geheime Freundschaft* oder in *Jeanette Leon*.

Antifaschistischer Widerstandskampf als verpflichtendes Modell

Fred Rodrian, der langjährige Leiter des renommierten *Kinderbuchverlages* der DDR, nennt 1969 »die Gestaltung des antifaschistischen Widerstandskampfes eines der beiden die Kinderliteratur [sc. der DDR] beherrschenden Hauptthemen«[15]. Alle anderen Bereiche der NS-Realität (einschließlich des Holocaust!) sind ihm als dessen Nebenaspekte untergeordnet, Kinder- und Jugendliteratur zu Themen aus den Jahren 1933 bis 1945 ist in der DDR (bis in die 70er Jahre hinein und z.T. auch länger) eo ipso antifaschistische Widerstandsliteratur. Das bedeutete speziell für die verfolgten und ermordeten europäischen Juden, daß sie im öffentlichen Bewußtsein Opfer des Nationalsozialismus wie andere auch waren. Als solche sollten sie zwar »in der DDR zu ihrem historischen Recht kommen«, wurden dabei allerdings »die längste Zeit unter einem einseitigen Widerstandsbegriff gefaßt, der [...] [ihre] spezifische Tragik [...] verdrängte« und sie überdies vor politisch motivierter Ausgrenzung und antisemitischer Anfeindung keineswegs schützte.[16] Eine deutlich »entideologisierte« Sicht- und Darstellungweise kann sich hier erst relativ spät – in den 70er Jahren – zur Geltung bringen, und zwar in dem Maße, wie es möglich wird, ein weniger heroisierendes, nicht allein auf den Primat des antifaschistischen Widerstandes verpflichtetes, reduziertes Bild vom Alltag im NS zu zeichnen (etwa in der von Hansgeorg Meyer herausgegebenen Sammlung *Ebereschentage* (1977). Diese Entwicklung fand ihren wesentlichen Ausdruck in einem literarischen Ereignis wie Christa Wolfs Roman *Kindheitsmuster* (1976) und seinem tabuverletzenden Aufdecken auch der Verstrickung der Aufbaugeneration der DDR in den Nationalsozialismus, ihre tiefe Prägung durch ihn.

Aufs ganze gesehen gleicht sich das Figurenarsenal in beiden deutschen Kinderliteraturen in überraschender Weise: Die Literatur der DDR verfährt – wenn auch unter anderen Vorzeichen – bei der Figuren- und Konfliktgestaltung oft genauso schematisch wie die der BRD. Beide sind lange Zeit stark geprägt von einem geradezu manichäischen Gut-Böse-Gegensatz. So begegnet überall das Stereotyp des schurkischen Nazi oder feigen Arbeiterverräters, auf den sich alles Böse projizieren läßt – oft verkörpert durch eine fanatisch-verbiesterte Lehrerfigur: die Nazi-Studienräte Päker (Corrinth *Die Sache mit Päker.* 1956/ DDR), Bock (Gronemann *Geheime Freundschaft*) oder Rektor Jähde (Ossowski *Stern ohne Himmel.* 1978). Gegenbildlich dazu steht der kommunistische Widerstandskämpfer und Genosse »ohne Furcht und Tadel« – in Wera und Claus Küchenmeisters *Sie nannten ihn Amigo* (1966) trägt er den vielbezüglich sprechenden Namen Meister.

Für die Kinder- und Jugendliteratur der DDR kann – in Abwandlung des berühmt geworden Sartre-Wortes – gelten: Die Faschisten, das sind die anderen: nämlich die nach 1945 in der BRD Verbliebenen. Für die BRD wäre das dahingehend abzuwandeln: Nazis, das sind die verbrecherischen Außenseiter im damaligen Deutschland (also ebenfalls eine abspaltbare Gruppe von wesensfremd »anderen«).

Die alles überragende Bedeutung, die der Darstellung des antifaschistischen Widerstandes in der DDR zukam, wobei der NS/ Faschismus wie gemäß einem säkularisierten sozialistischen Heilsplan von vornherein als besiegt und gerichtet dasteht, wird einmal mehr deutlich, wenn man sich klarmacht, daß er nicht nur ein Thema (unter anderen) war, sondern das grundlegende identitätsstiftende Konzept bildete. Für die Kinder- und Jugendliteratur der DDR heißt das auch: Die Vergegenwärtigung des antifaschistischen Widerstandes ist in einen umfassenden Rezeptionskontext, in einen engen Zusammenhang von Staatsdoktrin, schulischer Unterweisung und Beeinflussung durch sozialisatorische Instanzen aller Art eingebettet.

So spielen in der organisierten bzw. angeleiteten Rezeption (etwa in der Schule als Klassenlektüre) einige dieser Titel in der DDR eine erhebliche Rolle (Apitz *Nackt unter Wölfen*, Noll *Die Abenteuer des Werner Holt*, Beseler *Käuzchenkuhle*, Neumann *Das Mädchen hieß Gesine*, Küchenmeister *Sie nannten ihn Amigo* oder Zimmering *Die Jagd nach dem Stiefel*). Dem entspricht in der BRD lange Zeit nichts. Erst später avanciert Richters *Damals war es Friedrich* zum Leseklassiker in der Sekundarstufe I – analog zu den genannten DDR-Titeln.

Entideologisierung – die 70er und 80er Jahre

Die Funktion und Qualität auch der Kinder- und Jugendliteratur zum Problemfeld NS/ Drittes Reich hat sich im Lauf der Jahrzehnte geändert: vom Typus der bürgerlichen bzw. proletarischen »moralischen Beispielsgeschichte« zu einem Medium kritischer, aufklärender und humanisierend-sensibilisierender Auseinandersetzung mit der jüngsten Vergangenheit.

Für die Bundesrepublik bildet die Wende von den 60er zu den 70er Jahren einen entscheidenden Einschnitt: Die Eltern- und/ als Tätergeneration, die zugleich (noch) die Generation der politischen, ökonomischen usf. Repräsentanten der BRD war und die sich so lange in »kommunikativem Schweigen« (Lübbe) über den Nationalsozialismus, seine Untaten, die eigene Verstrickung, das Wissen oder Nichtwissen darüber geübt hatte, sah sich plötzlich heftigen, unbequem kritischen Nachfragen nach ihrer Rolle im, ihrem Verhältnis zum Dritten Reich ausgesetzt. Horst Burgers nach wie vor lesenswerter Versuch *Warum warst du in der Hitlerjugend? Vier Fragen an meinen Vater* (1976) ist eines der charakteristischsten jugendliterarischen Dokumente dieser Einstellungsänderung.

Autoren und Autorinnen der Kinder- und Jugendliteratur entwerfen nun differenziertere Bilder des Lebens im Nationalsozialismus und bemühen sich um eine komplexere Darstellung der Zusammenhänge als bis in die 60er Jahre üblich. Sie muten ihren jungen Leserinnen und Lesern auch widersprüchliche Sicht- und Erlebnisweisen zu, wie überhaupt die Vergegenwärtigung des NS die Kinder- und Jugendliteratur unter den Zwang setzte, die so lange unangefochtene Heile-Welt-Darstellungskonvention zu verabschieden.

Die moralischen Saubermänner in Pimpfen- und HJ-Uniformen weichen weniger idealen Kreationen wie etwa Christine Nöstlingers Ich-Erzählerin in *Maikäfer flieg!* (1973). Berichte von Jugendlichen aus der Nation der Täter über ihr damaliges Erleben kommen vermehrt heraus; zum Beispiel Sybil Gräfin Schönfeldts *Sonderappell. 1945 – Ein Mädchen berichtet* (1979), Hans Peter Richters *Die Zeit der jungen Soldaten* (1980) oder Dietrich Seifferts *Einer war Kesselbach. Ein Jungenroman* (1980).

In der DDR lassen sich ähnliche Entwicklungen beobachten; der Typus des Jungenabenteuer- und Entwicklungsbuches erweist sich zwar als insgesamt sehr tragfähig, erfährt aber Differenzierungen des Grundschemas etwa von Werner Heiduczeks *Matthes* (1962) bis zu Karl Neumanns *Tilos abenteuerliche Wege* (1985) oder Klaus Beuchlers *Huckleberrys letzter Sommer* (1987).

Auch das Thema Judenverfolgung/Holocaust, das in mancher Hinsicht als Prüfstein für die Kinder- und Jugendliteratur zum Thema Nationalsozialismus/Drittes Reich gelten kann, wird von den DDR-Autoren *als solches* (und nicht lediglich als Nebenaspekt des antifaschistischen Widerstandes) in den 80er Jahren mit Beiträgen von Peter Abraham (*Fünkchen lebt,* 1988), Martin Selber (*Hanna und Elisabeth,* 1981) und – besonders eindrucksvoll – Bodo Schulenburg (*Markus und der Golem,* 1987) entdeckt; u.a. erscheint nun auch mit über 40jähriger Verzögerung eine Lizenzausgabe der *Sternkinder* (1989)! Hervorzuheben sind aus der jüngeren Produktion nicht zuletzt Klaus Kordons jugendliterarische Beiträge zum Thema (*Ein Trümmersommer,* 1982; *Hände hoch, Tschibaba,* 1985; sowie die *Wendepunkte*-Trilogie, 1984–1993). Im letztgenannten – voluminösen – Werk macht sich Kordon die Möglichkeiten des antifaschistischen Romans der Erwachsenenliteratur (etwa Anna Seghers' *Die Toten bleiben jung,* 1949) zunutze und entwickelt daraus ein für die Kinder- und Jugendliteratur ungewöhnlich figurenreiches und komplex-panoramatisches Erzählmodell. Hier handelt es sich um veritable zeitgeschichtliche (Familien-)Romane für junge (aber durchaus auch erwachsene) Leser.

Veränderte Rezeptionsvoraussetzungen in den 90er Jahren

Wie stellen sich Intention und Beschaffenheit des kinder- und jugendliterarischen Holocaustdiskurses in den 90er Jahren dar, nachdem einige Aufmerksamkeitsschübe durch Deutschland gegangen sind?

Die Wissens- und damit auch die Rezeptionsvoraussetzungen in bezug auf das Thema Judenverfolgung/Holocaust haben sich gerade auch unter Kindern und Jugendlichen seit 1960 – dem Beginn der bundesrepublikanischen Bemühungen um Aufklärung in diesem Bereich – erheblich gewandelt. Wo zunächst entweder tabula rasa oder auch tabula deformata (durch »wilden« Geschichtsunterricht in Gestalt von elter- oder großelterlichen Erzählungen gerade auf seiten der Tätergenation) herrschte, hat sich inzwischen ein – wie auch immer problematisches – »Wissen« etabliert, das sich zu nicht unerheblichen Teilen gerade einem audiovisuellen Holocaust-Diskurs verdankt. Das audiovisuelle Element ist dabei auch aus dem schulischen Geschichtsunterricht nicht mehr wegzudenken. Das will bedacht sein, wenn von den Rezeptionsvoraussetzungen für die entsprechende Kinder- und Jugendliteratur heute die Rede ist. Es existiert bei den jungen Rezipienten solcher Texte mittlerweile ein zeichenbestimmtes Vor-Wissen von der Sache. Als Signifikanten fungieren etwa: Synagogenbrand, Judenstern, Ghetto, Deportation, Eisenbahnschienen/Schienenstränge, Viehwaggon, Lager/Lagertor, Rampe, Selektion, Gaskammer, abgeschnittene Haare, Schuh- und Leichenberge, Verbrennungsöfen, Schornsteine u.ä.m., was durch die einschlägigen filmischen wie fotografischen Dokumentarmaterialien und die audiovisuellen Realinszenierungen transportiert und im kulturellen Geschichts-Bilder-Bewußtsein abgelagert wurde. Erzählungen für junge Leser, die ihre Handlung und ihr Personal in diesem Zusammenhang ansiedeln, müssen es sich nicht mehr in erster Linie angelegen sein lassen, Aufklärung über die basalen Fakten des Holocaust in seiner ganzen Breite zu betreiben, sondern können (oder müssen) andere Ziele verfolgen, dabei aber in Rechnung stellen, daß heutzutage in jedem Fall bestimmte Bilder und Vorstellungen in den Köpfen der Rezipienten vorhanden sind – und zwar zumal von der Sphäre der endgültigen Vernichtung, von den Todeslagern.

Ein anspruchsvoller jugendliterarischer Versuch

Gerade in dieser Sphäre sucht einer der ambitioniertesten jugendliterarischen Versuche der letzten Jahre zum Thema Holocaust seinen Fluchtpunkt. Zu den ambitioniertesten deutschsprachigen Texten muß er allein schon deswegen gezählt werden, weil er mit der stillschweigenden kinder- und jugendliterarischen Konvention bricht, den Holocaust im engeren Wortsinn von Ermordung/Vernichtung der europäischen Juden in den »Todesfabriken« nur indirekt bzw. andeutend aufzurufen, anstatt ihn zum zentralen Erzählgegenstand zu machen. Es handelt sich bei diesem Text um Gudrun Pausewangs Katastrophenroman *Reise im August* (1992), der mit der zwölfjährigen Alice Dubsky als Zentralfigur[17] die Deportation einer Gruppe (hessischer?) Juden im Viehwaggon nach Auschwitz-Birkenau erzählt (mit vielen Rückgriffen in die Vorgeschichte dieser Katastrophe seit 1933); eine »Reise«, die für alle in der Gaskammer endet, wohin sie vom Erzähler – für Jugendliteratur zum Thema unerhört und hart am Rande des Bruchs des hier noch gültigen Tabus – auch tatsächlich begleitet werden:

> »Im Duschraum drängten sich die Körper der nackten Frauen und Kinder zusammen. Alice sah sie durch die offene Tür. Noch bevor sie selbst im Raum war, begriff sie, daß es zum Duschen sehr eng werden würde [...] ›Ob die paar Brausen für so viele ausreichen werden?‹ hörte sie Ruth fragen. Dann wurde sie von denen, die nach ihnen kamen, in den Raum hineingeschoben. Alice warf einen Blick auf die Decke. Da waren wirklich nicht viele Brausen zu sehen – längst nicht genug für so viele Menschen. Aber vielleicht spritzten sie nach allen Seiten und regneten breit herab? [...] Jetzt öffnete sich quietschend eine andere Tür als die,

durch die sie den Duschraum betreten hatte. Herein drängte eine Schar nackter Männer. Ihnen folgten ein paar gestreifte und ein Uniformierter, die neben der Tür stehenblieben. Erschrocken wichen die Frauen zurück. Es wurde noch enger im Raum [...] Sie sah, wie [...] der Uniformierte und die Gestreiften den Raum verließen. Die schwere eiserne Tür fiel ins Schloß. Alice legte den Kopf in den Nacken. Gleich, gleich würde sich nun Wasser aus der Brause dort oben über sie ergießen. Wasser des Lebens. Es würde sie säubern von dem Schmutz und dem Grauen der Reise, würde sie wieder so rein machen, wie sie vorher gewesen war. Sie hob die Arme und öffnete die Hände.«[18]

Das sind die Schlußsätze der Erzählung, die ein für die Jugendliteratur bis dahin undenkbares Szenario entwerfen, das seinerseits natürlich bereits häufig Gegenstand z.B. filmischer Repräsentation war. Die Autorin spielt mit dem Widerspruch zwischen der positiven Erwartung der Heldin und dem Wissen der Leser, daß aus diesen Duschköpfen kein Wasser hervorströmen wird – stattdessen aus quadratischen Öffnungen in der Decke der Körnchenstrom des tödlichen Zyklon B.[19]
Pausewangs Holocausterzählung entwirft ein für die Autorin auch sonst nicht untypisches Katastrophenszenario[20], das jedoch hier über den gewissermaßen ikonischen Tabubruch hinaus[21] insofern einen neuen Akzent setzt, als diese Initiationsreise der kindlichen Heldin nicht nur im narrativ vergegenwärtigten Tötungsraum Gaskammer, sondern damit auch in der sicheren und endgültigen Vernichtung endet. Das hat es in dieser radikalen und kompromißlosen Form in der Kinder- und Jugendliteratur bisher nicht gegeben. Ein Stück Sinnhaftigkeit selbst solchen Sterbenmüssens blieb immer garantiert[22]. Entsprechend überwiegen die noch im Unglück sinnverheißenden und/oder zumindest moralisch befriedigenden Schlüsse, wobei es immer wieder der Phantasie der Leser überlassen wird, ob es zu einer positiven, rettenden Wendung kommen kann oder nicht (z.B. in A. Venemas *Esther und Thomas* u.a.).
Die Darstellung des innersten Kreises der Hölle, das Hinführen der jungen Leser bis in diesen letzten Tabubereich war nur mit der pädagogischen Intention individualisierender Veranschaulichung auch noch des Schrecklichsten im Dienste humanisierender, Zeugnis ablegender Erinnerung zu rechtfertigen, wie dies beispielhaft im Nachwort zu dem amerikanischen Holocaust-Roman *The Devil's Arithmetic* (dt. unter dem Titel *Chaja heißt Leben*, 1989) formuliert wird:

»Ein Roman kann das Unfaßbare nicht faßbar machen, aber er kann Zeugnis ablegen und dazu beitragen, die Erinnerung wachzuhalten. Ein Erzähler kann versuchen, dem Leser anhand einiger menschlicher Schicksale das Schicksal vom Millionen Menschen näherzubringen. Und kann daran erinnern, daß rings um die Schornsteine immer noch die Schwalben zwitschern.«[23]

Es geht hier nach wie vor um sinnstiftendes Erinnern, Eingedenken, Mitleiden- und Mitfühlen-Machen. Es kann mit guten Gründen angenommen werden, daß dies auch ein wesentlicher Schreibantrieb für Gudrun Pausewang war, obwohl die Autorin darauf verzichtet hat, ihrem Text eine programmatische Erklärung beizufügen. Die Frage ist, ob Pausewangs Holocaust- als Katastrophenerzählung eine neue wirkungsästhetische Emplotmentstrategie einführt bzw. verfolgt. Selbstverständlich schlägt auch *Reise im August* einen »moralischen Pakt« zwischen Text und Leser vor

Umschlagillustration von Gudrun Pausewangs Roman »Reise im August«

und betreibt dessen Zustandekommen.[24] Dieser Pakt impliziert nicht zuletzt auch Wirkungsabsichten, die meist über Identifikationsprozesse zwischen Lesern und Figuren im Text zum Tragen kommen sollen; hier also über das Einnehmen der Erlebnisperspektive der kindlichen Heldin Alice (die nicht in ein Wunderland gerät – es sei denn, man läse das mit bitterer Ironie). Was aber bewirkt solche Identifikation mit einer Heldin, die am Ende vernichtet wird? Trauer, Wut, schlechtes Gewissen darüber, nicht nur zu den Überlebenden zu gehören (das wäre eher eine Reaktion, die für überlebende Opfer und ihre Nachkommen vielfach bezeugt ist), sondern überdies noch zur Täternation? Soll, kann daraus ein Erkenntnis anstoßender Lektüreschock erfolgen? In jedem Fall wird die objektiv unheilschwangere Szene auf ihrem Höhepunkt, kurz vor dem Eintreten der denkbar schlimmsten Wendung (katastrophé) abgebrochen oder besser: wie eine filmische Schlußeinstellung eingefroren; es gibt keinen versöhnlichen, nicht einmal einen nachdenklich-resümierenden Ausblick (wie in Joseph Vilsmaiers ebenfalls katastrophisch endendem *Stalingrad*-Film – von *Schindlers Liste* und ihrer Apotheose des moralisch positiven Helden ganz zu schweigen).

Resümee

Der kinder- und jugendliterarische Beitrag zur »Bewältigungs«- und Gedächtniskultur[25] des Holocaust in Deutschland (wobei einige bezeichnende Unterschiede zwischen BRD und DDR zu bedenken sind) besteht also in erster Linie darin, den Nachkommen der Tätergeneration ein immer wieder erneuertes Bild von den Leiden der Opfer und ihrer Nachfahren (mittlerweile bis in die dritte Generation) wie der Rolle, die die Deutschen dabei gespielt haben, zu übermitteln: narrativ-fiktionale Mimesis der Verletzungen, der Traumatisierung durch soziale (letztlich »eliminatorische«) Praktiken der Ausgrenzung und Vernichtung und der Verstrickung von Angehörigen der Täternation. Authentizität besteht hier in der historiographischen oder auch biographischen Belegbarkeit des Erzählten; am glaubwürdigsten natürlich in den verschiedenen Formen von Überlebendenerzählungen, die bis heute einen quantitativ bedeutenden Anteil an der für Kinder und Jugendliche vorgesehenen Holocaustliteratur haben, selbst wenn sie ursprünglich gar nicht für dieses Publikum geschrieben wurden. Und noch etwas ist mit dieser Literatur, mit der von ihr betriebenen »Belletristifizierung« des Holocaust bzw. des Holocausterlebnisses und der Holocausterfahrung zwangsläufig verbunden: die Forderung nach Konsumierbarkeit, die mit Sicherheit beim Gros des jungen Lesepublikums ganz weit oben rangiert. Es muß auch diesen Texten gelingen, einen Leseanreiz zu schaffen und zu erhalten. Das Gewicht des Themas allein bewirkt – gerade in der Kinder- und Jugendliteratur – noch gar nichts, wie Jurek Becker so provokant wie zu Recht vermerkt hat. Auch die Holocaustthematik unterliegt im kinder- und jugendliterarischen Bereich dem wachsenden Konkurrenzdruck anderer und je nach Aktualität wechselnder Problemthemen wie Ausländerhaß/ Neonazismus, Drogen, Dritte Welt, Umwelt usw.[26]

Nur zögernd wendet sich die deutschsprachige Kinder- und Jugendliteratur den Problemen der Nachgeborenen des Holocaust zu (was z.B. in der entsprechenden israelischen schon lange der Fall ist). Zuletzt wird dieser Aspekt in dem Jugendroman von Hilde Lermann *Die Sache mit Armin* (1996) thematisiert, einer 1957 in München spielenden präadoleszenten Liebesgeschichte zwischen Hanni, der Tochter eines Münchener Studienrates (und ehemaligen Wehrmachtsangehörigen), und Armin, dem Sohn der jüdischen Künstler- und Bohèmefamilie Silbermann, die dem Holocaust zumindest teilweise entkommen ist. Auch dieser Text entwirft einen konkreten, in der Realität der frühen Bundesrepublik durchgängig verortbaren Handlungsraum, dessen Atmosphäre mit dem Bemühen um mimetische Authentizität herbeizitiert wird; darin eine Pubertätsgeschichte, in die der Holocaust seine Schatten wirft, abgewehrt durch den zum alltäglichen Ressentiment zurückgestutzten, hinter bemühter Pseudounvoreingenommenheit nur schlecht verdeckten Antisemitismus und eine mit ihm korrespondierende kleinbürgerlich-muffige Misogynie. Dieser vorläufig letzte Jugendroman mit Holocaustthematik praktiziert eine Form unterhaltend-engagierenden, durchaus ironisch perspektivierenden, persiflierenden Erzählens, das als solches gleich weit von den Mitleids- und Zeigefingerbüchern der 50er und 60er Jahre entfernt ist wie von den literarischen Experimenten im Diskurs der Postmoderne. Es verdankt sich weniger der Orientierung an den Erzählstandards der allgemeinen Holocaustliteratur, ist vielmehr genrespezifisch für den jugendliterarischen Adoleszenzroman, dessen Besonderheiten es für die Darstellung des nach wie vor schwierigen und belasteten Themas nutzt. Aber vielleicht steckt gerade darin bereits ein Stück zukünftigen, innovativen (postmodernen) Umgangs auch der Kinder- und Jugendliteratur mit diesem Teil des deutschen »nationalen Erbes«.

In diesem Beitrag sind Elemente aus folgenden Veröffentlichungen des Autors zusammengestellt:
Deutschsprachige Kinder- und Jugendliteratur zum Thema Nationalsozialismus. In: Deutschunterricht, Berlin, 49. Jg. (1996), Heft 2; Holocaust – Literatur zwischen Pädagogik und Innovation. In: Deutschunterricht, Berlin, 49. Jg. (1996), Heft 6; Sternkinder und Tote Engel – Bilder

des Holocaust in der Kinder- und Jugendliteratur zwischen pädagogisch-moralischer Wiedergutmachung und dokumentarisch-katastrophischer Wirkungsästhetik. In: Bilder des Holocaust. Literatur – Film – Bildende Kunst. Köln, Weimar, Wien: Böhlau, 1997, S. 63–96.

Anmerkungen:

1 Besonders sei verwiesen auf die folgenden kommentierten Bücherverzeichnisse: Malte Dahrendorf u.a. (Hrsg.): Das Vergangene ist nicht tot! Kinder- und Jugendbücher zum Thema Faschismus/Nationalsozialismus. Ein Verzeichnis. Ausgabe 1994/5; Doris Kollmann u.a.: Medienhandbuch zum Thema (Neo-) Faschismus. – Bielefeld 1990; die von der Stiftung Lesen herausgegebenen Themenhefte 7 und 8 Jugendbücher zum Thema: Nationalsozialismus (1993) und Kriegs- und Nachkriegszeit. Bücher für junge Leser (1995) (Auswahl und Bearbeitung: Franz-Josef Payrhuber) sowie das Begleitheft zur Ausstellung *Ehe alles Legende wird.* Die Darstellung des Nationalsozialismus in der deutschen Kinder- und Jugendliteratur 1945-1995. Berlin 1995.

2 Malte Dahrendorf: Der Nationalsozialismus in der Kinder- und Jugendliteratur (1979). – In: ders.: Jugendliteratur und Politik. Gesellschaftliche Aspekte der Kinder- und Jugendliteratur. – Frankfurt a.M. 1986. – S. 73.

3 Vgl. hierzu Bernd Otto: Die Aufarbeitung der Epoche des Nationalsozialismus im fiktionalen Jugendbuch der Bundesrepublik Deutschland von 1945 bis 1980. Frankfurt a.M./Bern 1981. Vgl. die Tabellen S. 33 ff. sowie die Titelliste zu »Flucht und Vertreibung«. – S. 207–212.

4 Lisa Tetzner: Streiflichter auf deutsche Jugend. In: Basler Schulblatt 1949, S. 143. – Zit. n. Gisela Bolius: Leben und Werk der Schriftstellerin Lisa Tetzner. Phil. Diss. (Masch.) Berlin/FU 1995, S. 258.

5 Gisela Bolius (s. Anm. 4). – S. 259.

6 Ebenda.

7 Günter Ebert: Ansichten zur Entwicklung der epischen Kinder- und Jugendliteratur in der DDR von 1945 bis 1975. – Berlin/DDR 1976. – S. 25

8 Die Kinderliteraturkritik läßt sie hier jahrzehntelang wegen des erwähnten, als zu stark und unzumutbar empfundenen politisch-realistischen Gehalts der NS-Vergegenwärtigung buchstäblich *links* liegen. Vgl. Zur Tetzner-Rezeption Bolius, bes. S. 257 ff.

9 Vgl. Gerhard Werle; Thomas Wandres: Auschwitz vor Gericht. Völkermord und bundesdeutsche Strafjustiz. – München 1995. – S. 22 ff.

10 Malte Dahrendorf: Die Faschismusthematik in der Kinder- und Jugendliteratur der BRD. – In: Deutschunterricht. – Berlin 43 (1990)12. – S. 616.

11 Gundel Mattenklott: Zauberkreide. Kinderliteratur seit 1945. – Frankfurt a.M. 1994. – S. 23.

12 Zit. nach S. 7f.

13 Zit. nach der Neuausgabe Hamburg 1989, S. 9f.

14 Vgl. Zohar Shavit: Gesellschaftliches Bewußtsein und literarische Stereotypen, oder: Wie Nationalsozialismus und Holocaust in der deutschen Kinder- und Jugendliteratur behandelt werden. – In: Antisemitismus und Holocaust. Ihre Darstellung und Verarbeitung in der deutschen Kinder- und Jugendliteratur. – Oldenburg 1988. – S. 97–107.

15 Zit. nach Christel Berger: Die Zeit des Faschismus in Kinderbüchern. – In: Dies.: Gewissensfrage Antifaschismus. – Berlin 1990. – S. 202.

16 Eine knappe, informative Zusammenfassung gerade auch der schwierigen Lage der Juden in der DDR gibt Petra Boden: Ornamente und Tabus. Antifaschismus als Herrschaftsdiskurs. – In: Weimarer Beiträge. – Wien 41 (1995) 1. – S. 104–119: Zitat S. 110.

17 Diese Heldinnenwahl bestätigt einmal mehr, daß in der Kinder- und Jugendliteratur als verfolgte Sympathieträger eindeutig Mädchenfiguren dominieren, was möglicherweise mit der Männerdominanz im antisemitisch-rassistischen Holocaustdiskurs insgesamt zu tun hat. Frauen gehörten (natürlich auch aufgrund ihrer strukturell bedingten Ferne zur und Ausgrenzung aus der politischen wie organisatorischen Entscheidungsebene) nicht zu den prominenten Planern des Holocaust, auch nicht in nennenswertem Umfang zu den willigen Vernichtern; sehr wohl aber machen Frauen und Mädchen einen erheblichen Teil der Opfer aus. Das findet seinen Niederschlag auch in der Tatsache, daß überproportional viele der zur Kinder- und Jugendlektüre erklärten und vorzugsweise in diesem Zusammenhang rezipierten Erinnerungstexte von Frauen verfaßt wurden (Inge Auerbacher, Inge Deutschkron, Judith Kerr, Doris Orgel, Isabella Leitner, Schoschona Rabinovici u.a.).

18 Reise im August. Ravensburg 1992, S. 158 ff.

19 Vgl. hierzu a. Steinlein: Auschwitz und die Probleme narrativ-fiktionaler Darstellung der Judenverfolgung als Herausforderung der gegenwärtigen KJL. Gudrun Pausewangs Holocausterzählung *Reise im August.* In: Petra Josting/Jan Wirrer (Hg.): Bücher haben ihre Geschichte. Kinder- und Jugendliteraturforschung – Literatur und Nationalsozialismus – Deutschdidaktik. Festschrift für Norbert Hopster zum 60. Geburtstag. Hildesheim 1996, S. 177–191, bes. S. 185f.

20 Die Cover-Illustration läßt schon ahnen, worum es bei dieser Reise gehen wird: in schwarzen Konturen auf gelbem Grund erscheint unheildrohend das Zentralzeichen für Holocaust: das Lagertor von Auschwitz-Birkenau mit dem wie auf den Höllenschlund zulaufenden Schienenstrang.

21 Vgl. den Schluß von Winfried Bruckner: Die toten Engel, Ravensburg 1976, S. 82. Auch Spielberg arbeitet in Schindlers Liste mit diesen Erwartungen; nur ist es dort so, daß auch die im Duschraum Befindlichen das Schlimmste erwarten und in diesem Fall lebensrettend enttäuscht werden, weil aus den Duschköpfen tatsächlich Wasser kommt.

22 Und in Chaja heißt Leben betritt die Heldin im entscheidenden Moment den rettenden »Zeittunnel« zurück in die Gegenwart.

23 Jane Yolen: Chaja heißt Leben, Ravensburg 1992, S. 172.

24 Vgl. dazu Peter von Matt: Verkommene Söhne, mißratene Tochter. Familiendesaster in der Literatur. München/Wien 1995, S. 36 ff.

25 Klaus R. Scherpe: Von Bildnissen zu Erlebnissen: Wandlungen der Kultur »nach Auschwitz«. In: Hartmut Böhme/Klaus R. Scherpe (Hg.): Literatur und Kulturwissenschaften. Positionen, Theorien, Modelle. Reinbek 1996, S. 270.

26 Gerade Gudrun Pausewang ist ja ein gutes Beispiel dafür, wie sich unleugbar moralisch-aufklärerische Wirkungsintentionen und Marktorientierung ergänzen bzw. überlagern, »bedient« doch diese erfolgreiche Autorin die unterschiedlichsten Problemthemen von Umweltkatastrophen bis zu den Gefahren des »Rechtsradikalismus« (*Der Schlund*), worunter sich dann eben auch der Holocaust befindet.

Den Holocaust vergegenwärtigen

Hinweise auf Literatur, Verzeichnisse, Medien und Methodisches

Geschichte ist in Berlin allgegenwärtig, auch die Geschichte jüdischen Lebens und der Judenverfolgung. Da sind die noch lebenden Zeitzeugen und Zeitzeuginnen und die »Steinernen Zeugen« (so ein Buchtitel 1982). Da gibt es viele und vielfältige Denk-Male und Denk-Zeichen, Gedenkstätten und Lernorte. Es gibt Theaterstücke zum Thema und ein Angebot von Spielfilmen neben den Angeboten des »Zentrums für audio-visuelle Medien. Landesbildstelle Berlin«. Die »Landeszentrale für politische Bildungsarbeit« (Hauptstraße 98, 10827 Berlin) hat ebenso wie das »Berliner Institut für Lehrerfort- und -weiterbildung und Schulentwicklung (BIL)« bei den von ihr abgegebenen bzw. von ihm erarbeiteten Materialien einen Schwerpunkt »Nationalsozialismus/ Rechtsextremismus«, wobei die Landeszentrale u. a. die pädagogisch wichtige autobiographische Literatur anbietet (Deutschkron, Herman-Friede etc.). Die Gedenkstätte Deutscher Widerstand« gibt in einer Reihe »Widerstand 1933–1945« für die Bezirke Berlins Einzelpublikationen heraus, in der die Verfolgung von Juden jeweils ein thematischer Gegenstand ist.
Die Geschiche des Nationalsozialismus ist besonders intensiv erforscht, wurde und wird in vielen Aspekten aber auch kontrovers gedeutet. Beides zu kennen ist wichtig. Lassen sich die Fakten doch nicht ohne die Kontroversen verstehen und die Kontroversen nicht ohne die Fakten verstehen. Empfehlenswert ist hierzu das Buch von

Wolfgang Wippermann
Umstrittene Vergangenheit.
Fakten und Kontroversen zum Nationalsozialismus. Berlin: Elefanten Press, 1998. Ein Buch für Schüler, Studenten und Lehrende.

Zum Themenkomplex »Juden/ Judenverfolgung« können im **BIL** (für Lehrpersonen kostenlos) folgende **Publikationen** bezogen werden (Alte Jakobstraße 12, 10969 Berlin):
Wolfgang Wippermann
Geschichte der deutschen Juden.
Darstellung und Dokumente. Berlin 1998[2]

Von Berlin nach Lodz und Auschwitz.
Materialien zum nationalsozialistischen Massenmord. Zusammengestellt und kommentiert von Sabine Hillebrecht. Berlin 1993

Hochinteressant sind die Ergebnisse der Auseinandersetzung einer Schülergruppe mit einem Holocaust-Denkmal:
Andreas Kühler/ Mechthild Zech
Ein zentrales Denkmal für die ermordeten Juden in Berlin? Kooperation zwischen den Fächern Kunst und Politische Bildung. Berlin 1997.

Das »Zentrum für audio-visuelle Medien. Landesbildstelle Berlin« (Wikingerufer 7, 10555 Berlin) bietet einen regelmäßig aktualisierten Katalog über den Bestand an audio-visuellen Medien zum Themenkomplex »Nationalsozialismus und Rechtsextremismus« an.
Über aktuelle Literatur, Ausstellungen und über eigene Informations- und Unterrichtsmaterialien zu den Gewaltverbrechen des NS-Regimens unterrichtet das Periodikum »newsletter« des Fritz Bauer Instituts (Rheinstraße 29, 60325 Frankfurt am Main).

Es lohnt im übrigen die Mühe, den Katalog des »United States Holocaust Memorial Museum« anzufordern (PO

Box 92420, USA – Washington, DC 20090-2420). Der Katalog bietet eine Fülle von Publikationen, Videos und Posters nicht nur über Juden, sondern auch über die anderen Opfergruppen des NS-Rassismus, wobei das Schicksal von Kindern und Jugendlichen schwergewichtig thematisiert ist (selbstverständlich nur in englischer Sprache).

Zurück zu den Angeboten in Berlin. Im Rahmen der Veranstaltungsreihe »Kino für Schulen« bietet das Kino »BROADWAY« (Tauentzienstraße 8, 10789 Berlin) die Möglichkeit, anspruchsvolle Spielfilme zur Thematik vormittags mit Schülerinnen/ Schüler-Gruppen (Kosten pro Person: 6/7 DM) zu besuchen.

Folgende Titel stehen zur Auswahl:
Auf Wiedersehen Kinder, Hitlerjunge Salomon, Die Kinder aus No. 67, Schindlers Liste, Das schreckliche Mädchen.

Schließlich gibt es auf Berliner Bühnen zu jedem Zeitpunkt **Theaterstücke,** die in der Nazi-Zeit spielen und die unterschiedlichsten Gesichtspunkte der NS-Herrschaft thematisieren: von Brecht über Tabori bis Zuckmayer. Wer mit Lerngruppen solche Aufführungen besuchen will, sollte sich – im Grunde auch Selbstverständlichkeit, die auch für Filme gilt – unbedingt durch eigene Anschauung darüber informieren, ob der Charakter der Inszenierung nicht möglicherweise für jugendliche Zuschauer den emotionalen und kognitiven Zugang zur Thematik versperrt.

Für Menschen ab 15 sei hier unbedingt das GRIPS-Stück »Ab heute heißt du Sara« empfohlen, das Stück zu Inge Deutschkrons Buch »Ich trug den gelben Stern«. Um dieses Stück läßt sich ohne weiteres ein Projekt gestalten, unter Einbeziehung des autobiographischen Berichts von Inge Deutschkron (in Auszügen), der hochaktuellen Songs des GRIPS-Stücks (Textbuch und Arbeitsmaterial im Theater zu beziehen), einer (begrenzten) Stadtwanderung zum Hackeschen Markt und zur Hamburger Straße, der Person Otto Weidts (weiterführende Literatur ebenfalls bei Inge Deutschkron) und ggf. von Inge Deutschkron selbst.

Stadtwanderungen

Trotz der erheblichen Kriegszerstörungen in Berlin finden sich in der Stadt noch immer vielfältige Spuren vergangenen jüdischen Lebens und (häufig mit der Geschichte verknüpft) Zeugnisse des heutigen, die sich mittels Stadtwanderungen erschließen lassen.
Die hier dokumentierte erprobte – von Hans-Norbert Burkert und Konstantin Münz entwickelte – Stadtwanderung zu Stationen jüdischen Lebens in Berlin-Mitte (ohne das sog. »Scheunenviertel«) soll als ein Beispiel für eine derartige Unternehmung vorgestellt werden. Die ausführliche Beschreibung findet sich in der Zeitschrift »DurchSicht«, Nr. 4, S. 54–58. Einrichtungen der jüdischen Gemeinde, bezirkliche Volkshochschulen, aber auch das BIL bieten Stadtwanderungen an.

Stationen

1 **Heidereutergasse/Rosenstraße:** Standort der ersten Synagoge Berlin / Im Februar/ März 1943 (s. S. 64) 1943: Ort des sog. »Frauenprotestes« (Denkmal von Ingeborg Hunzinger).
2 **Hackescher Markt:** Am Standort der Neuen Hackeschen Höfe war das Polizeirevier, in dem Wilhelm Krützfeld tätig war (siehe Neue Synagoge).
3 **Hackesche Höfe (Wohn- und Kleingewerbeanlage des ausgehenden 19. Jahrhunderts im Jugendstil):** Hier befand sich die Blindenwerkstatt von Otto Weidt. Gedenktafel im Hausdurchgang Sophienstraße 39.
4 **Oranienburger Straße 5–7 (typische Wohnanlage des ausgehenden 19. Jahrhunderts):** 1821–1862 erstes Krankenhaus der Jüdischen Gemeinde.
5 **Große Hamburger Straße 26:** Grünanlage; ehedem erster jüdischer Friedhof Berlins.
6 **Große Hamburger Straße 26 (Straßenseite):** Gedenkstein, Hinweis auf das ehemalige Altenheim der Jüdischen Gemeinde; Figurengruppe des Bildhauers Will Lammert.
7 **Große Hamburger Straße 27:** Gebäude einer jüdischen Oberschule (1863 für eine jüdische Gemeindeschule erbaut).
8 **Auguststraße 11–15:** Komplex mit ehemals bedeutenden Einrichtungen der jüdischen Mädchen- und Frauenbildung sowie der Kinder- und Jugendbetreuung.
9 **Tucholskystraße 40 (früher: Artilleriestraße 31):** Altes und neues Zentrum der »Gesetzestreuen Jüdischen Religionsgesellschaft Adass Jisroel«.
10 **Tucholskystraße 9 (früher: Artilleriestraße 14):** Ort der »Lehranstalt für die Wissenschaft des Judentums«.
11 **Johannistraße 16:** Ehemaliger Standort der Synagoge der Reformgemeinde (heute Neubebauung).
12 **Oranienburger Straße 29–30:** Gebäudekomplex um die Neue Synagoge, u. a. Anne Frank Zentrum, Gedenktafel für Wilhelm Krützfeld (s. Station 2).
13 Ausstellung **»Tuet auf die Pforten«** (s. S. 201).

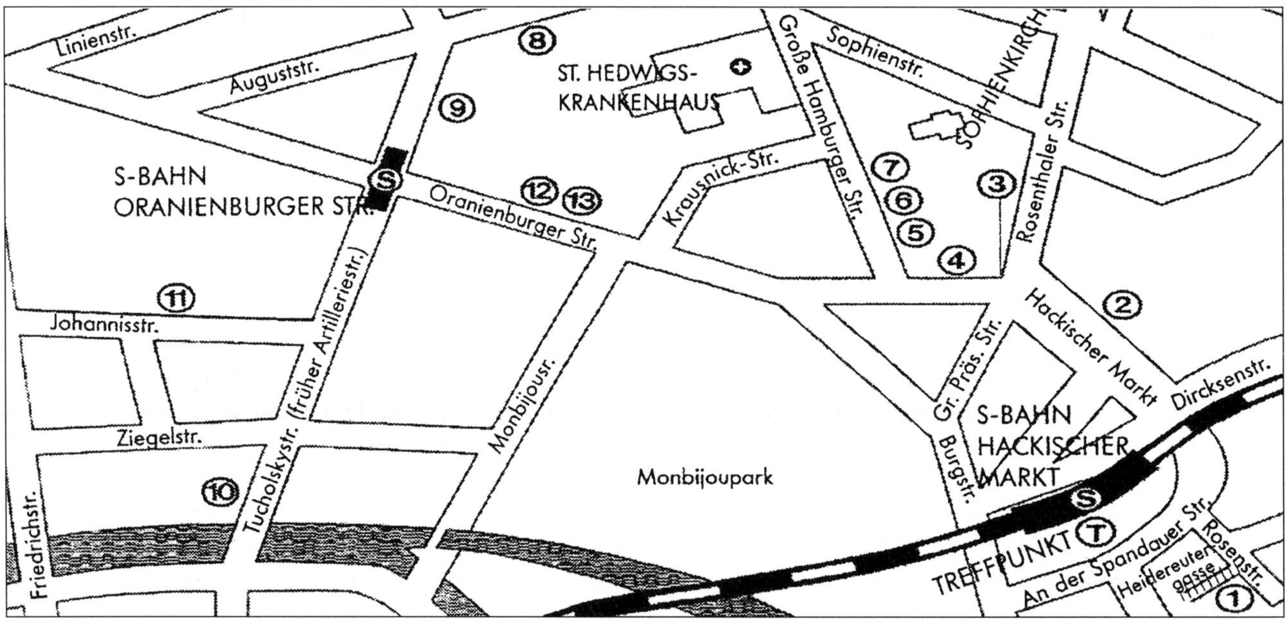

Holocaust – Sho'ah* – Churban

Versuche, dem Unbegreifbaren einen Begriff zu geben

Christoph Münz

»..., da prüfte Gott Abraham und sprach zu ihm: ›Abraham, Abraham!‹ Er antwortete: ›Hier bin ich!‹ Da sprach er: ›Nimm deinen Sohn, deinen einzigen, den du lieb hast, den Isaak, und gehe in das Land Morija und bringe ihn dort auf einen der Berge, den ich dir sagen werde, als Brandopfer dar!‹... Darauf nahm Abraham das Holz zum Brandopfer und lud es seinem Sohne Isaak auf; er aber nahm das Feuer und das Messer in seine Hand. So gingen sie beide miteinander. Da sprach Isaak zu Abraham, seinem Vater: ›Mein Vater‹ Er antwortete: ›Ja, mein Sohn!‹ Der sagte: ›Siehe, da ist das Feuer und das Holz, wo ist denn das Lamm zum Brandopfer?‹ Abraham erwiderte: ›Gott wird sich das Lamm zum Brandopfer schon ersehen, mein Sohn.‹ So gingen sie beide miteinander. Als sie an den Ort kamen, den Gott ihm gesagt hatte, baute Abraham den Altar, schichtete das Holz auf, band seinen Sohn und legte ihn auf den Altar, oben auf das Holz. Dann streckte Abraham seine Hand aus, nahm das Messer, um seinen Sohn zu schlachten. Da rief der Engel Jahwes vom Himmel her ihm zu und sprach: ›Abraham, Abraham!‹ Er antwortete: ›Hier bin ich!‹ Da sprach er: ›Strecke deine Hand nicht nach dem Jungen aus und tu ihm nichts zuleide. Denn nun weiß ich, daß du Gott fürchtest und mir deinen einzigen Sohn nicht vorenthalten hast.‹ «
(Gen. 22, 1–2 u. 6–12)

Nicht nur die Geschichtswissenschaften, sondern die Geistes- und Sozialwissenschaften insgesamt definieren und tradieren sich weitgehend über ihre Begrifflichkeiten. Die Abklärung der Genese und die Definition zentraler Termini markieren in hohem Grade die Wissenschaftlichkeit einer Disziplin. Fortschritt und Wandel der Wissenschaften lassen sich somit nicht zuletzt am Fortschritt und Wandel ihrer Termini ablesen. Präzision und methodische Sauberkeit in der Entwicklung und im Gebrauch wissenschaftsrelevanter Begrifflichkeiten gelten als Gütezeichen wissenschaftlichen Arbeitens. Vor diesem Hintergrund ist es um so erstaunlicher, daß einer der zentralen Begriffe der Zeitgeschichte – und nicht nur ihrer – bis in die jüngste Zeit nahezu unhinterfragt bleibt, selten reflektiert wurde und bis vor kurzem einmütig Anwendung fand: »Holocaust!« Weit über die Grenzen der Wissenschaft hinaus hat dieser Begriff in die breite Öffentlichkeit Eingang gefunden. Der Begriff selbst und das, was er aussagen will, ist derart zum Bestandteil allgemeiner Bildung geworden, daß ihm nur in seltenen Fällen noch die erläuternde Beschreibung – Ermordung der europäischen Juden während des Zweiten Weltkrieges – nachfolgt. Ohne Übertreibung kann man hier von der »Karriere des Begriffs« sprechen, wenngleich – ebenfalls sehr erstaunlich und entgegen allem wissenschaftlichen Usus – die Ursprünge, Mechanismen, Wege und Gründe dieser »Karriere« bislang noch keine systematische Erforschung erfahren haben.[1]

I. Holocaust

Dabei ist es weder unausweichlich noch auf Anhieb einleuchtend, daß ausgerechnet dieser Begriff zur vorherrschenden Bezeichnung für die Ermordung der europäischen Juden arriviert ist. Der Begriff »Holocaust« entstammt ursprünglich dem Griechischen *holocau(s)tos* und fand über das Lateinische *holocaustum* seinen Weg in den europäischen Sprachbereich. Das Griechische *holocau(s)tos* ist eine Zusammensetzung aus *holos* = ganz, vollständig und *kau(s)tos* = verbrannt, meint also etwas, das vollständig verbrannt ist. Von hierher rührt dann die Generalisierung im Sinne von *total zerstört*, und im Deutschen wäre *holocau(s)tos* mit *Ganzopfer* oder *Brandopfer* zu übersetzen. Demzufolge erscheint es fast naheliegend, die Ermordung der Juden in den Vernichtungslagern des Dritten Reiches mit »Holocaust« zu benennen, »ruft doch dieser Terminus Erinnerungen wach an den Geruch brennender Leiber in den Brandöfen der Nazis«.[2] Eine solche Sichtweise verkennt jedoch die ursprünglich weitestverbreitetste Assoziation dieses Be-

* Für die Transkription hebräischer Termini ins Deutsche gibt es meines Wissens keine verbindlichen Regeln, weshalb man eben auch für den Begriff *Sho'ah* verschiedene Schreibweisen findet: Shoa, Shoah, Schoa, Schoah. Die von mir hier verwendete Schreibweise von *Sho'ah* basiert auf den Vorgaben des »Stuttgarter Bibellexikons«, das sich wiederum auf die sog. Loccumer Richtlinien stützt. Im Hebräischen setzt sich das Wort *Sho'ah* aus den Buchstaben Shin, Waw, Aleph und He zusammen, wobei der Apostroph in der deutschen Transkription auf das Aleph, einen Kehllaut, hinweist. Die Schreibweise mit Verwendung des Apostroph entspricht somit dem hebräischen Original am ehesten.

griffs. »Der Sprachgebrauch von ›Holocaust‹ vor dem Zweiten Weltkrieg hat eine Konnotation, welcher sich nur wenige derer bewußt sind, die ihn heute benutzen«,[3] nämlich den des religiösen Opfers. Wirft man einen Blick in die Septuaginta, die griechische Übersetzung der Bibel, findet man den Terminus in all seinen Abwandlungen (holokautos, holokautoma, holokautosis) über zweihundertmal, »und ohne Ausnahme wird der Begriff gebraucht, um ein Opfer zu bezeichnen – in den allermeisten Fällen im Sinne eines Opfers für Gott«.[4] Unter anderem führte dies dazu, daß die Standardübersetzung der Bibel ins Englische, die sog. King James Version, den Begriff in seiner anglifizierten Form als holocaust an entsprechender Stelle aufnahm und ihm dergestalt Eingang in den englischen Wortschatz verschaffte.[5]

Kurios und wunderlich: Das erste in den USA publizierte Buch, das »Holocaust« im Titel führt, stammt aus dem Jahre 1959 und handelte keineswegs von der Vernichtung der europäischen Juden, sondern von der sog. »Coconut Grove«-Katastrophe in Boston, der tragischsten Feuerkatastrophe im Amerika der frühen 40er, bei der alle Besucher eines Theaters im Feuer umkamen.[6] Zudem gab (und gibt) es zweifellos eine Reihe von Alternativen zum Terminus »Holocaust« als Bezeichnung für die Ermordung der Juden. Und tatsächlich gab es bis in die Mitte der 50er Jahre hinein keinen »Holocaust« im heute gebräuchlichen Sinne des Wortes. Während des Krieges und unmittelbar danach sprach man etwa von »permanentem Pogrom«, von der »jüngsten Katastrophe«, oder vom »großen Desaster«.[7] Etwas später kamen Begriffe wie »Vernichtung«, »Auslöschung« oder »Massaker« hinzu. Sie alle sind – bewußt oder unbewußt – im Grunde Übersetzungen des modernen hebräischen Wortes Sho'ah, das im engeren Sinne schlicht Katastrophe meint.

1953 beschloß die Knesset, das Parlament des Staates Israel, per Gesetz die Errichtung einer Gedenk- und Forschungsstätte für die sechs Millionen ermordeten Juden und gab ihr den Namen Yad Vashem – Martyrs' and Heroes' Remembrance Authority.[8] Im Jahre 1955 entschied man in Yad Vashem, den hebräischen Begriff Sho'ah ins Englische zu übersetzen mit »disaster« (Katastrophe), und teilte die Erforschung der »Katastrophe« in drei Abschnitte auf: »Das Aufkommen der Katastrophe 1920–1933«, »Die Anfänge der Katastrophe 1933–1939« und »Die Katastrophe 1939-1945«.[9] Fast zur gleichen Zeit trat dann bereits der Terminus »Holocaust« im Sprachgebrauch auf, und zwar in den Jahren 1957–59. In dieser frühen Zeit beschränkte sich der Gebrauch von »Holocaust« zur Bezeichnung der Ermordung der Juden in Europa jedoch weitgehend auf wissenschaftliche Kreise und wurde vornehmlich von jüdischen Autoren benutzt[10], so etwa auf dem Zweiten Weltkongreß für Jüdische Studien in Jerusalem und im dritten von Yad Vashem veröffentlichen Jahrbuch.[11] In der Folge wechselte man in Yad Vashem insgesamt im Sprachgebrauch von »Katastrophe« zu »Holocaust«. Noch bevor 1961 Hilbergs fulminantes und bahnbrechendes Standardwerk zum Holocaust erschien und ebenso vor dem Eichmann-Prozeß in Jerusalem waren der Begriff und Gebrauch von »Holocaust« auf akademischer Ebene eingeführt. 1968 schließlich war der Terminus im angelsächsischen Raum auf solch breiter Front etabliert[12], daß sich die amerikanische Library of Congress veranlaßt sah, »Holocaust-Jewish, 1939–1945« als eigenständiges Schlagwort in ihrer bibliographischen Arbeit aufzunehmen.[13]

Warum aber kam es dazu, daß ein Begriff, der ausschließlich dazu diente, das religiöse Opfer im biblischen Judentum zu benennen, zur Bezeichnung für die Ermordung der Juden wurde? Bedenkt man die fatalen religiösen Konnotationen, die der Gebrauch dieses Terminus zwangsläufig mit sich führt, ergibt sich eine mehr als paradoxe Situation. Wenn man nämlich das »Etikett ›Holocaust‹ benutzt, dann impliziert man eine teilweise religiöse Korrespondenz zwischen Juden und Nazis: Wenn erstere das Brandopfer bezeichnen, dann folgt zwangsläufig, daß letztere diejenigen sind, die das Opfer offerieren. Im Ergebnis überträgt man damit den Nazis eine quasi ›priesterliche‹ Rolle«.[14] Und schließlich gibt es neben Opfer und Opfergeber einen dritten im Bunde: den Adressaten des Opfers, Gott selbst. Das religiöse Opfer geht seiner Idee nach von dem stillschweigenden Einvernehmen zwischen Anbieter und Adressaten des Opfers aus. Und derjenige, der das Opfer anbietet, darf hoffen, daß er hierdurch Wohlgefallen bei Gott findet. Nicht selten ist es gar so, daß Gott selbst das Opfer einklagt. Man übertrage nur diese Zusammenhänge auf Nazis, Juden und ihre Ermordung, und man möchte meinen, daß *Holocaust* der denkbar unpassendste Terminus ist, den Juden als angemessene Charakterisierung für den Genozid an ihnen akzeptieren würden. Dennoch ist dies ganz klar nicht so. Heute ist es der gewählte Begriff – und, ebenso klar, bis zu einem gewissen Punkt ist diese Wahl auch von Juden getroffen (oder zumindest akzeptiert) worden.[15] Freilich waren sie sich in den allermeisten Fällen der erwähnten Konnotationen nicht bewußt. »Warum aber dann diese Entscheidung? Warum wählte man einen Terminus, von dem man sagen kann, er lege nahe, daß Gott und die Nazis Komplizen in der Opferung der Juden gewesen seien? Warum nennen wir den Holocaust ›Holocaust‹?«[16]

Eine sehr naheliegende Hypothese[17] wäre, daß man den Begriff völlig unabhängig von seinen religiösen Wurzeln wählte und daß er seinen Eingang in den angelsächsischen Sprachgebrauch seiner Assoziation zu Zerstörung, Feuer und Krieg verdankt. In diesem Sinne etwa argumentiert David Roskies, wenn er darauf hinweist, daß »Holocaust für das englische Ohr ein apokalyptisch gefärbter Begriff für ... Zerstörung war. Wie auch viele andere gewichtige Worte der englischen Sprache hatte ›Holocaust‹ seine Wurzeln im Lateinischen, und obwohl der Begriff für Juden wie Nicht-Juden eine vage Verbindung zur Bibel aufwies, ... waren ihm eine bereits festgelegte Konnotation, wie es auf alternative Bezeichnungen zutraf, nicht zu eigen ...«[18]

Nach Roskies war es also exakt die nichtreferentielle Qualität, die durch Unkenntnis gewährleistete Unbelastbarkeit des Terminus ›Holocaust‹, die für einen weithin akzeptierten Gebrauch sprach. Wenngleich diese auf die Mehrheit von Juden wie Nicht-Juden, die den Terminus ›Holocaust‹ in Unkenntnis der religiös-sakralen Hintergründe benutzen, zutreffen mag, so kann doch mit hoher Wahrscheinlichkeit angenommen werden, daß »diejenigen jüdischen Denker und Autoren, die als erste diesen Begriff übernahmen und – was noch wichtiger ist – es zuließen, daß er weiterhin Verbreitung fand«, keineswegs in Unkenntnis der Zusammenhänge waren, »die leichthin durch einen Blick ins Wörterbuch hätten ermittelt werden können«.[19] Man könne doch wohl kaum annehmen, argumentieren Garber/Zuckerman, daß man in der Wahl eines Begriffes, der ein solch schreckliches, entscheidendes und für jüdische Identität schwerwiegendes Ereignis benennen soll, leichtfertig und ignorant gewesen sei. Im Gegenteil: »Es muß mit großer Sorgfalt und entsprechender Überlegung geschehen sein. Überdies kann es kaum einen Zweifel geben, daß der Mann, der am meisten dafür getan hat, ›*Holocaust*‹ im modernen Bewußtsein zu etablieren, sich sehr darüber im klaren war, was er da tat und ebenso sich all der Nuancen, die der Begriff ›Holocaust‹ beinhaltet, voll bewußt war. Dieser Mann ist Elie Wiesel.«[20]

Tatsächlich ist Elie Wiesel in diesem Zusammenhang ohne Zweifel die Schlüsselfigur, der einem Katalysator gleich diesen Terminus in den öffentlichen als auch wissenschaftlichen Sprachgebrauch einbrachte. Die Frage, ob er im strengeren Sinne wirklich der erste war, der den Begriff in seiner heute üblichen Weise gebrauchte oder nicht, spielt dabei nur eine untergeordnete Rolle. Zweifelsohne war seine Einführung und sein Gebrauch dieses Begriffs der Wirkung nach »der einzig entscheidende Faktor, der zu seiner Legitimation im gegenwärtigen Sprachgebrauch führte. Wir können sagen, daß Wiesel für ›Holocaust‹ das ist, was Columbus für die Entdeckung Amerikas bedeutet. Ob er im strengeren Sinne der erste war oder nicht, ist nicht der springende Punkt – er war der erste, der ›Holocaust‹ sozusagen ›auf die Landkarte‹ gebracht hat.«[21]

Wiesel begann eigenen Angaben zufolge in den späten fünfziger Jahren mit dem Gebrauch des Wortes »Holocaust«. Aus der Feder Wiesels finden wir es erstmals gedruckt in seiner Rezension des »Theresienstädter Requiems« von Josef Bor in der New York Times Book Review vom 27. Oktober 1963. Etwa von diesem Zeitpunkt an erfuhr der Begriff jene Popularisierung und Akzeptanz, die parallel hierzu – wie oben aufgeführt – auch für den akademischen Bereich zu verzeichnen ist, und die ihren Höhepunkt sicher in der Ausstrahlung der Fernsehserie »Holocaust« 1978 in den USA und 1979 anschließend auch in Deutschland fand.[22]

Was waren die Beweggründe Wiesels, den Holocaust »Holocaust« zu nennen? Aus vielen Stellungnahmen Wiesels läßt sich eindeutig erkennen, daß er sich der Assoziationen dieses Begriffs zur Welt des religiös-sakralen Opferbegriffs sehr wohl bewußt war. Allerdings hatte Wiesel dabei eine ganz bestimmte Opferszene im Sinn: die Akedah, jene Geschichte der hebräischen Bibel in Genesis, Kap. 22, in der Abraham von Gott aufgefordert ist, seinen einzigen Sohn Gott zum Opfer darzubringen.[23]

In welchem Sinne verbindet Wiesel Akedah und Holocaust?

»Die Akedah«, erläutert Elie Wiesel, »ist das wohl geheimnisvollste, herzzerbrechendste und zugleich eines der wunderbarsten Kapitel unserer Geschichte. Die ganze jüdische Geschichte kann tatsächlich mit Hilfe dieses Kapitels verstanden werden. Ich nenne Isaak den ersten Überlebenden des Holocaust, weil er die erste Tragödie überlebte. Isaak war auf dem Weg, ein korban olah[24] zu werden, was wirklich ein Holocaust ist. Das Wort ›Holocaust‹ hat eine religiöse Konnotation. Isaak war bestimmt als Opfer für Gott.«[25]

Garber/Zuckerman weisen daraufhin, daß die Figur Isaaks offensichtlich bestimmte archetypische Grundmotive enthalte, die es Juden ermögliche, »ein Verständnis für das zu empfinden, was andernfalls zu schrecklich wäre, um es verstehen zu können. Wir glauben, daß es diese ›Isaak-Archetypen‹ sind, denen Wiesel sich zuwandte, als er es vorzog, den Holocaust ›Holocaust‹ zu nennen«.[26] Welches sind die archetypischen Grundmotive der Akedah mit Blick auf den Holocaust? Sie seien in Kürze aufgelistet[27]:

- Isaak, die stumme Opfergabe: »Er geht zur Opferstätte ohne Klage, ohne Protest und nahezu fraglos. (...) So mag man in der Akedah auf eine der schärftsten Fragen, der sich ein Opfer des Nazi-Genozids stellen mußte, eine Antwort finden: Warum hast du keinen Widerstand geleistet? ... Vielleicht findet ein Überlebender hier die einzige sinnvolle Antwort, die er jenen geben kann, die nicht dort waren und wahrscheinlich nicht verstehen, was es bedeutete, in den

JUDEN

Nazi-Lagern gewesen zu sein, eine Antwort, die man die Antwort des Schweigens nennen könnte – ein Schweigen, das die Akedah hilft zu erklären.«[28]

- Isaak ist ein ganz besonderes Opfer, ein *yahid*. Die gebräuchliche Übersetzung für *yahid* ist »einziger Sohn«, präziser noch »der Einzige«. In diesem Sinne ist »Isaak gleich Israel, oder zumindest der entscheidende, einzige Vorläufer von Israel. Mehr noch, Isaaks Tod hätte die Zerstörung eines ganzen Volkes bedeutet, noch bevor es hätte geboren werden können – ein Genozid im Mikrokosmos.«[29]
- In diesem Sinne stellt Isaak die Verkörperung der jüdischen Geschichte dar. »Denn Juden haben sich selbst immer als yehidim betrachtet, als die ›Einzigen‹, auserwählt von Gott, und diese Auserwählung hatte oftmals tödliche Konsquenzen (...) Wenn Gott Israel auserwählt hat, bedeutet dies bis zu einem gewissen Grad, daß Er sie zu Opfern gemacht hat, sie in die Gefahr führt ›wie Schafe zur Schlachtbank‹, gerade so sicher wie Er Isaak in der Akedah zum Opferaltar führte. Daher ist der Archetypus des auserwählten Opfers in hohem Maße der Schlüssel zum Verständnis warum Wiesel den ›Holocaust‹ mit der Akedah verbindet.«[30]
- Isaak, der erste Überlebende. Wiesel selbst erklärt: »Fast bis zur letzten Minute hatte es den Anschein, als ob die Tragödie (der Akedah) unaufhaltsam wäre. Und doch blieb Isaak ein Glaubender. Mehr noch, *Yitzhak* (= Isaak) bedeutet im Hebräischen ›er wird lachen‹. So fragte ich mich: Wie wird er lachen können? Und an dieser Stelle ist es, wo ich den Sprung mache: Isaak, der erste Überlebende einer Tragödie, eines Holocaust, wird uns lehren, wie wir lachen können, wie wir überleben können und wie wir weiterhin glauben können.«[31]

II. Sho'ah

Betrachtet man die verschiedenen Motive Wiesels, den Holocaust mit Blick auf die Akedah als »Holocaust« zu bezeichnen, könnte man als übergreifenden und sicher entscheidenden Grund nennen, daß es für Wiesel »wesentlich war, Gott in das Universum dieser äußersten Katastrophe des Judentums miteinzubinden (...) Er wählte diesen Terminus, weil es ihm als der einzige Weg erschien, das Spezifische dieser Tragödie als einer jüdischen Tragödie zu bewahren.«[32]

Erst in den letzten Jahren wurde man zunehmend der religiösen Konnotationen gewahr, die der Begriff »Holocaust« mit seinen biblischen Wurzeln in sich trägt, und folglich steht seitdem der Begriff unter starker Kritik. Insbesondere seit Claude Lazmanns epochalem neunstündigen Film Shoah[33] aus dem Jahre 1985 ist ein starker Trend zu verzeichnen, »Holocaust« durch den hebräischen Begriff »Sho'ah« (Katastrophe, Vernichtung) zu ersetzen. Vorwiegend geschieht dies mit der Begründung, der Terminus »Sho'ah« entbehre all der fatalen religiösen Konnotationen, die dem Begriff »Holocaust« zu eigen seien. Das ist jedoch – in gewissem Umfang – ebenfalls ein Trugschluß. Die gesamte moderne hebräische Sprache fußt elementar und wesentlich in Lexikon und Grammatik auf dem biblischen Hebräisch. Demgemäß sollte es nicht verwundern, daß auch der scheinbar religiös unbelastete Begriff »Sho'ah« sehr wohl biblischer Ursprünge und damit einen dezidiert religiösen Kontext hat. Bereits 1979 hat Uriel Tal kenntnisreich hierauf aufmerksam gemacht.[34] Er verweist auf die entsprechenden Stellen in der hebräischen Bibel, wo der Terminus »Sho'ah« Verwendung findet[35], und zeigt auf, daß es sich um Situationen handelt, in denen der Terminus »Sho'ah« dazu dient, eine für Israel drohende Gefahr, Elend, Katastrophe oder Zerstörung zum Ausdruck zu bringen. Die rabbinische Exegese, so Tal, interpretierte »Sho'ah« zumeist im Sinne von Dunkelheit, Verwüstung oder Leere. Nimmt man den Kontext der Stellen hinzu, in denen in der Bibel von »Sho'ah« gesprochen wird, stellt man fest, daß »alle biblischen Bedeutungen des Terminus Sho'ah ganz klar göttliches Urteil und Vergeltung implizieren.«[36] Damit ist »Sho'ah« im Kontext des jüdisch-biblischen Konzepts von Sünde, Strafe und Vergeltung zu sehen[37] und somit, zumindest was seine Wurzeln betrifft, keineswegs ohne religiösen Kontext und Konnotation.

Erstmals verwendet und veröffentlicht, um die Massenvernichtung der Juden zu beschreiben, wurde der Begriff »Sho'ah« bereits Ende 1940 in einer Sammlung von Augenzeugenberichten jüdischer Ghettobewohner Warschaus[38] Auf einer bedeutenden Konferenz Hebräisch schreibender Schriftsteller im Juli 1942 in Jerusalem überschrieb der neo-romantische Dichter Shaul Tchernichovsky seinen Vortrag mit dem Titel »Das Gesetz der schrecklichen ›Sho'ah‹, die über uns kommt«.[39] Auf einer weiteren Konferenz, ebenfalls in Jerusalem im November 1942, an der u.a. vierhundert Rabbiner teilnahmen, »wurde proklamiert, daß die ›Sho'ah‹, die gegenwärtig die Juden Europas treffe, ohne Präzedenzfall in der jüdischen Geschichte sei«.[40] Einer der ersten, die *Sho'ah* in historischer Perspektive benutzte, war der Historiker Ben Zion Dinur (Dinaburg).[41] Er äußerte sich im Frühjahr 1943 dahingehend, daß die »Sho'ah eine Katastrophe sei, die die Einzigartigkeit der Geschichte des jüdischen Volkes unter den Nationen symbolisiere«.[42] Eine Sammlung verschiedenster Texte, die zwischen 1943 und 1958 entstand, dokumentiert beeindruckend den anwachsenden Gebrauch des Wortes *Sho'ah* in der hebräischen Schriftsprache, um das zu bezeichnen, was heute mit »Holocaust« benannt wird.[43]

Im Unterschied zum Begriff »Holocaust« jedoch macht der Begriff »Sho'ah« in der hebräischen Alltagssprache eine den dezidiert religiösen Kontext verwischende Transformation durch. »Semantisch blieb der Terminus ›Sho'ah‹seinen Wurzeln im biblischen Sprach- und Symbolgebrauch nahe, während seiner in den biblischen Wurzeln gründenden theologischen Bedeutung existenziell eine historische und persönliche Dimension hinzugefügt wurde.«[44] Auf diese Weise ist der religiöse Kontext und Ursprung des Begriffs »Sho'ah« um ein gutes Stück mehr verdeckt, als dies bei dem Begriff »Holocaust« der Fall ist. Damit erscheint er flexibler und eventuell unbefangener verwendbar, um die Ermordung der Juden zu benennen. Allerdings gibt es auch Zweifel, ob nicht gerade durch den theologisch unbelasteten Alltagsgebrauch des Wortes »Sho'ah« im modernen Hebräisch gerade die referentielle Qualität und Spezifik des Terminus als einer Alternative zu »Holocaust« verloren gehen könne.[45]

III. Churban

Die bemerkenswerte Verwicklung jener Termini, die zur Bezeichnung der Ermordung der europäischen Juden Verwendung finden, mit religiös-biblischen Konzeptionen, denen sie sprachgeschichtlich entstammen, gilt auch für einen – neben »Holocaust« und »Sho'ah« – dritten Terminus, der vor allem in orthodox-jüdischen Kreisen Verwendung findet: *churban* (oder: *hurban*). *Churban* bedeutet ebenfalls Katastrophe oder Zerstörung. Nach traditionell jüdischer Auffassung hat das Judentum in seiner bisherigen Geschichte bereits zweimal einen *churban* erlebt und erlitten. Der erste war die Zerstörung des Salomonischen Tempels (568 v.u.Z.), der zweite die Zerstörung des Zweiten Tempels (70 n.u.Z.). In beiden Fällen markierte der *churban*, und dies ist charakteristisch für das theologische Verständnis des Begriffs »churban«, eine Epochenwende und zog eine bemerkenswerte Neuerung nach sich. Die Zerstörung des Ersten Tempels führt zur Diaspora und damit zur Zeugenschaft Israels für den einen Gott unter den nicht-jüdischen Völkern der Welt. Die zweite Tempelzerstörung brachte die Synagoge hervor und mit ihr die menschlichkeitsgeschichtlich erstmalige und einmalige Form eines Gottesdienstes, bei dem kein Blut vergossen wurde, bei der das Gebet den Platz des Opfers einnahm. Dieser Zählung und diesem Verständnis zufolge wird nun die Ermordung der europäischen Juden zwischen 1939 und 1945 auf orthodoxer Seite häufig als *»dritter churban«* bezeichnet. Mit der Benennung des Holocaust als *»dritter churban«* wird diesem Ereignis einerseits ein außerordentlicher Rang zuerkannt, wird er doch schließlich in eine Reihe mit den beiden Tempelzerstörungen gestellt. Andererseits wird ihm dadurch aber auch der Charakter der Einzigartigkeit bestritten. Schärfer noch, als das bei den Begriffen »Holocaust« und »Sho'ah« der Fall ist, ist der Terminus »churban« jedoch mit einem biblisch-theologischen Sünde-Strafe-Schema verknüpft, demgemäß der *churban* immer eine von Gott initiierte oder von ihm zugelassene Folge für ein sündhaftes Vergehen darstellt. So wie der erste und zweite churban, die beiden Tempelszerstörungen, religiös-theologisch als Strafe Gottes für begangene Sünden interpretiert wurden, gilt gleiches auch für den dritten churban, den Holocaust.[46] Die Ermordung der europäischen Juden als Strafe Gottes zu deuten ist sicher der Hauptgrund dafür, daß dieser Begriff wohl nie eine nennenswerte Verbreitung über den orthodox-jüdischen Raum hinaus gefunden hat.[47]

Zwei abschließende Bemerkungen. Zum ersten gibt die hier dargelegte Genese der Begriffe »Holocaust«, »Sho'ah« und »Churban« zentrale Hinweise auf ein einzigartiges Phänomen, mit dem sich jeder konfrontiert sieht, der mit jüdischer Geschichte befaßt ist: nämlich das Phänomen eines fundamentalen, symbiotischen und kaum auflösbaren Verhältnisses von geschichtlichem und religiösem Selbstverständnis im Judentum. Dies gilt auch und gerade – für manchen mag dies überraschend sein – in bezug auf die innerjüdische Auseinandersetzung mit dem Holocaust nach 1945. So ist der zentrale innerjüdische Diskurs in der Folge des Holocaust, der zeitlich gesehen am frühesten einsetzte und zugleich der bedeutendste, gewichtigste und bis heute kontinuierlichste und in sich geschlossenste innerjüdischen Diskurs um die Deutung und Bedeutung des Holocaust ist, ein Diskurs, der zugleich originärer Ausdruck für die jüdische Weise des Erinnerns und Bewahrens wie auch prägend für die Parameter jüdischen Gedächtnisses nach und im Angesicht von Auschwitz ist, nicht ein primär politischer, historischer, philosophischer oder soziologischer, sondern ein geschichts-theologischer Diskurs. Das Ringen mit der schier völligen Sinnlosigkeit von Auschwitz, das Nachdenken über eine mögliche Antwort auf all die bedrängenden Fragen nach der jüdischen Identität post Auschwitz und jüdischer Erinnerung an Auschwitz, die Fragen nach der Einzigartigkeit des Holocaust, nach jüdischem Widerstand und auch nach der Bedeutung der Staatsgründung Israels in diesem Zusammenhang, die Diskussion dieser originär jüdischen Problematik einer Deutung des Holocaust ingesamt nahm seinen Ausgang und findet zentralen Niederschlag in den Werken der sogenannten »Holocaust-Theologen«. Die enge Verflechtung religiös-theologischer und historisch-politischer Elemente, die – wie dargelegt – bereits für die Genese des Begriffs »Holocaust« charakteristisch war, findet in dieser geschichtstheologischen Debatte ihre konsequente, intensive und äußerst qualitative Fortsetzung. Die seit Mitte der sechziger Jahre vornehmlich in den USA kontinuierlich veröffentlichten Arbeiten und Beiträge dieser »Holocaust-Theologen« hatten eine für die Wahrnehmung und Deutung des Holocaust katalysatorhafte Wirkung, zunächst innerhalb des Judentums und späterhin auch in weite Teile der nicht-jüdischen angelsächsischen Welt hinein. In ihren Büchern – und noch viel mehr in der langanhaltenden Debatte um sie – wird die meines Erachtens zur Gewinnung jüdischer Identität als zentral zu bezeichnende Aufgabe einer Verhältnisbestimmung von geschichtlichem und religiösem Selbstverständnis nach dem Holocaust zu leisten versucht; in ihren Beiträgen werden die Fragen und Probleme um eine angemessene Form der Erinnerung, eine angemessene Art und Weise jüdischer Erinnerung, formuliert und diskutiert. Es ist hier nicht der Ort auch nur andeutungsweise die Positionen und das Denken dieser Autoren vorzustellen, geschweige denn, einen Eindruck zu vermitteln von einer nunmehr über dreißig Jahre währenden innerjüdischen Debatte um die Fragen und Thesen dieser Autoren. Nahezu skandalös ist die Tatsache, daß die intensive, eine Unmenge an Material produzierende, nunmehr über 30 Jahre währende, durch die Werke der jüdischen »Holocaust-Theologen« initiierte innerjüdische Debatte um die Deutung des Holocaust und dessen Relevanz für jüdisches Geschichtsverständnis und jüdische Erinnerung im gesamten deutschsprachigen Raum bisher weder eine nennenswerte Resonanz fand noch auch nur in Ansätzen rezipiert worden ist. So ist auch keines der umfangreichen und profunden Werke der jüdischen Holocaust-Deutung bisher in deutscher Sprache erschienen, von den zahllosen Diskussionsbeiträgen in Aberdutzenden von Zeitschriften, Anthologien, auf Konferenzen und Symposien ganz zu schweigen.[48] Tatsache bleibt, daß nicht nur die Entstehung und Entwicklung des Begriffs »Holocaust« innerjüdisch fundamental von religiösen Kategorien geprägt ist, sondern auch die innerjüdische Diskussion nach dem und über den Holocaust von eben solchen religiösen Kategorien maßgeblich beeinflußt und getragen wird.

Eine zweite Schlußbemerkung knüpft unmittelbar an die Ausführungen zur Genese der dargestellten Begriffe selbst an. Die Tatsache nämlich, daß es weder im Englischen noch im Hebräischen, geschweige denn im Deutschen noch in einer anderen Sprache der Welt, soweit mir bekannt ist, einen unbelasteten, eigens für dieses Geschehen reservierten Begriff gibt, deutet meines Erachtens vor allem auf zwei Dinge hin. Zum einen beleuchtet dieses Desiderat schlagartig die zwangsläufige(?) Vergeblichkeit jeder Bemühung, das Unbenennbare zu benennen. Es wäre durchaus eine verdienstvolle und wünschenswerte Anstrengung seitens der (Sprach-) Philosophie, über die hiermit verbundenen semantischen und linguistischen Probleme nachzudenken. Was bedeutet es, daß wir es offenbar mit einem Ereignis zu tun haben, dessen Wirklichkeit und Gehalt einerseits von einzigartiger und weltgeschichtlicher Bedeutung ist, wir aber andererseits nicht in der Lage sind, es angemessen zu benennen, »daß wir kein Wort haben, um das Verbrechen zu bezeichnen«?[49]

Schließlich eine damit zusammenhängende und doch gegenläufige Überlegung: Die Sprache ist ein bewundernswert dynamisches, zu Wandlung und Weiterentwicklung fähiges System. Die Geschichte einer jeden Sprache stellt eindrucksvoll die Fähigkeit des menschlichen Geistes zum Sprachwandel und zur Wortneuschöpfung unter Beweis. Vielleicht war in der Geschichte der Menschheit nie zuvor in solchem Ausmaß der Zwang zu Wortneuschöpfungen gegeben wie in den letzten zwei Jahrhunderten. Mit der industriellen Revolution, der Entwicklung und Ausformung der modernen technologischen Gesellschaft geht zugleich eine Fülle neuer Wortschöpfungen einher, die das jeweils neu Erfundene und Entdeckte bezeichnen. Der Mensch war nicht allein in der Lage, Elektrizität, Eisenbahn, Plastik, Raketen, Computer zu erfinden, sondern ebenso, sie mit Name und Wort zu versehen. Wo immer der menschliche Geist sich hineinvertieft hat, fand er einen Weg der Verbalisierung. Daß dies im Falle dessen, was wir weitgehend »Holocaust« zu nennen pflegen, offenbar nicht oder zumindest nicht befriedigend möglich erscheint, kann durchaus auch als Indiz dafür gedeutet werden, daß sich der menschliche Geist bisher weigerte, genügend Sorgfalt, Mühe und Interesse aufzubringen, sich in das hineinzuvertiefen und sich mit dem auseinanderzusetzen, was eines seiner ureigensten und jüngsten Produkte ist: das Königreich der Nacht, anus mundi, der Holocaust.

Zusammenfassung

Es ist äußerst bemerkenswert, daß es bis heute keinen von Fachwelt und Öffentlichkeit unumstrittenen Begriff gibt, um das in quantitativer wie qualitativer Hinsicht einzigartige Verbrechen der Ermordung der europäischen Juden in den Jahren 1938 bis 1945 zu benennen. Im wesentlichen sind es drei Begriffe, deren Herkunft und Bedeutung zumeist unbekannt sind, die immer wieder in der Diskussion auftauchen: Holocaust, Sho'ah, Churban.

Der am weitesten verbreitete Begriff **Holocaust** *stammt aus dem Griechischen (*holos *= ganz, vollständig und* kau(s)tos *=verbrannt), hat biblische Ursprünge und wäre im Deutschen mit »Ganzopfer« oder »Brandopfer« zu übersetzen. Der Schriftsteller und Auschwitz-Überlebende Elie Wiesel hat in Anlehnung an die biblische Ge-*

schichte von Abraham und Isaak (Genesis 22) Ende der 50er, Anfang der 60er Jahre den Begriff erstmals auf die Ermordung der Juden angewendet und maßgeblich zu seiner Popularisierung beigetragen. Durch die Fernsehserie »Holocaust«, die Ende der 70er Jahre zunächst in USA und dann in Europa ausgestrahlt wurde, fand der Begriff endgültig Eingang in den öffentlichen Sprachgebrauch. Aufgrund seiner unterschwellig religiösen Bedeutung geriet der Begriff in den letzten Jahrzehnten zunehmend unter Kritik, assoziiert er doch, die Ermordung der Juden sei ein Gott wohlgefälliges, von den Nazis ausgeführtes »Brandopfer«.

Seit Mitte der 80er Jahre gilt der hebräische und in Israel gebräuchliche Begriff **Sho'ah** *(Katastrophe, Vernichtung) als religiös unbelastete und daher dem Terminus »Holocaust« vorzuziehende Alternative. Der Gebrauch des Begriffes Sho'ah, der durch Claude Lanzmanns 1985 entstandene gleichnamige Dokumentation maßgeblich in das öffentliche Bewußtsein trat, verkennt jedoch die Tatsache, daß die gesamte moderne hebräische Sprache elementar auf dem biblischen Hebräisch fußt. Demgemäß ist auch »Sho'ah« biblischen Ursprungs und findet in der Bibel durchgehend in Situationen Anwendung, in denen es um eine für das Volk Israel drohende Gefahr, Katastrophe oder Zerstörung geht, die auf göttliche Verurteilung oder Vergeltung zurück geht.*

Nahezu ausschließlich in orthodox-jüdischen Kreisen wird schließlich der Begriff **Churban** *verwendet. Der namentlich von Manès Sperber verwendete Terminus »Churban« meint ebenfalls Katastrophe oder Zerstörung, ist jedoch Bestandteil eines klar definierten, traditionell religiösen Konzeptes. Demzufolge gab es in der Geschichte der Juden bereits zwei Mal einen »churban« (die erste und die zweite Zerstörung des Tempels in Jerusalem), die religiös-theologisch als Strafe Gottes für begangene Sünden interpretiert wurden. Aus dieser Sicht stellt die Ermordung der Juden den »dritten churban« dar, der gleichfalls als Strafe Gottes für religiöse Verfehlungen des jüdischen Volkes zu werten sei.*

In Anbetracht der fragwürdigen Mehrdeutigkeiten aller drei genannten Begriffe bleibt der zutiefst beunruhigende Gedanke, daß der menschliche Geist offenbar nicht in der Lage ist, dem einen angemessenen Namen zu geben, was eines seiner ureigensten und jüngsten Produkte ist: das Königreich der Nacht, die Sho'ah, der Holocaust.

Anmerkungen

1 Soweit ich sehe, gibt es bisher nur drei außerordentlich verdienstvolle und gute Aufsätze, die sich mit der Entstehung und dem Gebrauch des Wortes »Holocaust« als der Bezeichnung für die Ermordung der Juden während des Zweiten Weltkrieges auseinandersetzen: Gerd Korman, The Holocaust in Historical Writing, in: Societas 2, 1971, S. 251-270; Uriel TAL, Excurses on the Term Shoah, in: Shoah, No. 4, S. 10-11, 1979; Zeev Garber/ Bruce Zuckerman, Why do they call the Holocaust »The Holocaust«: An inquiry into the psychology of labels, in: Modern Judaism, Vol. 9, No. 2, 1989, S. 197-211. Diese Aufsätze bilden die Hauptquelle der nachfolgenden Ausführungen. Die Aufsätze von Tal und Korman sind im wesentlichen auch die Grundlage des Begriffs Holocaust untersucht; vgl. James Young, Beschreiben des Holocaust. Darstellung und Folgen der Interpretation, Frankfurt/ M. 1992, bes. S. 139-163.

2 Garber/ Zuckerman, op. cit., S. 198

3 Garber/ Zuckerman, op. cit., S. 199

4 Garber/ Zuckerman, ebda.

5 Vgl. Garber/ Zuckerman, op. cit., S. 199

6 Vgl. Paul Benzaquin: Holocaust!, New York 1959; siehe auch die Angaben bei: Korman, op. cit., S. 261, Anm. 22 u. Garber/ Zuckerman, op. cit., S. 201

7 Der Begriff »permanenter Progrom« wurde erstmals 1941(!) von Jacob Lestschinsky auf die Vorgänge in Nazi-Deutschland benutzt und von ihm definiert als ein von einer Regierung organisiertes Pogrom, das »keine vorübergehenden oder begrenzten politische oder ökonomische Ziele kennt, sondern die Ausrottung, die psychische Vernichtung der jüdischen Menschen« zum Inhalt hat. (Jacob, Lestschinsky, The Anti-Jewish Program: Tsarist Russia, The Third Reich and Independent Poland, in: Jewish Social Studies, Vol. 3, 1941, S. 141-158). Für den Gebrauch der anderen erwähnten Termini vgl. Samuel Gringauz, Philip Friedman's »Oswiecim«, in: Jewish Social Studies, Vol. 14, S. 376-377, 1952; Leo Schwarz: Anne Frank's Diary, in: Jewish Social Studies, Vol. 14, 1952, S. 377-381; Theodor Abel, Simon Segal's »New Order in Poland«, in: Jewish Social Studies, Vol. 5, 1943, S. 78-79; Werner J. Cahnman, A Regional Approach to German Jewish History, in: Jewish Social Studies, Vol. 5, 1943, S. 211-224; Oscar Karbach, The Founder of Political Antisemitism: Georg von Schoenerer, in: Jewish Social Studies, Vol. 7, 1945, S. 3-30; Adolf Kober: Jewish Communities in Germany from the Age of Enlightenment to their Destruction by the Nazis, in: Jewish Social Studies, Vol. 9, 1947, S. 230-238.

8 Zur Entstehung, Bedeutung und Namensgebung von Yad Vashem, siehe: Christoph Münz, Der Welt ein Gedächtnis geben. Geschichtstheologisches Denken im Judentum nach Auschwitz, Gütersloh 1995 (2. Aufl. 1996), Kap. IV-3

9 Vgl.: Martyrs' and Heroes' Remembrance Authority, Yad Vashem 1955, S. 7, 9, 17, 19

10 Vgl.: James Young, op. cit., S. 145; Gerd Korman, op. cit. 1971. Nach meinem eigenen – bescheidenen – Recherchen dürfte eine der frühesten Verwendungen von »Holocaust« in diesem Sinne außerhalb streng wissenschaftlicher Literatur in dem populär-wissenschaftlichen Werk eines Nicht-Juden über die Geschichte des American Jewish Joint Distribution Commitee aus dem Jahre 1960 zu finden sein; siehe Herbert Agar, The Saving Remnant. An account of Jewish Survival, New York 1960 (Klapptext).

11 Vgl. die Angaben bei Gerd Korman, op. cit., S. 260f.

12 Ab Mitte der 60er findet man den Terminus zunehmend in den Titeln entsprechender Bücher und Aufsätze; vgl. exemplarisch: Alexander Donut, The Holocaust Kingdom, New York 1965; Sam Bloch (Ed.), Holocaust and Rebirth. Bergen Belsen 1945-1965, New York 1965; Jack Kuper, Child of the Holocaust, London 1967; A.H. Friedländer, Out of the Whirlwind. A Reader of Holocaust Literature, New York 1968

13 Die unter diesem neuen Stichwort aufgelisteten Bücher und Artikel waren zuvor verteilt auf Stichworte wie »Zweiter Weltkrieg« oder »Geschichte der jüdischen Gemeinden«, vgl. die Angaben bei Gerd Korman, op. cit. S. 261

14 Garber/ Zuckerman, op. cit., S. 200

15 Garber/ Zuckerman, ebda.

16 Garber/ Zuckerman, ebda.

17 Für eine Reihe anderer Überlegungen siehe: Garber/Zuckerman, op. cit.

18 David Roskies, Against the Apocalypse. Responses to Catastrophe in Modern Jewish Culture, Cambridge 1984, S. 261

19 Garber/Zuckerman, op. cit., S. 202

20 Garber/Zuckerman, op. cit., S. 202. Insofern geht Jäckels Vermutung fehl, wenn er noch jüngst meinte, ein »Kenner der Bibel kann es eigentlich nicht gewesen sein, der diesen Begriff (Holocaust) auf den Mord an den Juden übertrug«. (Eberhard Jäckel, Der Mord an den europäischen Juden und die Geschichte, in: Wolfgang Beck (Hrsg.), Die Juden in der europäischen Geschichte, München 1992, S. 20-32 (S. 25)). Das Kuriosum besteht eben darin, daß ein ausgewiesener Kenner der Bibel, der Elie Wiesel zweifellos ist, genau aufgrund seiner Kenntnis der Bibel diesen Terminus wählte! Dazu gleich mehr. Später allerdings bereute Wiesel diesen Schritt: »Ich muß Ihnen gestehen, daß ich leider derjenige war, der dieses Wort (Holocaust) in diesem Zusammenhang eingeführt hat, und ich bin nicht stolz darauf. Ich kann es nicht mehr länger benutzen.« (Elie Wiesel, Some Questions That Remain Open, in: Asher, Cohen/Joav, Gelber/Charlotte Wardi (Eds.), Comprehending the Holocaust: Historical and Literary Research, Frankfurt/Bern/New York/Paris 1988, S. 9-20 (S. 13))

21 Garber/Zuckerman, ebda.

22 Garber/Zuckerman ermittelten in einer Untersuchung die Anzahl der Dissertationen in den USA, in deren Titel der Terminus Holocaust erscheint für den Zeitraum von 1961-1985. Vor 1970 waren keine entsprechenden Dissertationen verzeichnet. Zwischen 1970 und 1975 waren es 21, zwischen 1976 und 1980 fanden sie bereits 97 und zwischen 1981 und 1985 waren es schließlich 274 Dissertationen, die im Titel das Wort Holocaust führten; vgl.: Garber/Zukkerman, op. cit., S. 210, Anm. 14

23 Akedah (hebr.) heißt: Bindung. Der christliche Sprachgebrauch, der von einer Opferung Isaaks spricht ist insofern nicht korrekt, als daß Isaak letztlich nicht geopfert, das Opfer also nicht vollzogen wurde. Die Akedah ist eines der wichtigsten Motive der jüdischen Religion.

24 Der biblisch-hebräische Begriff korban olah bedeutet Ganz- oder Brandopfer und liegt der lateinischen Übersetzung als holocaustum zugrunde.

25 Elie Wiesel, in: Irving Abrahamson, op. cit., Vol. 1, S. 385. Zahlreiche gleichlautende Äußerungen Elie Wiesels findet man u.a. in Aufsätzen Elie Wiesels der Jahre 1965, 1970 und 1971, die alle nachzulesen sind in: Irving Abrahamson (Ed.), Against Silence, The Voice of Elie Wiesel, Vol. 1, New York 1985, bes. S. 243-244 u. S. 271-275, Vol. 2, bes. S. 3-8. Abrahamson selbst kommentiert: »Die Akedah geht dem Holocaust voraus, aber für Wiesel ist der Holocaust schon in der Akedah präfiguriert«. (in: Vol. 1, S. 40)

26 Garber/Zuckerman, op. cit., S. 203

27 Ausführl. nachzulesen in: Garber/Zuckerman, op. cit., S. 202-208

28 Garber/Zuckerman, op. cit., S. 203f

29 Garber/Zuckerman, op. cit., S. 204

30 Garber/Zuckerman, ebda.

31 Elie Wiesel, in: Irving Abrahamson, op. cit., Vol. 1, S. 385

32 Garber/Zuckerman, op. cit., S. 206

33 Vgl.: Claude Lanzmann, Shoah, München 1986

34 Vgl.: Uriel Tal, op. cit. 1979; die folgenden Ausführungen beruhen im Wesentlichen auf diesem Aufsatz. Tals Aufsatz erschien im ersten Jahrgang der Zeitschrift »Shoah«, die trotz ihrer erstklassigen Beträge nur wenig verbreitet war und bereits mit dem 4. Jahrgang ihr Erscheinen einstellte. Dies mag die geringe Beachtung des Talschen Artikels erklären.

35 Z.B. Jes. 6,11; 10,3; Zeph. 1,15; Hiob 30,3; 30,14; 38,27; Ps. 35,8; 63,10

36 Uriel Tal, op. cit. S. 11

37 hebr.: mipnej chata'enu, unserer Sünden wegen ... Zu diesem jüdischen Konzept ausführlich: Christoph Münz, op. cit., Kap. V

38 Vgl. die Angaben bei: Uriel Tal, op. cit., S. 10

39 Dieser Ausspruch ist eine Abwandlung und Anspielung auf den gebräuchlichen hebräischen Ausdruck »Das Gebot der Stunde (sha'ah)«.

40 Uriel Tal, op. cit., S. 10

41 Ben Zion Dinur war nach der Gründung Israels Minister für Erziehung und Kultur und war maßgeblich beteiligt an der Gestaltung des Gesetzes zur Gründung Yad Vashems, dessen erster Leiter er auch wurde; vgl. Gerd Korman, op. cit., S. 260, Anm. 21

42 Uriel Tal, op. cit., S. 10; vgl. auch: Ben Zion DINUR, From hatred to Extermination. Seven Lectures at the Second World Congress, History of the Jewish People, Aug. 4, 1957, Yad Vashem/Jerusalem 1959, S. 14-45

43 Vgl.: Fishl Shneerson, Psycho-History of Sho'ah and Rebirth, ed. by Eliezer Tur Shalom, Tel-Aviv 1958

44 Uriel Tal, op. cit., S. 11

45 In einem persönlichen Gespräch mit Yaakov Lozowick, dem seinerzeit pädaogigschen Leiter der Seminare für Ausländer und jetzigem Archivdirektor in Yad Vashem/Jerusalem, äußerte dieser ein durchaus gewisses Unbehagen am Gebrauch des Terminus »Shoah«. »Shoah« sei tatsächlich ein vielbenutztes Wort der hebräischen Alltagssprache, das eben auch in vergleichsweise banalen Zusammenhängen selbstverständliche Anwendung findet. Verschüttet ein Kind ein Glas Milch, hat man einen wichtigen Termin verpaßt oder einen Autounfall gehabt, so sei dies immer eben auch eine »Shoah«, eine Katastrophe.

46 Worin die »Sünde« bestanden habe, die den *dritten churban*, den Holocaust, als göttliches Strafgericht rechtfertigen würde, darüber gibt es in orthodoxen Kreisen höchst unterschiedliche Vorstellungen. Vgl. hierzu ausführlich das entsprechende Kapitel in meiner in Anm.8 genannten Dissertation. Eine sehr eigenwillige Interpretation des Holocaust als dem *dritten churban* findet man bei Ignaz Maybaum, The Face of God after Auschwitz, Amsterdam 1965. Dieses Buch darf als die erste Veröffentlichung nach 1945 gelten, die innerjüdisch den Holocaust im Rahmen einer spezifisch geschichtstheologischen Konzeption zu deuten versucht.

47 Eine Ausnahme im Gebrauch des Begriffs stellt in gewisser Hinsicht Manès Sperber dar, der diesen Terminus ebenfalls benutzt, allerdings unter explizitem Verzicht seiner theologischen Bedeutung; vgl.: Manès Sperber, Churban oder die unfassbare Gewißheit, Wien 1979. Zur gesamten Problematik der verschiedenen Termini, die zur Benennung der Ermordung der europäischen Juden herangezogen werden, siehe ausführlich das entsprechende Kapitel in meiner Dissertation (Anm. 8).

48 Die bedeutendsten Autoren und Denker im Rahmen des hier von mir angesprochenen Diskurses sollen wenigstens namentlich genannt werden: *Ignaz Maybaum, Richard Lowell Rubinstein, Emil Ludwig Fackenheim* und *Eliezer Berkovits* – die vier Klassiker unter den Holocaust-Deutern – und in ihrer Folge vor allem dann *Arthur Allen Cohen, Irving Greenberg und – mit Einschränkungen – Mark Ellis. Ihre Positionen und Interpretationen eingehend dem deutschsprachigen Publikum vorzustellen, einen Einblick in die drei Jahrzehnte währende Debatte um die Thesen dieser Autoren zu vermitteln, eine Einbettung dieses geschichtstheologischen Diskurses um eine Deutung des Holocaust in den Rahmen traditionell-jüdischen Denkens vorzunehmen sowie aus alledem schlußfolgend eine qualifizierte Definition jüdischen Gedächtnisses und jüdischer Erinnerung zu gewinnen ist ausführlich nachzulesen in: Christoph Münz, op. cit. (s.o. Anm. 8) u. in Kurzform: Christoph Münz, Geschichtstheologie und jüdisches Gedächtnis nach Auschwitz. Über den Versuch, den Schrecken der Geschichte zu bannen, ›Materialien Nr. 11 des Fritz-Bauer-Instituts/Frankfurt‹, Frankfurt/M. 1994*

49 Jürgen Seim, Notizen zur Deutbarkeit des Holocaust, in: Evangelische Theologie, Jg. 48, S. 447-462, (S. 447)

Dieser Aufsatz ist, leicht gekürzt und bearbeitet, ein Kapitel aus: Christoph Münz: Der Welt ein Gedächtnis geben. Geschichtstheologisches Denken im Judentum nach Auschwitz, Gütersloh 1995 (2. Aufl. 1996).

2 Sinti und Roma

Inhaltsverzeichnis

Der NS-Völkermord an den Sinti und Roma 91
Gernot Jochheim

Sinti und Roma 96
Bezeichnung und Herkunft

Das »Zigeunerlager« Berlin-Marzahn 1936–1945 97
Zur Geschichte und Funktion eines nationalsozialistischen Zwangslagers
Ute Brucker-Boroujerdi/Wolfgang Wippermann

Das Bild der Sinti in der Kinder- und Jugendliteratur 102
Zwischen mythischer Figur und realer Gestalt
Michael Krausnick

Kinder – dem Rassenhaß ausgesetzt 106
Erzählungen

Das Schicksal der Sinti und Roma 107
Literatur und Unterrichtsanregungen

»In Auschwitz vergast, bis heute verfolgt« 108
Ausstellungen zum Schicksal der Sinti und Roma

Das umseitige Foto von Friedrich Seidenstücker aus dem Jahre 1930 zeigt spielende Sinti-Kinder vor dem Zeughaus in Berlin, Unter den Linden.

Erläuterungen

Eine unterrichtliche Behandlung der Verfolgung und Ermordung von Sinti und Roma während der NS-Zeit sollte einhergehen mit der Auseinandersetzung über jene Bilder, die über diese Volksgruppe, die immer noch auch als »Zigeuner« bezeichnet wird, in den Köpfen von Lehrenden wie Lernenden bestehen dürften. Da wird es sich in den meisten Fällen um ein Konglomerat von – durchaus nicht allein negativen – Klischees und Vorurteilen handeln, geprägt durch Überlieferungen, Filme, Opern, Operetten, Schlagern, Liedgut, »Volksmusik«, Literatur und Speisekarten. Die allerwenigsten werden persönliche Kontakte, geschweige denn Beziehungen zu Sinti oder Roma haben. Da Kinder- und Jugendliteratur – oft als Schullektüre eingesetzt – bei dem Entstehen von Bildern über Sinti und Roma einen wesentlichen Beitrag leisten dürften, haben wir einen entsprechenden Schwerpunkt gesetzt. Das »Dokumentations- und Kulturzentrum deutscher Sinti und Roma« und die »Gesellschaft für bedrohte Völker« haben Materialien erarbeitet, in denen die Klischees und Vorurteile gegenüber Sinti und Roma thematisiert sind. Auf eine der hartnäckigsten Vorstellungen über das »Zigeuner«-Leben soll hier sachbedingt eingegangen werden, sie betrifft die Seßhaftigkeit bzw. Nichtseßhaftigkeit der Sinti in Deutschland: Längst vor der Machtübernahme durch die Nationalsozialisten hatte der weitaus größte Teil der etwa 30 000 in Deutschland lebenden Sinti einen festen Wohnsitz. (Ansonsten hätte im übrigen eine NS-Vorschrift, daß Mietverhältnisse mit »Zigeunern« unzulässig wären, auch keinen Sinn gehabt.) In erster Linie durch gewerbliche Tätigkeiten bedingt, gab es noch fahrende Sinti. Diese allerdings und eben nicht die seßhaften wurden in der Öffentlichkeit wahrgenommen. Es waren erst die Repressionen der Nazis, die den Sinti die Wohnungen nahmen und sie in Lagern zusammentrieben.

In unterrichtlichen Zusammenhängen liegt es nahe, die Parallelen zwischen den Maßnahmen gegenüber der jüdischen Bevölkerung und den Sinti seit 1933 in Deutschland herauszuarbeiten. Leider sind die Entsprechungen zwischen dem Antisemitismus und dem Antiziganismus in der deutschen Sozialgeschichte wenig bekannt und erst jüngst durch W. Wippermann aufgearbeitet worden (s. S. 107).

Seit 1994 nimmt der Bundesrat in seiner jeweils letzten Sitzung des Jahres die Jahrestage des Himmler-Erlasses vom 16. Dezember 1942, nach dem die Sinti und Roma nach Auschwitz zu deportieren wären, zum Anlaß für ein Gedenken, zu dem Vertreter der deutschen Sinti und Roma geladen werden. Bislang hat der jeweilige Bundesratspräsident eine Ansprache gehalten. Die Reden können bei der Pressestelle des Bundesrates bezogen werden.

Der NS-Völkermord an den Sinti und Roma*

Gernot Jochheim

Im **»Brockhaus' Konversations-Lexikon«** aus dem Jahre **1903** endet das Stichwort »Zigeuner« folgendermaßen:

»Die Geschichte der Z. ist eine Geschichte menschlichen Elends und menschlicher Roheit. Zahllos sind die Edikte, die in aller Herren Länder gegen sie erlassen worden sind, und grausam die Verfolgungen, denen sie ausgesetzt waren. Versuche, größere Massen mit Güte oder Gewalt anzusiedeln, sind stets gescheitert. (...) Daß das alte Zigeunertum in raschem Verfall begriffen ist, unterliegt keinem Zweifel. Immer geringer wird die Zahl der Z., die noch ihre alte Sprache sprechen können, und sie gehen immer mehr in der Bevölkerung auf, in der sie leben.«

»Zigeuner« – Objekte des NS-Rassismus

Im deutschen Kaiserreich, in der Weimarer Republik und weitgehend auch noch in den ersten Jahren der NS-Herrschaft war die Auseinandersetzung mit dem, was als »Zigeunerplage« wahrgenommen wurde, vor allem ein Tätigkeitsfeld der Polizei. Das dem zugrundeliegende Leitbild findet sich im »Handbuch für den praktischen Kriminaldienst«. Darin wurden die »Zigeuner« folgendermaßen charakterisiert: ... »träge, genußsüchtig und eitel, sinnlich, schamlos, sehr rachsüchtig, grausam, aber dabei stets feige, äußerst verlogen, sehr listig, untertänig«.

In der Nazi-Zeit wurden die Sinti und Roma in die NS-Rassenideologie einbezogen und schließlich dem Massenmord ausgeliefert, obwohl sie lange Zeit weder bei der Naziführung – auch nicht bei Hitler – noch ansonsten in der politischen Propaganda eine Rolle gespielt hatten. So waren die maßgeblichen Akteure der Verfolgung der Sinti und Roma weder die NSDAP noch irgendwelche Nazi-Führer, sondern die Kriminalpolizei und die sogenannten »Rassenhygieniker«. Es entwickelte sich ein »polizeilich-wissenschaftlicher Komplex« (Zimmermann), dessen Akteure die »Zigeuner«-Verfolgung jahrelang quasi in Eigeninitiative betrieben, dann aber zunehmend Unterstützung durch Institutionen des Regimes, namentlich durch Himmler, fanden.

Nach der Machtübernahme durch die Nazis intensivierten die Behörden die soziale Diskriminierung und die Verfolgung der Sinti und Roma. Auf lokaler Ebene wurden beispielsweise private Plätze für fahrende Sinti und Roma geschlossen und stattdessen kommunale, oft mit Stacheldraht umzäunte Sammellager mit einer rigiden Ordnung eingerichtet. (Siehe als Beispiel hierzu den folgenden Beitrag von Wolfgang Wippermann.)

Ausschluß aus dem Arbeitsleben, Schulverbote, Verweigerung von Wohnungsvermietungen, Wohnungskündigungen – dies sind nur einige Stichworte, die die soziale Isolierung kennzeichnen, in die Sinti und Roma gerieten. Ähnlich wie gegen Juden setzte gegen sie eine widerliche Pressehetze ein. Auch waren unter den Gefangenen der ersten Konzentrationslager in Deutschland in größerer Zahl Sinti und Roma. »Verbrechensprävention« lautete hier häufig die Begründung.

* Die Informationen dieses Beitrages sind im wesentlichen der am Ende angeführten Literatur entnommen.

Otto Pankok, Zigeunerkinder hinter Stacheldraht, 1937

SINTI UND ROMA

Eine nicht näher zu bestimmende Zahl von Sinti und Roma wurde Opfer der ersten NS-»Rassengesetze«, des »Gesetzes zur Verhütung erbkranken Nachwuchses« vom 14. Juli 1933, das die Zwangssterilisation von sog. »Erbkranken« vorsah, sowie des »Gesetzes gegen gefährliche Gewohnheitsverbrecher« vom 24. November 1933, das Sicherheitsverwahrung und Kastration von Häftlingen möglich machte, die als »geborene Gewohnheitsverbrecher« klassifiziert worden waren. Besonders infam war es, daß die »Erbgesundheitsgerichte« Sinti, auch wenn sie einen vorgesehenen Intelligenztest bestanden hatten und ihnen damit »Schwachsinnigkeit« nicht attestiert werden konnte, sie als »sozial schwachsinnig« einstuften oder ihnen »getarnten Schwachsinn« zuschrieben. In keinem dieser Gesetze wurden im übrigen »Zigeuner« überhaupt erwähnt.
Dies gilt auch für die »Nürnberger Gesetze« (s. S. 27/28), deren Geltungsumfang durch Erlasse jedoch auf die »Zigeuner« ausgedehnt wurde. In dem berüchtigten Kommentar zu den Rassegesetzen von Hans Globke und Wilhelm Stuckert hieß es in der Zusammenschau: »In Europa sind regelmäßig nur Juden und Zigeuner artfremden Blutes.« Nun ließ sich dies leichthin behaupten und niederschreiben, in der Praxis stellten sich für die Rassentheoretiker allerdings Schwierigkeiten ein. Eine konstitutives Problem bestand nämlich darin, »Zigeuner« gemäß »rassenkundlicher« Gesichtspunkte überhaupt zu identifizieren. Im Falle der Juden hatten dies die Nazis ja denkwürdigerweise an die Religionszugehörigkeit der Großeltern geknüpft (s. S. 65/66), die Sinti und Roma waren jedoch größtenteils katholisch. – Und ein Zweites: Wie konnten die »Zigeuner«, die aus Nordindien stammten und als »arisch« hätten gelten müssen, »artfremdes« Blut haben?

Robert Ritter bei rassenbiologischen Untersuchungen, 1938

Angesichts der letzten Frage argumentierten die »Zigeunerforscher«: Die »Zigeuner« hätten sich auf ihrer jahrhundertewährenden Wanderschaft mit kleinasiatischen Völkern vermischt und in Europa dann vorzugsweise mit Kriminellen und »Asozialen«. Und bei der Bewältigung des Hauptproblems, der Klassifizierung der »Zigeuner« als einer »minderwertigen Rasse« setzte nun die Arbeit der »Rassen- und Erbbiologischen Forschungsstelle« des Dr. Dr. Robert Ritter ein (s. S. 30 ff.).
Lange Zeit unterschieden die NS-Rassenbiologen im übrigen noch »reinrassige Zigeuner«, »Zigeunermischlinge« und »nach Zigeunerart umherziehende Personen«, wobei die »Zigeunermischlinge« als besonders »minderwertig« galten. Zeitweise war sogar in der Diskussion, den sogenannten »reinrassigen Zigeunern« einen gewissen Lebensraum zu gewähren, eine mögliche »Vermischung« jedoch zu unterbinden – Vorstellungen, die letztlich nicht weiter verfolgt wurden. Alle vorgeblich »wissenschaftlichen« Differenzierungen hatten schließlich keine Bedeutung mehr.
Die Einrichtung der »Rassenhygienischen und Bevölkerungsbiologischen Forschungsstelle« war bereits ein Bestandteil der Zentralisierung der »Zigeunerbekämpfung«, die mit der Ernennung Himmlers zum »Chef der deutschen Polizei im Reichsinnenministerium« eine institutionelle Voraussetzung erfuhr. Am Ende dieses Prozesses war das Reichssicherheitshauptamt (RSHA) als zentrale Institution der nationalsozialistischen Terror- und Gewaltherrschaft jener Apparat, der auch die zentrale Instanz für alle gegen Sinti und Roma gerichteten Maßnahmen von Zwangssterilisationen bis zu Deportationen gewesen ist.

Verschärfung der »Zigeuner«-Politik 1938

Sinti waren auch von zwei sogenannten »Asozialen«-Aktionen betroffen, die im April und Juni 1938 durchgeführt wurden. Die meisten von ihnen, die neben anderen Personengruppen in die Konzentrationslager Dachau, Buchenwald und später auch nach Mauthausen gebracht wurden, waren weder vorbestraft noch irgendwelche »Landstreicher«. Als Auswahlkriterien für die Sinti und Roma galt offenbar »männlich, erwachsen, standesamtlich nicht verheiratet«.
Im August 1938 erklärte einer der maßgeblichen »Rassenforscher«, Dr. Adolf Würth: »Die Zigeunerfrage ist für uns heute in erster Linie eine Rassenfrage. So wie der nationalsozialistische Staat die Judenfrage gelöst hat, so wird er auch die Zigeunerfrage grundsätzlich regeln müssen.« Am 1. Oktober des Jahres übernahm dann das Reichskriminalpolizeiamt (RKPA) die NS-»Zigeunerpolizeistelle« München. So entstand die »Reichszentrale zur Bekämpfung des Zigeunerunwesens«. Ein knappes Jahr später wurde das RKPA zum Amt V des Reichssicherheitshauptamtes (s. S. 40). Am 8. Dezember 1938 schließlich kündigte Himmler in einem Erlaß an, »die Regelung der

Zigeunerfrage aus dem Wesen dieser Rasse heraus in Angriff zu nehmen«. Die erste Maßnahme ergab sich zwangsläufig: »Zur Erreichung dieses Zieles ist es zunächst erforderlich, die Rassenzugehörigkeit der einzelnen im Deutschen Reich lebenden Zigeuner und nach Zigeunerart umherziehenden Personen festzustellen.« Diese Feststellungen sollten aufgrund der »Rassegutachten« des Ritterschen Instituts getroffen werden. Hier waren bis 1942 etwa 28 000 Sinti und Roma registriert und etwa 19 000 von ihnen »rassediagnostisch« begutachtet worden.

Neuer Radikalisierungsschub nach Kriegsbeginn

Ein weiterer Radikalisierungsschub setzte nach dem schnellen militärischen Sieg über Polen ein. Am 21. September 1939 wurde auf einer von Heydrich einberufenen Konferenz beschlossen, alle etwa 30 000 im »Großdeutschen Reich« lebenden »Zigeuner« in das Generalgouvernement Polen« zu deportieren, im übrigen zugleich mit den Juden der »neuen Ostgaue«. Diese Pläne ließen sich offenbar zu diesem Zeitpunkt nicht realisieren, hatten aber doch Auswirkungen auf die Lage der Sinti und Roma im Reich.

Am 17. Oktober 1939 wies Himmler die lokalen Polizeibehörden an, »sämtlichen in ihrem Bezirk befindlichen Zigeunern und Zigeunermischlinge die Auflage zu erteilen, von sofort ab bis auf weiteres ihren Wohnsitz oder jetzigen Aufenthalt nicht zu verlassen«. Und weiter hieß es: »Für den Nichtbefolgungsfall ist Einweisung in ein Konzentrationslager anzudrohen und erforderlichenfalls ... durchzuführen.«

Im Mai 1940 wurde dann die Deportation von 2 800 Sinti und Roma aus den westlichen und nördlichen Teilen Deutschlands ins Generalgouvernement durchgeführt. Die Organisation der Deportationen oblag wie im Falle der jüdischen Bevölkerung Adolf Eichmann. Die Deportierten mußten in Ghettos und Konzentrationslagern schwerste Sklavenarbeit leisten, beim Flugplatz- und Straßenbau, in Steinbrüchen und Munitionsfabriken. Sie wurden mit weißen Armbinden mit einem blauen »Z« gekennzeichnet.

Aufgrund von erneuten Einsprüchen des Generalgouverneurs Frank gab das Reichsministerium des Innern am 30. Oktober 1940 bekannt, daß die Deportationen zunächst eingestellt werden müßten. So konnten die Sinti und Roma zunächst in Deutschland bleiben, wurden aber weiteren diskriminierenden Maßnahmen unterworfen, und zwar – häufig auch explizit – entsprechend den antijüdischen Regelungen.

16. Dezember 1942: »Auschwitz«-Erlaß Himmlers

Am 16. Dezember 1942 befahl Himmler, alle »Zigeunermischlinge«, »Rom-Zigeuner« und »nichtdeutschblütige Angehörige zigeunerischer Sippen balkanischer Herkunft« in das »Konzentrationslager (Zigeunerlager) Auschwitz« zu deportieren, und zwar »familienweise« und »ohne Rücksicht auf den Mischlingsgrad«. Dieser Befehl meinte nicht allein deutsche Sinti und Roma.

In der Folge wurde in Auschwitz-Birkenau im Abschnitt B II e ein besonderes Lager für Sinti und Roma eingerichtet. Das Lager war etwa 600 Meter lang und 120 Meter breit. Rechts und links der Lagerstraße standen jeweils 20 Baracken, davon 32 Wohnbaracken. Bis zu 800 Menschen lebten zusammengepfercht in einer dieser Baracken. Im Juli 1943 wurde der Lagerabschnitt mit einem besonderen elektrisch geladenen Zaun umgeben.

Die Sinti-Kinder des Heims »St. Josefspflege«

Von den folgenden Deportationen aus dem Reichsgebiet waren auch die Sinti- und Roma-Kinder betroffen, die von den Behörden nach der Verschleppung ihrer erwachsenen Angehörigen in Konzentrations- oder Vernichtungslager in Kinderheimen untergebracht worden waren. Sehr gut dokumentiert ist das ergreifende Schicksal von 39 Sinti-Kindern des katholischen Kinderheims »St. Josefspflege« aus dem etwa 20 Kilometer südlich von Bad Mergentheim gelegenen Ort Mulfingen (s. Literatur und Medienhinweise, S. 107). Diese Kinder wurden zunächst von der Deportation zurückgestellt, weil sie das wissenschaftliche Objekt für die Doktorarbeit von Eva

Eva Justin bei »rassenkundlichen« Vermessungen

Justin, der engen Mitarbeiterin von Robert Ritter, waren. Nach Abschluß der „Untersuchungen" erfolgte unverzüglich ihre Deportation nach Auschwitz, wo sie am 12.

SINTI UND ROMA

Sinti-Kinder des Heims der »St. Josefspflege«, Mulfingen

Mai 1944 eintrafen. An diesem Tag findet sich im Lagerbuch der Eintrag:
»12. 5. – Aus dem Kinderheim »St. Josefspflege« in Mulfingen wurden 39 Zigeunerkinder eingeliefert.
20 Knaben bekamen die Nr. Z – 9873 bis Z – 9892, 19 Mädchen die Nr. Z – 10629 bis Z – 10647.«
Von diesen 39 Sinti-Kindern überlebten vier, weil sie über 14 Jahre alt gewesen waren und in der Rüstungsproduktion eingesetzt wurden.
Auch in den Jugendkonzentrationslagern Moringen und Uckermark waren Sinti und Roma gefangen. Am 24. März 1943 überstellte die SS alle »Zigeunermischlinge« von Moringen in das Lager Auschwitz, wo die 21 jungen Sinti am 27. März eintrafen. Im Lagerbuch Moringen findet sich hierzu der Eintrag: »Entlassen am: 24. 03. 1943 nach Auschwitz.«
Wie in vielen Fällen jüdischer Kinder so wurden auch Sinti-Kinder, die als Adoptiv- oder Pflegekinder in »arischen« Familien lebten – und dies seit der Zeit vor der NS-Herrschaft (!) –, deportiert. Zu ihnen gehört auch das Roma-Mädchen Sidonie Adlersburg, dem der Schriftsteller Erich Hackl ein literarisches Denkmal gesetzt hat (s. S. 106).

Der Aufstand im »Zigeuner«-Lager Auschwitz
In Auschwitz-Birkenau mußten die als »arbeitsfähig« eingestuften Sinti und Roma, darunter auch Kinder, schwerste Zwangsarbeit leisten, namentlich Erd- und Bauarbeiten. Außerdem wurden Sinti und Roma zu medizinischen Experimenten mißbraucht. Der berüchtigte KZ-Arzt Mengele ging auch im »Zigeuner«-Lager seinen Verbrechen nach. Nahezu die Hälfte der Gefangenen starb an Unterernährung, Erkrankungen und Seuchen.
Im Mai 1944 kehrte Rudolf Höß, der frühere Kommandant von Auschwitz, in das Lager zurück. Er sollte die Vorbereitungen für die Ermordung der erwarteten etwa 400 000 ungarischen Juden treffen. Hierzu zählte auch die Räumung des »Zigeuner«-Lagers.
Am 15. Mai 1944 fiel in der Kommandatur des KZ Auschwitz der Beschluß, am folgenden Tag die Insassen des »Zigeuner«-Familienlagers zu liquidieren. Hier waren etwa 6 000 Männer, Frauen und Kinder untergebracht. An diesem Tag wurden noch zwei Kinder geboren. Der Führer dieses Lagerabschnitts, Paul Bonigut, der die Entscheidung mißbilligte, gab die Nachricht heimlich an die Gefangenen weiter. Am folgenden Tag fuhren gegen 19 Uhr Wagen am Lager vor, aus denen mit Maschinengewehren bewaffnete SS-Männer ausstiegen. Sie kreisten das Lager ein. An die »Zigeuner« ging der Befehl, ihre Unterkunftsbaracken zu verlassen. Die vorgewarnten Menschen folgten dieser Anweisung nicht. Mit Messern, Spaten, Brecheisen und Steinen bewaffnet verbarrikadierten sie sich in den Baracken. Daraufhin brach die SS die Aktion ab. Der erste Versuch, die Sinti und Roma zu liquidieren, war gescheitert. Die am Tag zuvor geborenen Kinder erhielten im übrigen an diesem Tag die Häftlings-Nummern Z – 9909 und Z – 9910.
Die SS änderte nun ihre Strategie. Die »arbeitsfähigen« Sinti und Roma wurden ausselektiert und als Arbeitssklaven nach Buchenwald, Mittelbau-Dora, Flossenburg und Ravensbrück »überstellt«. Die verbliebenen 2 897 Sinti und Roma – vor allem alte Menschen, Frauen und Kinder – wurden in der Nacht vom 2. zum 3. August 1944 in die Gaskammern getrieben.
Das »Zigeuner«-Lager Auschwitz-Birkenau bestand 17 Monate. Von den fast 23 000 Sinti und Roma, die aus mehr als zehn europäischen Ländern hierhin deportiert worden waren – ca. 11 000 kamen aus Deutschland –, wurden 18 000 – 20 000 umgebracht.

Der Genozid in Osteuropa
Beginnend mit dem Jahre 1941 setzte die systematische Ermordung der Roma in den von Deutschland besetzten Gebieten bzw. in den verbündeten Staaten ein: durch Vergasungen und durch Massenerschießung von seiten der berüchtigten »Einsatzgruppen der Sicherheitspolizei

und des SD«. Aber auch Einheiten der »Wehrmacht« waren an Massenerschießungen beteiligt.

Das nationalsozialistische Vernichtungsprogramm war vor allem für Ost- und Südosteuropa konzipiert, wo vier Fünftel der europäischen Roma ansässig waren. In Serbien, wo die Roma zur Erkennung gelbe Armbinden tragen mußten, begann die deutsche Besatzung im Oktober 1941 mit der Erschießung von Juden und Roma. Im serbischen Konzentrationslager Zemun wurden aus Deutschland geholte, speziell konstruierte mobile Gaskammern eingesetzt, in denen vor allem Roma-Frauen und Kinder vergast wurden. Im August 1942 verwies der verantwortliche Militär mit unverhohlenem Stolz auf das Ergebnis: »Serbien einziges Land, in dem Judenfrage und Zigeunerfrage gelöst.« In Kroatien kam es zur rigorosesten Roma-Verfolgung Osteuropas. Nur wenige der etwa 28 000 Menschen zählenden kroatischen Roma haben die Massaker der faschistischen Ustaschas überlebt. Im berüchtigten Konzentrationslager Jasenovac waren bis zu 24 000 Kinder von Serben, Juden und Roma interniert.

Von 1942 an wurde in verschiedenen Regionen Polens die Ghettoisierung der polnischen Roma angeordnet. Zahlreiche polnische Roma wurden nach Auschwitz, Belsen, Chmelno, Majdanek und Treblinka deportiert.

Im September 1944 begann in Polen die Vernichtung der meisten Roma, die in Ghettos konzentriert waren. Darüber hinaus wurden zahlreiche polnische Roma unmittelbar an den Orten, an denen sie festgenommen wurden, erschossen oder auf andere Weise ermordet. In der UdSSR wurden die Roma vorwiegend Opfer von Einsatztruppen, die zur Vernichtung von Juden, Roma und »politisch unerwünschten Elementen" eingesetzt worden waren.

Nicht nur in Auschwitz, sondern darüber hinaus in etlichen anderen polnischen Konzentrationslagern wurden Sinti und Roma umgebracht, so z. B. in Treblinka, Lodz, Majdanek, Belzec, Sobibor und Zaslaw.

Außer in Serbien, Kroatien und Polen wurden in Rumänien, Ungarn und der UdSSR jeweils zehntausende sowie in Frankreich, Lettland und Litauen, Österreich und der Slowakei tausende Sinti und Roma Opfer des Völkermords. In Estland und Litauen sollen nahezu alle Roma umgekommen sein. Aus Rumänien wurden zehntausende Roma in das ukrainische Transnistrien vertrieben; während der Deportation starben etwa 36 000 Roma. Niemand hat die Ermordeten gezählt; wir sind auf sachkundige Schätzungen der Opferzahlen angewiesen. Wissenschaftler halten es für gesichert, daß allein in Ost- und Südosteuropa 238 000 Roma ermordet wurden. Sie weisen aber darauf hin, daß die wirkliche Zahl der Ermordeten wesentlich höher liegen dürfte.

Es wird geschätzt, daß etwa 500 000 Sinti und Roma während der Zeit des Nationalsozialismus Opfer des Völkermordes wurden.

Notabene

Der **»Große Brockhaus«** des Jahres **1957** attestiert den »Zigeunern« eine »ganz primitive, unstete Lebensweise«. Die Verfolgung der Sinti und Roma in der Geschichte wird mit keinem Wort erwähnt, geschweige denn der Genozid während der Nazi-Herrschaft in Europa.

Verwendete Literatur

In Auschwitz vergast, bis heute verfolgt. Begleitheft zur Ausstellung. Hrsg. von der Gesellschaft für bedrohte Völker und der Göttinger Beratungsstelle für Sinti und Roma. Göttingen o. J.

Romani Rose/Dokumentations- und Kulturzentrum Deutscher Sinti und Roma (Hg.): Der nationalsozialistische Völkermord an den Sinti und Roma. Heidelberg 1995[2].

Wolfgang Wippermann: Geschichte der Sinti und Roma in Deutschland. Darstellung und Dokumente. Hrsg. vom Berliner Institut für Lehrerfort- und -weiterbildung und Schulentwicklung. Berlin 1997[3].

Michael Zimmermann: Die nationalsozialistische Vernichtungspolitik gegen Sinti und Roma. In: Aus Politik und Zeitgeschichte. Beilage zur Wochenzeitung »Das Parlament«, B 16–17/1987 (18. April 1987), S. 31–45.

Sinti und Roma – Bezeichnung und Herkunft

Die Bezeichnung: Sinti, Roma
Die Bezeichnung »Sinti und Roma« hat sich in den letzten Jahren in Deutschland als Sammelname für die Volksgruppen durchgesetzt, die bislang als »Zigeuner« bezeichnet wurden. Die Herkunft des Namens »Zigeuner« ist nicht genau geklärt. Vermutlich leitet er sich aus dem persischen Wort »cinganch« (Musiker, Tänzer) oder aus dem byzantinischen »athinganoi« (die Unberührbaren) ab. Auf jeden Fall ist »Zigeuner« ein schillernder Begriff: Vielfach wird er allgemein für nichtseßhafte Menschen und Gruppen benutzt und schließt dann neben Sinti und Roma auch andere ein. Er birgt den negativen und diskriminierenden Beigeschmack »ziehender Gauner« oder »Asozialer«. So wurde das Wort »Zigeuner« im Laufe der Zeit auch zu einem Schimpfwort. Die meisten Sinti und Roma lehnen den Begriff daher entschieden ab.
Die Bezeichnung *Rom* (Plural: Roma) ist ein Wort aus dem *Romanes,* der Sprache dieser Volksgruppe, die sich aus dem indischen Sanskrit entwickelt hat. Das Wort *Roma* ist einerseits ein Name für die Volksgruppen der »Zigeuner«, die sich in Südost- und Südeuropa niedergelassen haben. Andererseits wird es vielfach international als Sammelbegriff für alle Sinti und Roma überhaupt verwendet. Die Roma sind kein einheitliches Volk: Es bestehen zahlreiche Gruppen, deren Kultur und Sprache sich unterschiedlich entwickelt haben. Eine dieser Gruppen sind die *Sinti,* die sich vor etwa 600 Jahren in Deutschland niedergelassen haben.

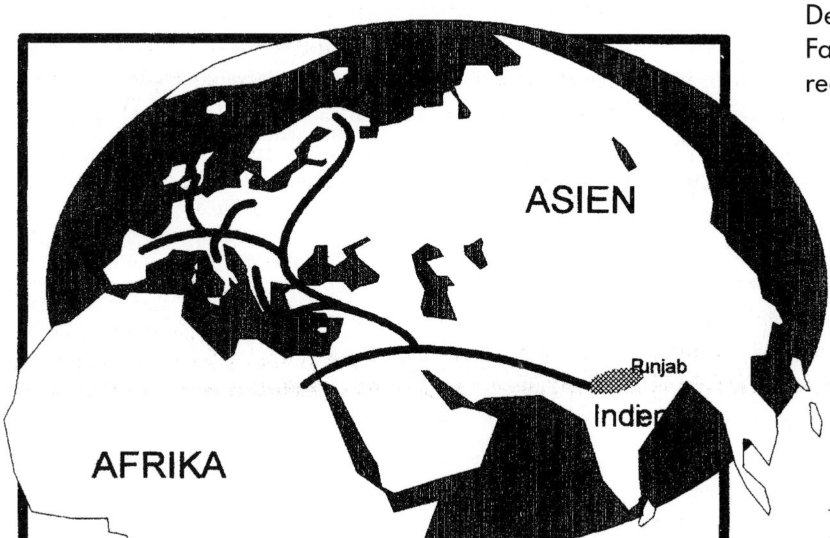

Wo kommen die Sinti und Roma her?
Die ursprüngliche Heimat der Sinti und Roma ist der Nordwesten Indiens, der Punjab. Zwischen dem achten und zwölften Jahrhundert zogen sie in kleineren und größeren Gruppen nach Westen. Der Weg ihrer Wanderung führte über Pakistan, Iran, die Türkei und die Balkanländer nach Europa. Ihren Lebensunterhalt verdienten die Sinti und Roma vorwiegend mit handwerklichen Tätigkeiten, vor allem als Schmiede, Werkzeugmacher, Kesselflicker, Scherenschleifer, Korbflechter und Pferdehändler, manche auch als Musikanten und Künstler. Einige Gruppen, wie die Sinti, erreichten ab dem 14. Jahrhundert Westeuropa und somit auch Deutschland.
Etwa ab dem 15. Jahrhundert wurde die Lage für Sinti und Roma in Europa schwierig. Sie wurden verfolgt und verschleppt; zum Teil wurde ihnen verboten, ihre Sprache zu sprechen. Später mußten sie oft Zwangsehen mit Nichtroma eingehen. Manchen Roma wurden ihre Kinder weggenommen.
Beispiele: Die Polizei- und Landesverordnungen für Sachsen, Thüringen und Meißen aus dem Jahre 1589 sahen vor, daß ihnen Hab und Gut weggenommen werden konnte und daß sie »samt Weib und Kind außer Landes getrieben« werden sollten. Aus dem Jahre 1725 ist ein Erlaß des Königs Wilhelm I. von Preußen bekannt, daß »alle Zigeuner, die älter als acht Jahre sind, ohne Gerichtsverfahren am Galgen erhängt werden« sollten.
Bis zum 18. Jahrhundert wurden die Roma in sämtlichen deutschen Ländern für vogelfrei erklärt. Ab der Mitte des 19. Jahrhunderts wurde in Deutschland damit begonnen, alle Roma-Familien behördlich zu erfassen und zu registrieren.
In den anderen europäischen Ländern ist eine parallele Entwicklung zu verzeichnen: Ähnliche Gesetze, Erlasse und Verordnungen wie in den deutschen Fürstentümern und Ländern sind auch aus Skandinavien, Frankreich, Ungarn und den Balkanländern bekannt. Die reisende Lebensform der Roma wurde angesichts der Tatsache, daß sie im Grunde nirgendwo geduldet waren, lebenswichtig.

Aus: In Auschwitz vergast, bis heute verfolgt. Begleitheft zur Ausstellung der Gesellschaft für bedrohte Völker (s. S. 108)

Das »Zigeunerlager« Berlin-Marzahn 1936–1945

Zur Geschichte und Funktion eines nationalsozialistischen Zwangslagers

Ute Brucker-Boroujerdi/Wolfgang Wippermann

Die in der NS-Zeit errichteten sogenannten »Zigeunerlager« dienten der Konzentration und Freiheitsberaubung, der Selektion nach rassenideologischen Kriterien, der Ausbeutung durch Zwangsarbeit und – ähnlich wie die »Sammellager« für Juden – der unmittelbaren Vorbereitung der Deportation von Sinti und Roma. Dennoch kann schon jetzt festgestellt werden, daß die »Zigeunerlager« einen besonderen Typ im System nationalsozialistischer Zwangslager repräsentierten, zu denen neben den »Konzentrations-«, die »Arbeitserziehungs-«, »Jugendschutz-« und andere »SS-Sonderlager« gehörten. Im Unterschied zu diesen nationalsozialistischen Zwangslagern ging die Initiative zur Errichtung und Unterhaltung von »Zigeunerlagern« nicht von zentralen Institutionen des »Dritten Reiches«, sondern von untergeordneten Behörden im regionalen und selbst lokalen Bereich aus. So war es auch in Berlin.

Die Errichtung des Lagers

Seit 1934 war, wie aus einem Schriftwechsel mit der Hamburger Fürsorgebehörde[1] hervorgeht, die städtische Wohlfahrtsverwaltung Berlin »im engen Einvernehmen mit der Gauleitung der NSDAP, Rassenpolitisches Amt, und der Polizei bemüht, der Zigeunerplage in der Reichshauptstadt Herr zu werden«. Als besonders anstößig galten die in Berlin zahlreich vorhandenen »ungeordneten Zigeunerlager auf privaten Grundstücken«. Die hier angeblich herrschende »Unsauberkeit und Verwahrlosung« wurde als »ernste Gefahr für die Volksgesundheit« angesehen. Das »nachbarliche Zusammenleben mit der anwohnenden Berliner Bevölkerung« bilde eine »ernste sittliche Gefahr, insbesondere für die Jugend«. Daher wurde die »Zusammenziehung der Zigeuner in lagermäßiger Form unter möglichst strenger Aufsicht der Polizei und der Wohlfahrtsverwaltung als erster Schritt« erwogen.

Ähnlich wie in anderen Städten hat es auch in Berlin Beschwerden von Anwohnern derartiger privater Rastplätze gegeben. Sie wurden nicht nur von der Polizei und der Wohlfahrtsverwaltung, sondern auch vom Rassenpolitischen Amt der NSDAP ernst genommen und aufgegriffen. Dies deutet darauf hin, daß die bloße Anwesenheit der Sinti und Roma in Berlin aus polizeilichen und »rassenpolitischen« Gründen als unerwünscht angesehen wurde. Gleichwohl waren die genannten Behörden nicht in der Lage, ihre Pläne sofort zu verwirklichen. Vermutlich deshalb, weil man den privaten Grundeigentümern nicht verbieten konnte (oder wollte), Plätze an Sinti und Roma zu vermieten.

In Berlin fand man jedoch bald einen Anlaß, die Sinti und Roma »in lagermäßiger Form« zusammenzuziehen.

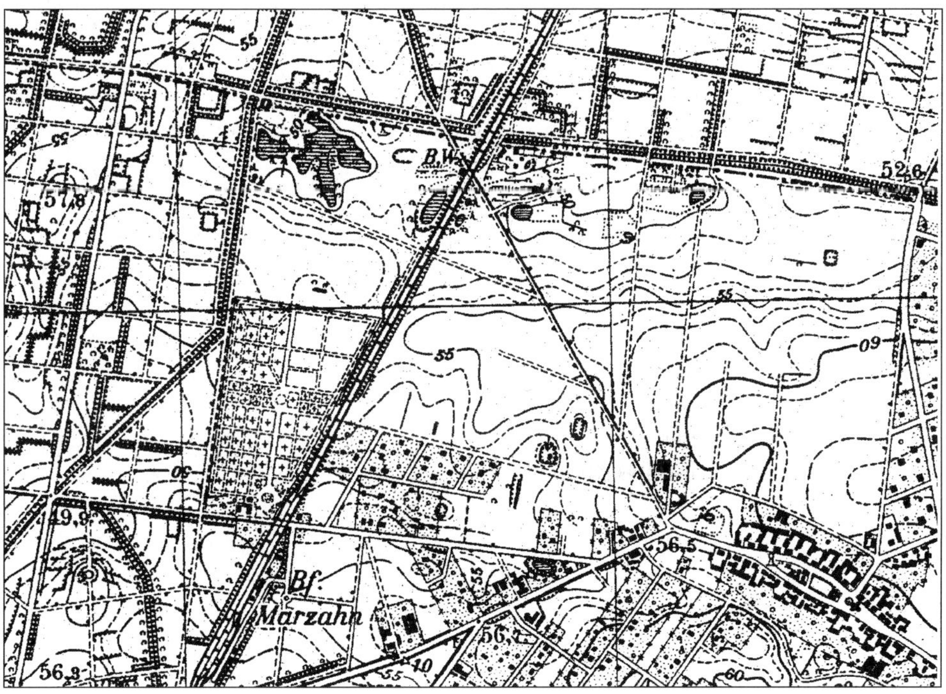

Marzahn (unten rechts) und Umgebung, 1942. Nördlich des Bahnhofs Marzahn liegt der Friedhof. Davon nördlich eine Freifläche, auf der sich das »Zigeuner«-Lager befand, desweiteren begrenzt durch Rieselfelder im Westen und Norden sowie durch die Gleise im Osten. Hervorgehoben mit den Buchstaben »B.W.« ist das Bahnwärterhaus, das auf dem Foto auf der folgenden Seite zu sehen ist.

Blick vom Bahnübergang Falkenberger Weg/Wriezener Bahn in Richtung Südwesten. Rechts das Bahnwärterhaus. Offensichtlich befand sich das »Zigeunerlager« noch in den Anfängen. Im Hintergrund links die Bäume des Städt. Friedhofes.

Dieser Anlaß waren die Olympischen Spiele von 1936.[2] Genauer gesagt, das schließlich erfolgreiche Bestreben der nationalsozialistischen Machthaber, den Besuchern des »Festes der Völker« ein sauberes, von allen »Schandflecken« befreites Berlin vorzuführen. Zu diesen »Schandflecken« wurden auch die privaten Rastplätze gezählt. Am 16. 7. 1936 wurden etwa 600 Sinti und Roma von ihren bisherigen Standplätzen im Stadtgebiet vertrieben. Unter Polizeibewachung mußten sie ihre Wohnwagen anspannen oder, weil viele kein »Untergestell mehr hatten«, mit »Winden auf Plattenwagen« stellen. Dann ging es, von Polizisten begleitet, nach Marzahn. Glaubt man zeitgenössischen Zeitungsberichten, empfanden viele Berliner den »Auszug« der Sinti und Roma als Sensation. Kritik an dieser Maßnahme scheint es nicht gegeben zu haben.

Wohnverhältnisse und Lebensbedingungen im »Zigeunerlager Marzahn« bis zum Ausbruch des 2. Weltkrieges

Die Sinti und Roma wurden auf einem Gelände in unmittelbarer Nähe ausgedehnter Rieselfelder untergebracht. Es wurde vom Falkenberger Weg, den Bahngleisen der Bahnlinie nach Werneuchen und einem städtischen Friedhof begrenzt. Freiwillig hätten sich Sinti und Roma hier niemals niedergelassen, denn durch die Nähe eines Friedhofs und die bisherige Nutzung als Fäkalienabladeplatz war dieser Ort für sie unrein und mit einem Tabu belegt. Die Insassen des Lagers Marzahn wurden gezwungen, gegen sehr wichtige Sittengesetze zu verstoßen. Hinzu kamen die, wie die Behörden selbst zugaben, von Anfang an äußerst schlechten »Wohnverhältnisse«. Nicht alle Sinti und Roma besaßen noch einen Wohnwagen. Daher mußten neben den zunächst 130 Wohnwagen »Wohnbaracken« aufgestellt werden, die vom bisherigen Nutzer, dem Reichsarbeitsdienst, als nicht mehr brauchbar angesehen worden waren. »Soweit für alle Angehörigen in einem Wagen kein Platz war, nächtigten sie unter dem Wagen, wo mit Decken und Lumpen ein Windschutz hergerichtet wurde.« Im Lager gab es nur drei Brunnen und zwei Toilettenanlagen. Viele Sinti und Roma erkrankten, so daß das Hauptwohlfahrtsamt bis März 1938 170 Krankenhausbehandlungen zählte, für die »rund 250 000 RM Kosten entstanden« seien.

1937 wurde eine »Verwaltungsbaracke« errichtet. In ihr befanden sich zwei »Wärmstuben«, ein »Entbindungszimmer« sowie Räume für die ständige Polizeiwache und den »städtischen Rastplatzverwalter«. 1938 wurden weitere drei »Wohnbaracken« sowie eine »Schulbaracke« aufgebaut, in der eine »fünfklassige Zigeunerschule« untergebracht war. Dadurch waren bis Ende 1938 101 900 RM an »einmaligen Aufwendungen« ausgegeben worden. Durch diese Erweiterungsbauten hatten sich die Verhältnisse im Lager keineswegs gebessert, was selbst von den zuständigen Behörden offen zugegeben wurde.

Die Wohnwagen und Baracken waren immer noch so überfüllt, daß verschiedene Sinti und Roma im Freien unter den Wohnwagen schlafen mußten. Nach dem nämlich im Jahr 1937 die Zahl der Insassen des Lagers auf 400 gesunken war, stieg sie 1938 sukzessive an. Am 1. Juni waren es 576, am 23. Juni 672 und am 27. September 1938 852 Sinti und Roma, die im Lager Marzahn leben mußten. Dabei handelte es sich überwiegend um Frauen und Kinder, deren männliche Verwandte aufgrund des Himmler-Erlasses vom 14. 12. 1937 zur »vorbeugenden Verbrechensbekämpfung« im Zuge der »Asozialenaktionen« in »Vorbeugehaft« genommen und in Konzentrationslager eingeliefert worden waren.

In dem nun völlig überfüllten Lager mit seinen von Anfang an völlig unzureichenden sanitären Verhältnissen kam es zu einer weiteren Verschlechterung der »Gesundheitsverhältnisse«. Im März 1939 stellte die »Gesundheitsverwaltung« zahlreiche Fälle von »Scharlach, Diphtherie und Tuberkulose« fest. Eine »längere Aufrechterhaltung« des Lagers im »gegenwärtigen Zustand« wurde vom Hauptwohlfahrtsamt für nicht mehr verantwortbar gehalten. Allerdings vor allem deshalb, weil die »Gefahr der Übertragung von Krankheiten auf die Bevölkerung von Marzahn« befürchtet wurde. Mitte 1939 wurden Pläne entwickelt, die »bauliche Ausgestaltung« des Lagers voranzutreiben und in ihm eine »straffe Lagerordnung nach Art der Konzentrationslager« einzuführen.

Die verantwortlichen Behörden – das Hauptwohlfahrtsamt, die Polizei und das ebenfalls hinzugezogene Rassenpolitische Amt der Gauleitung der NSDAP – gaben damit zumindest indirekt zu, daß das »Zigeunerlager« Marzahn einen »wilden«, durch keine staatliche Anordnung »legitimierten« Charakter hatte.

Die Rechtsstellung des »Zigeunerlagers« Marzahn

Liest man die erhalten gebliebenen Schreiben der für das »Zigeunerlager« Marzahn zuständigen Behörden, so fällt auf, daß nirgends auf ein Gesetz oder eine staatliche Verordnung Bezug genommen wird, in der die Errichtung und Ausgestaltung des Lagers angeordnet und geregelt wird. Statt dessen heißt es mehr oder minder unbestimmt, daß das Lager »in Verbindung mit der Olympiade« errichtet worden sei. Damit konnte jedoch nur der »Zusatz« zum Runderlaß »zur Bekämpfung der Zigeunerplage« des Reichs- und Preußischen Ministers des Innern vom 6. 6. 1936 gemeint sein, in dem es heißt:

»Der Pol.-Präs. in Berlin hat für Preußen von mir (= vom Innenminister) die Ermächtigung zur Durchführung eines allgemeinen Landesfahndungstages noch vor den Olympischen Spielen erhalten«. (Ministerialbl. f. d. Preuss. Innere Verwaltung, 1. Jg., Nr. 27 v. 17. 6. 1936, S. 785). Es wurden also allenfalls Razzien und vorübergehende Festnahmen von einzelnen Sinti und Roma »legitimiert«. Die nach diesem »Landesfahndungstag« und auch nach den Olympischen Spielen beibehaltene Festsetzung der Sinti und Roma im »Zigeunerlager« Marzahn war nicht nur eine ungerechte, sondern auch eine illegale, gesetzlich weder vorgesehene noch abgesicherte Maßnahme. Kein einziger Sinto und Rom ist aufgrund einer richterlichen Anordnung nach Marzahn verbracht worden.

Dies zu betonen ist aus zwei Gründen wichtig. Einmal deshalb, weil das Landesentschädigungsamt Berlin (West) die Festsetzung der Sinti und Roma im »Zigeunerlager« Marzahn nicht als eine Zwangsmaßnahme[3] gewertet hat. Zum anderen deshalb, weil den damaligen Behörden offensichtlich durchaus bewußt war, daß die von ihnen verfügte Errichtung und Unterhaltung des »Zigeunerlagers« Marzahn im Grunde illegal war. Ihr »Legalisierungsvorschlag« scheint auf den ersten Blick ebenso grausam wie absurd zu sein. Aus dem »Zigeunerlager« Marzahn sollte ein »Konzentrationslager für Zigeuner« werden. Eine derartige »Sonderbehandlung der asozialen Zigeuner« entspreche den »Grundsätzen des Runderlasses des Reichsführers SS und Chefs der deutschen Polizei vom 8. 12. 1938 über die Bekämpfung der Zigeunerplage«[4]. In diesem Runderlaß war zwar von »Konzentrationslagern für Zigeuner« nicht die Rede, wohl aber von einer »Regelung der Zigeunerfrage aus dem Wesen dieser Rasse heraus«. Der Leiter des Berliner

Die Erläuterung zu diesem Foto lautete 1936: »Teilansicht vom Rastplatz der Zigeuner am Falkenberger Weg in Marzahn«.

SINTI UND ROMA

Hauptwohlfahrtsamtes meinte dagegen offensichtlich, daß eine derartige rassenpolitische »Lösung der Zigeunerfrage« am ehesten in »Konzentrationslagern für Zigeuner« möglich sei.

Wir haben hier ein eindrucksvolles Beispiel für den Prozeß der »kumulativen Radikalisierung« im »polykratischen« NS-Staat. Rechtlose und rechtsfreie Zustände konnten und wurden auch von untergeordneten Behörden geschaffen und zugleich für eine weitere Eskalierung der Rechtlosigkeit und Brutalität genutzt. Derartiges ist gerade innerhalb der nationalsozialistischen »Zigeuner« – und Judenpolitik häufig anzutreffen.

Der Vorschlag des Leiters des Berliner Hauptwohlfahrtsamtes, das »Zigeunerlager« Marzahn in ein »Konzentrationslager für Zigeuner« umzuwandeln oder ein derartiges »endgültiges Lager für die Berliner Zigeuner weit entfernt von der Reichshauptstadt« zu errichten, ist jedoch zunächst nicht verwirklicht worden. Geradezu enttäuscht teilte das Hauptwohlfahrtsamt zwei Jahre später, am 9. Juni 1941, mit, daß »Änderungen« im Lager Marzahn »inzwischen nicht eingetreten« seien, »weil während des Krieges eine grundsätzliche Lösung der Zigeunerfrage nicht erreicht werden« könne. Doch was das Berliner Hauptwohlfahrtsamt offensichtlich noch nicht wußte, die »grundsätzliche« oder, wie es im Juni 1939 geheißen hatte, die »endgültige Lösung der Zigeunerfrage« war nur verschoben worden. Erst im Frühjahr 1943 wurde ein »Konzentrationslager für Zigeuner« errichtet, das »Zigeunerlager (KL Auschwitz)«. In dieses Lager wurden Sinti und Roma aus nahezu allen von deutschen Truppen besetzten Ländern deportiert. Nach Auschwitz kamen auch die meisten Insassen des »Zigeunerlagers Marzahn« sowie diejenigen Sinti und Roma, die noch bis zu ihrer Deportation in Wohnungen im gesamten Stadtgebiet, vor allem in der Altstadt (Mitte) und im sogenannten Scheunenviertel gelebt hatten. Gerade ihre »Entfernung« war von den Berliner Behörden wiederholt gefordert worden. Bei diesen »Zigeunern« handele es sich nämlich »überwiegend um minderwertige Elemente, die durch einen bereits jahre- und jahrzehntelangen Aufenthalt in der Großstadt verkommen und ausgesprochen asozial geworden« seien.

Da spätestens seit Ende 1939 eine umfassende »Lösung der Zigeunerfrage« geplant war, sind die Vorschläge des Berliner Hauptwohlfahrtsamtes nicht aufgegriffen worden, das »Zigeunerlager« Marzahn in ein »Konzentrationslager für Zigeuner« umzuwandeln. Aus dem gleichen Grund hat Marzahn auch keine »straffe Lagerordnung nach Art der Konzentrationslager«, ja überhaupt keinen (schein)rechtlich abgesicherten oder irgendwie fixierten Status erhalten. Marzahn blieb ein »wildes«, von den Berliner kommunalen Behörden unterhaltenes Lager. Das Lager Marzahn war und blieb ein »Provisorium«. Faktisch war es seit Ende 1939 nichts anderes als die Vorstufe des »Zigeunerlagers« im Konzentrations- und Vernichtungslager Auschwitz.

Die Verhältnisse im »Zigeunerlager« Marzahn bis 1943/45

Der letzte bisher gefundene amtliche Bericht über die Verhältnisse im »Zigeunerlager« Marzahn stammt von 9. Juni 1941. Das Hauptwohlfahrtsamt Berlin teilt in diesem Schreiben dem Landesfürsorgeamt Hamburg mit, daß sich seit Mitte 1939 in Marzahn nichts verändert habe. Nichts verändert heißt, daß Marzahn zwar nicht in ein »Konzentrationslager für Zigeuner« umgewandelt worden ist, daß aber auch die für dringend notwendig erachtete »Ausgestaltung« des Lagers nicht durchgeführt wurde. Die »Wohnverhältnisse« waren also nach wie vor völlig »unzureichend«. Sie werden sich sogar noch verschlechtert haben, da das Hauptwohlfahrtsamt schon Mitte 1939 darauf hingewiesen hatte, daß die Baracken immer schadhafter würden. Man scheint auch nichts getan zu haben, um die schon 1939 äußerst schlechten »Gesundheitsverhältnisse« im Lager zu verbessern.

Besondere »Sorgen« bereiteten dem Hauptwohlfahrtsamt 1941 die Kinder im Lager Marzahn. Sie durften oder mußten immer noch die dortige »Zigeunerschule« besuchen, weil das allgemeine Schulpflichtgesetz auch für sie noch bestand. Doch als kurz darauf der Lehrer der »Zigeunerschule« versetzt wurde, ist der Schulunterricht völlig eingestellt worden. Die Kinder im Lager mußten als Analphabeten heranwachsen. Doch schon vorher wurde, wie ausdrücklich betont wurde, ihre »Erziehung (...) weitgehend ihren Erziehungsberechtigten überlassen«. Falls die »Zigeunerkinder« jedoch die »deutsche Umwelt etwa beeinträchtigen oder gefährden« würden, werde mit »Zwangsmaßnahmen« gegen sie vorgegangen. Offensichtlich war damit die Einweisung in ein Konzentrationslager oder ein sogenanntes »Jugendschutzlager« gemeint. In brutaler Offenheit gab das Hauptwohlfahrtsamt ferner zu, daß die Kinder der Sinti und Roma in »jugendfürsorgerischer Hinsicht... wie Ausländer behandelt« würden. Ohne Umschweife wird in diesem Schreiben zugleich erklärt, was damit gemeint war und gemeint sein sollte: Bei der »fürsorgerischen Beaufsichtigung dieser Kinder« stünde »nicht ihr persönliches Wohlergehen und persönliche günstige Fortentwicklung im Vordergrund, sondern es wird in erster Linie darauf geachtet, daß diese Kinder nicht zu einer Gefahr für die deutsche Jugend werden.«

Aus diesen mehr als deutlichen Worten geht zumindest indirekt hervor, was auch die erwachsenen Sinti und Roma zu erwarten hatten, wenn sie sich nicht den Anwei-

Die Erläuterung zu diesem Foto lautete 1936: »Einige Zigeunertypen vom Zigeuner-Rastplatz am Falkenberger Weg in Marzahn«.

sungen des »Lagerplatzverwalters« und der Polizei fügten – »Zwangsmaßnahmen«, die bis zur Einweisung in ein Konzentrationslager reichten. Dies erklärt auch, warum die Behörden darauf verzichtet haben, das Lager einzuzäunen. Wer flüchtete, mußte nämlich mit »Zwangsmaßnahmen« gegen seine Familienangehörigen rechnen. Dies wußten die Sinti und Roma, die ohnehin gewohnt waren, wenn irgendmöglich im Familien- und Sippenverband zu leben. Hinzu kam, daß flüchtende Sinti und Roma mit Sicherheit von der nächsten Polizeistreife schon auf Grund ihres Aussehens angehalten worden wären. (Aus diesem Grund haben auch die nationalsozialistischen Behörden auf einen Kennzeichnungszwang für Sinti und Roma verzichtet.)
Nur lückenhaft geht aus den schriftlichen Unterlagen hervor, wovon die Lagerinsassen ihren Lebensunterhalt bestritten haben. Im Juli 1939 haben von den insgesamt fast 800 Personen im Lager nur 64 »ältere und kranke Zigeuner« Fürsorgeunterstützung erhalten. Dafür mußten sie, »soweit noch verwendungsfähig, Platzarbeit...« verrichten. Die übrigen »arbeitsfähigen Zigeuner« waren zu diesem Zeitpunkt – Mitte 1939 – »im Tiefbau oder in Fabriken beschäftigt«. Ein Teil war noch »im Straßenhandel tätig«. »Besondere Arbeitsbeschaffungsmaßnahmen« waren für die Sinti und Roma noch nicht »getroffen« worden. Dies scheint sich nach Ausbruch des Krieges geändert zu haben. Aus Berichten von überlebenden Lagerinsassen geht hervor, daß der vom Hauptwohlfahrtsamt im Juni 1939 gemachte Vorschlag, zu einem »vollen Einsatz der Arbeitskräfte der Zigeuner einschließlich der Frauen, der Alten und der Jugendlichen« zu gelangen, weitgehend verwirklicht worden ist. Ein Teil der Sinti und Roma soll in einer nahegelegenen Kiesgrube gearbeitet, ein anderer soll wie KZ-Häftlinge aus Sachsenhausen zum Bombenräumen eingesetzt worden sein. Es spricht zumindest viel für die Vermutung, daß es sich bei diesen Tätigkeiten um Zwangsarbeiten gehandelt hat.
Wie bereits erwähnt, sind die meisten Insassen des Lagers Marzahn im Frühjahr 1943 nach Auschwitz deportiert worden. Etwa zwei Dutzend Sinti und Roma blieben jedoch zurück. Sie wurden in Marzahn von der sowjetischen Armee befreit. Bis zum Schluß hatten sie hier, nachdem durch einen Bombenangriff die meisten Wohnwagen und Baracken verbrannt worden waren, in einer kleinen Baracke vegetieren müssen.

Anmerkungen

1 Schriftwechsel Hauptwohlfahrtsamt Berlin an versch. Stellen der Sozialbehörde Hamburg v. Mai 1939 – Juni 1941, Staatsarchiv Hamburg, Sozialbehörde I, A.F. 83.7

2 Ebenda

3 Schreiben des Landesentschädigungsamtes Berlin v. 29. 3. 1984 – II B 11 Reg. Nr. 606063, dazu: U. Körber: Das Zwangslager Berlin – Marzahn. In: Anerkennung und Versorgung aller Opfer nationalsozialistischer Verfolgung. Hrsg.: Die Grünen im Bundestag / Fraktion d. AL – Berlin.

4 Siehe Anm. 1

Gedenkstein auf dem Städtischen Friedhof Marzahn.

SINTI UND ROMA

Das Bild der Sinti in der Kinder- und Jugendliteratur

Zwischen mythischer Figur und realer Gestalt

Michail Krausnick

Folgende drei Kriterien erscheinen für die Überprüfung und das Abklopfen von literarischen Texten über Sinti und Roma wichtig:

1. Welche Intention hat der Autor?
2. Welche Wirkung ergibt sich für den Leser?
3. Welche Auswirkung hat die Darstellung für die Sinti und Roma?

Seit Jahrhunderten erscheinen Sinti und Roma in der hohen wie in der Trivialliteratur, wie etwa im Krimi oder im Comic, und auch in der Kinder- und Jugendliteratur vor allem als mythische Figuren, als »Zigeuner«. Erst in der neueren Literatur, verstärkt seit den 70er Jahren, wird versucht, sie als Sinti und Roma, und somit auch als reale Gestalten auftreten zu lassen.
So kann man im wesentlichen zwei Gruppen der Kinder- und Jugendliteratur unterscheiden, in denen Sinti und Roma als Handlungsträger erscheinen: entweder als mythische oder aber als reale Figuren.

Mythische Figur

Hier begegnet uns der »Zigeuner«, stilisiert und typisiert, vor allem als ein exotisch »Fremder«. Die Autoren entwerfen zum einen **positive Klischees** vom romantischen, alternativen, naturnahen, musischen und antibürgerlichen Wohnwagenwanderleben, zum anderen **negative Klischees** vom unheimlichen »Zigeunerleben«, in dem die Angehörigen der Volksgruppe dämonisiert, kriminalisiert oder verteufelt werden. Das dritte Klischee ist das **pädagogische**, das missionierend eine Rettung des Sinto ins Bürgertum oder in eine Künstlerexistenz vorschreibt.

Ich unterscheide also drei Formen der Darstellung:

a) Das positive Klischee – Romantisierung
b) Das negative Klischee – Verteufelung, Kriminalisierung
c) Das pädagogische Klischee – Missionierend, paternalistisch

In allen drei Fällen aber bleibt der »Zigeuner« ohne Chance zur eigenen Entfaltung – als »**Mythische Figur**« ist er festgelegt und unveränderbar festgeschrieben.

Der »Zigeuner« als mythische Gestalt, als exotischer Gast wird gebraucht zur Spannungssteigerung, zur Emotionalisierung der Texte. Er ist mal krimineller, mal romantischer, mal traumhafter Handlungsträger – z.B. in Karl Mays Fortsetzungsromanen »Mit Zepter und Hammer« und in der »Juweleninsel«, Enid Blytons »5 Freunde und ein Zigeunermädchen« und »5 Freunde im Nebel«, bis hin zum armen »Nanosch« von Martin Walser, der auch als Tatort-TV-Krimi-Held bekannt wurde.
Wie in der Trivialliteratur spielt auch in der Kinder- und Jugendliteratur das Exotische, Abenteuerliche, Außergewöhnliche, Fremde, Erschreckende, Faszinierende, Spannende eine große Rolle. Menschen, die mit großen Luxuslimousinen und Wohnwagen fahren, die mit Antiquitäten und Teppichen handeln, von denen man nicht weiß, ob sie Kinder stehlen, die unheimlich erscheinen, die weissagen und zaubern können, beim Zirkus oder Varieté sind, die Teufelsmusiker sind, dicke Goldringe tragen und einen rätselhaften Wandertrieb besitzen, die betteln und aus der Hand lesen, die hausieren und die Wäsche von der Leine klauen, die heißblütig und erotisch attraktiv sind, barfuß am Waldrand oder Lagerfeuer campieren, den Spießbürger verachten und an der Grenze zwischen Elend und Kriminalität leben, solche Figuren sind natürlich interessanter als Otto Normalverbraucher und Lieschen Müller. Vor allem ökonomisch interessanter – weil sie in Filmen, Fernsehspielen und Büchern zum geschäftlichen Erfolg beitragen, d.h. zum Steigern der Auflage.
Der »Zigeuner« gehört seit eh und je zum abenteuerlichen, geheimnisvollen, sagen- und märchenhaften Repertoire der trivialen und der Kinder- und Jugendliteratur. Genauso wie der Ritter, der Räuber, der Indianer oder das Gespenst. Zumeist bleibt er dabei auf seine Funktion als Handlungsträger beschränkt. Der Vorteil: Er kann plötzlich auftauchen und unbemerkt wieder verschwinden, d.h. »weiterziehen«. Als frei verfügbares Phantasieprodukt des Autors hat er so gut wie gar nichts mit der Wirklichkeit zu tun. Sinti und Roma wurden jahrhundertelang als reale Gestalten einfach nicht zur Kenntnis genommen.
In der Literatur des 18. Und 19. Jahrhunderts konnte man in der Vorbereitung ethnischer Falschmeldungen und rassistischer, oft sogar gutgemeinter Klischees, ja

vielleicht noch eine mehr oder minder romantische Fahrlässigkeit sehen. Heute, angesichts des imperialen, missionarischen und kolonialen Mißbrauchs und eingedenk der Völkermorde an Indianern, Afrikanern, Vietnamesen, Kurden sowie an Juden und Sinti und Roma, ist Ahnungs- und Arglosigkeit keine Entschuldigung mehr. Der Kunst und unserem Unterhaltungsbedürfnis sollten wir nahezu alle Freiheiten zugestehen, doch keine jenseits der Menschlichkeit und der Intelligenz. Der Negerkuß mag noch so gut schmecken, der kopfnickende Sarotti-Mohr als Spendensammler in der Kirche noch so christliche Werke vollbringen – sie dürfen den Blick auf die realen Menschen nicht verstellen. Auch gute alte, vielleicht sogar liebgewordene Bekannte aus der Literatur wie Carmen und der Zigeunerbaron, Winnetou und Hadschi Halef Omar, Onkel Tom und Huckleberry Finn gilt es – auf Risiken und Nebenwirkungen hin – zu hinterfragen. Das Festhalten an ethnischen Klischeebildern von heute noch bedrohten Minderheiten und Volksgruppen jedenfalls sollte für immer der Vergangenheit angehören.

Reale Gestalt

Dieses Kriterium meint, »Zigeuner« werden mit einem gewissen Realitätsanspruch in einem historisch und sozial fixierbaren Kontext dargestellt, und sie werden auch richtig benannt, nämlich als Sinti und Roma – es sei denn aufgrund historischer Bezüge, dokumentarischer Zwänge oder aktueller Diskriminierungen ist eine Verwendung des Begriffs »Zigeuner« erforderlich.

Hier unterscheide ich drei Formen der Darstellung:

a) die biographisch-autobiographische (Krausnick »Da wollten wir frei sein«, Lee »Verdammter Zigeuner«),
b) die fiktiv-poetische (Wölfel »Mond, Mond, Mond«, Zitelmann »Unter Gauklern«),
c) die dokumentarisch-erzählerische (Wedding »Ede und Unku«, Petersen »In meiner Sprache gibt's kein Wort für morgen«, Schenk »Der Wind ist des Teufels Niesen«, Püschel »Die zerbrochene Geige«, Hackl »Sidonie«, Tuckermann »Muscha«)

Auch und gerade in dieser Kategorie gilt es genau hinzuschauen, was die tatsächliche Authentizität und Glaubwürdigkeit der vorgestellten Personen betrifft. Denn selbst in Texten, in denen Sinti und Roma als reale Gestalten in Erscheinung treten, besteht durchaus die Gefahr, daß sich Klischees und Mythenbildung etwa aufgrund mangelnder Sensibilität oder sogar einer unzureichenden Kompetenz einer Autorin oder eines Autors einstellen.

Zu der bekannteren und für die Grundschule/Orientierungsstufe im allgemeinen empfohlenen **fiktiv-poetischen Literatur** zählt Ursula Wölfels »Mond, Mond, Mond«. Diesem 1962 erschienenen Buch muß das Verdienst zugestanden werden, noch während der Adenauer-Ära den Völkermord an Sinti und Roma in die Kinderliteratur eingebracht zu haben. Allerdings strapaziert das Buch in problematischer Weise die positiv-romantischen Klischees über das »Zigeunerleben«. Da wird die Familie als »Sippe« vorgeführt, die sich mit Betteln, Wahrsagen, ein wenig Mundraub, mit Hausieren, Tanzen, Puppenspiel und Feuerschlucken alternativ und zeitlos durchs Leben schlägt. Die Armut wird zur Idylle. Auch dürfte heute eine vordergründige Darstellung der Nazis als »böse schwarze Männer« nicht mehr vertretbar sein. Überhaupt bleibt die Täterseite in diesem Buch bedenklich unterbelichtet.

Zu Arnulf Zitelmanns im 13. Jahrhundert angesiedelten Roman »Unter Gauklern« – die erste urkundliche Erwähnung der Sinti und Roma in Mitteleuropa stammt im übrigen aus dem Jahr 1407 – wäre kritisch anzumerken, daß die Informationen des Autors aus historischen Spekulationen abgeleitet sind und aus Märchen und Sagen stammen. Wahrheitsgehalt und Erkenntniswert haben hingegen die sozialen Mechanismen, die am historischen Modell vorgeführt werden und die auch heute noch aktuell sind: die Sündenbockfunktion der Sinti und Roma in Krisenzeiten, Fremdenfeindlichkeit und Ausländerhaß, das Wechselspiel von Diskriminierung, Unterdrückung und Vertreibung. – Der empfehlenswerte historische Roman »Jüppa und der Zigeuner« von Wolf Klaußner, der in den ersten Kriegsmonaten 1945 und der ersten Nachkriegszeit spielt, ist leider vergriffen.

Als ein Beispiel für die Problematik von **dokumentarisch-erzählerischen Jugendbüchern,** deren Autorinnen oder Autoren sich zumeist auf Erfahrungen und Begegnungen mit Sinti berufen, soll hier ein Buch von Elisabeth Petersen exemplarisch untersucht werden, das die Autorin mit der äußerst fragwürdigen Behauptung »In meiner Sprache gibt's kein Wort für morgen« betitelt hat. Was ihr Buch bewirken und vermitteln soll, erklärt die Autorin wie folgt: »Die Fremdartigkeit der ›Zigeunerwelt‹ fesselte mich, und ich stellte mir vor, daß der Einblick in eine solche Welt für jugendliche Leser gleichermaßen fesselnd sein müßte.«

Die Autorin erzählt die Geschichte von Galo Schawo, einem 15jährigen Sinto, von seiner Schulmüdigkeit, seinem Kampf gegen einen Rivalen, der ihn verprügeln will, und von der Benachteiligung und Diskriminierung, die er täglich erleidet. Wir erleben ihn beim Hausieren, mit der Großfamilie am Sterbebett seiner Tante, im Wohnwagen auf der Reise, bei einem Fest in Arolsen, am Lagerfeuer, bei Musik und Tanz, und schließlich erfahren wir auch von seiner Liebe zu Franca, die er an seinem letzten

Schultag heiratet, ohne sich – siehe Titel – große Gedanken über das Morgen zu machen.
Ich glaube, viele junge Leser werden sich mit Galo Schawo gern identifizieren, in seinem Leben zugleich aber auch eine Gegenwelt sehen, die trotz aller Benachteiligungen freier, menschlicher und abenteuerlicher erscheint als die eigene. Der Blick der Autorin bleibt allerdings allzu angestrengt auf das Fremde, uns exotisch Anmutende konzentriert. Das Ferne und Fremde wird übermäßig hochstilisiert und dabei entsteht fast schon ein neuer Mythos, ein leicht randständiges »Zigeunerleben«, das seine Sitten und Gebräuche, seinen Ehrenkodex anscheinend unbeschadet bewahrt hat. »Im Wohnwagen unterwegs – Vom Leben der Sinti« schreibt denn auch die Rezensentin der FAZ (Konstanze Crüwell, 15.06.1991). Doch die wenigsten Sinti und Roma gehen heute noch beruflich mit dem Wohnwagen auf die Reise, und die anderen, sofern sie es sich leisten können, machen Camping-Urlaub – wie andere Bundesbürger auch. Wer das Fremde sucht, wird das Verwandte nicht finden – kein Klischee ist so hartnäckig wie das vom Wohnwagenwanderleben. Statt die jahrhundertelange Vertreibung, wodurch die Roma ähnlich wie die Juden zu bestimmten Berufen und Lebensformen gezwungen waren, sozialgeschichtlich zu erklären, wird wieder einmal wider besseres Wissen das Fahren der Handwerker-, Künstler- und Händlerfamilien kulturell oder gar ethnisch als Wandertrieb oder nomadisierende Lebensweise verklärt.
Die zumeist sehr speziellen Wahrnehmungen der Autorin wären gewiß leichter zu verschmerzen, wenn wir sie als solche begreifen dürften. Doch leider hat sie, wie viele ihrer Kollegen, den fatalen Hang, ihre Einzelbeobachtungen mit einer Familie als allgemein gültige und unveränderbare völkerkundlich festzuschreiben.
Könnte man die Erzählung vielleicht noch akzeptieren, unerträglich wird es, wenn die Autorin sich anmaßt, in einem eigentlich überhaupt nicht notwendigen Nachwort eine »fraglose Andersartigkeit« der Sinti zu unterstellen. Hier wird die gesamte Volksgruppe geradezu mit einem ganzen Arsenal diffamierender Vorurteile überschüttet:

> »Ein Sinti- oder Romakind lernt... nie für eine ferne Zukunft«, – »Sie kennen nicht die Unterordnung... unter die Lehrer«,
> »Die Forderung einer Einschränkung ihres Bewegungsdranges ist ihnen absolut fremd«,
> »Der Begriff ›Pünktlichkeit‹ existiert für sie nicht,
> »Man ißt, wenn man Hunger hat«,
> »Ihr Temperament ist ein anderes als das von uns Mitteleuropäern«,
> »Das ›Vorurteil‹, daß Zigeuner stehlen, erweist sich auch oft als richtig«.

Als Fazit dieses Sammelsuriums will uns die »Zigeunerspezialistin« schließlich auch noch weismachen, »daß man diese Menschen in ihrem Anderssein akzeptieren kann, daß man sie möglicherweise lieben kann, daß man sie aber nie verstandesgemäß erfassen kann«.
Man – nie – verstandesgemäß – erfassen.
Die Wortwahl – meine ich – ist aufschlußreich.
Um noch einmal auf den Titel zurückzukommen: »In meiner Sprache gibt's kein Wort für morgen« – Geradezu leitmotivisch zieht sich dieses Vorurteil durch das ganze Buch. Selbstverständlich gibt es auch im Romanes ein Wort für »Morgen«, nämlich »Diassa«. Doch das will Elisabeth Petersen nicht gelten lassen, da es auch die Bedeutung »anderer Tag« habe. Sie beharrt lieber auf ihrer vorurteilsvollen Behauptung, die darin gipfelt, daß »Vorsorge und Zukunftsplanung unbekannte Größen im Leben der Sinti« wären. Obwohl auch sie ja eigentlich wissen müßte, daß gerade deutsche Sinti und Roma ein sehr vitales und existentielles Interesse sowohl an der Vergangenheit wie an der Zukunft haben. Sie haben die NS-Vergangenheit nämlich keineswegs vergessen und müssen sich wohl mehr als mancher andere um die Zukunft ihrer Kinder und Kindeskinder sorgen.
Ähnliche Verallgemeinerungen und angemaßte Kennerschaft finden wir in Dieter Schenks Jugendbuch »Der Wind ist des Teufels Niesen«.

Kritische Anmerkungen zu zwei Schullektüren

Die von Schulbuchherausgebern bis in die 70er Jahre hinein bevorzugten Mythen und Ammenmärchen vom romantisch naturnahen und sorglosen Wanderleben, aber auch von wäsche- wie kinderklauenden, tierquälenden, wahrsagenden und sogar kannibalischen »Horrorzigeunern« – auch namhafte Schriftsteller wie Werner Bergengruen (»Der Zigeuner und das Wiesel«) oder Marie von Ebner-Eschenbach (»Die Spitzin«) zeichneten dafür verantwortlich – scheinen heute – nach den Protesten der Sinti-Verbände – in den Schulbüchern kaum noch aufzutauchen. Der »Zigeuner« als Kinderschreck scheint ausgedient zu haben.
Trotzdem bleibt es ein Ärgernis, daß ein hochrangiger Schriftsteller wie Wolfdietrich Schnurre durch die Aufnahme seiner Kurzgeschichte **»Jenö war mein Freund«** in zahlreiche deutsche Schullesebücher nach wie vor dazu verdammt ist, seinen vermeintlichen Freunden, den Sinti, mehr zu schaden als zu nutzen.
Klar, daß Schnurre Jenös Freund war, daß er keine Vorurteile gegen das Fangen und Verspeisen von Igeln und sogar Verständnis für ein besonderes Verhältnis zum Eigentum hat, als nach Jenös Besuch plötzlich das Barometer an der Wand fehlt. Und zweifellos steht diese Geschichte auch eindeutig in einem antifaschistischen Kontext, wenn

sie am Ende trauernd und mahnend auf ein wirkliches Verbrechen verweist, auf die Deportation und den Völkermord an Sinti und Roma.
Diese Geschichte in den Lesebüchern der 5. und 6. Klasse steht und millionenfach das Bild von den jungen Sinti und Roma prägt. Haften bleibt nämlich in den meistern Fällen – ich habe das mehr als einmal festgestellt – vor allem die Vorstellung eines klauenden und tierquälenden fremden »Zigeunerjungen«, der womöglich am liebsten auch noch Schnurres Meerschweinchen verspeist hätte. Wer also will es den Kindern in diesem besonders tierliebenden Alter verdenken, wenn viele danach die Sinti nicht allzu sympathisch finden? Derartige emotional in Kinderherzen verankerte Vorurteile aber lassen sich nur schwer wieder abbauen.
In diesem Zusammenhang ist es dann im übrigen belanglos, daß bei genauerem Lesen deutlich wird, daß Jenö gar kein »Zigeuner«, also Rom oder Sinto, ist, sondern ein sogenannter »Jenischer« oder »weißer Zigeuner«, ein Fahrender und Nachkomme der deutschen »Vaganten«.
Ähnlich fragwürdig ist die 1991 bei Klett erstmals erschienene und noch immer vertriebene Lektüre »Ich bin ein Zigeuner«, die immerhin von der »Stiftung Lesen« als Lesestoff für die Schule empfohlen wurde. Das schmale Bändchen enthält zwei Kurzbeiträge, die Erzählung »Die Truhe« von Marie-Therese Schins und »Ich bin ein Zigeuner«, ein knapper Lebensbericht von Stefan W., einem jungen Sinto. Hinzu kommt ein Vorwort von Professor Peter Budweg von der Fachhochschule Hamburg, sowie ein »Stichwort: Zigeuner« (!) des Redakteurs.
Die Geschichte »Die Truhe« erscheint trotz eines autobiographischen Anspruchs der Autorin konstruiert und wirkt unglaubwürdig. Der Völkermord an den Sinti und Roma wird thematisiert, indem Menschen zufällig ins Spiel gebracht werden, die das Etikett »Zigeuner« bekommen.
Im Anschluß lesen wir dann eine knappe, ebenso schlichte wie nichtssagende Geschichte, die reumütige Lebensbeichte eines jungen Strafgefangenen. Auch sie hat nur insofern etwas mit Sinti zu tun, als ihr das Etikett »Ich bin ein Zigeuner« aufgeklebt wurde. Was ihn ins Gefängnis gebracht hat, läßt Stefan im Nebel: es sei »die schiefe Bahn« gewesen. Mehr erfahren wir nicht. Ebenso allgemein beklagt er die Vorurteile gegenüber seiner Volksgruppe. Jetzt wolle er ein Buch schreiben.
Wie kann man es verantworten, daß der Einstieg in das Thema »Sinti und Roma« für jüngste Leser ausgerechnet am Beispiel eines straffällig gewordenen Menschen exemplarisch aufbereitet wird? Wie will man es begründen, daß als Erstinformation zum Stichwort »Zigeuner« ausgerechnet Kriminalität thematisiert wird? Wie kann man übersehen, daß dies nichts anderes als eine ethnische Festschreibung bedeutet, mit der schulbuchmäßig wieder einmal eine ganze Volksgruppe stigmatisiert wird? Mit welchem anderen Volk, mit welcher anderen Minderheit würde man ähnlich unsensibel verfahren dürfen?

Das Gutgemeinte reicht nicht aus

Bei der Analyse des Bildes, das die heutige Kinder- und Jugendliteratur sowie das Schulbuch von den Sinti zeichnet, fallen nach wie vor die mangelnde Sensibilität, der Hang zur Exotik und die unreflektierte Vorurteilsbereitschaft der Autoren ins Auge. Der »Sinto« wird nicht als Mitmensch, Bürger und Zeitgenosse wahrgenommen, sondern als literarisch verfügbares Objekt, als mehr oder minder romantische Figur, eben als »Zigeuner« benutzt. In der neueren Literatur wird er mit Vorliebe als Straffälliger oder Angehöriger einer Randgruppe im sozialen Abseits gezeichnet.
Auch diese Überbetonung bedeutet Stigmatisierung, vor allem wenn die Ursachen von Elend und Straffälligkeit nicht als politische und soziale dargestellt werden, sondern – rassistisch – als ethnische und kulturelle vernebelt und pauschal den »Zigeunern« angedichtet werden. Es ist erschreckend, daß sich selbst ansonsten eher aufgeklärte Menschen (Autoren, Lektoren) heute noch derartige Pauschalisierungen gestatten. Allerdings wohl nur bei »Zigeunern«.
Märchenhafte Zigeunerromantik, »Philoziganismus«, operettenhafte Idealisierungen, die Klischees der Gutmeinenden (Schnurre, Wölfel) haben auch in der Vergangenheit nicht geholfen, die negativen Zerrbilder, Vorurteile und Verleumdungen unschädlich zu machen. Sie bleiben zumindest fragwürdig. Das Gutgemeinte reicht nicht aus.
Das reale integrierte oder eben nicht-integrierte Leben der Minderheit findet in der Literatur nicht statt. Es scheint literarisch nicht interessant zu sein, entspricht nicht den Lesebedürfnissen und Marktgesetzen. Das Fremde und Exotische, nicht die Nähe und Normalität der Sinti-Mitbürger werden gesucht. Dies war schon einmal verhängnisvoll.
Angesichts der verheerenden Folgen des Vorurteils, vom NS-Völkermord bis zu den Pogromen und Brandanschlägen heute und den Morden im Burgenland 1995, ist endlich eine verantwortungsvolle und sensible Darstellung der Sinti in der Literatur wie in den Medien zu fordern. Sie muß unserer besonderen Verantwortung und dem besonderen Schutzbedürfnis dieser bedrohten Minderheit gerecht werden.
Deshalb könnten die eingangs geforderten drei Fragen an die Texte, die sich mit Sinti und Roma beschäftigen, auch Prüfsteine für ihre moralische und humane Qualität sein:

1. Welche Intention hat der Autor?
2. Welche Wirkung ergibt sich für den Leser?
3. Welche Auswirkung hat die Darstellung für die Sinti und Roma?

Kinder – dem Rassenhaß ausgesetzt

Erzählungen

Erich Hackl
Abschied von Sidonie
Erzählung
Zürich: detebe, 1991

Der österreichische Schriftsteller Erich Hackl erzählt eine authentische Geschichte, die sich in Österreich, ab 13. März 1938 Teil des sog. »Großdeutschen Reiches«, zugetragen hat. Das »Zigeunermädchen« Sidonie Adlersburg wird als Säugling ausgesetzt und gelangt in die Obhut der Arbeiterfamilie Josefa und Hans Breirather. Zehn Jahre später soll Sidonie ihrer leiblichen Mutter zugeführt werden. Es erweist sich, daß die Menschen (Bürgermeister, Lehrer, Landrat, Fürsorgerin), die dies vermutlich und ohne jedwedes persönliches Risiko hätten verhindern können, der Pflegefamilie, die sie seit Jahren kennen und mit der sie teilweise am Ort zusammenleben, aus Opportunismus, aufgrund mangelnden Mutes oder in vorauseilendem Gehorsam ohne weiteres Leid antun und zu dem zwangsweisen Abschied Sidonies beitragen. Als Sidonie bei ihrer Herkunftsfamilie eingetroffen ist, erfolgt deren Transport nach Auschwitz.
Das Buch wurde unter dem Titel **»Sidonie«** verfilmt (Landesbildstelle Berlin – Verleih-Nr. 42 53169). *G. J.*

Anja Tuckermann
Muscha
München: E. Klopp, 1994

Lehrreich, spannend und höchst aktuell ist die Erzählung »Muscha« von Anja Tuckermann. Es zeigt die allgemeine tödliche Bedrohung aller Menschlichkeit, Zivilisation und Kultur durch Nazis und Rassisten an einem authentischen Fall auf. Auch diese Geschichte spielt in der NS-Zeit. Der kleine Josef bekommt seit seiner Einschulung zunehmend zu spüren, daß er anders sein soll, weil er anders aussieht. Obwohl er wie alle anderen dazugehören will, wird er an den Rand gedrängt, ausgestoßen und geschlagen. Keiner kann ihm sagen, warum. Nicht einmal seine Eltern. Er ist ein Adoptivkind. Muscha weiß nicht, weshalb die anderen Kinder »Zigeunerschwein« hinter ihm herrufen. Seine Pflegeeltern können ihn nicht vor der Verfolgung durch die Nazis bewahren. Aufgespürt von den Rasseforschern des Rassehygiene-Instituts, soll er sterilisiert werden und muß sich in einem Gartenhaus verstecken.
Anja Tuckermann beschreibt die Nähe, das Verbindende, Menschliche. Sie nimmt Muschas Perspektive ein, die Kinderaugenperspektive. *Michail Krausnick*

Otto Rosenberg
Das Brennglas
Aufgezeichnet von
Ulrich Enzensberger
Frankfurt a.M.: Eichborn, 1998

Als Otto Rosenberg, heute Vorstandsmitglied des Zentralrats deutscher Sinti und Roma, 1936 mit seiner Familie in das Lager Marzahn getrieben wird, beginnt für den Jungen der Kampf ums Überleben. Der Dreizehnjährige findet ein Brennglas, mit dem er fasziniert Buchstaben in einen Holzstapel einbrennt. Wegen Sabotage und Diebstahls von Wehrmachtseigentum wird Rosenberg ins Konzentrationslager Auschwitz abtransportiert. Dann beginnt eine Odyssee, die zugleich Höllenfahrt ist. In Birkenau angekommen wird er als Maurer eingesetzt. Daß er die Grundsteine des Krematoriums zementiert, weiß er zu diesem Zeitpunkt noch nicht. Die Irrfahrt geht ins Judenlager, dann zurück ins Zigeunerlager und schließlich in die Schächte und Stollen von Mittelwerk-Dora. Als die Frontlinie herannaht, wird Rosenberg nach Bergen-Belsen verfrachtet. Erst hier wird er – inzwischen am Ende seiner Kräfte – befreit. Die Heimreise durch zerstörte Deutschland, ohne Bekannte und durch verschiedene Besatzungszonen, wird zur lebensgefährlichen Prüfung. Erst als er und seine Frau – zurück in Berlin – ein Kind haben, kommt er zur Ruhe. *G.J.*

Das Schicksal der Sinti und Roma

Literatur und Unterrichtsanregungen

Wolfgang Wippermann
Geschichte der Sinti und Roma in Deutschland. Darstellung und Dokumente.
Berlin: BIL, 1997[3]

Titel und Untertitel dieser vom Berliner Institut für Lehrerfort- und -weiterbildung und Schulentwicklung (BIL) seit Jahren vertriebenen Publikation sagen bereits viel über den Inhalt. Hingewiesen werden muß jedoch ausdrücklich auf den Dokumentationsteil, der in diesem Umfang ansonsten nicht so leicht verfügbar ist. Für Lehrerinnen und Lehrer in Berlin beim BIL kostenlos zu beziehen!

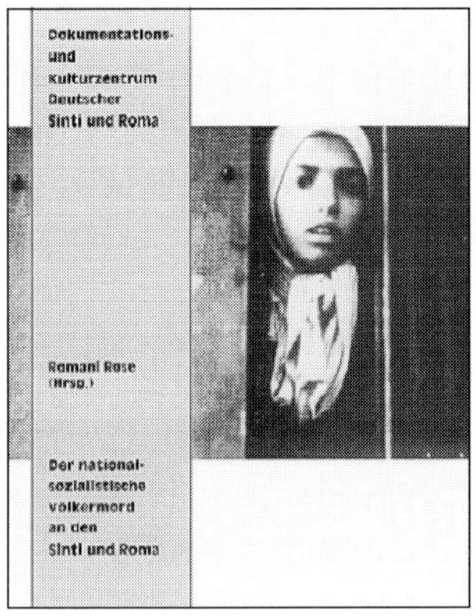

Romani Rose (Hg.)
Der nationalsozialistische Völkermord an den Sinti und Roma.
Heidelberg: 1995[2]

Diese im Rahmen einer Schriftenreihe des Dokumentations- und Kulturzentrums Deutscher Sinti und Roma (Zwingerstraße 18, 69117 Heidelberg) herausgegebene Publikation stellt zu den Phasen der Verfolgung und Ermordung von Sinti und Roma kurze Sachtexte, Dokumente (Faksimiles) und Biographisches zusammen.

Wulf D. Hund (Hg.)
Zigeuner. Geschichte und Struktur einer rassistischen Konstruktion.
Duisburg: DISS, 1998

In dieser vom Umfang her eher kleinen Veröffentlichung wird eine Reihe von Einzelbeiträgen geboten, die u. a. auch vielfältige Anregungen für die inhaltliche Strukturierung pädagogischer Arbeit geben können, beispielsweise die Analyse von Lexikon-Artikeln oder das Motiv der »schönen Zigeunerin« am Beispiel von Carmen.

Michail Krausnick (Hg.)
Da wollten wir frei sein.
Eine Sinti-Familie erzählt.
Beltz: Gulliver TB 715, 1993

Dieses Buch (erstmals 1983 erschienen) wurde nicht geschrieben, sondern erzählt: Vier Generationen einer Sinti-Familie – von der über achtzigjährigen Ältesten bis zu den Urenkeln – kommen zu Wort und erzählen aus ihrem Leben. Eine private Familiengeschichte und zugleich ein Stück deutsche Geschichte vom Kaiserreich bis heute, aus der Sicht von unten.

Literatur

Rajko Djuric: Ohne Heim Ohne Grab: Die Geschichte der Sinti und Roma. Berlin: Aufbau Verlag, 1996

Jacqueline Giere (Hg.): Die gesellschaftliche Konstruktion des Zigeuners: Zur Genese eines Vorurteils. Frankfurt am Main, New York: Campus Verlag, 1996

Reimar Gilsenbach: Oh Django, sing deinen Zorn: Sinti und Roma unter den Deutschen. Berlin: Basisdruck, 1993

Donald Kenrich / Grattan Puxon: Sinti und Roma: Die Vernichtung eines Volkes im NS-Staat. Göttingen: Pogrom Verlag, 1981

Michail Krausnick: Wo sind sie hingekommen? Der unterschlagene Völkermord an den Sinti und Roma. Gerlingen: Bleicher Verlag, 1995

Katrin Reemtsma: Sinti und Roma: Geschichte, Kultur, Gegenwart. München: Verlag C. H. Beck, 1996

Romaní Rose / Walter Weiss: Sinti und Roma im »Dritten Reich«. Das Programm der Vernichtung durch Arbeit. Götting: Lamur TB 95, 1993[2]

Daniel Strauß / Wilhelm Solms (Hg.): »Zigeunerbilder« in der deutschsprachigen Literatur. Schriftenreihe des Dokumentations- und Kulturzentrums Deutscher Sinti und Roma. Heidelberg 1995

Wolfgang Wippermann: Wie die Zigeuner. Berlin: ELEFANTEN-PRESS, 1996

Rüdiger Wurr / Sylvia Träbing-Butzmann: Schattenkämpfe. Widerstand und Perspektiven der schulischen Emanzipation deutscher Sinti. Kiel: agimos verlag, 1998

Michael Zimmermann: Rassenutopie und Genozid. Die nationalsozialistische »Lösung der Zigeunerfrage«. Hamburg: Hans Christians Verlag, 1996

Michael Zimmermann: Die Nationalsozialistische Vernichtungspolitik gegen Sinti und Roma. In: Aus Politik und Zeitgeschichte. Beilage zur Wochenzeitung »Das Parlament«, B 16-17/1987 (18. April 1987), S. 31–45

Zur Zeit nicht verlegt, aber namentlich in den neuen Bundesländern in vielen Bibliotheken: Alex Wedding: Ede und Unku. Erstveröffentlichung im Malik-Verlag 1931.

Unterrichtsanregungen

Sinti und Roma – eine Minderheit in Deutschland. Unterrichtseinheit für Schülerinnen und Schüler ab der 9. Klasse. Hrsg. von der »Gesellschaft für bedrohte Völker e.V.« (Postfach 2024, 37010 Göttingen)

Friedrich Hoche: Zigeuner: Die Geschichte einer Verfolgung. Eine Unterrichtseinheit in der 11. Klasse im Zusammenhang mit der Geschichte des Nationalsozialismus. In: Geschichtsdidaktik. Probleme, Projekte, Perspektiven, 10. Jg. (1985), Heft 1, S. 47–62

In diesem Heft ebenfalls von Friedrich Hoche: Die Begegnung mit dem Fremden. Zur Geschichte der Sinti in Deutschland, S. 7–19.

Audio-visuelle Medien der Landesbildstelle Berlin

Verfolgt und vergessen: Sinti und Roma. (61 min., Verleih-Nr. 42 007 25).

Ein Film über das Schicksal der Sinti-Kinder aus Mulfingen:

»Auf Wiedersehen im Himmel« (40 min., Verleih-Nr. 42 549 55).

»In Auschwitz vergast, bis heute verfolgt«

Ausstellungen zum Schicksal der Sinti und Roma

Das historische und aktuelle Schicksal der Sinti und Roma gehört zu den Arbeitsschwerpunkten der **Gesellschaft für bedrohte Völker.** Die Gesellschaft gibt die Zeitschrift »pogrom« heraus, von der es Schwerpunktausgaben zum Thema Sinti und Roma gegeben hat (Heft 80/81, April 1981; Heft 130, Juni 1987; Heft 154, Juli/August 1990). Bei der Redaktion ist eine Liste mit weiteren einschlägigen Beiträgen aus der Zeitschrift zu erhalten. Weiter kann bei der Gesellschaft Unterrichtsmaterial (s. S. 107) sowie grundlegende Buchliteratur zum Thema bezogen werden.
Gemeinsam mit der Göttinger Beratungsstelle für Sinti und Roma hat die Gesellschaft eine **Ausstellung** mit dem Titel **»In Auschwitz vergast, bis heute verfolgt«** erarbeitet. Zur Ausstellung ist ein **Begleitheft** erschienen. Die Ausstellung kann bei der Gesellschaft kostenlos bezogen werden; allerdings fallen Transportkosten an.

Gesellschaft für bedrohte Völker e.V.
Referentin: Annelore Hermes
Postfach 2024, 37010 Göttingen
Tel.: (05 51) 4 99 06 - 0, Fax: - / 5 80 28

Auch das **Dokumentations- und Kulturzentrum Deutscher Sinti und Roma e.V.** hat eine **Ausstellung** mit dem Titel **»Der nationalsozialistische Völkermord an den Sinti und Roma«** erarbeitet, die wegen der hohen Leihgebühr von Bildungseinrichtungen in Berlin kaum genutzt werden kann.
Anders der Katalog: im Frühjahr 1999 wird er in neubearbeiteter Fassung erscheinen.

Dokumentations- und Kulturzentrum Deutscher Sinti und Roma e.V.
Zwingerstraße 18, 69117 Heidelberg
Tel.: (0 62 21) 98 11 - 02, Fax: - 98 11 -90

Die **Gedenkstätte Deutscher Widerstand,** Berlin (s. S. 202), hat im Jahre 1998 in ihrer Dauerausstellung zwei Elemente neu gestaltet: **Widerstand von Sinti und Roma** und **Widerstand von Häftlingen.**

Eine alljährliche Aktion der »Internationalen Liga für Menschenrechte«, Berlin: Mit der Errichtung eines symbolischen Mahnmals für die ermordeten Sinti und Roma Europas wird die Errichtung eines Denkmals für diese Opfergruppe gefordert.

529

Reichsgesetzblatt

Teil I

1933 | Ausgegeben zu Berlin, den 25. Juli 1933 | Nr. 86

Inhalt: Gesetz zur Verhütung erbkranken Nachwuchses. Vom 14. Juli 1933 .... S. 529
Fünfte Verordnung zur Durchführung der Verordnung über die Devisenbewirtschaftung. Vom 20. Juli 1933 .... S. 531
Verordnung über die Errichtung einer vorläufigen Filmkammer. Vom 22. Juli 1933 .... S. 531
Verordnung über Zolländerungen und Ausfuhrscheine. Vom 24. Juli 1933 .... S. 533
Verordnung zur Durchführung des Gesetzes über die Aufhebung der im Kampf für die nationale Erhebung erlittenen Dienststrafen und sonstigen Maßregelungen. Vom 25. Juli 1933 .... S. 535

Gesetz zur Verhütung erbkranken Nachwuchses. Vom 14. Juli 1933.

Die Reichsregierung hat das folgende Gesetz beschlossen, das hiermit verkündet wird:

§ 1

(1) Wer erbkrank ist, kann durch chirurgischen Eingriff unfruchtbar gemacht (sterilisiert) werden, wenn nach den Erfahrungen der ärztlichen Wissenschaft mit großer Wahrscheinlichkeit zu erwarten ist, daß seine Nachkommen an schweren körperlichen oder geistigen Erbschäden leiden werden.

(2) Erbkrank im Sinne dieses Gesetzes ist, wer an einer der folgenden Krankheiten leidet:

1. angeborenem Schwachsinn,
2. Schizophrenie,
3. zirkulärem (manisch-depressivem) Irresein,
4. erblicher Fallsucht,
5. erblichem Veitstanz (Huntingtonsche Chorea),
6. erblicher Blindheit,
7. erblicher Taubheit,
8. schwerer erblicher körperlicher Mißbildung.

(3) Ferner kann unfruchtbar gemacht werden, wer an schwerem Alkoholismus leidet.

§ 2

(1) Antragsberechtigt ist derjenige, der unfruchtbar gemacht werden soll. Ist dieser geschäftsunfähig oder wegen Geistesschwäche entmündigt oder hat er das achtzehnte Lebensjahr noch nicht vollendet, so ist der gesetzliche Vertreter antragsberechtigt; er bedarf dazu der Genehmigung des Vormundschaftsgerichts. In den übrigen Fällen beschränkter Geschäftsfähigkeit bedarf der Antrag der Zustimmung des gesetzlichen Vertreters. Hat ein Volljähriger einen Pfleger für seine Person erhalten, so ist dessen Zustimmung erforderlich.

(2) Dem Antrag ist eine Bescheinigung eines für das Deutsche Reich approbierten Arztes beizufügen, daß der Unfruchtbarzumachende über das Wesen und die … worden …

(3) D…

Die …
1. der …
2. für … Pfl… stal…

Der … der Ge… stellen. … sachen fi… andere … stelle ha… Kenntni…

Zustä… heitsgeri… machend…

(1) … gericht … richter … einem w… Arzt, de… traut ist… bestellen.

(2) … einen A… migung … beamtete … der Entf…

ADOLF HITLER

BERLIN, 1. Sept. 1939

Reichsleiter Bouhler und

Dr. med. Brandt

sind unter Verantwortung beauftragt, die Befugnisse namentlich zu bestimmender Ärzte so zu erweitern, dass nach menschlichem Ermessen unheilbar Kranken bei kritischster Beurteilung ihres Krankheitszustandes der Gnadentod gewährt werden kann.

[Signature]

Von Bouhler mir übergeben am 27. 8. 40
Dr. Gürtner

Inhaltsverzeichnis

Zwangssterilisation 111
Gabriele Czarnowski

»Aktion T 4« – Modell des Massenmordes 116
Götz Aly

Die Fahrt ins Blaue 120
Alfred Döblin

Hinweise für die pädagogische Arbeit 122

Umseitig die Faksimiles der beiden Dokumente, welche die Thematik dieses Teils bestimmen:

- das »Gesetz zur Verhütung erbkranken Nachwuchses« vom 14. Juli 1933 (unvollständig) und
- das verschleiernd formulierte Schreiben Hitlers vom 1. September 1939, das Grundlage für die Krankenmorde wurde.

Erläuterungen

In diesem Teil besteht teilweise eine deutliche Diskrepanz zwischen der durch die Überschrift bezeichneten Opfergruppe und den tatsächlich betroffenen Menschen. Hier handelt es sich um einen spezifischen Aspekt der NS-Gesellschaftspolitik einer »Reinigung des Volkskörpers« von allen »rassefremden«, »kranken« und »asozialen Elementen«. Die angesprochene Schwierigkeit läßt sich begrifflich allerdings nicht lösen.
Die umseitig abgebildeten Dokumente scheinen zu der Opfergruppe hinzuführen: angeblich »Erbkranke« und »unheilbar Kranke«.
Die Maßnahmen: freiwillige Sterilisation, Zwangssterilisation, »Gnadentod«. Die Hauptschwierigkeit bei der Benennung der Opfergruppe rührt nun daher, daß die Praxis der Zwangssterilisation über die für sich genommen ethisch schon unakzeptable Zwangsregelung weit hinausreichte und Zehntausende auch nach dem damaligen medizinischen Erkenntnisstand völlig gesunder Menschen betraf – Menschen, die jedoch als »rassisch minderwertig« galten, was in der rassistischen Ideologie einer Erbkrankheit quasi gleichgestellt war. Demnach wurden beispielsweise Sinti oder sog. »Rheinlandbastarde« (Beispiel s. S. 112) zwangssterilisiert und Menschen mit sozial auffälligen Verhaltensweisen wie Bettler, Obdachlose, Prostituierte. Auch lernbehinderte Kinder (Sonderschülerinnen und Sonderschüler) unterlagen dieser Zwangsmaßnahme.
Wird der Gesetzestext in einer unterrichtlichen Arbeit verwendet, so sollte darauf verwiesen werden, daß sich bei der Auflistung der vererbbaren Erkrankungen der Stand der medizinischen Wissenschaft zu jenem Zeitpunkt niederschlägt. Die meisten der genannten Krankheitsbilder gibt es heute gar nicht mehr. Wird beispielsweise ein Kind blind oder taub geboren, so ist die Ursache nicht ein genetischer Defekt, sondern, wie man heute weiß, Folge einer Infektionserkrankung der Mutter während der Schwangerschaft, z. B. der Röteln.
Zu den begrifflichen Besonderheiten des NS-Rassismus zählt die Verfälschung von Begriffen, z. B. »Euthanasie«. Damit ist der ethisch und juristisch schwierige Komplex der Sterbehilfe gemeint. Die NS-Rassenideologen haben sich dieses Begriffes für das vorsätzliche Töten wehrloser Menschen mit unterschiedlich ausgeprägten geistigen Behinderungen bemächtigt, und bis heute ist er durch diesen Umstand belastet. Der zutreffende Begriff für diese Verbrechen der Nazis lautet: Krankenmorde. Diese Morde waren zugleich ein Experimentierfeld für das Töten großer Zahlen von Menschen. Die dabei erworbenen »Erfahrungen« fanden in den Vernichtungslagern Osteuropas weitere Anwendung.

Zwangssterilisation

Gabriele Czarnowski

Während der Zeit des Nationalsozialismus wurden Hunderttausende Männer und Frauen, Kinder und Jugendliche zwangssterilisiert. Die zahlreichsten und bekanntesten Körpereingriffe waren die »Unfruchtbarmachungen« aus eugenischen Gründen nach dem **Gesetz zur Verhütung erbkranken Nachwuchses** (**GzVeN**) vom 14. Juli 1933. Etwa 400 000 Personen waren davon betroffen. Die meisten dieser Eingriffe, ungefähr 290 000 bis 300 000, fanden in den Jahren 1934 bis zum Kriegsbeginn im September 1939 statt. Während des Zweiten Weltkrieges ging die Zahl im »Altreich« auf rund 60.000 zurück, hinzu kamen ca. 40 000 in den besetzen Gebieten, in denen die deutsche »Erb- und Rassenpflege« nach und nach für die (volks-) deutsche Bevölkerung und die »Umsiedler« eingeführt wurde. Hunderttausende wegen des Krieges eingestellter oder verschobener Verfahren sollten nach dem »Endsieg« verhandelt und durchgeführt werden.*

Die große Mehrheit der Sterilisierten war zwischen 18 und 40 Jahre alt und gehörte damit zu der Altersgruppe, in der aus der Sicht der Volksgesundheitspolitiker die »Fortpflanzungsgefahr« am »höchsten« und die Unterbindung von Zeugen und Gebären am »dringendsten« war – nicht zuletzt deshalb, weil Heirat und die Geburt von Kindern für viele in dieses Lebensalter fielen. Wegen ihrer Altersstruktur hatten sie – entgegen der Propaganda über die »sich hemmungslos fortpflanzenden Asozialen und Minderwertigen«, die die »wertvollen Erblinien« binnen weniger Generationen »überwuchern« würden – weniger Kinder als der Durchschnitt der Bevölkerung; doch kamen die meisten von ihnen aus großen Familien. Etwa 20 % der Frauen waren verheiratet; der Anteil der Ehemänner ist unbekannt. Hielt sich im ersten Jahr der Anteil sterilisierter Männer und Frauen die Waage, ging in der Folge der Anteil der Frauen leicht zurück. Insgesamt wurden knapp 200.000 Frauen (48%) und gut 200 000 Männer (52%) in städtischen und staatlichen Krankenhäusern und Universitätskliniken aufgrund des GzVeN unfruchtbar gemacht. Wer nicht freiwillig im Krankenhaus erschien, den lieferte die Polizei ein. Operationsratgeber für Ärzte und medizinische Dissertationen aus jener Zeit dokumentieren ungeschminkt die massive ärztliche Gewalt gegen die unfreiwilligen Patientinnen und Patienten. Mindestens 4500 Frauen und 500 Männer starben an den Folgen des Zwangseingriffs. **Hedwig F. und ihr Kind** gehörten zu diesen Opfern. Um die tausend Menschen begingen Selbstmord.

Die generative Vernichtungsstrategie, in der die eugenischen Sterilisationen von »Anlageträgern minderwertigen Erbgutes« als »Ausmerze krankhafter Erbanlagen« im Prozeß einer »allmählichen Reinigung des Volkskörpers« gedeutet wurden, lag auch den »rassischen« Sterilisationen der sog. »RB-Aktion« zugrunde. Von langer Hand vorbereitet, wurden im Sommer 1937 etwa 800

* Die Zahlen beruhen auf Berechnungen und Schätzungen der Historikerin Gisela Bock, die das Standardwerk zu diesem Thema verfaßte, auf dem auch meine folgenden Ausführungen weitgehend basieren (siehe Literaturauswahl). Soweit nicht anders angegeben, beziehen sich Seitenzahlen in diesem Text auf dieses Buch.

Am 29. Mai 1935 starben in einem Münchener Krankenhaus die Hausangestellte **Hedwig F. und ihr Kind.** Zwei Wochen zuvor – zu dieser Zeit war sie im siebten bis achten Monat schwanger gewesen – hatte das Erbgesundheitsgericht München beschlossen, sie wegen Schizophrenie unfruchtbar zu machen. Anstatt mit der Operation bis nach der Geburt zu warten, leitete der zuständige Amtsarzt nicht nur die sofortige Zwangssterilisation in die Wege, sondern auch die gleichzeitige »Unterbrechung« der Schwangerschaft trotz des späten Stadiums. Dabei stützte er sich auf eine bei den Gerichten und in den Ministerien unbekannte Anordnung des »Reichsärzteführers« Wagner an die deutsche Ärzteschaft, die den beteiligten Ärzten mit Rückendeckung Hitlers Straffreiheit zusicherte. Hedwig F. verblutete an dem Kaiserschnitt, mit dem die Frühgeburt eingeleitet wurde. Ihr Kind lebte eine halbe Stunde. Es starb vermutlich, weil ihm keine Geburtshilfe gewährt wurde, wie das Reinigen der Atemwege und das Abbinden der Nabelschnur. Aus diesem Grund erhob der vorläufige Vormund von Frau F. Strafanzeige gegen die beteiligten Ärzte bei der Staatsanwaltschaft München. Diese ermittelte wegen fahrlässiger Tötung und Verstoßes gegen den § 218 und stellte das Verfahren im Januar 1936 mit Billigung des Reichsjustizministeriums ein. Inzwischen wurde die Abtreibung an schwangeren Frauen, die zwangssterilisiert werden sollten, legalisiert. (Bundesarchiv Berlin, 30.01 RMJ/10161)

Am 2. Juni 1937 wird die 12 Jahre alte **Marianne K.** in das Staatliche Gesundheitsamt Wiesbaden bestellt. Ihr Vater Peter K. begleitet sie. Beide werden mit dem Auto nach Frankfurt a. M. in ein Krankenhaus gebracht, wo sie auf eine Kommission von vier Herren treffen, einen Regierungsrat, zwei Ärzte und einen Schriftführer. Auch der Berliner Anthropologe Wolfgang Abel vom Kaiser Wilhelm-Institut für Anthropologie, menschliche Erblehre und Eugenik ist anwesend. Nach Feststellung der Personalien des Kindes wird folgende »Erklärung« des Vaters in das vorgefertigte Formular getippt: »Die Mutter war deutsche Staatsangehörige. Der Erzeuger war ein Soldat der farbigen französischen Besatzung«. Dann wird das Kind von Prof. Abel untersucht. Der eigens für die geheime »RB-Aktion« gedruckte Untersuchungsbogen läßt in etwa erkennen, wie die Untersuchung vor sich geht: Nach Messungen von Körpergröße, Kopflänge, Kopfbreite, Gesichtshöhe, Nasenhöhe, -breite und -tiefe, Lippenhöhe und Angaben zur Haarfarbe von Kopf, Bart und Braue, einzutragen in der Spalte »Bast[ard]« geht es um weitere Merkmale von Haaren, Augenlidern, Hautfarbe, Nase, Lippen, Kopf und Körperbau: Unter anderem werden Angaben verlangt zur Haarform (Spuren von Wellung, Brauen, Wimpern, Evtl: Form des Schamhaares), Irisfarbe, Hautfarbe (Stirn, Backenröte?, besonnter Rükken oder dunkelste Stelle, Lunula [Möndchen, GC] Daumen, Oberschenkel innen, Scrotum Penis, Brustwarze), Nase (Gesamtform, Wurzel, Rücken, Flügel, Löcher, Steg) Lippen (Oberlippenform, Unterlippenform, Hautlippe) Kopf (Form des Hinterhauptes, Stirnhöcker, Scheitelhökker, Backenknochen, Kieferwinkel, Gesichtsform i. allg.) und Körperbau (Fett usw., Konstitutionstyp, weibl. Brust, Sonstiges). Nicht alle Felder werden ausgefüllt. Die Untersuchung schließt mit einem anthropologischen Gutachten über die erhobenen Befunde ab. Im Kommissionsprotokoll ist notiert: »Nach den Angaben der Mutter und dem anthropologischen Gutachten steht fest, dass die Marianne K. deutsche Staatsangehörige ist und als Abkomme farbiger Besatzungstruppen die Merkmale artfremder Rassezugehörigkeit trägt. Der Vater des Kindes wird hierauf über das Ergebnis der Untersuchung belehrt und darauf hingewiesen, dass die Nachkommenschaft des Kindes artfremden Bluteinschlag behalten würde und dass aus diesem Grunde eine Fortpflanzung des Kindes nicht erwünscht ist. Er wird über das Wesen und die Folgen der Unfruchtbarmachung eingehend belehrt.« Herr K. erklärt per Unterschrift sein Einverständnis zu dem Eingriff, kann aber erreichen, daß die Operation nicht sofort an Ort und Stelle geschieht. Er verpflichtet sich, seine Tochter am nächsten Morgen ins Gesundheitsamt Wiesbaden zu bringen. (Archiwum Glownej Komisiji Badania Zbrodni przeciwko Narodowi Polskiemu, Warszawa, RMdI Sygn 6)

deutsche Kinder und Jugendliche als »Rheinlandbastarde« zwangssterilisiert. Unter dieser Bezeichnung wurden sie bereits in der Weimarer Zeit öffentlich diffamiert, weil ihre Mütter Rheinländerinnen, ihre Väter französische Kolonialsoldaten aus Afrika und Südostasien waren. Während der Rheinlandbesetzung Anfang bis Mitte der 20er Jahre geboren, kamen sie allmählich in das geschlechtsreife Alter. Schon durch ihre bloße Existenz, mehr noch aber als potentielle Eltern störten diese Jungen und Mädchen die von den Nationalsozialisten angestrebte »Rassenreinheit« des »deutschen Volkes« und wurden deshalb in ihrer körperlichen Integrität angegriffen. Eine von ihnen war **Marianne K.** Da sich bestenfalls einige der Kinder, aber nicht alle unter die eugenische Diagnostik des GzVeN pressen ließ, fand die »RB-Aktion« als »geheime Reichssache«, teilweise unter Einschaltung der Gestapo, statt. Einer ähnlichen generativen Vernichtungslogik folgten Überlegungen zur Sterilisation von »Mischlingen« im Sinne der Nürnberger Gesetze (s. S. 27 ff.) auf einer der Nachfolgekonferenzen der Wannseekonferenz, die von Deportation und Mord ausgenommen sein, aber sich nicht »fortpflanzen« sollten. Jüdische Deutsche wurden von Anfang an ebenso wie nichtjüdische Deutsche zwangssterilisiert. Ein Sterilisationsstop für die deutschen Juden wurde erst 1942 verkündet, als die meisten von ihnen bereits emigriert, deportiert und ermordet waren. 1940 regelte ein Geheimerlaß aus dem Innenministerium Sterilisationen und Abtreibungen »in gesetzlich bisher nicht geregelten Fällen«, in denen mit »eugenisch und rassisch unerwünschtem Nachwuchs zu rechnen« sei. Zwangssterilisationen fanden auch unter der Regie der Gestapo statt, z.B. von jungen Frauen und Männern der Sinti und Roma. Häftlinge in Zuchthäusern, Gefängnissen und Konzentrationslagern wurden sowohl nach dem GzVeN als auch ohne Bezug darauf sterilisiert. Von besonderer Grausamkeit waren die medizinischen Versuche zu Sterilisation und Kastration in den Konzentrationslagern Auschwitz und Ravensbrück an Hunderten von jüdischen, polnischen und Sinti-Frauen und Männern.

Sterilisationen nach dem »Gesetz zur Verhütung erbkranken Nachwuchses« (GzVeN)

§ 1 des GzVeN definierte als »erbkrank im Sinne dieses Gesetzes« »wer an einer der folgenden Krankheiten leidet« und führte die folgenden Diagnosen auf: angeborener Schwachsinn, Schizophrenie, zirkuläres (manisch-depressives) Irresein, erbliche Fallsucht (Epilepsie) erblicher Veitstanz (Huntington Corea), erbliche Blindheit, erbliche Taubheit, schwere erbliche körperliche Mißbildung, schwerer Alkoholismus. Hinsichtlich der Vererbungswahrscheinlichkeit berief sich der Gesetzgeber auf die »Erfahrungen der medizinischen Wissenschaft«. Davon legte nicht nur das im amtlichen Gesetzeskommentar abgedruckte umfangreiche Literaturverzeichnis mit Titeln aus den vorangegangenen Jahren und Jahrzehnten, sondern ebenfalls die breite fachwissenschaftliche und berufspolitische Diskussion vor und nach 1933 Zeugnis ab. Das Gesetz selbst beruhte, was die Sterilisationsdiagnosen (bis auf den Alkoholismus) betraf, auf Beratungen und einem Entwurf des Preußischen Landesgesundheitsrats von 1932. Der entscheidende Unterschied zwischen dem Weimarer Entwurf und dem neuen nationalsozialistischen Gesetz war, daß jener nur die freiwillige Sterilisation vorsah (was Eugeniker und Rassenhygieniker lebhaft beklagten), während dieses den Sterilisationszwang einführte. Ein solches Gesetz war in der Weimarer Zeit aufgrund der Stimmenverhältnisse im Reichstag wegen des Widerstands der KPD, die ein Gesetz gegen verarmte und arbeitslose Angehörige der Arbeiterklasse befürchtete, und der katholischen Zentrumspartei, die jeden Eingriff in Sexualität und Fortpflanzung ablehnte, nicht möglich – auch wenn in den zwanziger Jahren Ärzte bereits häufig aus eugenischen Gründen sterilisierten, auch ohne das Wissen betroffener Frauen, während andererseits die freiwillige Sterilisation als Methode gewollter Geburtenverhütung eine zunehmende Rolle spielte. Diese wurden ab Mai 1933 verboten. Bei der Einführung der eugenischen Zwangssterilisation ging es also nicht um die Legalisierung individueller medizinischer Praktiken am eigenen Körper, sondern um von außen gesetzte Normen über »sterilisationspflichtige Erbkrankheiten«, welche von den Sterilisanden die einsichtsvolle Unterwerfung unter das Expertenurteil verlangten. Der mangelnden Einsicht in diese »Notwendigkeit« – die nach dem Verständnis von Experten und Politikern nur in der »Erbkrankheit« selbst begründet sein konnte – wurde durch den Antrag des Amtsarztes auf Unfruchtbarmachung auch gegen den Willen der Betroffenen nachgeholfen. »Antragsberechtigt« waren außer den Amtsärzten auch die Leiter von psychiatrischen Anstalten, Fürsorgeerziehungsheimen, Arbeitshäusern, Gefängnissen, Zuchthäusern und – in einem internen Erlaß geregelt – Konzentrationslagern. Anzeigen über »Erbkrankheitsverdächtige« waren aus der ganzen Bevölkerung willkommen. Sie kamen von Nachbarn, Bürgermeistern und Gendarmen, besonders zahlreich von Hilfsschullehrern und Ärzten; letztere wurden gegen die Zahlung einer Ordnungsstrafe dazu verpflichtet. Am ergiebigsten waren die Meldungen von Gesundheitsfürsorgestellen und Sozialbehörden im weitesten Sinne. Etwa eine Million Menschen wurde wegen einer vermuteten »Erbkrankheit« angezeigt, für knapp die Hälfte von ihnen leiteten die Amtsärzte ein Verfahren vor dem **Erbgesundheitsgericht** (EG) ein.

Diese neu geschaffenen Institutionen einer **Erbgesundheitsgerichtsbarkeit** – aus propagandistischen Gründen bei den Amtsgerichten angegliedert, um so etwas wie Rechtsprechung und Gerechtigkeit vorzutäuschen – und etwa 300 an der Zahl, entschieden seit Januar 1934 für oder gegen die Sterilisation nach dem GzVeN. Ein EG war besetzt mit einem Amtsrichter, einem beamteten Arzt und »einem im deutschen Reich approbierten Arzt, der mit der Erbgesundheitslehre besonders vertraut« (§ 6) sein sollte. Als zweite und zugleich letzte Instanz wurden bei jedem Landgericht ein **Erbgesundheitsobergericht** (EOG) eingerichtet, das Beschwerden gegen erstinstanzliche Beschlüsse überprüfte. Während des Krieges stellten die EOG im »Altreich« ihre Tätigkeit ein. Die Beschlüsse des EOG waren endgültig und keine weitere Beschwerde war zugelassen. Anträge auf Wiederaufnahmeverfahren bei Eintreten neuer Gesichtspunkte waren möglich. Von dieser Möglichkeit machten nicht nur Betroffene Gebrauch, die damit gegen ihre beschlossene Unfruchtbarmachung protestierten, sondern auch Amtsärzte, wenn ihre Anträge abgelehnt worden waren. Insgesamt lehnten die EG und EOG von 1934 bis 1945 rund 25 000 Anträge auf Sterilisation ab. Sie waren außerdem Beschwerdeinstanz gegen ein amtsärztliches Eheverbot nach dem *Ehegesundheitsgesetz* von 1935 (das die Freiheit der Eheschließung aus eugenischen und gesundheitlichen Gründen einschränkte wie das *Blutschutzgesetz* aus antijüdischen und rassistischen Gründen).

Das Verfahren in Erbgesundheitssachen richtete sich nach dem formlosen Vorgehen der freiwilligen Gerichtsbarkeit, d.h., ohne Prozeßordnung. Betroffene beklagten bitter, daß »selbst die schlimmsten Verbrecher« mehr Rechte hätten als sie. In der Tat hing allein vom Gutdünken des Gerichts z.B. die Zulassung oder Nichtzulassung eines Rechtsanwalts ab, und wenn einer zugelassen war, so hatte er kein Recht auf Einsichtnahme in die Erbgesundheitsakte; oder die Sterililisation wurde in den ersten beiden Jahren auch ohne das Erscheinen der Sterilisanden beschlossen, also nur aufgrund der Aktenlage und ohne persönliches Gehör. Für die Feststellung einer der psychiatrischen Diagnosen war es unerheblich, ob die Krankheit akut vorhanden war oder nicht; es reichte, daß sie vor Jahren »einmal« in Erscheinung getreten und als solche diagnostiziert worden war – auch zu einer Zeit, als es das Sterilisationsgesetz noch gar nicht gab. Diese im amtlichen Gesetzeskommentar dargelegte Auffassung brachte besonders im Bereich der psychischen und Nervenkrankheiten viel Unheil für die Betroffenen. Weil die im Gesetz aufgelisteten Krankheiten per se als Erbkrankheiten definiert waren, machten sie bei Eindeutigkeit der Diagnose weitere Nachforschungen überflüssig – das hieß konkret: bei der Einigkeit zweier von drei Erbgesundheitsrichtern über die Richtigkeit der Diagnose – es sei denn, es gab bestimmte Hinweise für exogene (äußere) Ursachen. Diese mußten von den Sterilisanden objektiv belegt werden, etwa durch einen ärztlichen Bericht aus der fraglichen Zeit über einen Unfall, einen Geburtsfehler oder eine in jungen Jahren durchgemachte Krankheit. Bloße mündliche Hinweise wurden in der Regel nicht beachtet. Abweichende Gutachten durch Ärzte ihrer Wahl vorzulegen, war den Sterilisanden, aber auch Ärzten untersagt. Letztere konnten nur auf Ersuchen des Gerichts tätig werden. In manchen diagnostischen »Zweifelsfällen« wurde eine zwangsweise Begutachtung in einer Heil- und Pflegeanstalt für einen Zeitraum von bis zu sechs Wochen angeordnet, in anderen solchen »Zweifelsfällen« war die Frage der »erblichen Belastung« ausschlaggebend. Ein Urteil über letztere wurde durch »erbbiologische Ermittlungen« gewonnen. Diese begannen mit der Erstellung einer »Sippentafel« über alle Familienangehörigen bis zur dritten Generation als Grundlage für weitere Nachforschungen, schlossen unter Umständen Hausbesuche durch eine Fürsorgerin, den Amtsarzt oder sogar einen Erbgesundheitsrichter höchstpersönlich ein und/oder die Vorladung von Familienmitgliedern in das Gesundheitsamt oder vor das Sterilisationsgericht. Schließlich wurde die Ausforschung des familialen, beruflichen und sozialen Umfeldes besonders wichtig zur Feststellung des »angeborenen Schwachsinns« – derjenigen Diagnose, unter der mit Abstand die meisten Frauen und Männer zwangssterilisiert wurden.

Sterilisationspraxis

Das GzVeN enthielt neben dem »schweren Alkoholismus« vier psychiatrische und vier körperliche Sterilisationsindikationen, doch 95% aller Sterilisanden wurden unter eine der psychiatrischen Indikationen klassifiziert. In der Reihenfolge der Häufigkeit stand weit an der Spitze die Diagnose »Schwachsinn« (mit 53 % 1934 und 60% 1936), gefolgt von »Schizophrenie« (25% 1934, 20% 1936), Epilepsie (14% 1934, 12% 1936) und »manisch-depressivem Irresein« (3%). Wegen »Alkoholismus« wurden 2%, wegen »Taubheit« 1% aller Sterilisanden unfruchtbar gemacht; die Diagnosen »Blindheit«, »Huntingtonsche Chorea« und »körperliche Mißbildungen« lagen jeweils unter 1%. In klassen- und geschlechterspezifischer Hinsicht bildeten »Schwachsinn« (54% Frauen, 46% Männer) und »Epilepsie« (56% Männer, 44% Frauen) die Hauptdiagnosen für Sterilisanden der Unterschicht, während die Diagnose »manisch-depressives Irresein« nur bei bürgerlichen Sterilisanden vorkam (62% Frauen, 38 % Männer). »Schizophrenie« war sowohl bei Sterilisanden aus allen Gesellschaftschichten sowie bei Männern und Frauen quantitativ in etwa gleich verteilt.

Ein Blick auf die zeitliche Entwicklung der Sterilisationspraxis in Verbindung mit den Sterilisationsgründen zeigt, daß in den ersten beiden Jahren nach dem Inkrafttreten des GzVeN hauptsächlich freiwillige und eingewiesene Patientinnen und Patienten psychiatrischer Kliniken operiert wurden. Viele standen vor ihrer Entlassung, kamen aber ohne Sterilisation nur noch in Ausnahmefällen frei. Doch von Beginn an stammten die Sterilisanden auch aus der »frei lebenden Bevölkerung«, und auf diese zielten die Verwalter des »Volkskörpers« in erster Linie. Die Massensterilisation der »leichten Fälle« war das Charakteristikum der nationalsozialistischen Sterilisationspolitik. Dies lag u. a. an der ausufernden Anwendung der Diagnose »Schwachsinn«, die neben der Intelligenzprüfung zunehmend die geschlechtsspezifische Beurteilung des Sexual- und Arbeitsverhaltens in den Mittelpunkt rückte und Normabweichungen auf diesen Gebieten als »moralischen Schwachsinn« und mangelhafte »Lebensbewährung« durch Sterilisation verfolgte.

Die Zwangssterilisierten kamen aus allen sozialen Schichten und Berufsgruppen und nicht nur aus der Unterschicht. Bock vertritt die bemerkenswerte These, daß der hygienische Rassismus wie der anthropologische (gegen »fremde Rassen«) gleichsam quer zur Berufs- bzw. Einkommensschichtung verlief: Die nationalsozialistische Sterilisationspraxis verwirklichte gleichzeitig drei in der rassenhygienische Debatte geforderte Versionen der sterilisationspolitischen Selektion: »Lumpenproletariat«, »Ungelernte« und »Minderwertige aller Klassen« (S. 420f.). Gemessen an der Verteilung der Gesamtbevölkerung auf die Berufs- und Erwerbsgruppen war der Anteil der Sterilisanden in unteren Berufsgruppe größer als in mittleren und höheren. Etwa 30 000 Personen stammten aus »besseren Kreisen«. Ein Grund hierfür war, daß die Sterilisationsgerichte sich bei der Beurteilung der Arbeitsleistung und »Lebensbewährung« nicht allein am Beruf als solchem orientierten, sondern den individuellen beruflichen Aufstieg oder Abstieg beurteilten. In Köln z.B. waren 20% aller Sterilisierten in einem qualifizierten Beruf tätig, etwa 1% waren Akademiker: Künstlerinnen und Künstler, Studenten, Privatdozenten, auch einige Ärzte. Zahlreiche Handwerker wurden sterilisiert und Ehefrauen von Männern jeder sozialen Schicht. Zum Bildungsprofil der Kölner Sterilisierten ist folgendes bekannt: 35% waren auf der Hilfsschule gewesen, 54% auf der Volksschule, 11% hatten eine darüberhinausgehende Berufsbildung, von diesen verfügten 3% über eine höhere Schulbildung (Dalicho 1971 in Bock, 158ff.).

Für Berlin, München und Nürnberg/Erlangen ergab die Auswertung der Erbgesundheitsgerichts-Registerbände hinsichtlich der **Arbeits- bzw. Erwerbssituation nach Geschlechtszugehörigkeit** der Sterilisanden folgende Ergebnisse:

Frauen

ohne Berufsangabe, ledig (mehrheitlich in Anstalten)	33 %
arbeitende Sterilisandinnen	67 %
davon anteilig als	
Verkäuferinnen und Büroangestellte	7,6 %
gewerbliche Arbeiterinnen	22,3 %
Landarbeiterinnen	7,8 %
Dienstmädchen	18,3 %
Ehefrauen/Hausfrauen	32,2 %

Unter den sterilisierten Ehefrauen befanden sich in Berlin und München Frauen von Männern aller sozialen Schichten (nicht näher spezifiziert), in Nürnberg/Erlangen vorwiegend Arbeiterehefrauen. Bei den gewerblichen Arbeiterinnen handelte es sich vor allem um ungelernte oder Hilfsarbeiterinnen.
»Asoziale«, klassifiziert vorwiegend nach ihrem Lebenswandel, waren in den Gruppen ohne Berufsangabe, Dienstmädchen, Fabrik- und Landarbeiterinnen mit jeweils etwa 10 % vertreten.

Männer

ohne Berufsangabe (mehrheitlich in Anstalten)	23 %
Erwerbspersonen	77 %
davon anteilig	
Landarbeiter, Kleinbauern u. Gütler	11,6 %
Handwerker incl. Lehrlinge u. Gesellen	21,5 %
Un- u. Angelernte u. Gelegenheitsarbeiter	37,8 %
gelernte Arbeiter	6,1 %
Angestellte	8,2 %
Händler u. Kaufleute	4,1 %
Studenten u.a. Akademiker	2,3 %

In der ersten Gruppe hatten die Kleinbauern und Gütler einen Anteil von ca 10%. Als »Asoziale« und »Lumpenproletariat« wurden etwa 10% in der Gruppe der un- und angelernten und Gelegenheitsarbeiter klassifiziert. Diese Zahlen sind aufgrund G. Bocks umfangreichen, auch nach Jahren untergliederten und erläuterten statistischen Angaben pro Gerichtsbezirk berechnet. Die Grundzahlen der Sterilisanden, auf die sich die Prozentangaben beziehen, sind für Berlin 1934–1943: 3510 Frauen, 3402 Männer (nur die Zahlen der 1. Kammer von je 11 000 Frauen und Männern insgesamt); *München* 1934–43: 3445 Frauen, 3366 Männer; *Erlangen/Nürnberg* 1935–43: 1475 Frauen, 1453 Männer (S. 423–431).

Nicht also alle Fürsorgezöglinge und Hilfsschüler, Kinder aus großen Familien mit schlechten Noten, ein- oder mehrmals sitzengebliebene Landmädchen vor der Schulentlassung, auch nicht alle Insassen von Gefängnissen, Zucht- und Arbeitshäusern, Patient/innen psychiatrischer Krankenhäuser, Bezieher von Wohlfahrts- oder Erwerbslosenunterstützung oder sonstigen staatlichen Versorgungsleistungen waren per se Sterilisationskandidaten (so übernahm etwa das Sozialamt auch Kosten für die Sterilitätsbehandlung von »würdigen« Wohlfahrtsempfängerinnen). Doch waren sie von einer Überprüfung auf »Lebensbewährung« und mit Zwangssterilisation bedroht. Ähnliches gilt für die männliche und weibliche Klientel der Tuberkulose-, Alkoholiker- und Geschlechtskranken-Fürsorge sowie der Fürsorge für geistig und körperlich Behinderte. Ein weiteres Feld für die »erbbiologische Erfassung« und rassenhygienische Selektion der »freien Bevölkerung« boten die Schwangeren- und Mütterberatung, die Säuglings- und Kleinkinderfürsorge sowie die Schulgesundheitspflege. Und schließlich gerieten jene ins Netz der Gesundheitsämter, die finanzielle Familienförderungen wie Ehestandsdarlehen oder Kinderbeihilfen beantragen oder die heiraten wollten. Am Ende konnte statt der gewünschten Mittel ein Eheverbot und/oder die Zwangssterilisation stehen und dies nicht nur für die Antragsteller selbst, sondern auch für Familienangehörige.
Die zwischen 1933 und 1945 zwangssterilisierten Männer, Frauen, Jugendlichen und Kinder wurden Opfer des nationalsozialistischen Projekts der Herstellung einer homogenen Gesellschaft »rassegleicher«, (erb-)gesunder und leistungsfähiger Individuen. Dieses Projekt sollte durch Eingriffe in Körper und Leben von Millionen als »minderwertig« und »fremdrassisch« klassifizierter Menschen realisiert werden. Die Sterilisation zielte dabei nicht wie der Krankenmord und der Genozid von Juden und Zigeunern sowie Angehörigen osteuropäischer Nationen auf die unmittelbare Vernichtung der Person (obwohl der Tod der Sterilisanden durch die Zwangsoperation in Kauf genommen wurde), sondern war Mittel einer generativen, auf Sexualität und Fortpflanzung zielenden Vernichtungsstrategie, deren gesellschaftliche Wirkung sich erst in der »kommenden Generation« entfalten sollte.

Literaturauswahl

zur Zwangssterilisation

Gisela Bock, Zwangssterilisation im Nationalsozialismus. Studien zur Frauenpolitik und Rassenpolitik, Opladen 1986

Reiner Pommerin: »Sterilisation der Rheinlandbastarde«. Das Schicksal einer deutschen Minderheit 1918–1937, Düsseldorf 1979

Hans-Walter Schmuhl: Rassenhygiene, Nationalsozialismus, Euthanasie. Von der Verhütung zur Vernichtung »lebensunwerten Lebens« 1890–1945, Göttingen 1987

zum öffentlichen Gesundheitswesen

Gabriele Czarnowski: Das kontrollierte Paar. Ehe- und Sexualpolitik im Nationalsozialismus, Weinheim 1991

zur Eugenik und Rassenhygiene in Kaiserreich und Weimarer Republik

Anna Bergmann: Die verhütete Sexualität. Die Anfänge der modernen Geburtenkontrolle, 2. Aufl. Berlin 1998

Cornelie Usborne: Geburtenkontrolle und Bevölkerungspolitik in der Weimarer Republik, Münster 1994

übergreifende Literatur und Dokumentenbände

Der Wert des Menschen. Medizin in Deutschland 1918–1945, Hg. von der Ärztekammer Berlin in Zusammenarbeit mit der Bundesärztekammer, Redaktion: Christian Pross/Götz Aly, Berlin 1989

Jochen-Christoph Kaiser/Kurt Nowak/Michael Schwartz (Hg.): Eugenik – Sterilisation – »Euthanasie«. Politische Biologie in Deutschland 1895–1945, Berlin 1992

Peter Weingart/Jürgen Kroll/Kurt Bayertz: Rasse, Blut und Gene. Geschichte der Eugenik und Rassenhygiene in Deutschland, Frankfurt a. M. 1988.

»Aktion T 4« – Modell des Massenmordes

Götz Aly

In den Jahren 1940 bis 1945 arbeitete in der Berliner Tiergartenstraße 4 ein unscheinbares Amt, von dem aus die Ermordung von mehr als 200 000 Psychiatriepatienten, kranken Lagerinsassen, verzweifelten oder unangepaßten Menschen organisiert wurde. Die Adresse gab diesem staatlich organisierten Töten den Decknamen – »Aktion T 4«.

Das Gebäude, eine Stadtvilla mit Bürotrakt, war zuvor »arisiert« worden, die Villa sowie die später errichteten Bürobaracken standen bis zur weitgehenden Zerstörung durch Bomben dort, wo heute die Bushaltestelle vor dem Haupteingang der Philharmonie ist.

Die »planwirtschaftliche Erfassung« der Patienten aller Heil- und Pflegeanstalten begann am 9. Oktober 1939. Das Reichsinnenministerium verschickte an die einzelnen Heil- und Pflegeanstalten Fragebögen, die unter anderem nach der Art der Krankheit, der Dauer des Anstaltsaufenthalts und der Arbeitsfähigkeit fragten. Die Direktoren der einzelnen Anstalten wurden über den Zweck dieser Fragebögen im Unklaren gelassen. An Hand der so ausgefüllten Fragebögen entschieden drei der etwa dreißig Begutachtungsärzte der »T 4« anschließend über Leben und Tod. Wenige Wochen später erhielten die Anstalten dann namentliche Listen, welche Patienten sie zur Verlegung – angeblich auf Anordnung des Reichsverteidigungskommissars – bereit zu machen hätten. Die Transporte aus den »Ursprungsanstalten« führten bereits nach den ersten Erfahrungen nicht mehr direkt in eines der Tötungszentren, sondern nahmen den Umweg über »Zwischenanstalten«. Das ermöglichte es, Irrtümer zu korrigieren, vor allem aber bezweckte dieser Umweg das Verwischen der Spur der Kranken, aber ermöglichte auch verlegte Kranke zu entlassen, deren Angehörige schnell und entschieden darauf beharrten. Die Verlegungswege und auch das Ziel der Vernichtung dieser Menschen war den Direktoren der einzelnen Heil- und Pflegeanstalten zwar bald bekannt, wurden aber vor den Verwandten prinzipiell geheimgehalten. Ebenfalls schon am 9. Oktober 1939 legten die Organisatoren die Zahl der durch die »Aktion« zu Tötenden mit 65–70 000 fest. Diese Richtzahl wurde bis zum sogenannten Stopp im August 1941, der eher als eine Pause zur Neuorganisation angesehen werden muß, um 273 Menschen überschritten.

Danach begann eine Phase der Neuorientierung, die dazu führte, daß immer neue Menschengruppen in den Kreis derer, die selektiert und dann möglicherweise getötet werden sollten, aufgenommen wurden – seien sie tuberkulosekrank, alt, wohnungslos oder arbeitsunwillig. Bereits im April 1941 begann unter der Tarnung eines Aktenzeichens die »Aktion 14 f 13«. Sie bezweckte bis in den Winter 1944/45 die Vergasung von arbeitsunfähigen, unbequemen oder einfach erschöpften KZ-Häftlingen. Gutachten, Transport und Exekution lag in den Händen der, wie das KZ-Personal sie nannte, »berühmten Berliner Organisation«, der »T 4«. Die Praxis dieses Tötungsprogramms verknüpfte medizinische und soziale Kriterien und machte sie austauschbar. Es war eine der Brücken dafür, daß die als »Euthanasie« bezeichneten Verbrechen an deutschen Patienten zum Modell weit größerer Massenmorde wurde. So gab die »Tiergartenstraße 4« 1942 über 100 ihrer Fachleute zur »Endlösung der Judenfrage« »nach Osten« ab. Die ersten Kommandanten von Belzec, Sobibor und Treblinka kamen aus der »T 4« und wurden von ihr bezahlt.

Zwar waren »Organisation T 4« oder »Zentraldienststelle T 4« die aus der Adresse des Dienstsitzes in der Berliner Tiergartenstraße Nr. 4 abgeleiteten Tarnbezeichnungen einer Tötungsbehörde, doch verbarg sich dahinter ein sich wandelndes Konglomerat staatlicher und quasistaatlicher Institutionen. Die »Reichsarbeitsgemeinschaft Heil- und Pflegeanstalten« (RAG) firmierte per Briefkopf nach außen. Dieser Briefkopf spiegelte eine längst nicht vollzogene, vorgeblich freiwillige Zentralisierung des Anstaltswesens vor. Die »Gemeinnützige Stiftung für Anstaltspflege« war nach innen für die Arbeitsverträge von 300 bis 400 Angestellten und nach außen für Kauf- und Pachtverträge zuständig. Die Verlegungen besorgte die »Gemeinnützige Kranken-Transport-G.m.b.H.« (Gekrat). Als letzte wurde die später wichtigste Organisation gegründet, die »Zentralverrechnungsstelle Heil- und Pflegeanstalten« (ZVSt.). Sie leitete die Abwicklung sämtlicher Kosten- und Finanzprobleme; nebenbei sicherte sie über teilfingierte Abrechnungen gegenüber Krankenkasse und Fürsorgeverbänden die komfortable Selbstfinanzierung der »T 4« aus den Beiträgen zur Sozialversicherung. Kontrolliert wurden diese Organisationen, die in ihrer Gesamtheit die »T 4« bildeten, von der Kanzlei des Führers. Bei der praktischen Durchführung des Tötungsprogramms bediente sich die »T 4« der früh informierten Bürgermeister und der gesamten Medizinalverwaltung.

Die Tötungsanstalten, in denen die Kranken in der ersten Phase der »Aktion T 4« mit Giftgas umgebracht wurden, waren:

	Zahl der Toten
Grafeneck bei Reutlingen	
Januar – Dezember 1940	9 839
Brandenburg	
Februar – September 1940	9 772
Bernburg	
September 1940 – August 1941	8 601
Hadamar	
Januar – August 1941	10 072
Hartheim bei Linz	
Mai – August 1941	18 269
Sonnenstein in Pirna	
Juni 1940 – August 1941	13 720

Die aufgrund der Fragebögen als nicht mehr »lebenswürdig« befundenen Patienten wurden in Bussen der »Gekrat« abgeholt. Zwei bis vier Wochen blieben sie in einer der Zwischenanstalten, von wo aus sie die »Gekrat« weiter in eines der sechs Tötungszentren transportierte. Die kurze Spanne zwischen Ankunft und Tod der Verschleppten beschrieb eine Krankenschwester aus Hadamar vor Gericht:

»Die Omnibusse mit den Todesopfern fuhren zunächst um den rechten Seitenflügel in die hinter diesem befindliche Holzgarage. Dort mußten die Insassen aussteigen und durch einen gedeckten Gang das Erdgeschoß des rechten Flügels betreten. (...) In dem Erdgeschoß kamen die Opfer zunächst in einen damals in zwei Räume abgeteilten Saal, dessen vorderer Raum als Warteraum diente. Hier waren einige Betten aufgestellt, die für gehunfähige Kranke bestimmt waren. Der hintere Raum des Saales war der Entkleidungsraum, in dem ich tätig war. Dort wurden zuerst die Männer, sodann die Frauen ausgekleidet. Von hier wurden die Kranken über einen Flur in den Arztraum geführt, wo sie nochmals kurz ärztlich untersucht wurden und an Hand der vorhandenen Krankenpapiere mit einer Nummer versehen wurden. Diese Nummern wurden ihnen mit Farbstift auf den Rücken geschrieben. Aus dem Arztraum kamen sie in ein daneben gelegenes Zimmer, dessen Bestimmung ich nicht mehr weiß. Aus diesem Zimmer ging es in den daneben liegenden Fotografierraum, worauf die Kranken in einen gegenüberliegenden Warteraum gebracht wurden, in dem sie sich so lange aufhalten mußten, bis alle Ankömmlinge des Transports versammelt waren. Darauf wurden sie geschlossen, und zwar Männer und Frauen gemeinsam, über eine Treppe in den mit Kacheln ausgekleideten Gasraum gebracht, der äußerlich einem Duschraum ähnelte.«

Die Patienten in den Heil- und Pflegeanstalten wurden umgebracht, weil dies billiger war, als sie zu pflegen. Die Arbeits- und Leistungsfähigkeit der Kranken war dabei das wichtigste Kriterium. Das galt nicht für Patienten, die gerichtlich zur Sicherungsverwahrung eingewiesen worden waren, und es galt nicht für Patienten jüdischer Abkunft: sie wurden allein aufgrund sozialer und rassischer Einstufung ermordet, auch noch so dürre medizinische Gutachten hatten dafür keine Bedeutung.

Grundlage der »Aktion T 4« war ein formloses Geheimschreiben Hitlers: Weder Befehl noch Gesetz – es »ermächtigte« zum Töten. Auf Drängen des Justizministers, aber auch der beteiligten Ärzte wurde im Laufe des Jahres 1940 ein »Gesetz über die Sterbehilfe bei unheilbar Kranken« entworfen. Wahrscheinlich im Oktober 1940 trat eine Kommission von etwa 30 Teilnehmern zusammen, die abschließend über ein »Euthanasie«-Gesetz diskutierte. Der »Sachverständigenbeirat für Bevölkerungs- und Rassenpolitik« war durch den »Rassenhygieniker« Fritz Lenz vertreten, das Reichssicherheitshauptamt durch Heydrich; daneben die Gesundheitsverwaltungen der Länder; die Zahl der »T 4«-Gutachter und -Professoren überwog deutlich. Die Legitimation zum Töten wurde auf dieser Konferenz wissenschaftlich exakt festgelegt. »Willkürmaßnahmen«, etwa in die Richtung geistig aktiver Behinderter – freilich nur jenseits des zweiten Lebensjahres! – oder seniler Menschen wurden ausgeschlossen, eine Beobachtungs- und Begutachtungszeit von zwei Anstaltsjahren mit entsprechenden »aktiven« Therapieversuchen verbindlich gemacht. Vor allem die Diskussion der Durchführungsverordnung weist aus, daß es sich bei dem Gesetzesprojekt um die Festschreibung jenes langfristigen strategischen Plans handelte, der die bis dahin von der »T 4« praktizierte Ad-hoc-Vernichtungen in einer professionellen Systematik des Tötens aller Unheilbaren aufgehen lassen sollte. Als Untergrenze für eine »Sterbehilfe auf Verlangen« (§ 1) wurde ein Lebensalter von 21 bzw. 25 Jahren diskutiert; dagegen stand eine solche Altersbegrenzung im Falle des § 2 (staatlich verfügte Lebensvernichtung gegen den Willen des Opfers) nicht zur Debatte, hier sollte eine» erhebliche

Geistesschwäche« die Menschen aller Altersstufen treffen. Und, quasi um keine Mißverständnisse aufkommen zu lassen: Die »Erleichterung des bereits eingetretenen Todeskampfs« war »nicht Gegenstand des Gesetzes«!
Dieses fertige Gesetz blieb zum größten Teil in der Schublade. Hauptsächlich aus außen- und kirchenpolitischen Gründen, aber auch um den Widerstand der Bevölkerung und die Gewissensnot von Angehörigen nicht zu provozieren. Nahmen diese zwar allzu oft die Ermordung ihrer chronisch Kranken mit ahnend-wissender und entsprechend verdrängender Gleichgültigkeit hin, war ihr Gewissen doch ganz überwiegend nicht so disponiert, daß sie bewußt in eine gesetzlich geregelte »Euthanasie« ihrer Verwandten hätten einwilligen können.
Demgegenüber nahmen die Sozialpolitiker, Mediziner und Ordinarien, die das »Sterbehilfegesetz« diskutierten, die Festlegung von genauen Kriterien eines wissenschaftlich fundierten Tötens bitter ernst. Ihr Fortschrittsbegriff schloß zweifellos neben dem anonymisierten und fabrikmäßigen Töten der akribisch klassifizierten Unheilbaren die Auffassung ein, daß der Kreis der nach der Ära der Massentötungen nachwachsenden chronisch Kranken durch weitere Neuerungen auf dem Gebiet der »aktiven Therapie« immer mehr eingeengt werden könne.
Die Täter der »Euthanasie« fühlten sich auch als Reformer, als diejenigen, die dem dumpfen Anstaltsmilieu den Todesstoß geben würden. Sie planten, die Zahl der chronisch Kranken nicht nur durch ihre Art der klinischen Exekution, sondern auch durch möglichst frühe und intensive Therapie zu verringern.
Sie schafften altmodische Begriffe ab: Aus »Krüppeln« und »Idioten« wurden »Behinderte«, und »Heil- und Pflegeanstalten« benannten sie in »Kliniken« um. Die Zukunft dieser auf der Grundlage von Mord und Modernisierung zu reformierenden Psychiatrie beschrieben sie in einem Planungspapier von 1942:
»In der Ausübung des zu erwartenden Euthanasie-Gesetzes wird man nicht Anstalten haben dürfen, die sehr bald in den Ruf von Sterbeanstalten kommen würden, d.h. Anstalten, in denen der dorthin Verlegte vom Tod erwartet wird. Eine der wesentlichsten Forderungen bei der Ausführung der Euthanasie wird die möglichst unauffällige Form sein. Die Euthanasieverordnungen und ihre Ausführung müssen sich vollkommen im Rahmen des üblichen Anstaltsgeschehens vollziehen. So wird sich auch mit wenigen Ausnahmen der Tod eines Euthanasierten vom natürlichen Tode kaum unterscheiden. Das ist das erstrebte Ziel. (...) Also für die Zukunft: keine Pflegeanstalten für tiefstehende Fälle, sondern Heilanstalten mit aktivster Therapie und wissenschaftlicher Arbeit und – mit Euthanasiemöglichkeit.«
Aus diesem Zusammenhang heraus ist es zu verstehen, daß die »T 4« 1942 zwei eigene Abteilungen für psychiatrisch-neurologische Grundlagenforschung eröffnete und sogar die Gründung einer eigenen wissenschaftlichen Zeitschrift plante, in der die Ergebnisse dieser breit angelegten Forschungen veröffentlicht werden sollten, Absichten, die bald durch das »Unglück von Stalingrad« auf später verschoben werden mußten. Die Kriegsentwicklung begünstigte auch die Tendenz der »T 4«, immer mehr Menschen in den Kreis der möglichen Opfer einzuschließen und gleichzeitig immer mehr Anstalten und Ärzte an den Tötungen zu beteiligen.
Weit über den Kreis der Geisteskranken hinaus gerieten schließlich immer mehr in irgendeiner Weise unbrauchbare Menschen in den tödlichen Zugriff der »T 4«. Während die Nazis die Kriterien für klinische Hinrichtungen nach innen zugleich ausweiteten und differenzierten, töteten sie in der Sowjetunion unterschiedslos alle Insassen psychiatrischer Krankenhäuser unmittelbar nach dem Einmarsch. Staatsbürgerliche Zuverlässigkeit und ökonomische Verwertbarkeit bestimmten den Lebenswert des Menschen immer mehr.
Im Juli 1943 beschlossen die Professoren und Gutachter der »T 4« die Tötung von psychiatrischen Patienten, um Krankenbetten für Bombenkriegsopfer frei zu bekommen. Geisteskranke und Sieche wurden dann verlegt und in einer großen Zahl von öffentlichen Heil- und Pflegeanstalten durch das Spritzen von überdosierten Beruhigungsmitteln umgebracht, wenn die örtlichen Behörden Decken, medizinische Ausrüstung und Krankenbetten benötigten, um Verletzte zu versorgen.
Opfer dieser Art deutscher Katastrophenmedizin wurden auch Menschen, die in den brennenden Städten die Fassung verloren und als »Bombengeschädigte mit Verwirrtheitszustand« in die Psychiatrischen Abteilungen eingewiesen wurden.
Ab 1943 wurden in deutschen Heil- und Pflegeanstalten auch systematisch arbeitsunfähige Zwangsarbeiter umgebracht, und zwar sowohl angeblich oder tatsächlich psychisch Kranke als auch solche, die an Tuberkulose litten. (Außerdem sind »rassisch unerwünschte« Kinder von Zwangsarbeiterinnen entweder durch miserable Lebens- und Ernährungsbedingungen oder aktiv umgebracht worden. Diese Tatorte nannten sich »Kleinkinderpflegeanstalten« oder auch »Säuglingslager« – sie unterstanden dem Arbeitsamt, manchmal auch der Allgemeinen Ortskrankenkasse.)
Die Zäsur im August 1941, die die erste Phase des Mordens in den Anstalten abgeschlossen hatte, war auch der Zeitpunkt gewesen, von dem an die »T 4« ihre aktionistisch-außerinstitutionellen Formen verlor.
1940 war im Rahmen der Sterbehilfe-Gesetzesinitiative auch über die Errichtung der Dienststelle eines »Reichsbe-

auftragten für die Heil- und Pflegeanstalten« beraten worden; der Reichsbeauftragte sollte der institutionelle Träger des neuen Vernichtungsgesetzes werden. Eben dieser Teil des geplanten Gesetzes wurde bereits am 23. Oktober 1941 erlassen und vier Tage später im Reichsgesetzblatt veröffentlicht. Zwei Monate nach dem »Stopp« der nicht gesetzlich untermauerten Massenmorde veröffentlichten die Naziinstitutionen also den ersten Teil eines Gesetzeswerks zur staatlich institutionalisierten »Euthanasie«. Nach einer allgemeinen Einleitung legte die Verordnung fest: Der Reichsminister des Inneren bestellt den Reichsbeauftragten, dieser ist zuständig für alle Anstalten, die sich mit der »Unterbringung und Betreuung von Geisteskranken, Schwachsinnigen, Epileptikern und Psychopathen, sei es auch nur teilweise, befassen«. § 2 erhob dann den wichtigsten Terminus der bis dahin gebrauchten Tarnsprache, »die planwirtschaftlichen Maßnahmen«, die bei der gesamten Reichsverwaltung, beim Deutschen Gemeindetag ebenso wie bei den Krankenkassen und Kirchen Synonym für Massenmord geworden waren, aus dem Dunkel der »Geheimen Reichssache« in den Rang eines veröffentlichten Gesetzes – formal nur eine Verordnung, stand sie doch auf der ersten Seite des Reichsgesetzblattes. Sie legalisierte auch die bis dahin als Teilorganisation der »T 4« getarnt operierende »Reichsarbeitsgemeinschaft Heil- und Pflegeanstalten«, also die Organisation, die bereits mehr als 70 000 Menschen umgebracht hatte. Der Wortlaut des »notwendige Maßnahmen« gestattenden und auch ankündigenden Paragraphen hieß:

»Der Reichsbeauftragte für die Heil- und Pflegeanstalten hat planwirtschaftliche Aufgaben auf dem Gebiet der Heil- und Pflegeanstalten durchzuführen. Er untersteht dem Reichsminister des Innern und ist ermächtigt, im Einvernehmen mit dem Leiter der Reichsarbeitsgemeinschaft Heil- und Pflegeanstalten die notwendigen Maßnahmen zu treffen.«

Von diesem Zeitpunkt an übernahm das Reichsinnenministerium nicht mehr auf der Basis einer vagen Führerermächtigung, sondern auf der Basis eines veröffentlichten Gesetzes die Federführung bei der Vernichtung unbrauchbarer Deutscher. War das Innenministerium bis dahin Hilfsbehörde der Reichsarbeitsgemeinschaft und der hinter ihr stehenden Kanzlei des Führers gewesen, so war es von da ab umgekehrt. Die Umwandlung der »T 4« zu einem normalen staatlichen Amt war damit nicht abgeschlossen. Anfang 1944 schlug der Geschäftsführer der »T 4« vor, das »gesamte Irrenrecht reichseinheitlich zu regeln« und die »unvorstellbar hohe Zahl« von Einzelbestimmungen für nichtig zu erklären. Das Aufnahmeverfahren und die Kostensätze seien zu vereinheitlichen, die neue Zentralstelle mache nicht nur den »Reichsbeauftragen für die Heil- und Pflegeanstalten« entbehrlich, sondern lasse auch sämtliche Dezernenten, Sachbearbeiter und Hilfskräfte, die in den regionalen Verwaltungen für das Anstaltswesen zuständig seien, »in Wegfall kommen«.

Der Chef der Planungsabteilung der »T 4« hatte dazu zwei Tage vorher einen Entwurf geschrieben, der sich noch klarer ausdrückte: Der Staat habe in den vergangenen Jahren »auf dem Gebiet der Geisteskrankenfürsorge eine starke Initiative gezeigt«. Er habe »Maßnahmen durchgeführt«, die zu »einer völligen Neuorientierung des Irrenwesens« geführt hätten. »Wirklich fruchtbar« könne diese Arbeit aber erst durch eine »verwaltungsmäßige Unterbauung« werden. Sie sollte sich von oben vollziehen, mit Hilfe einer die »T 4« vollständig institutionalisierenden »Zentralstelle für die Geisteskrankenfürsorge«, die in dem Entwurf als »Reichsamt für die Heil- und Pflegeanstalten« bezeichnet wird. Dem Direktor dieses Amtes sollten unmittelbar ein Amtsbüro, die Planungsabteilung und die Anstaltsaufsicht unterstehen. Die Erledigung der sogenannten »praktischen Arbeit« sollten zwei in sich geschlossene Unterabteilungen dieses Amtes bewerkstelligen. Die eine sollte für das Abrechnungswesen zuständig sein, der anderen sollte »die Auswertung der Meldebögen und die Durchführung der sich daraus ergebenden Maßnahmen« obliegen.

Nach dem Willen der Täter sollte die »Aktion T 4« immer mehr in die gesetzlich geregelte Routine der staatlichen Verwaltung übergehen. Die klinische Hinrichtung von ebenso wehrlosen wie dauerhaft kranken Menschen sollte zum normalen Bestandteil des ärztlichen Alltags und des gesellschaftlichen Lebens werden.

Dieser Beitrag wurde mit freundlicher Genehmigung des Autors und des Verlages folgender Publikation entnommen: Götz Aly (Hg.): AKTION T 4 1939–1945. Die »Euthanasie«-Zentrale in der Tiergartenstraße 4. Berlin: Edition Hentrich, 1989, S. 11–20.

Die Fahrt ins Blaue

Alfred Döblin

Vor einigen Wochen, bei einer Reise ins Land, habe ich eine Geschichte gehört, die ich im großen und ganzen schon kannte, aber die durch ihre Einzelheiten mich berührte, als wäre sie neu.
Ich traf in einem kleinen Ort einen Herrn, der mich auf der Straße einen Augenblick verdutzt ansah, dann auf mich zukam und mich bei Namen nannte. Es war ein mir nur oberflächlich bekannter Berliner Arzt, der seit anderthalb Jahren hier wohnte; sein Haus war ausgebombt worden, er hatte sich mit seiner Familie hierher geflüchtet. In der kurzen Zeit, die ich mich in der Gegend aufhielt, kam er täglich zu mir, ich wußte nicht recht warum – wollte er nur Abwechslung, Nachrichten von draußen? – bis er mich fragte, ob ich dies und das schon wüßte. Und dann fing er an zu sprechen, und ich merkte, er wollte sich das, was er erzählte, von der Seele reden.
Er war Arzt in einer der großen Berliner Irrenanstalten gewesen. Es sind vier. In einer, wie er mir sagte, waren an die dreitausend, in der zweiten etwa zweitausend, in der dritten und vierten achtzehnhundert und zwölfhundert Kranke.
Als nun 1939 der Krieg ausbrach, veränderte sich hier zunächst nichts. In der Anstalt, in der der Arzt arbeitete, spazierte nur häufiger als früher der Direktor in Naziuniform herum, mit brauner Jacke, in Schaftstiefeln.
Da wurden 1940 einmal die Ärzte der Anstalt, von der mein Besucher erzählte (immer leicht beklommen und erregt), zu einer der üblichen Konferenzen zusammenberufen. Und in ihrem Verlauf, zwischen anderen Punkten, teilte der Direktor den Herren mit, er hätte eine Anweisung erhalten, wonach jeder der an der Anstalt tätigen Ärzte innerhalb einer bestimmten Zeit eine Liste anzulegen hätte mit Namen und Personalien aller Kranken, die sich länger als fünf Jahre in der Anstalt befänden und die voraussichtlich nie entlassen würden und die zudem nicht soviel arbeiteten, daß dies auf die Verpflegung in Anrechnung gebracht werden könnte. Die Ärzte notierten es und fragten, wozu das wäre. Der Direktor wußte nichts. Er brachte in eine spätere Konferenz gedruckte Listen, die dieselben Fragen stellten. Am Kopf dieser Fragebogen stand: »Der Reichsbeauftragte für die Heil- und Pflegeanstalten.« Die Bogen wurden ausgefüllt. Es zog sich bei der großen Zahl der Kranken wochenlang hin. Und dann, nach einer Pause, setzten »Evakuierungen« ein. Sie betrafen die Kranken auf den Listen.
Die Angehörigen wurden nicht benachrichtigt. Man begann mit dem »Verbrecherhaus«. Jede größere Anstalt verfügt über ein besonders Gebäude, ein »festes Haus«, in dem sie »Kriminelle« hält. Kranke, die unter den Impulsen ihres Leidens, etwa getrieben von Halluzinationen, in einem halb- oder ganz bewußtlosen Raptus, in Dämmerzuständen Verbrechen begangen haben.
Da rollten an dem Gebäude große Personenautos vor. Eine Wachmannschaft SS folgte. Und die Kriminellen verließen das Haus, einer nach dem andern, unter besonderen Vorsichtsmaßnahmen. Pfleger fuhren mit. Der Abtransport erfolgte ohne Aufsehen, ganz in der Frühe. Wo ging es hin? Keiner konnte es angeben. Von den Chauffeuren erfuhr man nichts. Auch die später zurückgekehrten Pfleger ließen nichts verlauten. Sie hatten Befehl, zu schweigen. Es waren besonders ausgesuchte und vereidigte Leute.
Darauf kamen die andern Häuser an die Reihe, eine Station nach der andern. Welch Schauspiel im Morgengrauen vor den Häusern, an denen die großen leeren Autos hielten. Die Fenster der Autos waren mit Papier verklebt. Denn es war nicht nur eine sonderbare Fahrt, sondern auch ein sonderbarer Passagier, der da einsteigen sollte.
Sehen Sie die Frau, die man aus der Tür auf das Trottoir schiebt. Sie hält den Kopf schief und macht einen spitzen Mund, einen zerdrückten uralten Hut trägt sie auf den grauen wirren Haaren. Die Positur, die sie sofort eingenommen hat, einen Arm fest am Leib, den anderen horizontal gekrümmt vor sich in Augenhöhe, gefällt ihr. Man muß sie Schritt für Schritt vorwärtsschieben, die Stufen zum Auto heraufheben.
Da geht an der Hand einer Pflegerin ein junges Wesen, geht Schritt um Schritt mit ihr, bleibt stehen mit ihr. Sie hat ein volles gelbliches Gesicht, den Kopf hat sie zwischen den Schultern eingezogen. Sie ist kräftig, blickt keinen an. Man hat die aufgesammelt, welche seit Jahren durch die Korridore der Häuser gehen oder auf dem Boden sitzen und da vor sich stieren und die manchmal singen, manchmal grell schreien, weinen, greinen – und manchmal im Zorn die Scheiben zerschlagen. So ist das Menschengesicht entstellt – und noch immer ein Menschengesicht. Wir fassen uns an die Brust.
Einige toben, wie sie die Schwelle ihres gewohnten Hauses übertreten und draußen sind. Man muß sie binden. Es werden neue Häuser entleert. Die Angehörigen, nicht benachrichtigt, kommen sonntags zu Besuch, verstehen nichts. Die Pfleger können keine Auskunft geben. Schließlich wird mitgeteilt: die Berliner Anstalten müssen weitge-

hend geräumt werden, die Kranken kommen in Provinzialanstalten. Die Angehörigen schimpfen eine Weile herum, aber beruhigen sich. Es leuchtet ihnen ein, denn die Krankenhäuser der Stadt leiden unter den Fliegerangriffen, und man kann sich überzeugen: die leeren Räume werden frisch gestrichen und zu Krankensälen für innere und chirurgische Kranke umgewandelt. Wo gestern einer isoliert wurde, liegt jetzt, im Zimmer mit Blumen, ja mit Telefon, still einer, der ist anders krank, an der Brust, am Leib. Er hat es besser getroffen.

Langsam aber sickert durch, wo die Fahrt ins Blaue endete. Nicht in der Provinzialanstalt. Wenn welche dahin kamen, so nur vorübergehend. Pfleger, die nicht dicht halten, munkeln von Linz. Und wie es ihnen da erging, erfahren nun die Angehörigen früher als das Anstaltspersonal: auf Friedhöfen kamen ganze Serien von Urnen auf einmal an, so daß auch die Wächter Verdacht schöpften und sich Gedanken machten und diese Gedanken den Angehörigen, die zu der Asche ihrer Toten kamen, nicht verheimlichten. In die Anstalten selber liefen die Listen der Verstorbenen ein, mit »Todesursachen«. Man schrie, im Arztzimmer und auf den Korridoren: »Mörder! Ihr seid Mörder!« Man hieß die Leute, die nicht nachgaben, aufs Gesundheitsamt gehen. Von da wurden sie hin- und hergeschickt, bis sie genug hatten. Das Gerücht von dem, was geschah, verbreitete sich in den Anstalten. Es gelangte zu den Kranken. Und da gab es welche, die die Situation erfaßten. Und wenn sie ahnten, daß bald wieder ein »Transport« zusammengestellt wurde, dann »türmten« sie – sie entwichen.

Man verlangte etwas Furchtbares von dem Pflegepersonal. Man wünschte, daß alle zum Abtransport bestimmten Kranken ihren Namen auf der Haut trügen. Die Kranken waren zu zeichnen – die Pfleger und Pflegerinnen sagten: wie Schweine. Die Pfleger und Pflegerinnen sind Menschen, und wenn die Jahre umgehen, sind sie mit den Kranken verwachsen wie mit Verwandten. Sie kennen jede Eigenart und Absonderlichkeit ihrer kleinen Herde. Und da tippen sie dann den auf- und abmarschierenden Kranken, der und jener vor sich starrenden grotesken Figur auf den Arm und helfen ihnen die Bluse ablegen, das Hemd über der Brust abstreifen. Und während eine Pflegerin vorn das Geschöpf, das sich ruhig alles gefallen läßt, bei der Hand hält und ihm zuspricht, muß es »den Buckel krumm machen« und die Pflegerin hinter ihm schreibt deutlich mit Farbstift einen Vor- und Zunamen auf die Haut, Tränen in den Augen.

So werden sie später, in Linz oder anderswo, in den Bade- oder Duschraum treten, in Gruppen, zum »Duschen«, sie haben noch ein Hemd an. Man läßt sie sich auf die Bänke setzen. Eine stellt sich in die Ecke. Eine zieht es vor, sich auf den Boden zu setzen. Die Pflegerinnen winken: »Ruhig sein, warten«, und schließen die Tür. Die Kranken sind allein. Eine steht auf, fängt ihren stereotypen Kreisgang an. Eine flüstert und schimpft auf etwas Unsichtbares. Da rauscht es. Es scheint, die Duschen gehen. Eine auf der Bank läßt den Kopf sinken und plumpst, ihrem Kopf nach, dumpf auf die Steinplatten. Die im Kreis gegangen war, blickt auf und sackt in den Knien zusammen. Auf der Bank lehnen sie eine neben der andern, rutschen, zwei zusammen und einzeln, herunter, fallen übereinander. Die »Duschen« rauschen.

Die Häuser waren schon stark geleert, da erschien, von »oben« geschickt, ein junger Arzt in der Anstalt und ging mit den Pflegern jeden noch vorhandenen »Fall« durch, mit der Bemerkung: »Wir müssen feststellen, ob diese Kranken durch ihre Arbeit fürs Haus wirklich unentbehrlich sind. Es wäre sonst ungerecht gehandelt an denen, die wir schon fortgebracht haben.«

In Berlin machten diese »Fahrt ins Blaue« zwischen 1940 und 42 schätzungsweise Fünftausend bis Sechstausend. Wieviel in Deutschland im ganzen, kann man annähernd errechnen, wenn man die Zahl der Landesirrenanstalten zugrunde legt. Man hatte zuletzt nur etwa ein Zehntel Patienten. Man hieß auch nicht mehr »Heil- und Pflegeanstalt«, sondern »Krankenhaus« und hatte eine Kinderabteilung, eine Station für heilbare Nervenkranke und so weiter.

Mein Gewährsmann berichtet: Als dieser junge Arzt alle noch vorhandenen Patienten noch einmal auf ihre »Unentbehrlichkeit« durchging, stellte ich ihn und fragte ihn, wozu das wäre. Er sagte: »Wir müssen Platz schaffen für die Kranken, die in der Stadt bedroht sind.« Als ich etwas erwiderte, schnitt er mir das Wort ab mit dem Satz: »Der Führer steht dahinter.« Da konnte ich nichts sagen; ich war auf ihn vereidigt. Er sagte noch: »Ich weiß, daß sie es mit den Angehörigen schwer haben. Aber es ist eine notwendige Räumungsaktion. Die alten Römer stürzten ihre Siebzigjährigen vom Tarpejischen Felsen.«

Es tat ihm wohl, dies erzählt zu haben. Ich verstand nun seine Unruhe und Beklommenheit und warum er mich Tag um Tag aufsuchte. Aber die letzte Aufklärung erhielt ich erst am nächsten Vormittag, als er mich zum Zug begleitete, im Regen. Wir standen (ich hatte noch viel Zeit) unter dem Dach eines Schuppens. Man sprach. Da trat er näher zu mir und flüsterte mir scheu zu: »Ich muß ihnen noch etwas sagen. Ich habe ja selbst einen Sohn zu Hause, der – schwach ist. Wir haben ihn versteckt und zuletzt bei Fremden untergebracht, damit er uns nicht genommen wird. Jedesmal, wenn ich solche Liste aufstellte, dachte ich: ich verurteile mein eigenes Kind zum Tode.« Seine Lippen bebten. Ich vermochte nichts zu sagen. Er griff nach meiner Hand.

Aus: A. D.: Kleine Prosa. Die Zeitlupe. Zürich: Olten + Freiburg, 1962. Wir danken dem Verlag für die freundliche Genehmigung für den Abdruck.

Hinweise für die pädagogische Arbeit

Eine Stätte der NS-Krankenmorde in der Stadt Brandenburg

Rund siebzig Kilometer entfernt von Berlin, in Brandenburg an der Havel, wurde eine der ersten Tötungsanstalten im NS-Staat eingerichtet. Im inmitten der Stadt gelegenen alten Zuchthaus (Neuendorfer Straße), das bis 1934 noch als Konzentrationslager fungiert hatte, wurde die »Landes-Pflegeanstalt Brandenburg a. H.« errichtet – ein Tarnname. Nach »Tötungsexperimenten« im Januar 1940 wurden bis Ende Oktober 1940 über 9 000 Menschen aus Pflegeanstalten in der zur Gaskammer umgebauten Anstaltsscheune umgebracht. Unter ihnen waren psychisch Kranke, körperlich Behinderte, Versehrte des 1. Weltkrieges und zahlreiche Kinder aus Verhältnissen, die als »asozial« galten.

Im Zusammenhang mit den Geschehnissen in Brandenburg gilt es, auf das einzigartige Handeln des damaligen Amtsgerichtsrats und Vormundschaftsrichter Dr. Lothar Kreyßig (1898–1986) zu verweisen, eine Parallele zu der Predigt des Bischofs von Münster Graf von Galen. Im August 1940 erstattete Kreyßig, der Mitglied der Bekennenden Kirche war, Anzeige wegen Mordes gegen den Leiter der »Führerkanzlei« Philipp Bouhler, den Adressaten der Beauftragung Hitlers vom 1. September 1939 (s. S. 109). Lothar Kreyßig war der einzige unter den etwa 1 400 Amtsrichtern in Deutschland, der direkt etwas gegen die Morde der »Aktion T 4« unternahm. Die Reaktion des Regimes: Er wurde im März 1942 zwangspensioniert.

Literaturhinweis

Susanne Willems: Lothar Kreyßig. Von eigenem verantwortlichem Handeln. Eine biographische Studie zum Protest gegen die Euthanasieverbrechen in Nazi-Deutschland. Berlin: Aktion Sühnezeichen Friedensdienste, 1995.

Am 27. April 1997 ist auf dem Gelände der Stadtverwaltung Brandenburg (Neuendorfer Straße 90) eine Gedenkstätte für die Opfer der NS-»Euthanasie« mit begleitenden Informationstafeln eingeweiht worden.

Führungen können mit dem Museum im Frey-Haus in Brandenburg/H. verabredet werden (Tel. 03381/522048, Fax 223987).

Literaturhinweise

Götz Aly (Hg.): Aktion T 4. Die »Euthanasie«-Zentrale in der Tiergartenstraße 4. 1939–1945. Berlin: Edition Hentrich, 1987

Klaus Bengesser: »Das Programm zur Vernichtung lebensunwerten Lebens« – eine psychoanalytische Annäherung. In: Behinderte in Familie, Schule und Gesellschaft, 11 (1988) 1, S. 54–59

Dietrich Eichholz (Hg.): Brandenburg in der NS-Zeit. Studien und Dokumente. Berlin 1993 (Publikation der Brandenburgischen Landeszentrale für politische Bildung)

Darin: Kristina Hübener: Brandenburgische Heil- und Pflegeanstalten in der NS-Zeit. Sterilisation u. »Vernichtung lebensunwerten Lebens«, S. 230–246

Henry Friedländer: Der Weg zum NS-Genozid. Von der Euthanasie zur Endlösung. Berlin: Berlin Verlag, 1997

Ernst Klee: Dokumente zur »Euthanasie«. Frankfurt a. M.: Fischer TB 4327, 1985

Ernst Klee: »Euthanasie im NS-Staat. Frankfurt a. M.: Fischer TB 4326, 1983

Kurt Nowak: Sterilisation und »Euthanasie« im Dritten Reich. Tatsachen und Deutungen. In: Geschichte in Wissenschaft und Unterricht, 39 (1988) 6, S. 327–341

Unterrichtsanregungen

Wigbert Benz: Bischof Graf von Galen – Euthanasiegegner und Kriegsbefürworter. In: PRAXIS GESCHICHTE, Heft 3/1994, S. 18–22

Walter Buder: Euthanasie. Die Ermordung von Behinderten im Nationalsozialismus. In: Praxis Geschichte, Heft 5/1990, S. 40–46

Horst Dickel: »Die sind ja doch alle unheilbar«. Zwangssterilisationen und Tötung der »Minderwertigen« im Rheingau, 1934–1945. Wiesbaden: Hessisches Institut für Bildungsplanung und Schulentwicklung, 1989

Uta George: NS-»Euthanasie«-Verbrechen und Eugenik. Pädagogischer Baustein. Bezug: Fritz-Bauer-Institut (s. S. 79)

Dieter Gers: »Lernbehinderter« früher und heute. Eine Unterrichtseinheit. In: Behindertenpädagogik, 23. Jg. (1984) Heft 2, S. 98–125

Johann-Wolfgang Landsberg: Eugenik, Euthanasie und Rassenlehre. In: betrifft erziehung, 18. Jg. (1985), Heft 1, S. 37–44

Dieter Zeller: Aspekte zur »Unfruchtbarmachung von Sonderschülern in nationalsozialistischer Zeit« im Unterricht der Schule für Lernbehinderte. In: Zeitschrift für Heilpädagogik, 36. Jg. (1985), Heft 3, S. 198–200

Roman über das Überleben eines behinderten Kindes während der NS–Zeit

Im Zentrum des Romans »Ein Haus für alle« von Ursula Wölfel (dtv junior 78077) steht der erfolgreiche Kampf um das Leben eines geistig behinderten Kindes während der NS-Zeit. Die Geschichte ist eingebettet in die Lebensläufe mehrerer junger Menschen auf dem Hintergrund der politischen Entwicklung in Deutschland in dem Vierteljahrhundert von etwa 1920 bis 1945.

Die Geschwister Dana und Leo verlassen 1921 ihr Elternhaus im oberösterreichischen Hochtal, um ihren Freunden ins Ruhrgebiet zu folgen. Zusammen führen sie im »Haus für alle« ein freies, selbstbestimmtes Leben. Doch der aufkommende Nationalsozialismus findet in Paul, Danas Ehemann, einen begeisterten Anhänger. Er macht Parteikarriere. Als Robbi, sein und Danas drittes Kind, geistig behindert zur Welt kommt, zerbricht die Familie. Paul, der Rassenideologie verhaftet, verleugnet seinen Sohn. Er entfernt sich – auch räumlich – von der Familie. Zugleich setzt die Gefährdung von Robbi durch das NS-»Euthanasie«-Programm ein. Dana gelingt, gemeinsam mit ihren Freunden, die Rettung ihres Sohnes. Zurecht hat das Buch Anerkennung erfahren; für manche Leserin und manchen Leser wird aber möglicherweise das Ausmaß der Beeinträchtigung des persönlichen Lebens durch den totalitären NS-Staat im Alltag zu wenig herausgearbeitet sein. Wenn auch ausdrücklich als Jugendbuch charakterisiert, so dürften es doch eher Erwachsene mit Gewinn lesen können.

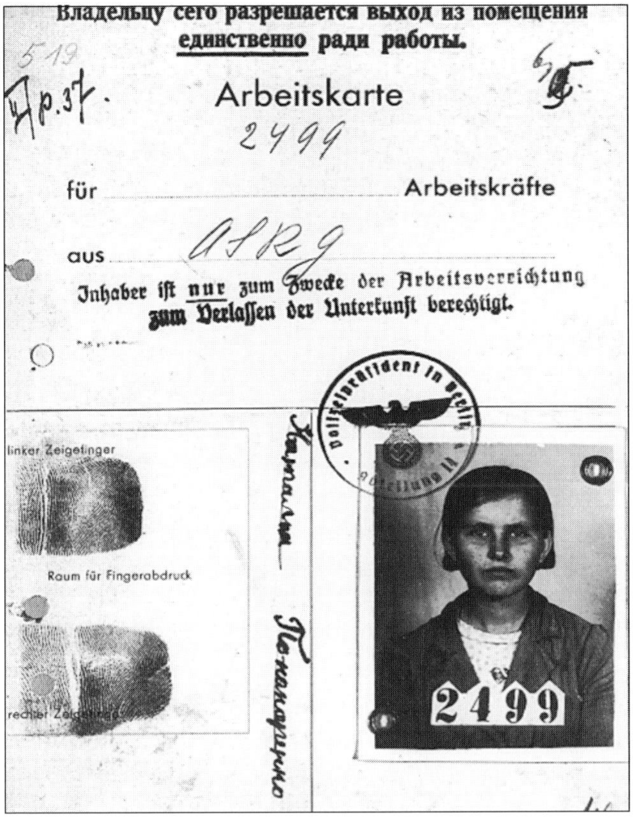
Владельцу сего разрешается выход из помещения
единственно ради работы.

Arbeitskarte

2499

für ____ Arbeitskräfte

aus ____

Inhaber ist nur zum Zwecke der Arbeitsverrichtung
zum Verlassen der Unterkunft berechtigt.

linker Zeigefinger

Raum für Fingerabdruck

rechter Zeigefinger

Polizeipräsident in Berlin Abteilung II

2499

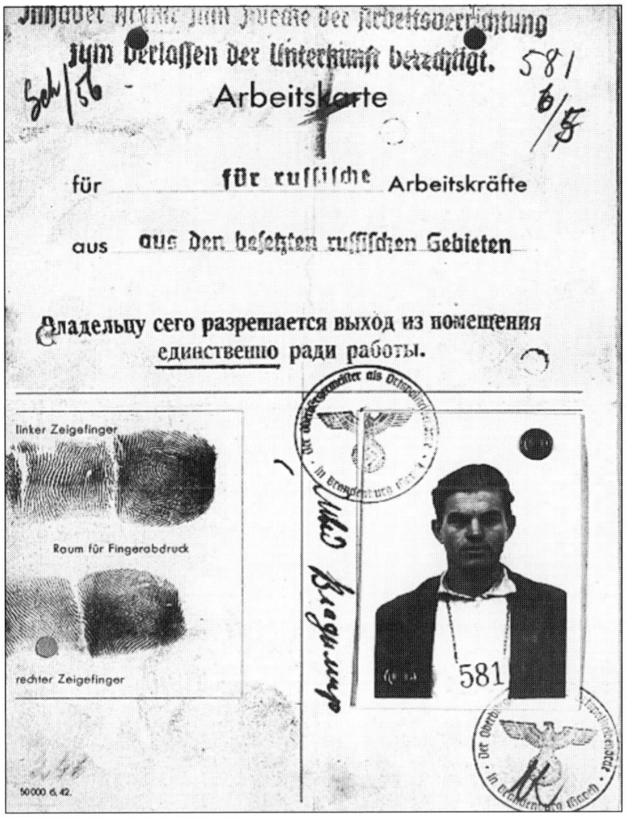
Inhaber ist nur zum Zwecke der Arbeitsverrichtung
zum Verlassen der Unterkunft berechtigt. 581

Arbeitskarte

für für russische Arbeitskräfte

aus aus den besetzten russischen Gebieten

Владельцу сего разрешается выход из помещения
единственно ради работы.

linker Zeigefinger

Raum für Fingerabdruck

rechter Zeigefinger

581

50000 6.42.

Die Vorderseiten der Arbeitskarten von drei jungen Menschen, die von den Nazis aus der Sowjetunion nach Berlin-Brandenburg verschleppt worden waren:

Natalie Ponomarenke, geb. am 20. Juni 1927, war nicht einmal 15 Jahre alt, als sie am 15. Juni 1942 in Deutschland ankam (oben links). Sie wurde als Lackiererin in der Dreilinden Maschinenbau GmbH in Kleinmachnow eingesetzt.

Dort arbeitete als Hilfsarbeiter auch **Wladimir Schwed**, geb. am 23. April 1925. Seine Arbeitskarte wurde am 25. Sept. 1942 in Deutschland ausgestellt (oben rechts).

Ewdokija Galygina, geb. 14. März 1925, erhielt ihre Arbeitskarte am 13. Juli 1942. Sie war als Hilfsarbeiterin im Siemens-Betrieb Luftfahrtgerätewerk Hakenfelde tätig.

Natalie Ponomarenke starb am 12. Sept. 1944, Wladimir Schwed am 1. Sept. 1944, beide im Lager Blankenfelde-Nord, Berlin-Pankow, Lübarser Weg, dem sogenannten »Russendurchgangslager«. Dorthin wurden Zwangsarbeiterinnen und Zwangsarbeiter gebracht, die zur Arbeitsunfähigkeit geschunden worden und schwer erkrankt waren und nichts anderes als nur den Tod zu erwarten hatten. Beide starben an Tuberkulose. - Ewdokija Galygina starb am 23. August 1944 im Zentralkrankenlager der Siemens-Firmen am Bahnhof Jungfernheide. Todesursache: Schädelbruch/ Hirnblutung.

Arbeitskarte

für sowjetrussische Arbeitskräfte

aus dem altrussischen Gebiet.

Inhaber darf Berlin nur mit
besonderer polizeilicher
Genehmigung verlassen.

linker Zeigefinger

Raum für Fingerabdruck

rechter Zeigefinger

74 mm

Pol.-Präs. Berlin, Abt. II
Ausländer-Erfassungslager

100000 2.43.

Inhaltsverzeichnis

»Ausländer-Einsatz« in der deutschen Kriegswirtschaft 1939–1945 125
Ulrich Herbert

Entwicklungslinien des »Ausländereinsatzes« in Berlin 1939–1945 135
Helmut Bräutigam

»... gewissse Widersprüche zu dem bisher von der deutschen Propaganda dargebotenen Bild« 141
Aus den »Meldungen aus dem Reich«

Hinweise zur Zwangsarbeit von Juden 143

»... am schlimmsten war der Hunger ...« 144
Eine Schule stellt sich der Vergangenheit
Bodo Förster

Der Reichseinsatz – Zwangsarbeiter in Deutschland 146
Dokumentarfilm

»Das Heimweh des Walerjan Wróbel« 147
Das Schicksal eines 16-jährigen polnischen Zwangsarbeiters – Buch und Film

»Ab jetzt zählt jeder Tag« 148
Ein Jugendbuch über das Schicksal einer jugendlichen russischen Zwangsarbeiterin

Erläuterungen

Die jugendlichen Adressaten historisch-politischer Bildung sind in einem Lebensalter, in dem sich Hunderttausende junger Menschen, namentlich aus der Sowjetunion und Polen, befanden, die von Deutschen ins Reichsgebiet verschleppt wurden. Als Beispiele sei auf die jungen Menschen hingewiesen, deren Arbeitskarten umseitig abgebildet sind.
Die Jugendlichen können versuchen nachzuempfinden, wie es den Gleichaltrigen ergangen sein mag, deren Leben ohnehin bereits durch den Kriegszustand nach dem Angriff Nazi-Deutschlands auf ihr Land erheblich beeinträchtigt war. Nun wurden sie, die zudem nach der NS-Rassenideologie zumeist als »minderwertig« galten, in eine feindliche Umwelt verschleppt, in Lagern unter entwürdigenden Bedingungen zusammengepfercht und zur Arbeit gezwungen. Und wenn sich ihr Gesundheitszustand verschlechterte, erhielten sie keine ausreichende medizinische Hilfe und wurden dem Sterben überlassen.
Gerade auch die Zwangsarbeiterinnen und Zwangsarbeiter stehen als ein millionenfaches Beispiel dafür, daß die Träger des nationalsozialistischen Herrschaftssystem sich anmaßten, in das Leben völlig schuldloser Menschen brutal einzugreifen. Zudem waren Zwangsarbeiterinnen und Zwangsarbeiter ebenso wie die deutsche Bevölkerung den Bombardements durch die Alliierten ausgeliefert, wobei sie in der Regel weniger Schutzmöglichkeiten hatten. In großer Zahl wurden sie selbst im »Luftschutzdienst« und in Räumkommandos eingesetzt. – Wie immer sich die Möglichkeiten einer Kenntnisnahme der NS-Gewaltverbrechen für die Bevölkerung in Deutschland dargestellt haben mag, hinsichtlich der Zwangsarbeiterinnen und Zwangsarbeiter konnte es kein Nichtwissen, keine Unklarheiten, keine Unglaubwürdigkeit, keine Ahnungslosigkeit gegeben haben. Millionen zur Arbeit gezwungener Menschen aus allen Teilen Europas - die Hinweise auf den Innenseiten der Arbeitskarte sind neben dem Deutschen in weiteren 12 Sprachen formuliert - gehörten mit zum Kriegsalltag in allen Gebieten des Reichs. Ihr Leiden war sichtbar, erfahrbar. Im übrigen mußten zudem in allen besetzten Gebieten Menschen für die deutsche Besatzungsmacht Zwangsarbeit leisten. Allein in Berlin gab es etwa 700 Lager für Zwangsarbeiterinnen und Zwangsarbeiter. In jedem Bezirk besteht die Möglichkeit, über diese Lager und das Schicksal der Lagerinsassen Nachforschungen anzustellen, und zwar durch Befragung älterer Einwohnerinnen oder Einwohner des Bezirks, Arbeit in Heimatarchiven bzw. Heimatmuseen, Identifizierung von Orten ehemaliger Lager u.ä. In Form einer Ausstellung und/ oder einer kleinen Publikation lassen sich die Arbeitsergebnisse dokumentieren.

»Ausländer-Einsatz« in der deutschen Kriegswirtschaft 1939-1945

Ulrich Herbert

Der nationalsozialistische »Ausländer-Einsatz« zwischen 1939 und 1945 stellt den größten Fall der massenhaften, zwangsweisen Verwendung von ausländischen Arbeitskräften in der Geschichte seit dem Ende der Sklaverei im 19. Jahrhundert dar. Im August 1944 waren auf dem Gebiet des »Großdeutschen Reichs« 7,8 Mio. ausländische Zivilarbeiter und Kriegsgefangene als im Arbeitseinsatz beschäftigt gemeldet; hinzu kamen etwa 500 000 überwiegend ausländische KZ-Häftlinge. Somit waren zu diesem Zeitpunkt knapp 30% aller in der gesamten Wirtschaft des Reiches beschäftigten Arbeiter und Angestellten Ausländer, die man größtenteils zwangsweise zum Arbeitseinsatz ins Reich gebracht hatte. Gleichwohl war der »Ausländer-Einsatz« von der nationalsozialistischen Führung vor Kriegsbeginn weder geplant noch vorbereitet worden.

In einem Memorandum des Wirtschafts- und Rüstungsamtes der deutschen Wehrmacht wurde kurz vor Kriegsbeginn festgestellt, daß es bei den rüstungswirtschaftlichen Vorbereitungen auf den Krieg drei große Engpässe gebe – Devisen, bestimmte Rohstoffe und Arbeitskräfte. Für Devisen und Rohstoffe gab es eine Lösung: Nach dem Konzept der »Blitzkriege« sollten die Ressourcen des Reiches sukzessive durch die Vorräte der zu erobernden Länder erweitert werden. Dieses Konzept hatte sich in den Fällen Österreich und Tschechoslowakei bereits bewährt und sollte sich in den Jahren 1939 bis 1941 erneut bestätigen. Die Frage der Beschaffung von Arbeitskräften war schwieriger zu bewältigen, denn hier spielten außer wirtschaftlichen auch sicherheitspolizeiliche und vor allem weltanschauliche Faktoren eine Rolle. Etwa 1,2 Mio. Arbeitskräfte fehlten im »Großdeutschen Reich«, ein weiterer Anstieg dieses Bedarfs nach Beginn des Krieges war zu erwarten.

Zwei Möglichkeiten standen zur Debatte: Entweder man beschäftigte – wie im Ersten Weltkrieg – deutsche Frauen in großem Umfang in der Wirtschaft, oder man importierte aus den zu erobernden Ländern in großer Zahl Arbeitskräfte. Beides aber stieß in der Regimeführung auf Ablehnung. Die Dienstverpflichtung deutscher Frauen

Ausländische Arbeitskräfte in der deutschen Kriegswirtschaft[1]

		1939	1940	1941	1942	1943	1944
Landwirtschaft	Deutsche	10732000	9648000	8939000	8969000	8743000	8460000
	Zivile Ausl.	118000	412000	769000	1170000	1561000	1767000
	Kriegsgef.	–	249000	642000	759000	609000	635000
	Ausl. insg.	118000	661000	1411000	1929000	2230000	2402000
	Ausl. in % aller Beschäftigten	1,1 %	6,4 %	13,6%	17,7 %	20,3 %	22,1 %
Alle nicht landwirtsch. Bereiche	Deutsche	28382000	25697000	24947000	23298000	22278000	21340000
	Zivile Ausl.	183000	391000	984000	1475000	3276000	3528000
	Kriegsgef.	–	99000	674000	730000	954000	1196000
	Ausl. insg.	183000	490000	1659000	2205000	4230000	4724000
	Ausl. in % aller Beschäftigten	0,6 %	1,9 %	6,4%	8,9 %	16,5 %	19,9 %
Gesamtwirtschaft	Deutsche	39114000	35239000	34528000	33026000	31690000	30435000
	Zivile Ausl.	301000	803000	1753000	2645000	4837000	5295000
	Kriegsgef.	–	348000	1316000	1489000	1623000	1831000
	Ausl. insg.	301000	1151000	3069000	4134000	6460000	7126000
	Ausl. in % aller Beschäftigten	0,8 %	3,2 %	8,5%	11,6 %	17,7 %	19,9 %

während des Ersten Weltkriegs hatte zu erheblicher innenpolitischer Destabilisierung und Unzufriedenheit geführt; zudem hätte sie einen eklatanten Verstoß gegen das frauen- und sozialpolitische Konzept der Nationalsozialisten dargestellt. Millionen von ausländischen Arbeitern, insbesondere von Polen, ins Reich zur Arbeit zu bringen, kollidierte vehement mit den völkischen Prinzipien des Nationalsozialismus, wonach auch eine massenhafte Beschäftigung von »Fremdvölkischen« im Reich die »Blutreinheit« des deutschen Volkes bedroht hätte.

Die Entscheidung fiel erst nach Kriegsbeginn; im Vergleich zweier Übel schien der Ausländereinsatz gegenüber der Dienstverpflichtung deutscher Frauen das geringere zu sein, weil man hier die erwarteten Gefahren leichter repressiv eindämmen zu können glaubte.

Die etwa 300 000 in deutsche Hand gefallenen polnischen Kriegsgefangenen wurden nun sehr schnell vorwiegend in landwirtschaftliche Betriebe zur Arbeit gebracht; gleichzeitig begann eine massive Kampagne zur Anwerbung polnischer Arbeiter, die zunächst an die langen Traditionen der Beschäftigung polnischer Landarbeiter in Deutschland[2] anknüpfte, aber nach kurzer Zeit zu immer schärferen Rekrutierungsmaßnahmen überging und seit dem Frühjahr 1940 in eine regelrechte Menschenjagd im sog. Generalgouvernement mündete, wo mit jahrgangsweisen Dienstverpflichtungen, kollektiven Repressionen, Razzien, Umstellungen von Kinos, Schulen oder Kirchen Arbeitskräfte eingefangen wurden. Bis zum Mai 1940 waren auf diese Weise mehr als eine Million polnischer Arbeiter ins Reich gebracht worden[3].

Gleichwohl empfand man den sog. »Poleneinsatz« in der Regimeführung nach wie vor als Verstoß gegen die »rassischen« Prinzipien des Nationalsozialismus; den daraus erwachsenden »volkspolitischen Gefahren«, so Himmler im Februar 1940, sei mit entsprechend scharfen Maßnahmen entgegenzuwirken. Daraufhin wurde gegenüber den Polen ein umfangreiches System von repressiven Bestimmungen entwickelt: Sie mußten in Barackenlagern wohnen, was sich allerdings auf dem Lande in der Praxis bald als undurchführbar erwies; sie erhielten geringere Löhne, durften öffentliche Einrichtungen (vom Schnellzug bis zur Badeanstalt) nicht benutzen, den deutschen Gottesdienst nicht besuchen; sie mußten länger arbeiten als Deutsche und waren verpflichtet, an der Kleidung ein Abzeichen – das »Polen-P« – befestigt zu tragen. Kontakt zu Deutschen außerhalb der Arbeit war verboten, geschlechtlicher Umgang mit deutschen Frauen wurde mit öffentlicher Hinrichtung des beteiligten Polen geahndet. Um »das deutsche Blut zu schützen« war zudem bestimmt worden, daß mindestens die Hälfte der zu rekrutierenden polnischen Zivilarbeiter Frauen zu sein hatten.

Für die deutschen Behörden war der Modellversuch

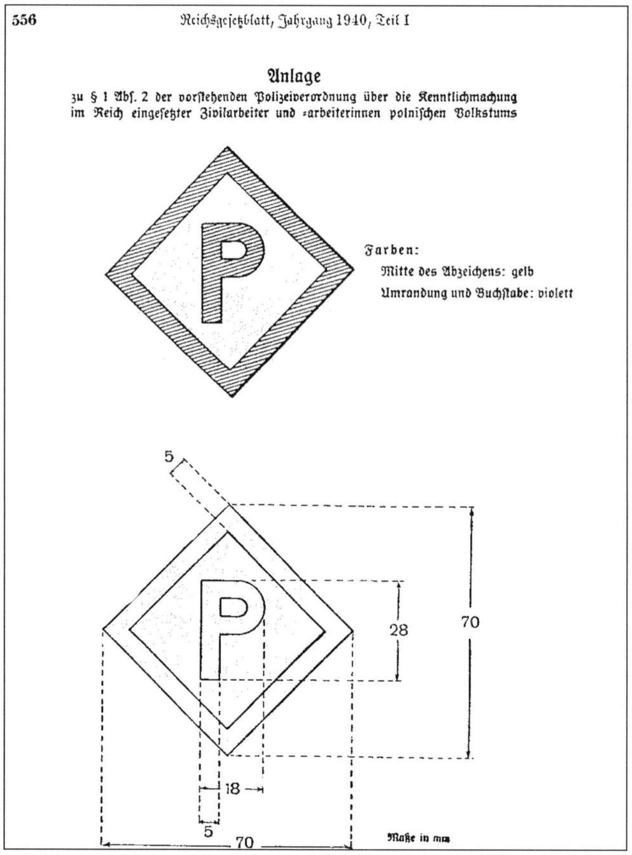

Graphik aus dem Reichsgesetzblatt über die Gestaltung des Kennzeichens, das sich polnische Zwangsarbeiter und -innen auf die rechte Brustseite ihrer Kleidung aufzunähen hatten (März 1940).

»Poleneinsatz« insgesamt ein Erfolg: Es gelang sowohl, binnen kurzer Zeit eine große Zahl von polnischen Arbeitern gegen ihren Willen nach Deutschland zu bringen, als auch im Deutschen Reich eine nach »rassischen« Kriterien hierarchisierte Zweiklassengesellschaft zu installieren.

Bereits im Mai 1940 aber war unübersehbar, daß auch die Rekrutierung der Polen den Arbeitskräftebedarf der deutschen Wirtschaft nicht zu befriedigen vermochte. So wurden denn schon während und alsbald nach dem »Frankreichfeldzug« etwas mehr als 1 Million französischer Kriegsgefangener als Arbeitskräfte ins Reich gebracht. Darüber hinaus begann in den verbündeten Ländern und besetzten Gebieten des Westens und Nordens eine verstärkte Arbeiter-Werbung. Auch für diese Gruppen wurden je besondere, allerdings im Vergleich zu den Polen deutlich günstigere Vorschriften für Behandlung, Lohn, Unterkunft etc. erlassen, so daß ein vielfach gestaffeltes System der nationalen Hierarchisierung entstand, eine Stufenleiter, auf der die damals bereits sogenannten »Gastarbeitnehmer« aus dem verbündeten Italien zusammen mit den Arbeitern aus Nord- und Westeuropa oben und die Polen unten plaziert wurden.

Der weit überwiegende Teil der ausländischen Zivilarbeiter und Kriegsgefangenen der »Blitzkriegsphase« bis Sommer 1941 wurde in der Landwirtschaft beschäftigt. Bei den Industrieunternehmen spielten Ausländer zu dieser Zeit keine bedeutende Rolle; die Industrie setzte vielmehr darauf, bald nach Abschluß der »Blitzkriege« ihre deutschen Arbeiter vom Militär zurückzuerhalten. Zugleich waren die ideologischen Vorbehalte gegen eine Ausweitung des Ausländereinsatzes bei Partei und Behörden so groß, daß festgelegt wurde, die Zahl der Ausländer auf dem Stand vom Frühjahr 1941 – knapp 3 Mio. – einzufrieren. Dieses Konzept ging so lange auf, wie die Strategie kurzer, umfassender Feldzüge eine Umstellung auf einen langen Abnutzungskrieg nicht erforderte.

Seit dem Herbst 1941 aber entstand hier eine ganz neue Situation. Die deutschen Armeen hatten vor Moskau ihren ersten Rückschlag erlebt, von einem »Blitzkrieg« konnte nicht mehr die Rede sein. Vielmehr mußte sich nun die deutsche Rüstungswirtschaft auf einen länger andauernden Abnutzungskrieg einstellen und ihre Kapazitäten erheblich vergrößern. Auch mit heimkehrenden Soldaten war nicht mehr zu rechnen – im Gegenteil: Eine massive Einberufungswelle erfaßte jetzt die Belegschaften der bis dahin geschützten Rüstungsbetriebe. Durch die nun einsetzenden intensiven Bemühungen um Arbeitskräfte aus den westeuropäischen Ländern allein aber waren diese Lücken nicht mehr zu schließen. Nur der Einsatz von Arbeitskräften aus der Sowjetunion konnte eine weitere, wirksame Entlastung bringen.

Der Arbeitseinsatz sowjetischer Kriegsgefangener oder Zivilarbeiter im Reich aber war vor Beginn des Krieges explizit ausgeschlossen worden. Dabei hatten sich nicht nur Parteiführung, Reichssicherheitshauptamt und SS aus »rassischen« und sicherheitspolitischen Gründen gegen jede Beschäftigung von Russen in Deutschland ausgesprochen. Vielmehr war die Siegesgewißheit im überwiegenden Teil der an der Vorbereitung des Krieges beteiligten Stellen der Regimefuhrung und der Wirtschaft so groß, daß ein solcher Einsatz von vornherein als nicht notwendig angesehen wurde, so daß anders als bei der Beschäftigung von Polen diesmal die ideologischen Prinzipien des Regimes durchschlugen. Darüber hinaus gab es auch in der deutschen Bevölkerung starke, durch die ersten Wochenschaubilder vom Krieg in der Sowjetunion noch verschärfte Vorbehalte gegen einen »Russeneinsatz«, wie der SD berichtete: »Es wurde mit Sorge gefragt, was wir mit diesen »Tieren« in Zukunft anfangen wollten. Viele Volksgenossen stellten sich vor, daß die radikal ausgerottet werden müßten. Zusammen mit Gewalttaten entflohener russischer Kriegsgefangener bildete sich eine gewisse Angst davor heraus, daß diese Gestalten und Typen in größerer Zahl in das Reichsgebiet kommen könnten und gar als Arbeitskräfte Verwendung finden sollten«[4].

Die Folgen dieser weitgehenden Übereinstimmung zwischen Volk und Führung in der Ablehnung des »Russeneinsatzes« waren entsetzlich. Da keine kriegswirtschaftliche Notwendigkeit ihrer Beschäftigung im Reich zu bestehen schien, wurden die Millionen sowjetischen Kriegsgefangenen in den Massenlagern im Hinterland der deutschen Ostfront ihrem Schicksal überlassen. Mehr als die Hälfte der 3,3 Mio. bis Ende des Jahres 1941 in deutsche Hand geratenen sowjetischen Kriegsgefangenen verhungerten, erfroren, starben vor Erschöpfung oder wurden umgebracht. Insgesamt kamen bis Kriegsende von den etwa 5,7 Mio. sowjetischen Kriegsgefangenen 3,5 Mio. in deutschem Gewahrsam ums Leben[5].

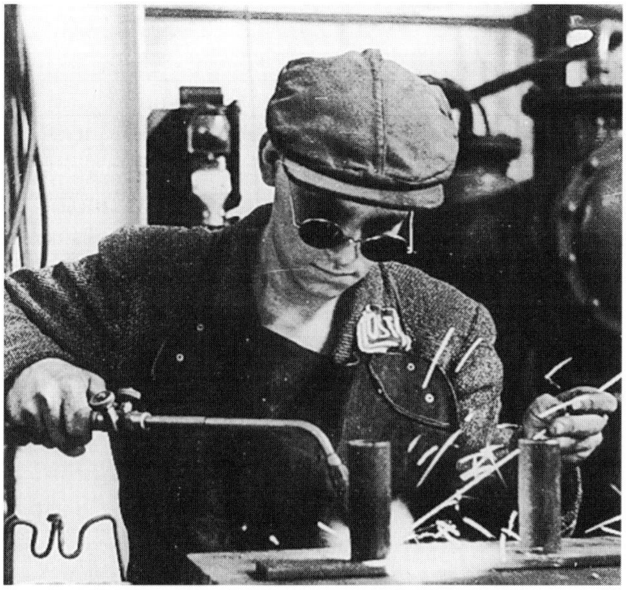

Ein russischer Zwangsarbeiter mit der Kennzeichnung »OST«

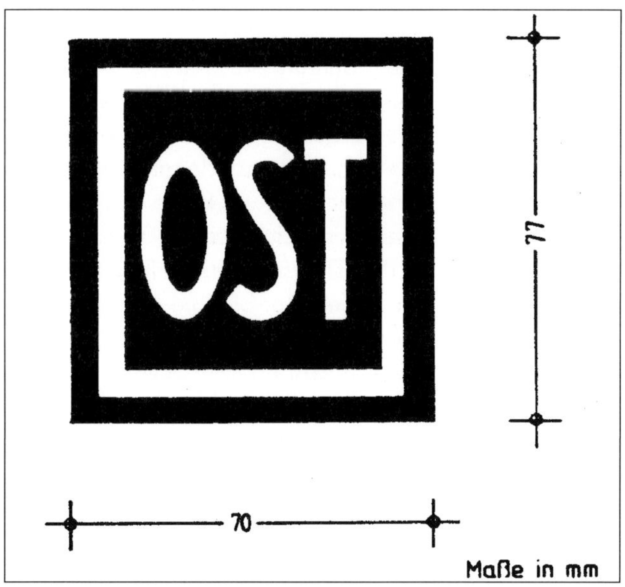

ZWANGSARBEITERINNEN / ZWANGSARBEITER

Als sich aber im Spätsommer 1941 und verstärkt dann im Herbst des Jahres die militärische und damit auch die kriegswirtschaftliche Lage Deutschlands rapide wandelte, entstand erneut ein ökonomischer Druck zur Beschäftigung auch der sowjetischen Gefangenen, der sich im November in entsprechenden Befehlen äußerte. Die Initiative dazu ging diesmal von der Industrie, insbesondere vom Bergbau, aus, wo der Arbeitermangel bereits bedrohliche Formen angenommen hatte.

Die überwiegende Mehrzahl der sowjetischen Gefangenen aber stand für einen Arbeitseinsatz gar nicht mehr zur Verfügung. Von den bis dahin mehr als 3 Mio. Gefangenen kamen bis März 1942 nur 160 000 zum Arbeitseinsatz ins Reich. Daher mußte nun auch hier in großem Stile auf die Rekrutierung sowjetischer Zivilarbeiter umgeschaltet werden. Die Beschaffung von so vielen Arbeitskräften in so kurzer Zeit wie möglich wurde zur vordringlichen Frage und zur Hauptaufgabe des im März neu eingesetzten »Generalbevollmächtigten für den Arbeitseinsatz«, Sauckel, der seine Aufgabe mit ebensoviel Effizienz wie schrankenloser Brutalität erfüllte. In knapp 2 ½ Jahren wurden von den Einsatzstäben der Wehrmacht und der deutschen Arbeitsämter 2,5 Mio. Zivilisten aus der Sowjetunion als Zwangsarbeiter ins Reich deportiert – 20 000 Menschen pro Woche[6].

Parallel zu der Entwicklung bei Beginn des »Poleneinsatzes« wurde auch dieser kriegswirtschaftlich motivierte Verstoß gegen die ideologischen Prinzipien des Nationalsozialismus durch ein System umfassender Repression und Diskriminierung der sowjetischen Zivilarbeiter kompensiert, das die Bestimmungen gegenüber den Polen an Radikalität allerdings noch weit übertraf. Wenn es durch den Kriegsverlauf schon unumgänglich wurde, Russen im Reich zur Arbeit einzusetzen, so könnte man die Logik der Behörden umschreiben, dann mußte man sie wenigstens schlecht behandeln.

Innerhalb des Reiches hatte sich mittlerweile ein regelrechter Lagerkosmos herausgebildet; an jeder Ecke in den großen Städten wie auf dem Lande fanden sich Ausländerlager. Allein in einer Stadt wie Berlin gab es etwa 500, insgesamt mögen es im Reich über 20 000 gewesen sein, und etwa 500 000 Deutsche waren in verschiedenen Funktionen, vom Lagerleiter bis zum »Ausländerbeauftragten« einer Fabrik, direkt in die Organisation des »Ausländereinsatzes« einbezogen. Die Lebensbedingungen der einzelnen Ausländergruppen wurden durch eine strikte, bis in Kleinigkeiten reglementierte nationale Hierarchie differenziert. Während die Arbeiter aus den besetzten Westgebieten und den sog. befreundeten Ländern zwar überwiegend in Lagern leben mußten, aber etwa dieselben Löhne und Lebensmittelrationen wie die

Mit einer Serie von Plakataufrufen versuchte die deutsche Wirtschaft Fremdarbeiter für Deutschland anzuwerben. »Ich lebe in einer deutschen Familie und fühle mich wohl«, läßt das Plakat die junge Fremdarbeiterin verkünden. Unterstellte Äußerungen wie diese täuschten allerdings über die tatsächliche Arbeitssituation hinweg. Als freiwillige Fremdarbeiter sich nicht in genügender Zahl meldeten, setzten die Zwangsdeportationen ein.

Deutschen in vergleichbaren Stellungen erhielten und auch denselben Arbeitsbedingungen unterlagen, waren die Arbeiter aus dem Osten, vor allem die Russen, ganz erheblich schlechter gestellt. Die Rationen für die offiziell »Ostarbeiter« genannten sowjetischen Zivilarbeiter fielen so gering aus, daß sie oft schon wenige Wochen nach ihrer Ankunft völlig unterernährt und arbeitsunfähig waren.

Schon im Frühsommer 1942 berichteten zahlreiche Unternehmen, daß der »Russeneinsatz« ganz unwirtschaftlich sei, weil eine effektive Beschäftigung nicht nur eine bessere Verpflegung und ausreichende Ruhepausen, sondern auch dem Arbeitsvorgang entsprechende Anlernmaßnahmen für die Zwangsarbeiter voraussetze. Solche Maßnahmen hatten bei den französischen Kriegsgefangenen dazu geführt, daß die Arbeitsleistungen nach relativ kurzer Zeit beinahe das Niveau der deutschen Arbeiter erreichten. Die Lage vor allem der sowjetischen Zwangsarbeiter war allerdings von Betrieb zu Be-

Ausländische Zivilarbeiter und Kriegsgefangene nach Staatsangehörigkeit und Wirtschaftszweigen, August 1944[8]

»Staats-angehörigkeit«	Landwirtschaft	Bergbau	Metall	Chemie	Bau	Verkehr	insgesamt
Belgier							
insgesamt	28652	5146	95872	14029	20906	12576	253648
Zivilarbeiter	3948	2787	86441	13533	19349	11585	203262
Kriegsgefangene	24704	2629	9431	496	1557	991	50386
in % aller Belgier	11,2 %	2,0 %	37,8 %	5,5 %	8,2 %	4,9 %	100 %
Franzosen							
insgesamt	405987	21844	370766	48319	59440	48700	1254749
Zivilarbeiter	54590	7780	292800	39417	36237	34905	654782
Kriegsgefangene	351307	14064	77966	8902	23203	13795	599967
in % aller Franzosen	32,3 %	1,7 %	29,5 %	3,9 %	4,7 %	3,9 %	100 %
Italiener							
insgesamt	45288	50325	221304	35276	80814	35319	585337
Zivilarbeiter	15372	6641	41316	10791	35271	5507	158099
Kriegsgefangene	29916	43684	179988	24485	45543	29812	427238
in % aller Italiener	7,7 %	8,6 %	37,8 %	6,0 %	13,8 %	6,0 %	100 %
Niederländer							
Zivilarbeiter	22092	4745	87482	9658	32025	18356	270304
in % aller Niederländer	8,2 %	1,8 %	32,4 %	3,5 %	11,9 %	6,8 %	100 %
Sowjets							
insgesamt	862062	252848	883419	92952	110289	205325	2758312
Zivilarbeiter	723646	92950	752714	84974	77991	158024	2126753
Kriegsgefangene	138416	159898	130705	7978	32298	47301	631559
in % aller Sowjets	28,5 %	8,3 %	29,2 %	3,7 %	3,6 %	6,8 %	100 %
Polen							
insgesamt	1125632	55672	130905	23871	68428	35746	1688080
Zivilarbeiter	1105719	55005	128556	22911	67601	35484	1659764
Kriegsgefangene	19913	667	2349	960	827	262	28316
in % aller Polen	66,7 %	3,3 %	7,5 %	1,4 %	4,1 %	2,1 %	100 %
»Protektorats-angehörige«							
Zivilarbeiter	10289	13413	80349	10192	44870	18566	280273
in % aller »Protektorats-angehörigen«	3,7 %	4,8 %	28,7 %	3,6 %	16,0 %	6,6 %	100 %
Insgesamt	2747238	433790	1691329	252068	478057	378027	7615970
Zivilarbeiter	2061066	196782	1397920	206741	349079	277579	5721883
Kriegsgefangene	686172	237008	293409	45327	128978	100448	1930087
in %	36,1 %	5,7 %	22,2 %	3,3 %	6,3 %	5,0 %	100 %

Polnische Jugendliche – Mädchen und Jungen – als Zwangsarbeiter beim Straßenbau in Deutschland. Aufnahme: etwa 1941. Trotz der unbefriedigenden Qualität des Fotos ist das geringe Alter der Jugendlichen festzustellen. Einige tragen keine Schuhe. Nichtsdestoweniger wurden offenbar Filmaufnahmen gemacht (rechts).

trieb, von Lager zu Lager sehr unterschiedlich; in der Landwirtschaft ging es ihnen in der Regel erheblich besser als in der Industrie, und auch dort waren die Unterschiede in der Behandlung und der Ernährung eklatant, vor allem seit Ende 1942. Das aber verweist darauf, wie groß der Handlungs- und Ermessensspielraum des einzelnen Unternehmens war. Es kann überhaupt keine Rede davon sein, daß die schlechten Arbeits- und Lebensbedingungen der Arbeiter aus dem Osten allein auf die bindenden Vorschriften der Behörden zurückzuführen gewesen sein.

Zu wirksamen Verbesserungen der Lebensverhältnisse der »Ostarbeiter« in breitem Maße kam es allerdings erst nach der Niederlage von Stalingrad Anfang 1943; eine umfassende Leistungssteigerungskampagne setzte ein, verbunden mit einer Bindung der Höhe der Lebensmittelration an die Arbeitsleistung, zugleich begannen umfangreiche Qualifizierungsmaßnahmen. Dadurch gelang es tatsächlich, die Arbeitsleistungen beträchtlich zu erhöhen. Eine qualifizierte Beschäftigung mußte aber auch zwangsläufig Auswirkungen auf das Verhältnis der deutschen zu den ausländischen Arbeitern haben. So war denn schon in den entsprechenden Vorschriften der Behörden alles getan worden, um die bevorzugte Stellung der deutschen Arbeiter gegenüber den Ausländern, insbesondere aber den Russen, in allen Bereichen durchzusetzen. Gegenüber den »Ostarbeitern« hatten die Deutschen prinzipiell eine Vorgesetztenstellung, in manchen Betrieben erhielten die deutschen Arbeiter, die die Ostarbeiter anlernen sollten, sogar die Funktion von Hilfspolizisten.

Um nur an einem Beispiel zu illustrieren, wie nun die tatsächliche Lage der Zwangsarbeiter aus der Sowjetunion in Deutschland war, sei hier kurz aus dem Bericht eines Berliner Ministerialbeamten vom Sommer 1943 zitiert, der bei dem Besuch verschiedener Ostarbeiterlager in Berlin folgende, durchaus exemplarische Beobachtungen machte: »Trotz der den Ostarbeitern offiziell zustehenden Rationen ist einwandfrei festgestellt worden, daß die Ernährung in den Lagern folgendermaßen aussieht: Morgens einen halben Liter Kohlrübensuppe. Mittags, im Betrieb, einen Liter Kohlrübensuppe. Abends einen Liter Kohlrübensuppe. Zugleich erhält der Ostarbeiter 300 g Brot täglich. Hinzu kommen wöchentlich 50–75 g Margarine, 25 g Fleisch oder Fleischwaren, die je nach Willkür der Lagerführer verteilt oder vorenthalten werden. Große Mengen von Lebensmitteln werden verschoben. Die größte Geißel der Lager aber bildet die Tuberkulose, die sich auch unter den Minderjährigen sehr stark ausbreitet. Im Rahmen der sanitären und gesundheitlichen Lage, in der sich die Ostarbeiter befinden, muß unterstrichen werden, daß es den deutschen und russischen Ärzten von den Betriebskrankenkassen verboten wird, irgendwelche Medikamente den Ostarbeitern zu verabfolgen. Die an Tuberkulose Erkrankten werden nicht einmal isoliert. Die Erkrankten werden mit Schlägen gezwungen, ihrer Arbeit nachzugehen, weil die Lagerbehörden die Zuständigkeit der behandelnden Ärzte anzweifeln. Es entzieht sich meiner Kenntnis, aus welchen Gründen die deutschen Stellen eine große Anzahl Kinder aus den besetzten Ostgebieten nach Deutschland »importierten«. Es steht jedoch fest, daß sich zahlreiche Kinder von 4 bis 15 Jahren in den Lagern befinden, und daß sie in Deutschland weder Eltern noch sonstige Verwandte besitzen. Der größte Teil der Kinder ist erkrankt und erhält als einzige Aufbauernährung dieselbe Kohlrübenwassersuppe wie die älteren Ostarbeiter«[7].

Der Ausländereinsatz gehörte in Deutschland mittlerweile wie selbstverständlich zum Kriegsalltag, und angesichts der eigenen Sorgen war für die meisten Deutschen das Schicksal der ausländischen Arbeiter von durchaus geringem Interesse. Im Sommer 1944 befanden sich 7,8 Mio. ausländische Arbeitskräfte auf Arbeitsstellen im Reich: 5,7 Mio. Zivilarbeiter und knapp 2 Mio. Kriegsgefangene. 2,8 Mio. von ihnen stammten aus der Sowjetunion, 1,7 Mio aus Polen, 1,3 Mio. aus Frankreich – insgesamt wurden zu dieser Zeit Menschen aus fast 20 europäischen Ländern im Reich zur Arbeit eingesetzt. Mehr als die Hälfte der polnischen und sowjetischen Zivilarbeiter waren Frauen, im Durchschnitt unter 20 Jahre alt – der Prototyp des Zwangsarbeiters war 1943 eine 18-jährige Schülerin aus der Ukraine. 26,5 % aller Beschäftigten im Reich waren damit Ausländer: in der Landwirtschaft 46 %, in der Industrie knapp 40 %, in der engeren Rüstungsindustrie etwa 50 %, in einzelnen Betrieben mit hohem Anteil an Ungelernten bis zu 80 und 90 %. Die Beschäftigung von ausländischen Zwangsarbeitern beschränkte sich durchaus nicht allein auf Großbetriebe, sondern erstreckte sich, von der Verwaltung abgesehen, auf die gesamte Wirtschaft – vom Kleinbauernhof über die Schlosserei mit sechs Arbeitern bis zur Reichsbahn, den Kommunen und den großen Rüstungsbetrieben, aber auch vielen privaten Haushalten, die eines der mehr als 200 000 überaus begehrten, weil billigen russischen Dienstmädchen im Haushalt einsetzten.

Seit Anfang 1944 aber zeigte sich, daß selbst solche in der Tat erheblichen Zahlen für den Arbeiterbedarf insbesondere der großen Rüstungsprojekte des Reiches nicht mehr ausreichend waren, zumal infolge der militärischen Entwicklung die Arbeiterrekrutierung vor allem in der Sowjetunion zurückging und so die durch weitere Einberufungen immer größer werdenden Arbeitskräftelücken nicht mehr ausgefüllt werden konnten. Daraufhin wandte sich das Interesse zunehmend der einzigen Organisation zu, die noch über ein erhebliches Potential an Arbeitskräften verfügte: der SS und den ihr unterstellten Konzentrationslagern. In den ersten Kriegsjahren hatte der Arbeitseinsatz von KZ-Häftlingen eine kriegswirtschaftliche Bedeutung nicht besessen. Zwar gab es bereits seit 1938 SS-eigene Wirtschaftsunternehmen – vor allem Steinbrüche, Ziegeleien und Ausbesserungswerkstätten -, und nahezu alle Häftlinge wurden in irgendeiner Form zur Zwangsarbeit herangezogen; der Charakter der Arbeit als Strafe, ›Erziehung‹ oder ›Rache‹ blieb aber auch hier erhalten und nahm gegenüber den in der politischen und ›rassischen‹ Hierarchie der Nazis besonders tief stehenden Gruppen bereits vor 1939 und verstärkt danach die Form der Vernichtung an. Erst im Frühjahr 1942 begann die SS in größerem Maße, Häftlinge für Rüstungszwecke einzusetzen. Der Wert der KZ-Rüstungsproduktion blieb aber verschwindend gering, die Produktivität lag bei 17 % im Verhältnis zur übrigen Wirtschaft. Bei den Auseinandersetzungen zwischen den verschiedenen Interessengruppen innerhalb der SS setzte sich der Gedanke der Strafe und Vernichtung gegenüber dem von Arbeit und Produktivität weiterhin durch – vor allem deshalb, weil durch die Massendeportationen sowjetischer Arbeitskräfte nach Deutschland, die zu dieser Zeit einsetzten, ein kriegswirtschaftlicher Druck zur Beschäftigung von Konzentrationslager-Häftlingen nicht entstanden war[9].

Zur Zwangsarbeit in Deutschland verpflichtete polnische Jugendliche in Luckenwalde/Mark Brandenburg. Foto vom Sommer 1940

Erst seit dem Spätherbst 1942 wurde hier auf Veranlassung des Reichsministers für Bewaffnung und Munition, Albert Speer, ein neues System eingeführt. Nunmehr wurden KZ-Häftlinge auf Anforderung der Betriebe in Gruppen von je 500 Häftlingen den privaten Unternehmen leihweise und gegen Gebühr zur Verfügung gestellt und dazu in eigens zu errichtenden KZ-Außenlagern in den jeweiligen Städten untergebracht. Dieses System

ZWANGSARBEITERINNEN / ZWANGSARBEITER

aber entwickelte sich nur langsam; die Widerstände in der Industrie gegen einen direkten Einfluß der SS in den Betrieben waren relativ stark, zumal zu dieser Zeit der Zustrom von vorwiegend sowjetischen Zwangsarbeitern einen Höhepunkt erreichte. Hinzu kam, daß auch in der SS-Führung der Vorrang nicht eindeutig geklärt war. Im Sommer 1943 waren von den 160 000 registrierten Gefangenen der KZ-Lager etwa 100 000 zur Arbeit außerhalb der Lager eingesetzt; aber noch für das Frühjahr 1944 ging das Rüstungsministerium lediglich von 32 000 tatsächlich eingesetzten KZ-Häftlingen in der privaten Rüstungsindustrie des Reiches aus.
Gegenüber den Juden hingegen hatte es bis 1944 eine Politik des systematischen Arbeitseinsatzes nicht gegeben – im Gegenteil. Trotz erheblicher Einwände und Proteste der verschiedenen Behörden und Unternehmen waren die Juden sowohl im Reich als auch in den besetzten Gebieten selbst aus kriegswirtschaftlich hochwichtigen Arbeitsplätzen deportiert und in die Vernichtungslager gebracht worden. Von wenigen Ausnahmen abgesehen, deren bekanntestes der Aufbau des IG-Farben-Werkes Auschwitz ist, bei dem etwa 25 000 Häftlinge umkamen, hat es nach der Deportation einen längerfristigen Einsatz von Juden in der Rüstungsindustrie bis 1944 nicht gegeben. Seit Ende 1941 war das politische Ziel der NS-Führung gegenüber den europäischen Juden die Vernichtung, nicht der Arbeitseinsatz. Die Juden wurden aufgrund ihrer ›rassischen‹ Veranlagung als schärfster Feind des nationalsozialistischen Deutschlands, ja Europas betrachtet, den zu vernichten eines der herausragenden Ziele des Krieges darstellte; nur auf Grundlage der Beseitigung des Judentums waren nach der Überzeugung der nationalsozialistischen Regimeführung die anderen Kriegsziele wie die Errichtung eines nach völkischen Prinzipien aufgebauten, deutsch dominierten Europas zu erreichen. Dagegen war die kurzfristige – und ›rassenpolitisch‹ gefährliche – Verwendung von Juden als Arbeitskräfte ein zu vernachlässigender Faktor.
Erst seit Anfang 1944, als gegenüber den Juden das politische Hauptziel des Nationalsozialismus erreicht war, kam es hier aufgrund des sich dramatisch verschärfenden Arbeitskräftemangels in der letzten Kriegsphase zu einer Änderung, und jüdische Häftlinge wurden auch im Reichsgebiet als Arbeitskräfte in SS-eigenen Betrieben, bei unterirdischen Betriebsverlagerungen und in Privatunternehmen, vor allem in der Großindustrie, eingesetzt. Bereits im August 1943 war in der Führungsspitze des Regimes die Entscheidung gefallen, die Herstellung der Raketenwaffe A4, eine der sog. V-Waffen, mit Hilfe von KZ-Häftlingen in unterirdischer Produktion durchführen zu lassen. Dieses unter enormem Zeitdruck vorangetriebene Projekt hatte schreckliche Auswirkungen für die hierbei eingesetzten KZ-Häftlinge. Gerade in der Aufbauphase im Herbst und Winter 1943/44 waren die Todeszahlen immens.
Leichte Ersetzbarkeit der Häftlinge bei überwiegend einfachen, aber körperlich schweren Arbeiten, hoher Zeitdruck, mangelnde Ernährung und denkbar schlechte Lebensbedingungen waren die Ursachen für die hohen Todesraten, die erst zu sinken begannen, als das Wohnlager fertiggestellt und die Produktion aufgenommen worden waren. Bis dahin jedoch waren die Häftlinge schon wenige Wochen nach ihrem Eintreffen ›abgearbeitet‹.
Projekte dieser Art, zu der Zehntausende, ja Hunderttausende von Arbeitskräften in drei Tagesschichten gebraucht wurden, waren nur noch mit KZ-Häftlingen durchführbar, denn allein die SS besaß noch Arbeitskraftreserven in solchen Größenordnungen. Aber auch die reichten zur Erfüllung der gestellten Aufgaben bald nicht mehr aus, so daß im Frühjahr 1944 der Arbeitseinsatz auch von Juden diskutiert wurde. Bis dahin war die Beschäftigung von Juden innerhalb des Reiches explizit verboten, schließlich galt es als Erfolg des Reichsicherheitshauptamtes der SS, das Reich ›judenfrei‹ gemacht zu haben. Nun aber änderte sich dies: Offenbar ausgehend von einer Anfrage der besonders im militärischen Bauwesen eingesetzten Organisation Todt bestimmte Hitler im April 1944, für Rüstungsverlagerung und Großbunkerbau seien »aus Ungarn die erforderlichen etwa 100 000 Mann durch Bereitstellung entsprechender Judenkontingente aufzubringen«[10].
Die Zahl der Arbeitskommandos der KZ-Außenlager wuchs nun seit dem Frühjahr 1944 rapide auf etwa 1600 an, die Liste der deutschen Unternehmen, die KZ-Häftlinge und Juden beschäftigten, wurde immer länger und umfaßte schließlich Hunderte von renommierten Firmen. Am Ende des Jahres 1944 lag die Gesamtzahl der KZ-Häftlinge – jüdische und nichtjüdische – bei etwa 600 000, von denen 480 000 tatsächlich als ›arbeitsfähig‹ gemeldet waren. Nach Schätzungen des Wirtschafts- und Verwaltungshauptamts der SS wurden davon etwa 140 000 bei den unterirdischen Verlagerungen eingesetzt, etwa 130 000 weitere bei den Bauvorhaben der Organisation Todt und ca. 230 000 in der Privatindustrie.
Die Arbeits- und Lebensbedingungen der KZ-Häftlinge waren bei den verschiedenen Firmen sehr unterschiedlich und abhängig von der Art der Beschäftigung, der Stellung des einzelnen in der rassistischen Hierarchie der SS, nicht zuletzt aber auch vom Verhalten der Betriebsleitungen sowie der Lagerführer, Bewacher, Vorarbeiter und Meister. Vor allem die jüdischen Häftlinge, die in besonderen Kolonnen separiert waren, hatten dabei unter besonders schlechten Bedingungen zu leiden. Insgesamt

KZ-Gefangene werden zur Zwangsarbeit bei Siemens eingesetzt. Zeichnung eines ehemaligen Gefangenen aus Sachsenhausen.

aber kann man – mit aller Vorsicht – davon ausgehen, daß diejenigen, die in der Produktion der Rüstungsstammbetriebe selbst beschäftigt wurden, größere Überlebenschancen hatten als diejenigen Häftlinge, die in den SS-eigenen Betrieben, bei den großen Bauvorhaben und insbesondere beim Ausbau unterirdischer Produktionsstätten sowie bei der Fertigung in den Höhlen und Stollen nach der Betriebsverlagerung eingesetzt wurden. Bei den Bauprojekten und dem sog. Höhlenprojekt war Schnelligkeit der oberste Grundsatz; entsprechend unmenschlich waren die Verhältnisse für die Häftlinge. Die völlig unzureichende Ernährung, die gesundheitsschädliche Unterbringung in den Höhlen, das mörderische Arbeitstempo und vor allem der unablässige Zustrom neuer Häftlinge in die oftmals bereits überbelegten Lager verstärkten sich gegenseitig. In den Lagern der Bauprojekte wie in den Konzentrationslagern selbst herrschte gegen Ende des Jahres 1944 ein wahres Inferno – mit Todesraten, die die Überlebenszeit des einzelnen Häftlings durchschnittlich auf wenige Monate begrenzten. Der Wert eines Menschen war nicht höher, als seine Körperkraft für einige Wochen hergab. Hier waren Arbeit und Vernichtung für Hunderttausende von Menschen zu Synonymen geworden.

Betrachtet man nun die historische Bedeutung des ›Ausländer-Einsatzes‹ insgesamt, so wird deutlich, daß die deutsche Kriegswirtschaft spätestens seit Anfang 1942 alternativlos auf die ausländischen Zwangsarbeiter angewiesen war; ohne Ausländer wäre in der Landwirtschaft seit Ende 1940, in der Rüstungsindustrie seit Ende 1941 eine Produktion im geforderten Umfang nicht mehr möglich gewesen. Nur durch den ›Ausländer-Einsatz‹ war es zudem möglich, die Lebensmittelversorgung der deutschen Bevölkerung bis Ende 1944 auf dem höchsten Stand aller kriegführenden europäischen Mächte zu halten. Nicht zuletzt aber trugen die ausländischen Zwangsarbeiter zu jenem gigantischen Wachstums- und Modernisierungsschub bei, den die deutsche Wirtschaft in den Jahren der Kriegs- und Rüstungskonjunktur erlebte und der eine der Grundlagen der so rapiden wirtschaftlichen Aufwärtsentwicklung nach 1948 darstellte. Gleichwohl ist die Behandlung der Zwangsarbeiter nicht allein von wirtschaftlichen, sondern durchgehend ebenso von weltanschaulichen Faktoren bestimmt worden. Darauf ging die Art und Weise ihrer Behandlung zurück; je besser die militärische Lage des Reiches, desto brutaler die nach ›rassischen‹ Leitlinien differenzierten Behandlungsvorschriften. Nur in dem Maße, wie unter dem Druck der militärischen Ereignisse die Produktivität gesteigert werden mußte, kam es hier zu Verbesserungen. Insbesondere aber wurde dabei bereits vorweggenommen, was nach siegreicher Beendigung des Krieges für ganz Europa hätte Wirklichkeit werden sollen: die Installierung einer nach ›rassischen‹ Kriterien hierarchisierten nationalsozialistischen Gesellschaft in Europa. Dabei kam der deutschen Bevölkerung eine besondere Rolle zu. Denn die Zwangsarbeit von Millionen von ausländischen Arbeitern und in der letzten Kriegsphase auch von KZ-Häftlingen geschah nicht in isolierten Lagern außerhalb des Wahrnehmungskreises der Deutschen, sondern buchstäblich vor der eigenen Tür; daß der nationalsozialistische Ausländereinsatz im wesentlichen als Erfolg im Sinne der Machthaber bezeichnet werden kann, liegt vor allem daran, daß ein erheblicher Teil der Deutschen, die ihnen zugemutete Rolle annahm. Dabei kann man feststellen, daß sich an Mißhandlungen der Zwangsarbeiter nur wenige beteiligten, ebenso wie es nur wenige waren, die sich für die Zwangsarbeiter einsetzten. Für die meisten aber waren die Ausländer einfach da und gehörten zum Kriegsalltag wie Lebensmittelkarten oder Luftschutzbunker, und die Diskriminierung der Russen oder der Polen wurde dabei ebenso als gegeben hingenommen wie die eigene bevorrechtigte Stellung ihnen gegenüber. Eben das aber machte das Funktionieren des Rassismus aus: daß seine Praktizierung zur täglichen Gewohnheit, zum Alltag wurde, ohne daß sich der einzelne daran notwendig in Form von Diskriminierung oder Unterdrükkung beteiligen mußte.

Die meisten der nach Kriegsende als ›Displaced Persons‹ bezeichneten ausländischen Zwangsarbeiter kehrten sogleich in ihre Heimatländer zurück; für die zwangsweise ›repatriierten‹ zivilen und kriegsgefangenen Zwangsarbeiter aus der Sowjetunion aber war ihr Leidensweg nach dem Mai 1945 noch nicht zu Ende. Nach ihrer ›Repatriierung‹ in die Heimat standen sie vielmehr bei den stalinistischen Behörden unter pauschalem Kollaborationsverdacht, unterlagen heftigen Repressionen, und nicht wenige von ihnen wurden erneut und oft für Jahre in die Gefängnisse oder die Lager des ›Gulag‹ eingesperrt. Bis heute sind sie nicht rehabilitiert[12].

Anmerkungen

1 Nach: Statistical Handbook of Germany, OMGUS, Fürstenhagen 1946, Stichtag jeweils 1. Mai, Gebiet: ›Großdeutsches Reich‹; zum folgenden: Edward L. Homze, Foreign Labor in Nazi Germany, Princeton 1967; Eva Seeber, Zwangsarbeiter in der faschistischen Kriegswirtschaft, Berlin (DDR) 1964; Dietrich Eichholtz, Geschichte der deutschen Kriegswirtschaft, 2 Bde., Berlin (DDR) 1971/1985; Ulrich Herbert, Fremdarbeiter. Politikund Praxis des ›Ausländer-Einsatzes‹ in der Kriegswirtschaft des Dritten Reiches, Berlin, Bonn 1985; ders., Geschichte der Ausländerbeschäftigung in Deutschland, 1880 bis 1980. Saisonarbeiter, Zwangsarbeiter, Gastarbeiter, Berlin, Bonn, 1980; ders., Arbeit und Vernichtung. Ökonomisches Interesse und Primat der »Weltanschauung« im Nationalsozialismus, in: Dan Diner (Hg.), Ist der Nationalsozialismus Geschichte?, Frankfurt a. M. 1987, S. 198–236; ders. (Hg.), Europa und der »Reichseinsatz«. Ausländische Zivilarbeiter, Kriegsgefangene und KZ-Häftlinge in der deutschen Kriegswirtschaft, 1938–1945, Essen 1991; Klaus-Jörg Siegfried, Rüstungsproduktion und Zwangsarbeit im Volkswagenwerk 1939 – 1945, Frankfurt a. M. 1987.

2 Hierzu der Beitrag von Klaus J. Bade (5.3).

3 Czeslaw Luczak, Polscy robotnicy przymusowi w Trzeciej Rzeszy podczas II. wojny swiatowej, Poznan 1974. Zur Entwicklung in den einzelnen Ländern s. die Beiträge in Herbert (Hg.), Europa und der »Reichseinsatz«.

4 »Meldungen aus dem Reich«, 17. 8. 1942.

5 Christian Streit, Keine Kameraden. Die Wehrmacht und die sowjetischen Kriegsgefangenen 1941–1945, Stuttgart 1978; Rolf-Dieter Müller, Das Scheitern der wirtschaftlichen »Blitzkriegstrategie«, in: Horst Boog u. a., Der Angriff auf die Sowjetunion (Das Deutsche Reich und der Zweite Weltkrieg, Bd. 4), Stuttgart 1983, S. 936–1029.

6 Dazu im einzelnen Herbert, Fremdarbeiter, S. 132ff.

7 Aufz. d. Ausw. Amtes v. 16. 8. 1943, Nürnberger Dokumente, NG 2562.

8 »Der Arbeitseinsatz im Großdeutschen Reich«, Nr. 10, 31. 10. 1944.

9 Zum folgenden Falk Pingel, Häftlinge unter SS-Herrschaft, Hamburg 1978; Herbert, Arbeit und Vernichtung; Rainer Fröbe, der Arbeitseinsatz von KZ-Häftlingen und die Perspektive der Industrie, in: Herbert (Hg.), Europa und der »Reichseinsatz«; Hermann Kaienburg, »Vernichtung durch Arbeit«. Der Fall Neuengamme, Bonn 1990.

10 Bespr. Dorsch mit Hitler am 6./7. 4. 1944, Bundesarchiv Koblenz R3/1509.

11 Hierzu der Beitrag von Wolfgang Jacobmeyer (6.4).

12 Josef Brodski, Timor und andere, in: Herbert (Hg.), Europa und der »Reichseinsatz«, S. 251–269.

Unterrichtsanregungen und Publikationen mit überregionalem Bezug

Thomas Schneider: »An Arbeit fehlt es nicht!« Die Haltung der deutschen Bevölkerung zu Zwangsarbeitern. In: PRAXIS GESCHICHTE, Heft 3/1994, S. 28–32

Joachim Woock: »Festnahme! ... weil ihm Sabotageakte zuzutrauen sind«. Widerstand von Zwangsarbeitern, Regionalbeispiele Niedersachsen. In: PRAXIS GESCHICHTE, Heft 3/1994, S. 28–32

Joachim Woock: Zwangsarbeit als Thema der gymnasialen Oberstufe. In: Nolte, H.-H. (Hg.): Der Mensch gegen den Menschen. Überlegungen und Forschungen zum deutschen Überfall auf die Sowjetunion 1941. Hannover 1992

Jochen August: Herrenmenschen und Arbeitsvölker. Ausländische Arbeiter und Deutsche 1939–1945. Berlin 1986

Ulrich Herbert (Hg.): Europa und der »Reichseinsatz«: ausländische Zivilarbeiter, Kriegsgefangene und KZ-Häftlinge in Deutschland 1938–1945. Essen: Klartext, 1991

Ulrich Herbert: Fremdarbeiter. Politik und Praxis des »Ausländer-Einsatzes« in der Kriegswirtschaft des Dritten Reiches. Bonn: Dietz, 1986

Ulrich Herbert: Geschichte der Ausländerbeschäftigung in Deutschland 1880–1980. Bonn: Dietz, 1986

Christoph-U. Schminck-Gustavus (Hg.): Hungern für Hitler. Erinnerungen polnischerr Zwangsarbeiter im Deutschen Reich 1940–1945. Reinbek: Rowohlt, 1984

Gisela Schwarze: Kinder, die nicht zählten. Ostarbeiterinnen und ihre Kinder im Zweiten Weltkrieg. Essen: Klartext, 1997

Entwicklungslinien des »Ausländereinsatzes« in Berlin 1939–1945

Helmut Bräutigam

»Arbeiterbeschaffung« und erste Fremdarbeiter in Berlin von Anfang 1939 bis Kriegsbeginn

1943/44 gehörte Berlin zusammen mit der damaligen Provinz Mark Brandenburg zu denjenigen Gebieten im Deutschen Reich, die die höchste Konzentration an Rüstungsindustrie aufwiesen. Vor allem Elektroindustrie, Fahrzeug- und Motorenindustrie, aber auch Eisen- und Stahlwerke, Chemiebetriebe und Munitionsfabriken bestimmten die Wirtschaftsstruktur. Die Landwirtschaft der Region war außerdem wichtig für die Versorgung der städtischen Zentren mit Lebensmitteln. 1944 lebten und arbeiteten in Berlin und Brandenburg mehr als 850 000 zivile und kriegsgefangene Ausländer.

Während die Provinz Mark Brandenburg seit der Kaiserzeit Erfahrungen mit der Beschäftigung ausländischer, in der Regel polnischer, Saisonarbeiter in der Landwirtschaft sammeln konnte, spielten vor dem Krieg Ausländer in der Berliner Wirtschaft keine Rolle. Berlin hatte im Mai 1939 einen Ausländeranteil von nur 1,4 Prozent (62 240 von 4 338 756 Einwohnern). Zwar hatte sich die Lage auf dem Berliner Arbeitsmarkt Ende der dreißiger Jahre längst von der »Arbeitsbeschaffung« zur »Arbeiterbeschaffung« gewandelt,[1] aber an die Beschäftigung von Ausländern dachte zu diesem Zeitpunkt bei den Arbeitsbehörden ebenso wie in der Berliner Industrie niemand. Eine Ausnahme bildete der Bausektor. Noch in die Friedenszeit fällt hier der erste Einsatz von Fremdarbeitern, also von Personen mit ausländischer Staatsangehörigkeit, die an ihrem Arbeitsort nicht ihren Lebensmittelpunkt hatten (und haben sollten), nicht zu den Stammbelegschaften der sie beschäftigenden Betriebe zählten, sondern nur für eine befristete Zeit eingesetzt wurden. Dieser Einsatz konnte freiwillig oder – wie es während des Krieges die Regel wurde – durch Zwang erfolgen.

Im Bausektor liefen 1938/39 die Neugestaltungsprojekte des Generalbauinspektors für die Reichshauptstadt (GBI) Albert Speer an. Der Bedarf für seine auf bis zu 15 Jahren angelegten Projekte betrug weit mehr als 100 000 Arbeitskräfte. Speer verstand es, in dieser Frage aufgrund seiner herausragenden Position flexibel die sich durch die politischen Entwicklungen bietenden Möglichkeiten zu nutzen. Bedeutete das Ende 1938 und Anfang 1939 etwa die Beschäftigung von Sudetendeutschen (neben aus dem »Altreich« geworbenen oder auch dienstverpflichteten Kräften), so begann er nach der Besetzung der Tschechoslowakei im März 1939 auch Tschechen bei Neugestaltungsprojekten einzusetzen. Für die Unterbringung seiner (deutschen wie nichtdeutschen) Arbeitskräfte ließ Speer seit 1939 eine Reihe von Lagern errichten. Schließlich betrieb er in eigener Regie mehr als 70 Lager, darunter die für deutsche Arbeitskräfte gedachte, während des Krieges aber auch von Ausländern bewohnte Vorzeige- und Modellunterkunft »Arbeiterstadt Große Halle« in Berlin-Spandau.[2]

Der »Ausländereinsatz« in Berlin vom Kriegsbeginn bis Ende 1941

Der Arbeitseinsatz der Jahre 1939/41 orientierte sich am Konzept der Breitenrüstung. Für die Unternehmen bedeutete dies, zeitlich begrenzte Produktionsspitzen zur Vorbereitung und Durchführung der einzelnen (Blitz-)Kriege zu bewältigen. Im übrigen erwarteten sie die diesen Feldzügen folgende Demobilisierung der Wehrmacht und die Rückkehr ihrer eingezogenen Mitarbeiter. Der bis dahin anfallende zusätzliche Arbeitskräftebedarf wurde im wesentlichen durch Lenkungsmaßnahmen wie der »Auskämmung« des zivilen Sektors, durch Betriebsstillegungen oder durch betriebsinterne Umschulung und Umorganisation, aber auch durch Arbeitszeitverlängerung und Urlaubssperren befriedigt.

Während im Frühjahr 1940 in der Landwirtschaft längst Hunderttausende von zivilen und kriegsgefangenen Ausländern (Polen und kriegsgefangene Franzosen) beschäftigt waren, einige Zehntausend auch bereits in der Provinz Brandenburg, war ein solcher Einsatz in Berlin noch völlig unbedeutend und beschränkte sich auf wenige tausend Personen, vor allem Tschechen. Erst 1941 sollte sich auch in Berlin das Bild allmählich ändern. Doch während im Deutschen Reich Ende April 1941 bereits jeder zehnte Arbeitnehmer Ausländer war (11 Prozent), war es in Berlin noch nicht einmal jeder zwanzigste (4,6 Prozent). Der vergleichsweise späte Einsatz in Berlin hatte im wesentlichen vier Gründe:

Erstens hatten die Reichsbehörden entschieden, polnische Kriegsgefangene und später Zivilisten vorrangig in der Landwirtschaft einzusetzen. Von den Anfang 1940 für den Landesarbeitsamtsbezirk Brandenburg vorgesehenen 40 000 polnischen Zivilarbeitern sollten lediglich

1 000 in Berlin arbeiten. Zweitens war im Bewußtsein der mit dem Arbeitseinsatz in Berlin befaßten Behörden und der Unternehmen der Ausländereinsatz als Möglichkeit zur Deckung des Arbeitskräftebedarfs 1940 noch von untergeordneter Bedeutung, auch wenn einzelne Behördenvertreter wie der stellvertretende Leiter der Rüstungsinspektion III, Major Michalek, auf die Notwendigkeit des Einsatzes von Polen und Tschechen auch in der Rüstungsindustrie hinwiesen. Eine gewisse Ausnahme bildeten die mit Großprojekten befaßten Bauträger (GBI, Reichsbahn). Allerdings wurde zu Kriegsbeginn der Einsatz von Tschechen im Berliner Baugewerbe aus Sicherheitsgründen stark eingeschränkt.

Drittens bestanden im ersten Kriegsjahr in der Stadt noch erhebliche organisatorische Probleme. Die mit dem Fremdarbeitereinsatz befaßten oder an ihm interessierten Stellen hatten sich noch nicht auf ein koordiniertes Vorgehen bei Zuweisung, Einsatz und Unterbringung ausländischer Arbeitskräfte geeinigt. Unternehmen der Rüstungsbranche waren oftmals über Bestimmungen und Verfahrensweisen nicht informiert und scheuten im übrigen die für die Beschäftigung auswärtiger Arbeitskräfte nötigen Investitionen (z. B. für Unterkünfte) und Organisationsumstellungen.

Viertens schließlich gab es in Berlin erhebliche Bedenken vor allem von seiten der Sicherheits- und Überwachungsbehörden, die sich gegen die Beschäftigung der als »Sicherheitsrisiko« und »rassisch minderwertig« diffamierten Polen, aber auch der Tschechen richteten. In einer Besprechung von Vertretern der Arbeitseinsatz- und Polizeibehörden, Rüstungsdienststellen und NSDAP beim Landesarbeitsamt Brandenburg wurden praktische Fragen des Einsatzes polnischer Zivilarbeiter und die Umsetzung der »Polen-Erlasse« vom 8. März 1940 besprochen. Dabei drängte der Vertreter der Berliner Staatspolizei – letztlich erfolglos, wie die weitere Entwicklung zeigt – darauf, den Einsatz von »Nationalpolen« in Berlin, wenn überhaupt, »nur in großen Lagern am Rande der Stadt und unter Vermeidung jeder Streuung auf kleinere Einsätze vorzunehmen«.[3]

Spielte der Fremdarbeitereinsatz in Berlin 1940 kaum eine Rolle, so fallen doch in dieses Jahr zwei Ereignisse, die für den weiteren Fremdarbeitereinsatz in der Reichshauptstadt von Bedeutung waren: die Einrichtung des »Arbeitserziehungslagers Wuhlheide« und die Zwangsarbeit von Berliner Juden in der Rüstungsindustrie.

Das »Arbeitserziehungslager Wuhlheide«

Eines der ersten Lager dieser Art im Deutschen Reich, wurde im April 1940 von der Berliner Gestapo eingerichtet. Es diente dazu, Arbeitnehmer zu bestrafen und zu disziplinieren, die aus der Sicht ihrer Arbeitgeber oder der Arbeitseinsatzbehörden »Arbeitsvertragsbruch« begangen hatten, weil sie als faul galten, unentschuldigt fehlten oder sich unbotmäßig verhielten. In den Lagern mußten die Insassen für die Dauer von maximal 56 Tagen Zwangsarbeit verrichten, bevor sie in ihren Betrieb zurückgeschickt wurden. In das Lager Wuhlheide wurden während des Krieges schätzungsweise 30 000 Personen, mehrheitlich Ausländer, eingeliefert.[4] In der Provinz Brandenburg entstanden während des Krieges noch weitere »Arbeitserziehungslager«: Großbeeren, Fehrbellin und Oderblick. Berliner Firmen richteten schließlich mit Billigung der Gestapo eigene Straflager

Auf dieser und der folgenden Seite sind Elemente einer Ausstellung abgebildet, die von Schülerinnen und Schülern der Heinrich-Böll-Oberschule, Berlin-Spandau, gemeinsam mit der Geschichtswerkstatt Hakenfelde erarbeitet worden ist. Die Gruppe beschäftigte sich mit einem Fremdarbeiterlager der Firma Elektron, das auf dem heutigen Gelände ihrer Schule gestanden hatte. Siehe hierzu den Beitrag »Geschichte unter unseren Füßen« in der Zeitschrift »DurchSicht. Forum für Museumspädagogik in Berlin und Brandenburg«, Heft 8 (1997), Seite 34–39.

oder -abteilungen ein. Mit dem Arbeitserziehungslager Wuhlheide, dessen Planungen bis in den Januar 1940 nachweisbar sind, setzte die Berliner Staatspolizei »Maßstäbe« der polizeistaatlichen Disziplinierung von Arbeitnehmern im »Dritten Reich«.

Zwangsarbeit von Berliner Juden

1940, besonders seit dem Herbst, erfolgte der Zwangseinsatz von Berliner Juden in der Rüstungsindustrie. Sie wurden in von der übrigen Belegschaft abgesonderten Abteilungen beschäftigt und unterlagen einer besonderen Kontrolle und Behandlung. Ende 1941, zu Beginn der Deportationen, arbeiteten rund 21 000 jüdische Berliner in »vordringlicher« Rüstungs- und Kriegsfertigung, 11 000 davon in der Metallindustrie. Eines der bedeutendsten Berliner Unternehmen, das jüdische Zwangsarbeiter einsetzte, war der Siemens-Konzern. In den Hauptwerken Siemens & Halske und Siemens-Schuckert wurden im Herbst 1941 knapp 3 400 jüdische Zwangsarbeiter beschäftigt.

Die Beschäftigung Berliner Juden wurde zum Experimentierfeld für den Einsatz weiterer Gruppen, die besonderen rassistischen oder polizeistaatlichen Bestimmungen unterworfen waren (Polen, Russen, Ukrainer, KZ-Häftlinge). Die Unternehmen hatten Gelegenheit, Zwangsarbeit in den Produktionsablauf zu integrieren und nach wirtschaftlichen Kriterien zu gestalten. Hierbei akzeptierten sie die von den Behörden vorgegebenen Bestimmungen und bemühten sich, diese auszugestalten und umzusetzen.

In Berlin stieg 1941 die Zahl der ausländischen Zivilarbeiter von rund 19 000 Anfang des Jahres auf 140.000 am Jahresende. Die Zahl der Kriegsgefangenen betrug 17 000. Der Ausländereinsatz in der Reichshauptstadt hatte sich etabliert. Die Fortdauer des Krieges, vor allem die Vorbereitung auf den Krieg gegen die Sowjetunion, ließ dem Regime keine andere Wahl mehr; die Industrie stellt sich seit Herbst 1940 allmählich auf die Beschäftigung von Ausländern um, war hier aber vor allem an gut ausgebildeten Facharbeitern aus Westeuropa interessiert. Anders als auf dem Land, wo vor allem Polen arbeiten mußten, war der Ausländereinsatz in Berlin bis Frühjahr 1942 geprägt von Personen aus den besetzten Gebieten im Westen Europas und aus den mit Deutschland verbündeten Staaten.

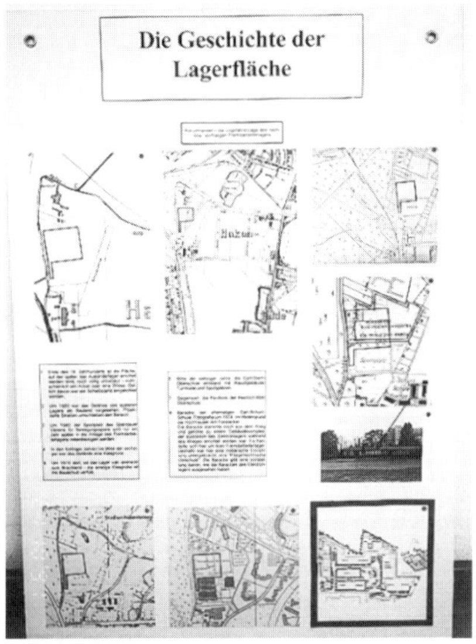

»Ostarbeitereinsatz« und Lagerbauaktionen Die Zeit bis Herbst 1943

1942 – das war in Berlin wie im Deutschen Reich insgesamt das Jahr des »Ostarbeitereinsatzes«. Die Beschäftigung sowjetischer Zivilarbeiter und Kriegsgefangener in Deutschland war zu Beginn des Krieges gegen die Sowjetunion nicht geplant gewesen. Ähnlich wie schon bei der Frage der Polenbeschäftigung spielten hier rassenideologische Vorbehalte und Sicherheitsbedenken eine Rolle. Der Kriegsverlauf erzwang ein Umdenken. Die »Ostarbeiter-Erlasse« vom Februar 1942, mit denen der Einsatz der sowjetischen Zivilarbeiter geregelt wurde, wiesen den slawisch-stämmigen Arbeitern aus der Sowjetunion in der rassistischen Ordnung des NS-Regimes einen der untersten Plätze zu.

Anfang November 1941, nach dem grundsätzlichen Beschluß Hitlers, nun doch sowjetische Arbeitskräfte nach Deutschland zu holen, begann – ziemlich unvermittelt, wie es scheint – auch in Berlin die Diskussion darüber, welche organisatorischen Voraussetzungen der Arbeitseinsatz dieser speziellen, mit besonderem Mißtrauen und rassistischer Verachtung bedachten Personengruppe erfordere und welche Firmen die Auflagen für einen Einsatz erfüllen können.

Der Einsatz von sowjetischen Kriegsgefangenen lief seit Anfang 1942 nur sehr zögerlich an, weil die ausgehungerten und kranken Gefangenen kaum einsatzfähig waren. Als sie für das Regime einen Wert als Arbeitskraft bekamen, waren bereits Hunderttausende in den Sammellagern der Wehrmacht umgekommen.
Im Februar 1942 kamen die ersten sowjetischen Zivilarbeiter nach Berlin, Facharbeiter aus der ukrainischen Stadt Charkow. Die Bereitschaft der Berliner Unternehmen, »Ostarbeiter« einzustellen, nahm deutlich ab, als in der Folgezeit überwiegend nur noch ungelernte Kräfte eintrafen, deren Einsatz zusätzliche Investitionen für Anlernung und Einarbeitung nötig machten. Für die Aufnahme weiterer Ostarbeiter standen zudem zunächst nicht genügend Unterkunftsplätze zur Verfügung. Die reservierte Haltung der Berliner Industrie gegenüber der Beschäftigung von »Ostarbeitern« änderte sich, als das Berliner Arbeitsamt im Mai 1942 klarmachte, daß in nächster Zukunft nur noch mit Zuweisung solcher Arbeitskräfte, vor allem von Frauen, zu rechnen wäre. Seit Mitte 1942 stieg die Zahl der ausländischen Zivilarbeiter in Berlin steil an – innerhalb von gut einem Jahr um 220 000 (von 170 000 im Juli 1942 auf über 386.000 im August 1943). Die Zahl der Kriegsgefangenen stagnierte bzw. war rückläufig. Der Berliner Industrie wurden – verglichen mit der Situation im Deutschen Reich insgesamt – in dieser Zeit bevorzugt ausländische Zivilarbeiter zugewiesen (Steigerungsrate von knapp 130 Prozent in Berlin gegenüber 67 Prozent im Reich). Die größte Gruppe unter den seit Sommer 1942 zugewiesenen Ausländern waren die »Ostarbeiter«. Insgesamt gesehen kamen jedoch zwischen Anfang 1942 und September 1943 in Berlin mehr Arbeitskräfte aus Westeuropa neu zum Einsatz. Im genannten Zeitraum wurden etwa 76 000 »Ostarbeiter«, aber rund 100 000 Zivilarbeiter aus Frankreich, Belgien und den Niederlanden in Berlin zusätzlich beschäftigt.
Der Fremdarbeitereinsatz war 1942 in der Berliner Wirtschaft zu einem konstitutiven Element geworden. Im Umfeld dieses Einsatzes kristallisierten sich für Behörden und Unternehmen in der Reichshauptstadt vor allem vier Problembereiche heraus:

- Lebens- und Arbeitsbedingungen, Einsatzfähigkeit und Anlernung der »Ostarbeiter«;
- Fragen zur Sicherheit für das NS-Regime und zur Durchsetzung rassenideologischer Prinzipien;
- Bau von Fremdarbeiterunterkünften (Lagerbau), Koordinierung der Unterbringung;
- Deportation der in der Rüstung beschäftigten Berliner Juden und ihr Ersatz durch Ausländer.

Es stellte sich schnell heraus, daß eine wirtschaftlich effektive Beschäftigung der »Ostarbeiter« in den politisch vorgegebenen Rahmenbedingungen nicht möglich sein würde. Die Erfahrungsberichte aus den Unternehmen glichen sich: die unterernährten Ukrainer und Russen konnten dem Arbeitstempo nicht standhalten, Krankheiten breiteten sich aus, die Insassen der Ostarbeiterlager litten unter ihrem Gefangenendasein, unter Vernachlässigung und Mißhandlungen durch deutsches Lagerpersonal. Seit Herbst 1942 versuchte man, durch gewisse Zugeständnisse gegenzusteuern (Erhöhung der Rationen, Arbeitsanreize), doch diese taktischen Schwenks blieben halbherzig und änderten nichts an der deprimierenden, von rassenideologischen Rahmenbedingungen und Ausbeutungsstrukturen geprägten Situation der »Ostarbeiter«.
Dazu trugen auch die Anweisungen der Gestapo bei, mit denen die betrieblichen Abwehrbeauftragten aufgefordert wurden, bei Verstößen von »Ostarbeitern« scharf durchzugreifen. Die nun überall entstehenden Ausländerlager wurden als Sicherheitsrisiko ersten Ranges eingeschätzt. Kontakte zur deutschen Bevölkerung sollten möglichst verhindert werden. Um gegen befürchtete Aufstände gewappnet zu sein, wurden Alarmpläne in Zusammenarbeit mit Schutzpolizei, SA, »Stadtwacht« und den betrieblichen Werkschutzeinheiten entwickelt, »Verteidigungspläne« sollten Unruhen in den Lagern bekämpfen, spezielle Referate beschäftigten sich bei der Berliner Gestapo mit Überwachung und Bestrafung von Ausländern.
Ein wichtiger Grund für den zögerlichen Anlauf des Ostarbeitereinsatzes im Frühjahr 1942 lag in der Tatsache begründet, daß es in Berlin zu wenig Unterkünfte gab, um diese Arbeitskräfte aufnehmen zu können. Dies hatte in Berlin verschiedene Konsequenzen: Neu eingetroffene Arbeitskräfte wurden an diejenigen Unternehmen vermittelt, die Unterkünfte bereitstellen konnten. Das waren in der Regel Betriebe der Großindustrie, die somit vom »Ostarbeitereinsatz« als erste profitierten. Kleinere Unternehmen bildeten, z.T. mit Unterstützung der Rüstungsdienststellen, Arbeitsgemeinschaften zum Bau und Betrieb eigener Lager, während der GBI Unterkunftsplätze in seinen damals teilweise leerstehenden Lagern an interessierte Unternehmen vermietete. Die Deutsche Arbeitsfront begann ebenfalls, Lager für die Fremdarbeiter kleinerer und mittlerer Unternehmen zu bauen. Mit einem Kraftakt, der »Lagerbauaktion 1942« (die 1943 fortgesetzt wurde), wurde versucht, in kürzester Zeit eine große Zahl von Barackenlagern aus dem Boden zu stampfen. Der GBI versuchte darüber hinaus, die Belegung der vorhandenen Unterkunftsplätze in Berlin durch einen im Februar 1943 ins Leben gerufenen »Zentralen Unterkunftsnachweis« zu koordinieren.

Mit dem Zustrom Zehntausender ausländischer Arbeitskräfte und nach Beginn der Deportationen der Berliner Juden im Oktober 1941 entspann sich zwischen Gestapo und Gauleitung auf der einen, Arbeitseinsatzbehörden und Rüstungsdienststellen auf der anderen Seite eine Auseinandersetzung um die Frage, in welchem Zeitraum und in welchem Ausmaß die mit kriegswichtigen Arbeiten beschäftigten Juden zu deportieren seien. In dieser Auseinandersetzung spielten humanitäre Gründe keine Rolle. Vielmehr spiegelt sich hier einmal mehr ein Zielkonflikt des NS-Regimes: einerseits sollte noch während des Krieges das rassenideologische Ziel der »Endlösung« verwirklicht werden, andererseits war der Krieg zu einer Überlebensfrage des Regimes selbst geworden, der jede verfügbare Arbeitskraft brauchte. In Verhandlungen mit der Gestapo erreichten die Berliner Arbeitseinsatzbehörden Aufschübe für Deportationen. In diesen Prozess griff die NS-Spitze direkt ein. Goebbels drang, wie er seinem Tagebuch mehrfach anvertraute, auf die Deportation der Berliner Juden. Hitler forderte von seinem »Generalbevollmächtigten für den Arbeitseinsatz« (GBA), Fritz Sauckel, daß »schleunigst alle in der Arbeit befindlichen Juden in Berlin ersetzt werden.«[5] Der GBA mühte sich um Ersatz und fand ihn in einer Personengruppe, die ihrerseits aus ihrer Heimat vertrieben werden sollte: Polen aus dem Distrikt Lublin. Sein Erlaß in dieser Sache, vom 26. November 1942, berücksichtigte vor allem Berliner Belange. Seit dem Herbst 1942 forcierte die Berliner Gestapo wieder die Deportationen und gab sich kompromißloser. Ohne daß der in Aussicht gestellte Ersatz durch polnische Zwangsarbeiter in Berlin eingetroffen war und die Berliner Rüstungsindustrie jede Arbeitskraft benötigte, schuf die Gestapo mit der »Fabrik-Aktion« am 27. Februar 1943 vollendete Tatsachen. An diesem Tage verhaftete die Gestapo schlagartig aus den Berliner Rüstungsfabriken heraus die dort eingesetzten Juden. Der Primat der Ideologie hatte sich durchgesetzt.

Vom Herbst 1943 bis zum Kriegsende

Im Sommer 1943 erreichte der Einsatz ausländischer Arbeitskräfte in Berlin seinen ersten Höchststand: rund 386.000 zivile ausländische Arbeitskräfte waren in Berlin beschäftigt, knapp 20 % der Arbeiter und Angestellten in der Reichshauptstadt. Während im Deutschen Reich insgesamt gesehen die Zahl der ausländischen Zivilarbeiter weiter zunahm und im Sommer 1944 den Höchststand erreichte (von ca. 5,3 Mio. auf 6 Mio.), so ist für Berlin eine von diesem Trend abweichende Entwicklung festzustellen. Seit Sommer 1943 sank hier die Zahl der eingesetzten Fremdarbeiter rapide bis Ende März 1944 um rund 63 000. Erst danach stieg sie wieder steil an und erreichte im Sommer 1944 fast wieder ihren alten Höchststand, um bis Mitte November 1944 wiederum um etwa 20 000 auf 366 000 zu sinken. Die Zahl der Kriegsgefangenen, die dem für Berlin zuständigen Stalag (= Stammlager) III D unterstanden, betrug im Sommer 1944 rund 29 000. Mehr als 700 Ausländerlager lagen über die gesamte Stadt verteilt, in der Innenstadt vor allem die sogenannten Saallager, ehemalige Festsäle, Ausflugslokale oder Hallen; in den Außenbezirken und außerhalb der Stadtgrenze lagen die großen Barackenlager, die eine Welt für sich bildeten.

1943 und besonders seit Frühjahr/Sommer 1944 begann in der Berliner Rüstungsindustrie nach den jüdischen Berliner Zwangsarbeitern und den ganz überwiegend zwangsrekrutierten Fremdarbeitern der Einsatz der dritten großen Gruppe von Zwangsarbeitern, derjenige der – damals überwiegend ausländischen – KZ-Häftlinge. Zu den Hunderten von Fremdarbeiterlagern traten nun die Außenlager des KZ Sachsenhausen. Vor allem Berliner Großunternehmen griffen auf die Arbeitskraft von KZ-Häftlingen zurück (AEG, Argus, Deutsche Industrie-Werke, Henschel, National-Krupp-Registrierkassen, Petrix, Siemens u.a.). Daneben wurden KZ-Häftlinge in Berlin zu Bombenräum- und Bauarbeiten eingesetzt, teilweise bereits seit 1941.

Ursache für die erwähnten, seit Sommer 1943 sinkenden Fremdarbeiter-Einsatzzahlen waren die in dieser Zeit begonnenen Industrieverlagerungen in die weniger von Bombenangriffen betroffenen Gebiete – auch Brandenburgs; ein Trend, der sich 1944 umkehrte, z.T. wegen Rückverlagerungen, z.T. wegen einer trotz der Bombenangriffe erneuten Spitzenauslastung der Berliner Industrie.

Die Auswirkungen für die Zivilbevölkerung waren katastrophal, als im Herbst/Winter 1943/44 in Berlin eine Serie schwerster Bombenangriffe begann. Zeitweise waren bis zu einer halben Million Menschen obdachlos. Die meist aus Holzbaracken bestehenden Unterkünfte der Fremdarbeiter waren zu etwa 60 % zerstört (Verlust von 180 000 bis 200 000 Bettenplätzen), was die Zuweisung weiterer ausländischer Arbeitskräfte zeitweise unmöglich machte. Der Wiederaufbau der Baracken konnte nur zögerlich erfolgen, Überbelegung war die Folge. Trotzdem drängte die Berliner Gestapo auf die lagermäßige Unterbringung auch der bislang in Privatquartieren untergekommenen Ausländer.

Das Leben in den ganz oder teilweise zerstörten Lagern, die hektischen Umzüge von einem zerstörten Lager in ein anderes, die Furcht vor Bombenangriffen, vor denen die sogenannten Splitterschutzgräben in den Lagern nur unzureichend Schutz boten, die fortschreitende Verknappung an Lebensnotwendigem, die zwang, sich auf dem Schwarzmarkt zu Wucherpreisen eindecken zu müssen,

und neue, die Bewegungsfreiheit einengende Regelungen und Überwachungsmaßnahmen prägten von nun an das Leben der Fremdarbeiter. Tausende Fremdarbeiter versuchten im Frühjahr 1944, sich den bedrückenden Verhältnissen durch Flucht zu entziehen.
Schon im Zeichen des verlorenen Krieges, in der unübersichtlicher werdenden Situation des bombenzerstörten Berlin initiierte und exekutierte die Berliner Gestapo Maßnahmen, die den Überwachungsbedürfnissen des NS-Regimes Rechnung tragen sollten. So wurden im April 1944 die Abwehrbeauftragten in den Betrieben aufgefordert, verstärkt Razzien in den Lagern vorzunehmen, um dort untergetauchte Ausländer aufzuspüren. Sogenannte »Werkstoßtrupps« sollten – auch überbetrieblich eingesetzt – Unruhen und Aufstände im Keim ersticken. Im September erfolgte die Herausgabe einer umfangreichen Sammlung von Richtlinien zur Ausländerüberwachung an die betrieblichen Abwehrbeauftragten. Einen Monat später wurde schließlich per Polizeiverordnung die Beherbergung von Ausländern genehmigungspflichtig, außerdem wurde nun auch für Westarbeiter ein nächtliches Ausgangsverbot erlassen.
In den letzten Kriegswochen verschlechterte sich noch einmal die Lage der ausländischen Arbeitskräfte, denen nun, als die sowjetische Armee an der Oder stand, Behörden und Bevölkerung mit steigendem Mißtrauen begegneten. Die Räumung der Kriegsgefangenen- und Ausländerlager wurde für den Fall von Kampfhandlungen vorbereitet, ist aber im wesentlichen wohl unterblieben. Eine Evakuierung zumindestens der Ostarbeiter, die offensichtlich diskutiert wurde, wie ein Eintrag Goebbels' in sein Tagebuch nahelegt, kam nicht in Frage, da die Rüstungsproduktion so lange wie möglich weiterlaufen sollte. Sie wäre wohl auch an logistischen Problemen gescheitert. Zudem wurden die ausländischen Arbeitskräfte ebenso wie die deutsche Zivilbevölkerung zu Schanzarbeiten herangezogen.
Der militärische Befehlshaber des »Verteidigungsbereiches Berlin«, Generalleutnant Reymann, gab im März 1945 Anweisung, daß »Provokateure und aufsässige Ausländer« unter »rücksichtslosem Gebrauch aller Machtmittel« festzusetzen und unschädlich zu machen seien. Razzien durch SS und Wehrmacht in den Lagern sollten die Insassen einschüchtern.[6] Ein deutscher Augenzeuge berichtet von einer SS-Razzia in einem Ruhlebener Lager während der Kämpfe, die zahlreiche Insassen das Leben gekostet haben soll.[7]
Die Kampfhandlungen waren noch im Gange, als sich zahlreiche Ausländer unter die Flüchtlingstrecks mischten und in Richtung ihrer Heimat oder des nächsten Frontabschnitts zogen. Nach dem Krieg verließen die meisten Fremdarbeiter Berlin innerhalb weniger Wochen und Monate. Im August 1945 lebten in Berlin nur noch wenige tausend Ausländer. Die Erinnerung an den Arbeitseinsatz von Ausländern verblaßte sehr schnell, obwohl zahlreiche Barackenlager noch bis lange in die Nachkriegszeit hinein existierten (und beispielsweise für Flüchtlinge genutzt wurden) und vereinzelte Überreste selbst heute noch Zeugnis von diesem Kapitel der Berliner Geschichte ablegen.

Anmerkungen

1 Wirtschaftlicher Lagebericht für August/September 1937 für das Wirtschaftsgebiet Berlin; in: Bundesarchiv, R 41/151, Bl. 2f.

2 Näheres zum Arbeitseinsatz beim GBI: Helmut Bräutigam, Nationalsozialistische Zwangslager in Berlin IV. Fremdarbeiterlager 1939 bis 1945; in: Wolfgang Ribbe (Hg.), Berlin-Forschungen IV, Berlin 1989, S. 235–280, bes. S. 252ff. und: Helmut Bräutigam, Arbeiterstadt »Große Halle«. Zur unbekannten Geschichte auf dem Gelände des Evangelischen Waldkrankenhauses Spandau. Begleitheft zur Ausstellung, Berlin-Spandau 1997.

3 Brandenburgisches Landeshauptarchiv, Pr. Br. Rep. 2 A, I Pol, Nr. 2890, Bl. 140 RS.

4 Siehe: Wolfgang Wippermann, Nationalsozialistische Zwangslager in Berlin II. Das »Arbeitserziehungslager« Wuhlheide; in: Wolfgang Ribbe (Hg.), Berlin Forschungen II, Berlin 1987, S. 179–188.

5 Nach Albert Speer, Der Sklavenstaat. Meine Auseinandersetzungen mit der SS, Frankfurt/M., S. 44; zitiert bei Dieter Maier, Arbeitseinsatz und Deportation. Die Mitwirkung der Arbeitsverwaltung bei der nationalsozialistischen Judenverfolgung in den Jahren 1938–1945, S. 169.

6 Grundsätzlicher Befehl für die Vorbereitungen zur Verteidigung der Reichshauptstadt, 9. 3. 1945; in: Bengt von zur Mühlen (Hg.), Der Todeskampf der Reichshauptstadt, Berlin-Kleinmachnow 1994, S. 17–47; Zitate: S. 24.

7 Helmut Altner, Totentanz Berlin. Tagebuchblätter eines Achtzehnjährigen, Offenbach/M. 1947, S. 164, 180–182, 198.

Publikationen mit Bezug zur Region Berlin/Brandenburg

Helmut Bräutigam: Arbeiterstadt »Große Halle«. Berlin 1997 (Begleitheft zu einer Ausstellung des Ev. Waldkrankenhauses Spandau)

Helmut Bräutigam: Fremdarbeiter in Brandenburg in der NS-Zeit. Dokumentation zum »Ausländereinsatz« im früheren Regierungsbezirk Potsdam 1939 bis 1945. Hg.: RAA Brandenburg e.V., August-Bebel-Straße 88, 14482 Potsdam. 1996

Laurenz Demps: Zwangsarbeiter in Berlin 1939-1945. Miniaturen zur Geschichte, Kultur- und Denkmalpflege Berlins, Nr. 20/21. Berlin (Ost) 1986

Leonore Scholze-Irrlitz und Karoline Noack (Hg.): Arbeit für den Feind. Zwangsarbeiter-Alltag in Berlin und Brandenburg (1939–1945), Berlin: be.bra verlag, 1998. Dieses Buch ist auch Begleitmaterial zu einer Ausstellung, über deren jeweiligen Standort das Institut für Europ. Ethnologie, Landesst. für Berlin-Brandenb. Volkskunde d. Humboldt-Univers. zu Berlin, Auskunft (Tel. 30874 350).

»... gewisse Widersprüche zu dem bisher von der deutschen Propaganda dargebotenen Bild«

Aus »Meldungen aus dem Reich«, den geheimen Lageberichten des Sicherheitsdienstes der SS, über Erfahrungen der deutschen Bevölkerung mit sowjetischen »Kriegsgefangenen und Ostarbeitern«, 1942

Das Rußlandbild in der Bevölkerung: Auswirkungen des Einsatzes sowjetischer Kriegsgefangener und Ostarbeiter im Reich ...

Bis zum Ausbruch der offenen Feindseligkeiten gegen die Sowjet-Union am 22. Juni 1941 kannte das deutsche Volk bis auf ganz wenige Ausnahmen die Sowjetunion, ihre soziale und wirtschaftliche Struktur und ihre kulturellen Verhältnisse nur aus der Presse, dem Rundfunk, dem Film, der Rednerpropaganda und einer gelenkten Literatur.

Die überwiegende Mehrheit des deutschen Volkes sah daher in der Sowjetunion ein unmenschliches und seelenloses Unterdrückungssystem und hatte von den Menschen der Sowjetunion die Vorstellung einer verdummten, halb verhungerten abgestumpften Masse.

Die in Hunderttausenden hereingenommenen Ostarbeiter und Kriegsgefangenen werden von den Volksgenossen als lebendige Zeugen des bolschewistischen Systems betrachtet, an denen das bisherige Rußlandbild und die von der Propaganda erzeugten Vorstellungen vom Sowjetmenschen überprüft werden können. Zahlreiche Meldungen zufolge hat sich dadurch der Zwiespalt der Auffassungen bei Volksgenossen aller Schichten weiter ausgedehnt und vertieft. Die Bevölkerung sei zwar im Sinne der Führungsmittel nach wie vor von der Notwendigkeit des Krieges gegen das Sowjetregime überzeugt, und beiden an Sowjetrussen angestellten Vergleichen zeige sich keinerlei Neigung, sich mit diesen Angehörigen der Ostvölker auf eine Stufe zu stellen. Bei den immer wiederkehrenden, z. T. erheblichen Diskussionen werde aber sehr oft der Standpunkt eingenommen, daß die Menschen aus der Sowjetunion besser, jedenfalls nicht so schlimm seien, wie man es gemeint hatte, und es ergeben sich dabei Rückschlüsse auf das Leben in der Sowjetunion und auch gewisse Widersprüche zu dem bisher von der deutschen Propaganda dargebotenen Bild. So hätten sich vielfach deutsche Volksgenossen schon beim Eintreffen der Ostarbeiter-Transporte über den guten Ernäherungszustand (besonders bei den Ostarbeitern) gewundert. Nicht selten wurden Äußerungen erfaßt wie:

> »Die sehen aber gar nicht verhungert aus. Im Gegenteil: die haben noch dicke Backen und müssen ganz gut gelebt haben.«

U. a. erklärte der Leiter eines staatlichen Gesundheitsamtes nach der Untersuchung von Ostarbeitern:

> »Ich bin tatsächlich über das gute Aussehen der Ostarbeiterinnen erstaunt. Am meisten bewundere ich aber das Gebiß der Ostarbeiterinnen, da ich bisher noch keinen einzigen Fall festgestellt habe, daß eine russische Frauenperson ein schlechtes Gebiß hatte. Sie müssen im Gegensatz zu uns Deutschen viel Wert darauf gelegt haben, die Zähne in Ordnung zu halten. Wir sind wohl in vieler Hinsicht nicht ganz richtig informiert worden, oder man war hörerseits über die Verhältnisse nicht informiert.« (Dortmund)

Insbesondere sind es die nachfolgenden Beobachtungen, die bei den deutschen Volksgenossen Zweifel am bisherigen Rußlandbild und an der deutschen Propaganda hervorgerufen haben:

1. Bolschewistische Gottlosigkeit und religiöse Betätigung der Ostarbeiter

(...)

2. Intelligenz – technisches Verständnis

Auch die Ausrottung der russischen Intelligenz und die Verdummung der Masse sei ein wesentliches Thema in der Darstellung des Bolschewismus gewesen. In der deutschen Propaganda sei der Sowjetmensch als sture ausgebeutete Kreatur, sozusagen als »Roboter der Arbeit« hingestellt worden. *Der deutsche Arbeiter müsse sich aber täglich an Hand der Leistungen und des Könnens oft vom Gegenteil überzeugen.* In zahlreichen Meldungen heißt es, daß die zum Einsatz in der Rüstungsindustrie gekommenen Ostarbeiter den deutschen Arbeiter oft durch ihr technisches Verständnis geradezu verblüfft hätten. *(Bremen, Reichenberg, Stettin, Frankfurt/Oder, Berlin, Halle, Dortmund, Kiel, Breslau und Bayreuth).* Ein Arbeiter aus Bayreuth machte in diesem Zusammenhang folgenden Ausspruch:

»Unsere Propaganda stellt die Russen immer als so stur und dumm hin. Ich habe hier aber das Gegenteil festgestellt. Die Russen denken bei der Arbeit und stellen sich gar nicht so dumm an. Mir sind 2 Russen in der Arbeit lieber als 5 Italiener.«

Übereinstimmend kommt in zahlreichen Meldungen zum Ausdruck, daß der Arbeiter aus ehem. sowjetischen Gebieten ein besonderes Verständnis für alle technischen Einrichtungen aufweise. So könne der deutsche Volksgenosse immer wieder erleben, daß der Ostarbeiter es häufig mit den primitivsten Mitteln fertig bringt, Schäden aller Art an Motoren usw. zu beheben (Stettin). Verschiedene Meldungen liegen auf der Linie eines aus Frankfurt/Oder gemeldeten Beispiels:

»Auf einem Gut verstand ein sowjetrussischer Kriegsgefangener einen Motor, mit dem deutsche Fachkräfte nichts anzufangen wußten, in kurzer Zeit in Gang zu setzen und zeigte an einem Trecker Fehler im Getriebe auf, die von der deutschen Bedienung noch nicht bemerkt worden waren.«

In Landsberg/Warthe hatten deutsche Vorarbeiter sowjetischen Kriegsgefangenen, die zur Mehrzahl vom Lande stammten, Anleitungen für das Entladen von Maschinenteilen gegeben. Diese seien aber von den Russen mit Kopfschütteln aufgenommen und nicht befolgt worden, vielmehr hätten die Kriegsgefangenen das Ausladen nach ihrem Kopf schneller und technisch praktischer ausgeführt, so daß die deutschen Arbeiter über die Auffassungsgabe sehr erstaunt gewesen seien. (...)

Auch aus der auffallend hohen Zahl von Studenten und Studentinnen ziehe die deutsche Bevölkerung den Schluß, daß der Bildungsstand in der Sowjetunion nicht so schlecht sein könne, wie er oft geschildert worden sei. Deutsche Arbeiter, die im Betrieb Gelegenheit hätten, das technische Können der Ostarbeiter zu beachten, vermuteten, daß die in Deutschland eingesetzten Ostarbeiter vielleicht noch nicht einmal die Besten sein würden, da die Bolschewisten sicher ihre qualifizierten Arbeiter in die Großbetriebe im bzw. hinter dem Ural mitgenommen hätten. In all dem finden viele Volksgenossen eine gewisse Erklärung für die ungeheuren Rüstungen, mit der wir im Verlauf des Ostkrieges Bekanntschaft gemacht hätten. Schon die Vielzahl guter und komplizierter Waffen zeuge von geschulten Ingenieuren und Facharbeitern. Die Männer, die die Sowjetunion zu derartigen Kriegsleistungen gebracht hätten, müßten über ein beachtliches technisches Können verfügen.

3. Analphabetentum und beobachteter Bildungsstand

Bisher seien weite Kreise der deutschen Bevölkerung der Auffassung gewesen, daß die Menschen in der Sowjetunion durch einen niedrigen Bildungsstand und durch ein weitgehendes Analphabetentum gekennzeichnet würden. Durch den Ostarbeitereinsatz hätten sich nun Widersprüche ergeben, die den deutschen Arbeiter oft verwirrten. So wird in allen Berichten einmütig festgestellt, daß Analphabeten nur zu einem ganz kleinen Prozentsatz angetroffen würden. Ein Diplom-Ingenieur z. B., der in der Ukraine eine Fabrik leitet, schrieb nach Hause, daß in seinem Werk von 1.800 Arbeitern kaum 3 Analphabeten seien (Reichenberg). Ähnliche Beobachtungen gehen auch aus nachstehenden Beispielen hervor:

»Nach Meinung vieler Volksgenossen ist die jetzige sowjetische Schulbildung bedeutend besser als z. Zt. des Zarismus. Verschiedentlich werden Vergleiche zwischen Kenntnissen des russischen und deutschen Landarbeiters angestellt, die häufig zu Gunsten der Sowjets ausfallen.« (Stettin)

»Besonderes Erstaunen erregte die verbreitete Kenntnis der deutschen Sprache, die sogar in den gehobenen Kreisen der Landschulen gelehrt würde.« (Frankfurt/Oder) (...)

»Eine Studentin aus Leningrad sei in der russischen und deutschen Literatur unterrichtet gewesen, sie hätte Klavier spielen können und mehrere Sprachen beherrscht.«

»Die mitunter fließende Beherrschung der deutschen Sprache und das Interesse auf allen Gebieten falle besonders auf ... es wird mit Verwundern festgestellt, daß die Handschrift der Ostarbeiter gut und ausgeschrieben sei ... aufgefallen sei auch, daß die deutsche Sprache in der UdSSR in allen Schulen als Fremdsprache gelehrt wurde.« (Breslau)

»Ein Geselle: Beinahe hätte ich mich schrecklich blamiert, als ich den Russen kleine Rechenaufgaben stellte. Ich mußte meine gesamten Kenntnisse zusammensuchen, um mitzukommen. ... deutsche Arbeiter wiesen darauf hin, daß das gesamte Schulwesen einschließlich Hochschulen in der Sowjetunion unentgeltlich sei.« (Bremen) (...)

»Das Bildungsinteresse ist durchschnittlich. Vor allen Dingen die jüngeren Russen sind mit der Schrift einwandfrei vertraut, sprechen sogar Deutsch und bitten um Hefte und Bücher, aus denen sie die deutsche Sprache weiter erlernen können. Analphabeten sind kaum festgestellt worden. Die Namen wurden durchaus leserlich, nicht nur in cyrillischer, sondern auch in lateinischer Schrift geschrieben. Jeder Fetzen Papier und jede Nachrichtenmöglichkeit wird zu ergattern versucht. Ich habe festgestellt, daß die Russen in ihren Quartieren sich aus Pappe und anderem Material Spiele und andere Unterrichtsmittel, ja sogar ein Schachspiel angefertigt haben.« (Frankfurt/Oder)

(Aus: Meldungen aus dem Reich, 15. April 1943 (Nr. 376), Bundesarchiv Berlin)

Hinweise zur Zwangsarbeit von Juden

Im Zusammenhang mit der antijüdischen Verfolgungspolitik wird in der Regel wenig thematisiert, daß als jüdisch definierte Männer und Frauen sowie Jugendliche beiderlei Geschlechts nach Vollendung des 14. Lebensjahres bis zu ihrer Deportation Zwangsarbeit leisten mußten. Für die Organisierung in der Reichshauptstadt wurde mit Wirkung vom 1. Dezember 1938, also bald nach der Pogromnacht, vom Arbeitsamt eine »Zentrale Dienststelle für Juden« in der Fontanepromenade 15 (Kreuzberg) eingerichtet. Ab 1939 regelte die Dienststelle in Berlin den »Geschlossenen Arbeitseinsatz« Zehntausender Juden, die zumeist aufgrund der Ausgrenzungsmaßnahmen der Nazis zur Arbeitslosigkeit verdammt waren, ab 1940 dann aller arbeitsfähigen Juden. Diese von den Betroffenen im allgemeinen kurz »Jüdisches Arbeitsamt« bezeichnete Einrichtung wird in vielen autobiographischen Berichten Verfolgter erwähnt und u.a. in dem Stück »Ab heute heißt du Sara« des GRIPS-Theaters wahrhaft »sinnfällig« dargestellt. In größeren Unternehmen gab es sogenannte »jüdische Abteilungen«, in denen die jüdischen Zwangsarbeiter und -arbeiterinnen oft zu Hunderten – auch von den »Ostarbeitern« – streng isoliert eingesetzt waren. Das Schicksal der jüdischen Zwangsarbeiter und Zwangsarbeiterinnen, die im übrigen weiterhin in ihren Familien leben konnten, war in eigentümlicher Weise mit dem Einsatz von »Ostarbeitern« verwoben.
Im September 1942, also ein knappes Jahr nach dem Beginn der Deportationen aus Berlin, lebten noch rund 40 000 Juden in der Stadt, von denen 17 000 Zwangsarbeit leisten mußten, die meisten von ihnen in rüstungswichtigen Betrieben. Viele dieser Menschen glaubten, aufgrund ihrer Bedeutung für den Produktionsprozeß gemeinsam mit ihren Familien vor einer Deportation geschützt zu sein. (»Die Nazis werden doch nicht so dumm sein ... usw.«) Und wie wir heute wissen, gab es in dieser Hinsicht auch tatsächlich Konflikte zwischen der NSDAP und den »Wirtschaftsführern«, in denen sich die Rasseideologen jedoch schließlich durchsetzten.
Für den 27./28. Februar 1943 wurde die »Schlußaktion« gegen die noch in Berlin lebenden Juden geplant und durchgeführt, die sogenannte »Fabrik-Aktion«. Albert Speer erinnert sich in seinem Buch »Der Sklavenstaat«: »Dann rief mich Goebbels in den letzten Tagen des Februar 1943 an und erklärte mit äußerster Entschiedenheit, daß keine Juden noch länger in Berlin verbleiben könnten; Sauckel* habe ihm soeben die endgültige Zusage gegeben, für diese jüdischen Arbeitskräfte polnischen Ersatz zu stellen. Die Auskunft der Betriebsführer, daß in diesem Fall die Leistung absinken werde, habe er endgültig satt.« (S. 351)

Für die ersten Märztage 1943 kündigte das Zentralamt der SS in Oranienburg dann auch dem Lagerkommandanten von Auschwitz im Zusammenhang mit den anstehenden Deportationen aus Berlin telegrafisch an, »daß sich bei den Transporten etwa 15 000 vollkommen arbeitsfähige, gesunde Juden befinden, die bisher in der Berliner Rüstungsindustrie gearbeitet haben«.
Die Nazis haben ihr Ziel im übrigen nicht erreicht. Die Protestaktion in der Rosenstraße in den ersten Märztagen 1943 verhinderte dies im wesentlichen (s. S. 64). Von den 4 700 jüdischen Menschen, die in sog. »Mischehen« die Nazi-Zeit in Berlin überlebt haben, hat der weitaus größte Teil bis zum Zusammenbruch der Nazi-Herrschaft Zwangsarbeit geleistet, wovon ein schwer zu bestimmender Anteil im übrigen weiterhin auch den sog. »Judenstern« tragen mußte.

Gernot Jochheim

* Fritz Sauckel (1894–1946 hingerichtet) war der »Generalbevollmächtigte für den Arbeitseinsatz«

Literaturhinweise

Wolf Gruner: Der Geschlossene Arbeitseinsatz deutscher Juden. Zur Zwangsarbeit als Element der Verfolgung 1938–1943. Berlin: Metropol Verlag, 1997

Dieter Maier: Arbeitseinsatz und Deportation. Die Mitwirkung der Arbeitsverwaltung bei der nationalsozialistischen Judenverfolgung in den Jahren 1938–1945. Publikationen der Gedenkstätte Haus der Wannsee-Konferenz, Bd. 4. Berlin: Edition Hentrich, 1944.

»... am schlimmsten war der Hunger...«

Eine Schule stellt sich der Vergangenheit

Bodo Förster

1994 erreichte die Sophie-Scholl-Oberschule ein Brief mit der Anschrift »Schulleitung der Augustaschule, Berlin. Das Haus ist gleich um die Ecke Pallasstraße und Isholdstraße ...«, gemeint war die (heutige) Sophie-Scholl-Oberschule an der Elßholzstraße, Ecke Pallasstraße. Eine Frau Maria Derewjanko aus der Ukraine wollte Berlin und vor allem die Schule besuchen. Ihre Familie hatte hier seit 1943 an einem Bunker arbeiten müssen. Im Oktober 1994 kam Frau Derewjanko aufgrund einer Einladung von Lehrern, zu denen auch der Autor gehörte, nach Berlin. Diese Kontakte führten 1996 zu einem weiteren Besuch, diesmal gemeinsam mit ihrem Bruder Wassilij. Er war 16 Jahre alt, als er im Lager »Augustaschule« leben mußte. Nur durch großes Glück hatte die Familie den Bombentreffer 1945 überstanden.

Die Familie Derewjanko wohnte in Konstantinovka, einem Dorf in der Nähe von Charkow. Im August 1943 wurde von deutschen Soldaten eine Razzia durchgeführt und Erwachsene und Kinder wurden in Lastwagen abtransportiert. Die Jugendlichen des Dorfes waren bereits früher deportiert worden, auch die älteste Tochter Katarina, die in den Munitionsfabriken von Liebenau/Weser und Bomlitz schwere und gefährliche Zwangsarbeit verrichten mußte. Maria und ihr fünf Jahre alter Bruder entgingen der Deportation durch Flucht und Verstekken im Gemüsegarten. Am Abend kamen die Eltern von der Arbeit, und es wurde beschlossen, zu Verwandten in das Gebiet von Charkow zu fliehen. Dort wurden sie später von deutschen Soldaten aufgegriffen, auf Eisenbahnwaggons geladen und nach Westen transportiert. Nach einer Woche gelangten sie in ein Verteilungslager, und die Familie Derewjanko (Eltern und drei Kinder) wurde nach Berlin-Schöneberg gebracht. Die Erwachsenen und die Jugendlichen wurden beim Bau des Bunkers an der Pallasstraße eingesetzt, der von der Firma Philipp Holzmann im Auftrag des Fernmeldeamtes in der Winterfeldtstraße errichtet wurde.

Die Deportierten wurden in der Pallasstraße vom LKW abgeladen, und sie betraten das Lager »Augustaschule« über den Schulhof. Die Baugrube für den Bunker war bereits ausgehoben, es standen ein Kran, eine Betonmischanlage und ein Materiallager mit Unterkünften für die deutschen Vorarbeiter bereit. Am Morgen nach der Ankunft begann sofort die schwere Arbeit, die 12 Stunden am Tag dauerte, unterbrochen von einer Mittagspause. Die älteren Kinder hatten auf die noch jüngeren Geschwister aufzupassen. Maria Derewjanko erzählte, daß nur die kleinen Kinder unbekümmert mit den Bällen und Sportgeräten in der Turnhalle der Augustaschule spielten. Die älteren waren leicht zu beaufsichtigen. Sie waren völlig verschreckt in dieser Zwangssituation der Familien, und auch sie litten unter dem ständigen Hunger, so

Der Bunker in der Pallasstraße, Berlin-Schöneberg, gebaut von Zwangsarbeiterinnen und Zwangsarbeitern in den Jahren 1943-1945.

daß sie still auf dem Hallenfußboden saßen und auf die nächste Mahlzeit warteten. Untergebracht waren die Zwangsarbeiter in Klassenräumen, die als Lagerunterkünfte für 20 Personen mit grob gezimmerten Bänken, Tischen und Bettgestellen ausgestattet waren. Die Schülerinnen der Augustaschule waren bereits 1943 in die Nähe von Cottbus evakuiert worden. Es war erlaubt, sich ohne Aufsicht frei zu bewegen, so daß die Deportierten die Geschäfte und Straßen aufsuchten und die Kinder sich anboten, alten und gebrechlichen Passanten die Einkaufstaschen oder am Nollendorfplatz das Reisegepäck zu tragen, um auf diese Weise Eßbares oder Lebensmittelmarken zu bekommen. Anwohnern war es gestattet, beim Lagerführer Putzhilfen anzufordern. Eine ältere Frau, deren Sohn in der Nähe von Moskau als Soldat eingesetzt war, bestellte Maria Derewjanko und ihre Mutter. Aber es ging ihr weniger um das Saubermachen, als um die Gesellschaft der beiden. Diese Frau war es dann auch, die sich nach der Teilzerstörung der Schule nach den beiden erkundigte. Auch eine junge Frau hatte Kontakt zur Familie Derewjanko, sie brachte ihnen Kleidungsstücke.

Zum Kriegsende häuften sich die Bombenangriffe. Die Menschen mußten nachts drei- oder viermal den Luftschutzkeller der Schule aufsuchen. Auch Anwohner aus der Umgebung waren im Keller, so daß häufig große Enge herrschte. Dieser Umstand sollte der Familie Derewjanko das Leben retten. Als am 2. Februar 1945 der Keller wieder einmal überfüllt war, schlug die Mutter vor, unerlaubterweise den nahen Rohbau des Bunkers aufzusuchen. Bereits beim Überqueren des Schulhofes gab es eine gewaltige Explosion, die Augustaschule war an der Seite zur Elßholzstraße eingestürzt und viele Menschen waren unter den Trümmern begraben. Die Zwangsarbeiter, auch Wassilij Derewjanko, mußten zur Bergung der Verletzten und Toten von außen in den Keller vordringen, und sie hatten große Angst, daß die Decken einstürzen könnten. Gebäudeteile drohten herabzufallen, so daß notwendige Rettungsarbeiten nicht durchgeführt werden konnten. Die Internierten mußten mit ansehen, wie ihnen nahestehende Lagerinsassen bis zum Abend in den Trümmern starben.

In den letzten Tagen des April 1945 verließen Maria Derewjanko und ihre Familie Berlin. Sie gingen nach Osten, hinter sich das brennende Berlin, das weiterhin bombardiert wurde und unter einer dichten Rauchschicht lag. Die Soldaten der Roten Armee nahmen sie auf und transportierten sie weg. Sie mußten erleben, daß sie als Verräter bezeichnet wurden, da sie »Hitler geholfen hatten, den Krieg zu verlängern«. Nach einem Aufenthalt im Durchgangslager gelangte die Familie in Eisenbahnwaggons in ihre alte Heimat. Von der gewohnten Umgebung gab es nichts mehr, weder in Charkow noch im Dorf Konstantinovka. Alles war verbrannt und den Bomben zum Opfer gefallen. Es ging den Rückkehrern zusätzlich schlecht, da sie der Vorwurf der Kollaboration verfolgte. Sie wurden nicht als Kriegsteilnehmer anerkannt, was Auswirkungen auf Rentenzahlungen und kommunale Ermäßigungen hatte. Maria Derewjanko verließ mit 18 Jahren ihre Heimat und zog nach Lemberg (Lwow).

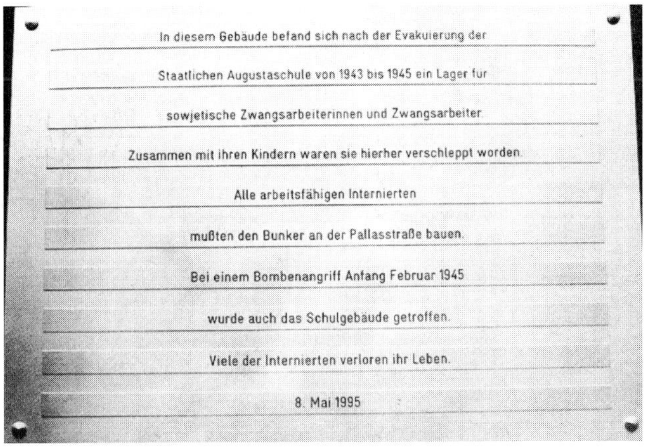

Ehemaliges Zwangsarbeiterlager in Treptow (Niederschöneweide), Britzer Straße Ecke Köllnische Straße, Aufnahme 1995.

Der Reichseinsatz

Zwangsarbeiter in Deutschland – Dokumentarfilm

Zum Thema des Arbeitseinsatzes von Zwangsarbeiterinnen und Zwangsarbeitern im Deutschen Reich während der Nazi-Herrschaft gibt es einen Film, der für unterrichtliche Zwecke insbesondere als Einführung genutzt werden kann: **Der Reichseinsatz. Zwangsarbeiter in Deutschland.** (Videokassette 90 Minuten, 1993, und Begleitheft Landesbildstelle Berlin: VHS 4254476) – Der Film zeigt aus der Sichtweise der Täter und Opfer, wie sich das System des Arbeitseinsatzes entwickelte; Anwerbung von Freiwilligen, Verschleppung, rassistische Unterdrückung, Sklavenarbeit. Zeitzeugen aus acht europäischen Ländern berichten über ihre Erfahrungen. Der Film ist folgendermaßen gegliedert:

Gliederung im Film

Teil I
Arbeit als Beute 1938–1942

1. 1938 – »Gastarbeitnehmer« aus Italien
2. 1939/40 – vom Saisonarbeiter zum Zwangsarbeiter
3. 1940 – Masseneinsatz aus dem Westen
4. 1941/42 »Russeneinsatz«

Teil II
Kriegervolk und Arbeitervölker 1943–1945

1. 1942/43 »Ostarbeiter«
2. 1943 – »Westarbeiter«
3. »Arbeitserziehungslager«
4. 1943 – die italienischen Militärinternierten
5. 1944 – »Europa arbeitet in Deutschland«
6. 1945 – Letzte Kriegstage
7. Der Reichseinsatz – Eine Geschichte ohne Ende

Da Teil I und II sehr klar strukturiert sind, chronologisch als auch nach Regionen, lassen sich ausgewählte Passagen einzeln betrachten bzw. individuell zusammenstellen.

Italien
1938/40 – »Gastarbeitnehmer aus Italien«
Teil I (10 Minuten)
1943 – Die italienischen Militärinternierten
Teil II (3 Minuten)

Polen
1939/49 – vom Saisonarbeiter zum
Zwangsarbeiter Teil I (10 Minuten)
1942–43 »Ostarbeiter«
Teil II (9 Minuten)

Frankreich/Belgien/Niederlande/(Dänemark/Norwegen)
1940 – Masseneinsatz aus dem Westen
Teil I (8 Minuten)
1943 – »Westarbeiter«
Teil II (10 Minuten)

Sowjetunion
1941/42 – »Russeneinsatz«
Teil I (14 Minuten)
1942/43 – »Ostarbeiter« Teil II (9 Minuten)

Die übrigen Sequenzen betreffen Zwangsarbeiter aus anderen Regionen.
Zu dem Film ist von der Landesbildstelle eine **Begleitbroschüre** erstellt worden (Autor: Bodo Förster), derer sich eine Lehrperson bei der Vorbereitung auf einen Unterricht zum Thema unbedingt bedienen sollte. Die ausführliche Inhaltsangabe zu dem Film ist durch wichtige Zitate – vornehmlich mit Aussagen von Täterseite – ergänzt. Es gibt daneben vielfältige Hinweise auf Literatur und Medien sowie Anregungen für eine unterrichtliche Erarbeitung des Themas.
Hilfreich sind auch die (unvollständigen) Hinweise auf frühere Standorte von Zwangsarbeiterlagern in Berliner Bezirken.

Weitere AV-Medien im Verleih der Landesbildstelle Berlin

1. Fremde Arbeit – Zwangsarbeiter bei Rheinmetall Borsig
   VHS, 60 Minuten, (sw) 1983, Verleih-Nr. 42 50285
2. Ein Kindergeburtstag. Deutsche Kindheit während des 2. Weltkrieges
   Tonkassette, 45 Minuten, 1987, Verleih-Nr. 225 3815
3. Zahltag – Eine plötzliche Reise nach Polen. Polnische Fremdarbeiter in der NS-Zeit.
   VHS, 45 Minuten, 1990, Verleih-Nr. 42 53056
4. Der Stern und sein Schatten
   VHS, 90 Minuten, 1993, Verleih-Nr. 42 55189

Das Schicksal eines 16-jährigen polnischen Zwangsarbeiters

Das Heimweh des Walerjan Wróbel
Buch und Film

Walerjan Wróbel war gerade 16 Jahre alt, als er im April 1941 aus Zentralpolen in das Reichsgebiet verschleppt wurde. Zum Arbeitseinsatz kam er auf einen Bauernhof im Bremer Umland. Walerjan Wróbels Schicksal ist Thema dieses Buches:

Christoph U. Schminck-Gustavus
Das Heimweh des Walerjan Wróbel
Ein Sondergerichtsverfahren 1941/42
Bonn: Dietz Verlag, 1986

Zum erstenmal von zu Hause weg, der deutschen Sprache nicht mächtig, bekam er schon nach wenigen Tagen Heimweh und versuchte zu fliehen. Schnell wieder gefaßt, kam ihm die naive Idee, die ihn nicht gerade gut behandelnde Hofeigentümerin zu ärgern. Als »Strafe« würde man ihn dann wohl wieder nach Hause schicken. So legte er dann am Nachmittag des 29. April 1941 in der Scheune Feuer, ohne aber wesentlichen Schaden anzurichten. Es konnte nach wenigen Minuten gelöscht werden, die Feuerwehr kam nicht einmal zum Einsatz, und Wróbel half selbst bei den Rettungsarbeiten. Von der Hofbesitzerin aber angezeigt, geriet er statt in die Heimat in die Mühlen der NS-Justiz, an deren Ende das Fallbeil stand.

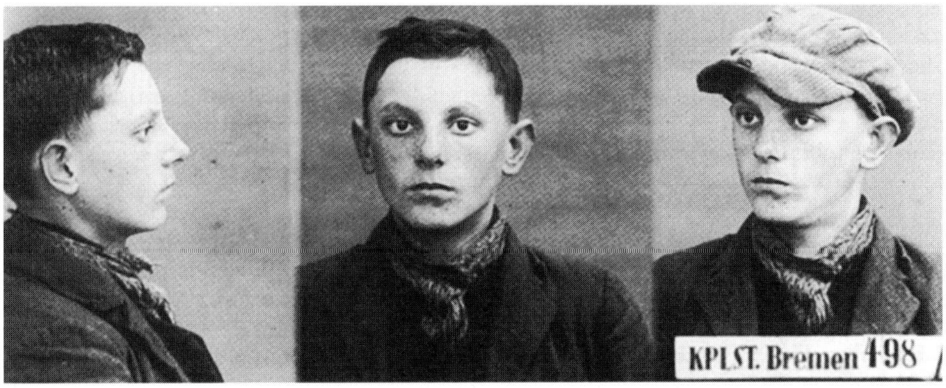

Polizeifotos von Walerjan Wróbel. Nach einer »rassischen Beurteilung« eines »Polizeivertragsarztes« war der Junge von »ostischem Typ«.

Nach seiner Verhaftung wurde zunächst ein »Rassegutachten« erstellt, in dem der junge Wróbel als »ostischer Typ« bezeichnet wurde, was für den weiteren Verlauf des Verfahrens entscheidend sein sollte. So abgestempelt wurde er nach den ersten Ermittlungen von der Gestapo bis zum Prozeßbeginn in das KZ Neuengamme gebracht, wo er in einer Kanalbaukolonne Schwerstarbeit leisten mußte. Ein älterer Mithäftling, den Schminck-Gustavus mit Hilfe der »Amicale Neuengamme« in Warschau fand, erinnerte sich an den jungen Häftling, der ihm so leid tat:

»Walerjan war naiv, sehr naiv. Für solche ist das schwer im KZ, sehr schwer. Er war gläubig und erzählte immer von zu Hause.«

Nach neun Monaten KZ-Haft war die Anklage fertig und das Verfahren konnte bei der Bremer Justiz fortgesetzt werden. Zwei Stunden und 25 Minuten benötigte das Sondergericht der Hansestadt mit den drei Berufsrichtern, dann hieß es »Im Namen des Deutschen Volkes: Walerjan Wróbel wird wegen Verbrechen nach § 3 der Volksschädlingsverordnung zur Strafe des Todes und in die Kosten des Verfahrens verurteilt.«

Vergeblich hatte der Pflichtverteidiger dem Gericht eine argumentative Brücke gebaut, mit dem es den Jungen vor dem Äußersten hätte bewahren können. Wie Schminck-Gustavus herausfand, war das Urteil schon Tage vorher in einer sog. »Vorschau« zwischen dem Justizsenator, der Staatsanwaltschaft und dem Gericht abgesprochen worden. Alle Vorstellungen des Verteidigers wurden pauschal mit dem Hinweis, hier handle es sich um einen Polen, abgelehnt. Immer hieß es, diese »Schutzvorschriften« fänden bei Ostvölkern keine Anwendung.

Die Verhandlung war nur noch eine Farce; bekanntlich wurden derartige Fälle ja auch ab November 1942 direkt von der Polizei »bearbeitet«.

Eine von der Verteidigung eingereichte Begnadigung wurde vom Reichsjustizministerium abgelehnt, und so wurde Walerjan Wróbel am 25. August 1942 im Untersuchungsgefängnis Hamburg-Stadt hingerichtet. In dem Protokoll über die letzte Nacht des Walerjan Wróbel werden mehrmals sein großes Heimweh und der Wunsch, seine Eltern noch einmal wiedersehen zu

können, erwähnt. Die Hinrichtung wurde durch Plakate an 250 Bremer Anschlagstellen öffentlich bekanntgegeben.
Soweit die Geschichte aus den Akten der Bremer Justiz. Aber Schminck-Gustavus sicherte noch weitere Spuren. So gelang es ihm nach vielen Mühen, in Polen die Schwester des Ermordeten ausfindig zu machen, die auch noch seine letzte Zeichnung und seinen Abschiedsbrief besaß. Weiter hatte die Familie in den letzten über 40 Jahren nichts mehr von Wróbel gehört. Die Mutter, die 1962 verstorben war, hatte bis zuletzt auf die Rückkehr des Sohnes gehofft.
Aber dieser Fall hat ja nicht nur ein Opfer, sondern auch Täter. Der Autor versuchte daher, die damaligen Richter und Staatsanwälte zu finden. Leider gelang dieses nur bedingt. Der Bremer Justizsenator wollte die Personalakten nicht herausgeben. Aber soviel konnte ermittelt werden: Zwei der drei Richter konnten im Nachkriegs-Bremen weiter »Im Namen des Volkes« Urteile aussprechen. Bei der Entnazifizierung stufte man sie nur als »Mitläufer« oder »nominelle Nationalsozialisten« ein.
Nur der Vorsitzende wurde nach 1945 nicht wieder Richter, er war als amtierender Vorsitzender des Sondergerichts wohl nicht mehr tragbar. So wurde er pensioniert, selbstverständlich unter Fortzahlung der Bezüge, und betätigte sich als Gutachter über die Justiz im 3. Reich. Der Staatsanwalt lebte als Rechtsanwalt in Hamburg. Er konnte sich auf Befragen von Schminck-Gustavus allerdings nicht mehr an Walerjan Wróbel erinnern.
Das Schicksal Walerjan Wróbels wurde in einem **Spielfilm** (96 min) dokumentiert (Landesbildstelle Berlin, Verleih-Nr. 32 10231/32). Das Buch beinhaltet eine Fülle von Dokumenten, die in Ergänzung zu dem Film eingesetzt werden können.

Das Schicksal einer jugendlichen russischen Zwangsarbeiterin

Das Buch der russischen Autorin Tatjana Wassiljewa enthält eine für den deutschen Kinder- und Jugendbuchmarkt ungewöhnliche Perspektive. Selbst als jugendliche Zwangsarbeiterin nach Magdeburg verschleppt, läßt die Autorin ihre Titelheldin Tanja, die am Anfang der Erzählung 13 Jahre alt ist, ein ähnliches Schicksal erfahren.

Tatjana Wassiljewa
Ab jetzt zählt jeder Tag. Roman.
Aus dem Russischen von Georg Michael Werner
Weinheim und Basel: Beltz, 1994

Als der magenkranke Vater eines Tages 1941 die Nachricht mitbringt »Deutschland hat uns überfallen«, überlegt Tanja noch, ob dieser Tag in ihr kleines Buch gehört, denn immerhin waren noch Sommerferien. Aus zunächst sicherer Perspektive beobachtet sodann die Familie die Kriegsereignisse durch das Wohnzimmerfenster. Niederlagen, Sieg und Besetzung ereignen sich wie hinter Glas. Da ziehen erst die »zugestaubten Rotarmisten« die Chaussee des kleinen Ortes, in der Nähe von Leningrad gelegen, hinab, deren Botschaft »Haut ab« in die Stuben dringt.
Wenig später kommen die »Faschisten« in schwarzen Panzern, bestückt mit glatt rasierten, adretten Soldaten. Es folgen die Kolonnen von elenden Kriegsgefangenen. In den russischen Dörfern beginnt das Sterben, der Mangel an Nahrung ist unvorstellbar. Der pure Überlebenswille treibt Tanja dazu, im russischen Winter ganz allein für die Familie Nahrungsmittel zu organisieren. Bald darauf gehört sie zu denjenigen, die nach Deutschland verschleppt werden, um für die Deutschen in der Landwirtschaft, in Fabriken und Rüstungsbetrieben zu arbeiten. Die Autorin beschreibt in einer einfachen, klaren Sprache sehr eindrücklich, wie sich das anfühlt, der einsame Weg durch Eis und Schnee, die brutale Trennung von der Familie, der innere und äußere Überlebenskampf in einem fremden und feindlichen Land. Immer ist die Mutter ganz nah. Tanja schreibt ihr aus Mangel an Papier »innere Briefe«. In dieser kalten Fremde macht Tanja auch gute Erfahrungen, für die sie offen sein kann. Tanja gelingt das überhaupt nicht Selbstverständliche, sie überlebt, und es gelingt ihr, in die Sowjetunion zurückzukehren. Stalins Diktat, alle, die aus der deutschen Gefangenschaft zurückkehren, als Spione und Verräter zu ächten, entfremdet das Mädchen von dem politischen Gefüge. Die Autorin erzählt von einem Schicksal, das Unzählige teilten und das bis heute stiefmütterlich im Dunkeln geblieben ist. Sie macht ein Leben von Gewalt, Verschleppung und Versklavung vorstellbar und bringt in Erinnerung, was längst vergessen wurde. *Beate Simon*

TOTGESCHLAGEN
TOTGESCHWIEGEN
DEN
HOMOSEXUELLEN OPFERN
DES
NATIONALSOZIALISMUS
DER "ROSA WINKEL" WAR DAS ZEICHEN,
MIT DEM DIE NATIONALSOZIALISTEN
HOMOSEXUELLE IN DEN KONZEN-
TRATIONSLAGERN IN DIFFAMIERENDER
WEISE KENNZEICHNETEN.

Inhaltsverzeichnis

Die Verfolgung der Homosexuellen im Nationalsozialismus 151
Walter Wuttke

Zur Geschichte des § 175 des Strafgesetzbuches (StGB) 159

Leben und Leiden von Homosexuellen während der NS-Zeit 161
Literatur und Medien

Anders l(i)eben als die meisten 162
Literatur und Unterrichtsanregungen zur Homosexualität

Das umseitig abgebildete Erinnerungs-Zeichen befindet sich an der Südseite des U-Bahnhofs Nollendorfplatz (Berlin-Schöneberg). In der Umgebung des Platzes lebten vor der Nazi-Zeit in größerer Zahl Homosexuelle.

Erläuterungen

Die Thematisierung der Homosexuellen-Verfolgung scheint generell mit noch komplizierteren emotional-kognitiven Belastungen rechnen zu müssen, als dies bei den Sinti und Roma der Fall ist. Die Erfahrung zeigt: Allein nur die Erwähnung von Homosexuellen, was hier homosexuelle Männer meint, als Opfer des NS-Rassismus ruft die verschiedensten verbalen Diskriminierungen hervor. Dabei finden sich rein statistisch in jeder Schulklasse Jungen und/oder Mädchen mit gleichgeschlechtlichen homosexuellen Neigungen. Viele Menschen in unserer Gesellschaft und damit auch viele Jugendliche scheinen jedoch offenbar nicht fähig zu sein, gegenüber sexuellen Orientierungen und damit verbundene Lebensformen Toleranz zu entwickeln, die von denen der heterosexuellen Mehrheit abweichen, selbst wenn niemandem dadurch geschadet wird. Ohnehin wird in diesem Zusammenhang zu wenig berücksichtigt bleiben, daß die sexuellen Praktiken und Lebensformen von heterosexuellen Menschen in keiner Weise einheitlich sind.
Die antihomosexuellen Aversionen und Haltungen kommen in »Schwulenwitzen« und Beschimpfungen wie »schwule Sau« oder »alte Lesbe« zum Ausdruck; sie äußern sich in Ausgrenzungen sowie in direkter Gewalt gegen Schwule und Lesben, wobei die Gewalt gegen Schwule wegen ihrer Öffentlichkeit und der andersartigen Lebensformen von Schwulen gegenüber Lesben besser dokumentiert und analysiert ist.[1]
Die Gewaltbereitschaft gegenüber Schwulen ist wie auch die Gewaltbereitschaft gegenüber Frauen offensichtlich eine Facette jener Gewaltorientierungen, die sich bei Jungen in dem in seiner Schwierigkeit lange wenig beachteten Prozeß männlicher Identitätsfindung einstellen (können). So ist Gewalt gegen Schwule auch deutlich jugenddominiert: Etwa die Hälfte der Täter ist zwischen 14 und 22 Jahre alt, ca. 20 Prozent zwischen 23 und 30. Auffallend ist weiter, daß antihomosexuelle Einstellungen tendenziell mit Denk- und Verhaltensmustern einhergehen, die dem Rechtsextremismus zuzuordnen sind.
Die Verfolgung von Homosexuellen in der Geschichte (in vielen Teilen der Welt auch noch in der Gegenwart) und Formen ihrer sozialen Diskriminierung in unserer heutigen Gesellschaft sollten als Themen eingebettet werden in eine mittlerweile zumindest nicht mehr umstrittene Sexualpädagogik, bei der Heterosexualität und Homosexualität gleichberechtigt behandelt werden. Im besonderen muß Homosexualität auch Bestandteil einer angesichts der zunehmenden Gewaltorientierung in unserer Gesellschaft geforderten »Jungenarbeit« im Rahmen von Schule sein.

1 Hierzu sehr informativ die Broschüre: Opfer, Täter, Angebote. Gewalt gegen Schwule und Lesben. Dokumente lesbisch-schwuler Emanzipation des Fachbereichs für gleichgeschlechtliche Lebensweisen, Nr. 15 der Hrsg. von der Senatsverwaltung für Schule, Jugend und Sport. Berlin 1996

Die Verfolgung der Homosexuellen im Nationalsozialismus

Walter Wuttke

Zu den »vergessenen Opfern« des Nationalsozialismus gehören auch die Homosexuellen, die, nach einem Wort Himmlers, wie »Brennesseln« ausgezogen, »auf einen Haufen« geworfen und verbrannt werden sollten[1] und in großer Zahl auch entsprechend behandelt wurden.
Wie die Verfolgung der Juden, der psychisch Kranken und Behinderten, der sog. »Asozialen« oder der Sinti und Roma, so vollzog sich die Verfolgung der Homosexuellen vor den Augen der Öffentlichkeit. Daß »man« heute darüber nichts oder wenig weiß, hat nichts mit einer besonderen Geheimhaltungspolitik zu tun, sondern ist auch in diesem Fall das Ergebnis bewußten Vergessen-Machens. Blieben Details und Einzelschicksale in der Regel auch unbekannt – daß die Homosexuellen-Politik dem »Leitgedanken der Ausmerzung der Entarteten«[2] verpflichtet war, wurde in aller Öffentlichkeit ausgesprochen.
In Deutschland hatten sich bereits um 1900 Homosexuelle in verschiedenen Organisationen zusammengeschlossen, um durch Öffentlichkeitsarbeit Vorurteile in der Bevölkerung abzubauen, sich für die gesellschaftliche Gleichstellung der Homosexuellen einzusetzen und für die Abschaffung des § 175 einzutreten. Während der Zeit der Weimarer Republik entwickelte sich namentlich in Großstädten eine vielseitige homosexuelle Subkultur. Schon nach dem Regierungsantritt des nationalkonservativen Reichskanzlers von Papen, einem späteren Koalitionspartner der Nationalsozialisten, führte die Berliner Polizei erste Kampagnen gegen Homosexuelle durch. Lokale wurden geschlossen, Tanzveranstaltungen und Versammlungen verboten.

Die »Reichszentrale zur Bekämpfung der Homosexualität und der Abtreibung«

Unmittelbar nach der Machtübernahme durch die Nationalsozialisten wurden die Selbsthilfeorganisationen der Homosexuellen verboten, und es setzte die Verfolgung führender Vertreter der Homosexuellen-Bewegung ein. Im Oktober 1934 errichtete die Gestapo das »Sonderdezernat Homosexualität« als zentrale Erfassungsstelle. Im Oktober 1936 wurde dieses Dezernat zur »Reichszentrale zur Bekämpfung der Homosexualität und der Abtreibung« umgewandelt.
Leiter des Dezernats und dann der Reichszentrale wurde Josef Meisinger (s. S. 41). Auf einer Dienstversammlung leitender Medizinalbeamter berichtete er im April 1937 über die Aufgaben seiner Himmler direkt unterstellten Dienststelle. Über Homosexuelle führte er dabei aus: Das soziale Umfeld der Homosexuellen sei jüdisch verseucht, demokratisch und marxistisch. Jüdische Wissenschaftler hätten ihren »Einfluß« dazu benutzt, Homosexuellen »eine tragbare Position im öffentlichen und gesellschaftlichen Leben zu schaffen«. Es sei »eine typische Erscheinung, daß bis zur Machtübernahme die Homosexualität fast ausschließlich von jüdischen Wissenschaftlern untersucht wurde, die sich selbst meist homosexuell betätigen und ... durch ihren Einsatz für« die Homosexuellen »demokratisch-pazifistische Zersetzungsarbeit leisteten«.
Die Homosexualität wird ferner als »eines der Systeme« beschrieben, »auf dem die Kirche ... die klösterlichen Gemeinschaften aufgebaut« habe. Sie sei »häufig ... Vorstufe zum Landesverrat«. Der Homosexuelle sei feige und von Natur aus verlogen. Gefährlich sei das »Zusammengehörigkeitsgefühl der Homosexuellen«, die die »Gabe« hätten, ihre »Artgenossen« ohne Worte oder »Zeichen« besonderer Art zu erkennen. Sie gefährdeten das Leistungsprinzip und verfielen »in den meisten Fällen dem pazifistischen Gedankengut«.
»Da die Homosexuellen«, heißt es schließlich, »für den normalen Geschlechtsverkehr unbrauchbar« seien, führe ihre Veranlagung zu einer »Schwächung der allgemeinen Volkskraft, durch die nicht zuletzt die militärischen Belange eines Volkes gefährdet« würden.
Vor allem diese Konsequenz wird auch bei der Behandlung der Abtreibungsfrage hervorgehoben, mit der sich Meisinger im zweiten Teil seines Vortrags befaßte. Es ist in erster Linie die Sorge um die militärische »Stärke der Nation«, die ihn veranlaßt, Homosexualität und Abtreibung gemeinsam zu behandeln, und die auch dazu geführt hat, daß beides im Nationalsozialismus von einer Gestapo-Dienststelle aus bekämpft wurde[3].

Homosexualität als Mittel politischer Machtkämpfe

Die Verfolgung der Homosexuellen bis hin zur physischen Vernichtung war ein schrittweiser Prozeß. Er entwickelte sich im Rahmen einer umfassenden Konzeption, deren eine Seite der Rassismus war. Zu dem Konzept gehörte auch, daß die Vorurteile gegenüber Homosexuellen verstärkt als Mittel zur Austragung politischer Machtkämpfe eingesetzt wurden. Die Möglichkeiten, die darin lagen, und nicht wie es 1986 im Wiedergutmachungsbericht der Bundesregierung hieß, »die Überzeugung, daß durch homosexuelle ›Beziehungen‹ politisch und militärisch bedrohliche Abhängigkeitsverhältnisse entstünden«[4], waren einer der Hauptgründe für die Verschärfung der Homosexuellen-Verfolgung. Homophobie kann nämlich nur in dem Maße als Kampfmittel eingesetzt werden, wie Homosexualität als Bedrohung inszeniert wird. In welchem Ausmaß dieses Mittel eingesetzt wurde und welche zentrale Bedeutung es in den politischen Auseinandersetzungen hatte, zeigen die wichtigsten »Homosexuellen«-Skandale, die aber nur einen Teil der tatsächlichen Vorgänge widerspiegeln:

- 1934 wurde die bekannte und bis dahin akzeptierte Homosexualität Ernst Röhms und anderer SA-Führer vorgeschoben, um die Liquidierung radikaler Kräfte innerhalb der NSDAP, die sich mit dem »Ende der Revolution« nicht zufriedengeben und die Bündnis-Politik mit der Bourgeoisie nicht mitmachen wollten, vor der Öffentlichkeit zu rechtfertigen. Röhm und seine Anhänger wurden der Wehrmacht geopfert, auf deren Kosten sie die SA zu einer Miliz-Truppe ausbauen wollten. Die Aktion, bei der auch eine große Zahl anderer politischer Gegner ermordet wurde, richtete sich nicht gegen homosexuelle Praktiken in der SA. Sie bedeutete aber gleichwohl eine Radikalisierung der Homosexuellen-Verfolgung unter politischen Vorzeichen.
- Als Skandal inszeniert wurde Homosexualität auch in der Auseinandersetzung mit der katholischen Kirche, die anfänglich zur Stabilisierung der NS-Diktatur beigetragen hatte, dann aber aufgrund nicht eingehaltener Zusagen und vor allem, weil sich der niedere Klerus auflehnte, mehr auf Distanz und teilweise in den Widerstand ging. Ab 1936 wurden Ermittlungsverfahren gegen einige tausend katholische Geistliche eingeleitet, die zu einer Reihe von Gerichtsverfahren führten, die als sog. »Sittlichkeitsprozesse« mit großem propagandistischen Aufwand über die Bühne gingen. Die Prozesse endeten in 234 Fällen mit einer Verurteilung; das sind 0,8 % der damals gezählten 28 000 katholischen Priester, Ordens- und Laienbrüder[5] – ein Ergebnis, das in keinem Verhältnis zur propagandistischen Aufmachung der Prozesse stand. Sie wurden im Juli 1937 denn auch abgebrochen, da ihr Schaden größer zu werden drohte, als der Nutzen war. Gleichwohl hatte die Kampagne natürlich eine politische Funktion im Rahmen des Kirchenkampfes, zum Nachteil aller Homosexuellen, die primär nicht gemeint, aber mit betroffen waren.
- Nach dem Muster der »Röhm-Revolte« und der »Sittlichkeitsprozesse« wurde auch die »Bündische Jugend mit ihrer teilweise kommunistischen Tendenz«[6] verfolgt.
- Konnte in diesen Fällen an tatsächlicher Homosexualität angeknüpft werden, so fehlte im Fall des Generalobersten Werner Freiherr von Fritsch selbst dieses Merkmal nationalsozialistischer Politik mit Homosexualität. Der Oberbefehlshaber des Heeres wurde 1938 mit gefälschten Dokumenten aus Meisingers Dienststelle gleichgeschlechtlicher Beziehungen beschuldigt und zum Rücktritt gezwungen. Fritsch war ein alter Antisemit[7] und überzeugter Anhänger Hitlers, der aber eine etwas vorsichtiger operierende Kriegspolitik vertrat und deshalb aus dem Wege geräumt werden sollte. Obwohl er seine Unschuld beweisen konnte, wurde er nicht voll rehabilitiert; er fiel an der Spitze eines Regiments beim Überfall auf Polen.

Diese – im übrigen bekannten und vielfach analysierten – Beispiele zeigen, daß es den Nationalsozialisten bei der Bekämpfung der Homosexualität weder um Sitte, Zucht und Ordnung noch um die Abwehr von Gefahren ging. Dies haben sie gegenüber der Öffentlichkeit zwar immer wieder so erfolgreich behauptet, daß es heute noch geglaubt wird. Einen Beleg dafür gibt es aber nicht. Der Kampf gegen die Homosexualität wurde als Kulisse hochgezogen, vor deren Hintergrund innenpolitische Machtkämpfe und parteiinterne Intrigen ausgetragen wurden. Wie der Jude fungierte der Homosexuelle dabei als sozialdemagogisches Schreckensbild. Er wurde verfolgt, weil seine Verfolgung, aufbauend auf den Vorurteilen gegenüber Homosexualität, funktional war zur Durchsetzung politischer Interessen.

Der Einwand, daß dies eine generelle Funktion antihomosexueller Politik sei, bedeutet nicht, daß damit also auch kein Spezifikum nationalsozialistischer Praxis erfaßt sei. Was die Vorgänge im Nationalsozialismus aus der Tradition, in der sie ohne Zweifel stehen, heraushebt und als faschistisch charakterisiert, ist ihre Radikalität und ihre Zuordnung zu den genuinen Zielen damaliger Politik.

Die NS-Politik gegen Homosexuelle

Die politisch inszenierten »Homosexuellen«-Skandale waren immer auch eine Bedrohung für den einzelnen Homosexuellen. Dazu kam eine Vielzahl gezielter antihomosexueller Maßnahmen, die bis zum Kriegsende erlassen wurden und die Verfolgung in Etappen immer härter werden ließen.

1. Schritt: Zerschlagung der Homosexuellenkultur

In der Anfangsphase stand die Zerschlagung der Homosexuellenkultur im Vordergrund. Ihr symbolischer Höhepunkt war die Plünderung und Zerstörung des Berliner »Instituts für Sexualwissenschaft« anläßlich der Bücherverbrennungen im Mai 1933.[8] Sein Leiter, »der berüchtigte Sexualbolschewist Magnus Hirschfeld«[9], wurde zur Emigration gezwungen. Damit wurde die Emanzipation der Homosexuellen, die am Ende der Weimarer Republik möglich schien, abrupt unterbrochen. Insofern bedeutet das Jahr 1933 einen entscheidenden Einschnitt in der Geschichte der Homosexuellenbewegung, dessen Folgen weit über das Jahr 1945 hinaus wirksam blieben.

KZ-Einweisungen waren in dieser ersten Phase die Ausnahme, sie wurden unsystematisch gehandhabt und standen oft im Zusammenhang mit anderen Motiven. Die Verfolgung »konzentrierte« sich darauf, »Homosexuelle aus dem öffentlichen Erscheinungsbild ... zu entfernen«, wie Hans-Georg Stümke am Beispiel Hamburgs nachgewiesen hat.[10]

2. Schritt: Verschärfung des § 175

Die zweite Phase der Homosexuellenverfolgung begann 1935. Dieses Jahr markiert den Beginn eines neuen Abschnitts in der Rassenpolitik. 1935 wurden die »Nürnberger Gesetze« erlassen und, in Ergänzung zum antisemitischen »Blutschutzgesetz«, das »Ehegesundheitsgesetz« mit analogen Bestimmungen für Volksgenossen, deren Zusammenleben aus rassenhygienischen Gründen verboten wurde. Im selben Jahr wurde das »Gesetz zur Verhütung erbkranken Nachwuchses« vom 14. Juli 1933 durch die Bestimmung verschärft, daß bei den betroffenen Frauen Abtreibungen vorgenommen werden konnten.

1935 wurde auch der § 175 verschärft. Dabei gibt es nicht nur einen zeitlichen Zusammenhang mit den genannten Maßnahmen. Das zeigt ein Artikel, der im Mai 1935 in der SS-Zeitung »Das Schwarze Korps« von dem Rechtshistoriker und SS-Untersturmführer Karl-August Eckhard veröffentlicht wurde. Der Schlußsatz stellt die Homosexuellenverfolgung in den Rahmen der Rassenpolitik und mißt ihr die gleiche Bedeutung zu wie dem Verbot der »Mischehe«. Daß dies kein abgelegenes Argument war, wird durch die Tatsache belegt, daß Himmler die Passage ein Jahr später wörtlich zitiert: »Wie ... in der Frage der Mischehe ... so müssen wir auch in der Beurteilung der rassevernichtenden Entartungserscheinungen der Homosexualität zurückkehren zu dem nordischen Leitgedanken der Ausmerze der Entarteten. Mit der Reinerhaltung der Rasse steht und fällt Deutschland.«[11]

Die Verschärfung des Homosexuellenstrafrechts betraf das Strafmaß und die Ausweitung der Straftatbestände. Zur Verurteilung reichte von nun an bereits die »wollüstige Absicht«, ohne »daß eine körperliche Berührung stattgefunden hat oder auch nur beabsichtigt gewesen ist«. In »schweren Fällen« konnte eine Zuchthausstrafe bis zu 10 Jahren verhängt werden.[12]

Auf der Grundlage dieser Neufassung des Homosexuellenstrafrechts stiegen die Verurteilungen ab 1935 sprunghaft an; sie erreichten mit 8 562 rechtskräftigen Urteilen im Jahr 1938 ihren Höhepunkt, gegenüber 853 und 948 in den Jahren 1933 und 1934.[13]

Die Verschärfung des § 175 ging vermutlich im wesentlichen von der SS aus.[14] Am 22. Mai 1935 war im »Schwarzen Korps« der schon erwähnte Artikel von Eckhardt erschienen, der unter der Überschrift »Widernatürliche Unzucht ist todeswürdig« für die »Ausmerzung« der Homosexuellen plädierte. Es ist nicht auszuschließen, daß dieser Artikel einen bestimmten Adressaten hatte, nämlich die Deutsche Strafrechtskommission, die sich im Frühjahr 1935 gegen eine Neufassung des § 175 ausgesprochen zu haben scheint.[15] Aber selbst wenn die Zusammenhänge in diesem Fall so nicht bestanden haben, so stellt der Artikel von Eckhard zumindest das Grundmuster für die juristische Verfolgung der Homosexuellen vor, deren Charakteristikum die Justizlenkung durch die SS wurde. Wie der Radikalisierungsprozeß im Wechselspiel von SS und Justiz funktionierte, zeigen die Fälle, in denen die SS Urteile gegen Homosexuelle korrigieren ließ[16], oder auch das Beispiel der Durchsetzung des § 175 in Österreich:

Im Oktober 1939 hatte der 6. Strafsenat des Reichsgerichts auf der Grundlage der liberaleren österreichischen Rechtsnormen den Freispruch eines Linzer Theologen vom Vorwurf, strafbare homosexuelle Handlungen begangen zu haben, bestätigt. Der Fall wurde am 15. Februar 1940 im »Schwarzen Korps« aufgegriffen und scharf kritisiert. «Unsere Rechtsauffassungen«, heißt es dort, »müssen vor komplizierten Konstruktionen bewahrt bleiben, besonders in jenen Bereichen, wo die ausübende Gewalt ein Kampfmittel gegen Volksfeinde – und nichts anderes! – zu sein hat. Einem Feind nähert man sich nicht mit der Allongeperücke weltentrückter Objektivität. Im Kriege wird scharf geschossen.«[17]

Die so kritisierten Richter standen vor der Frage, »ob es besser sei«, bei der eigenen »enge(n) Auslegung« zu bleiben »und damit möglicherweise neue Angriffe des Schwarzen Korps heraufzubeschwören oder in Anpassung an das Recht im Altreich eine weitere Auslegung zu wählen und damit die Gefahr herbeizuführen, daß künftig zu viele Fälle unter die Vorschrift gebracht würden. Am besten erscheine es, wenn durch einen Akt der Gesetzgebung § 175 StGB in seiner neuen Fassung in der Ostmark so schnell wie möglich eingeführt würde.«[18]

Die Entscheidung fiel zuungunsten der Homosexuellen und, soweit ich das beurteilen kann, gegen geltendes Recht aus. Der Senat beugte sich der SS und hatte bereits im Juni 1940[19] den juristischen »Schlupfwinkel der Homosexuellen«[20] versperrt.

3. Organisierung der systematischen Homosexuellenverfolgung

Ein Jahr nach der Verschärfung des § 175 wurde der Polizeiapparat auf die systematische Homosexuellenverfolgung hin reorganisiert. Schon 1934 war beim Staatspolizeiamt Berlin ein Sonderdezernat für diese Aufgabe unter der Leitung Meisingers errichtet worden. Da Meisinger nach seinen eigenen Angaben im Mai 1934 nach Berlin versetzt wurde, ist zu vermuten, daß das Sonderdezernat zu diesem Zeitpunkt errichtet wurde.[21] Seine Aufgabe bestand vor allem darin, Unterlagen über »homosexuelle Verfehlungen ... von seiten politischer Persönlichkeiten«[22] zu sammeln. 1936 wurde aus dieser Dienststelle, wie bereits erwähnt, die »Reichszentrale zur Bekämpfung der Homosexualität und der Abtreibung«. Die Leitung blieb bei Meisinger, und zwar bis Ende 1940. Darstellungen, die er von seiner Tätigkeit gegeben hat, bestätigten, daß die Bekämpfung der Homosexualität mit kriminalpräventiven und militärischen Sicherheitsfragen wenig zu tun hatte. Eine der Hauptaufgaben der Dienststelle bestand darin, Belastungsmaterial zu sammeln oder zu erfinden und bei Bedarf für politische Auseinandersetzungen und parteiinterne Machtkämpfe zur Verfügung zu stellen, wie das in den oben erwähnten Fällen geschehen ist.

Zu den Aufgaben der »Reichszentrale« gehörte aber auch die Koordinierung der behördlichen Verfolgung der Homosexuellen und ihre systematische und »zentrale Erfassung«[23]. In den »Richtlinien«, die darüber z.B. bei der Kasseler Kriminalpolizei bestanden, wurde eine »ständige Kontrolle« der Hotels und Pensionen vorgeschrieben sowie »eine Überwachung des Anzeigenteils der Tageszeitungen in Bezug auf verfängliche Angebote«; sie verlangten, »alle männlichen Personen zu erfassen, die im Verdacht stehen, homosexuell veranlagt zu sein«, und empfahlen dem Beamten, »der die Homosexualität mit Erfolg bekämpfen will, Fühlung mit allen Bevölkerungsschichten« zu suchen. Der Polizeibeamte müsse »hellhörig werden und verdächtige Äußerungen der Volksgenossen über vermutlich anormale Männer in geeigneter Weise auf ihre Richtigkeit nachprüfen«. Dabei sollten auch »zuverlässige und vertrauenswürdige Mittelspersonen« verwendet werden[24].

4. Konkretisierung der Idee einer »Ausmerzung« von Homosexuellen

Ausgehend von der SS, bei der die Fäden der nationalsozialistischen Homosexuellenpolitik zusammenliefen, zielte die Verfolgung schließlich auf die physische Vernichtung der Homosexuellen ab.

Wie erwähnt, forderte bereits im Mai 1935 der SS-Jurist Eckhardt ihre »Ausmerzung«. Zumindest indirekt wird dieses Ziel auch 1937 in einem Briefwechsel zwischen Himmler und dem Präsidenten des »Thüringischen Landesamtes für Rassenwesen«, Karl Astel, formuliert. Astel besprach dort mit Himmler ein Forschungsprojekt über uneheliche Kinder, über »Kriminelle« und »Sexualverbrecher« sowie über Homosexuelle, die ihm von der »Reichszentrale« zur Verfügung gestellt wurden[25]. Im Fall der »Sexualverbrecher« ging es ihm darum, Argumente für eine präventive Kastration zu liefern, und um mehr: Er wollte eine »Arbeit in Angriff nehmen«, die unter anderem »einen Maßstab für die Anwendung der Sicherungsverwahrung und **evtl.** für die Vernichtung, d.h. Tötung von Verbrechern, auch wenn sie noch nicht selbst einen Menschen getötet haben, gibt«[26]. In welchem Umfang und ob Astel damit auch Homosexuelle gemeint hat, bleibt allerdings unklar. Immerhin zeigt das Zitat, von welcher Art das Umfeld war, dem sie ausgeliefert waren. In der SS war zu diesem Zeitpunkt die Frage der Todesstrafe für Homosexuelle schon ein Stück weit geregelt, wenn auch noch nicht in der von Himmler beabsichtigten Form.

In seiner Homosexuellen-Rede vom 18. Februar 1937 bedauerte er es, daß es »leider«, wie er sagen müsse, »nicht mehr möglich« sei, Homosexuelle nach germanischem Recht zu töten. Er habe sich für die SS »nun zu Folgendem entschlossen«: homosexuelle SS-Männer würden nach der Strafverbüßung auf seine »Anordnung in ein Konzentrationslager gebracht« und dort »auf der Flucht erschossen«[27].

Himmler drängte auch nach einer weitergehenden Regelung. In einer Rede, die er am 2. 9. 1938 in Stuttgart hielt, kündigte er an, daß für die SS »von Jahr zu Jahr ... schärfere Maßstäbe« angelegt würden. So könne er sich »z.B. vorstellen, daß ein Homosexueller in der SS in einem Jahr schon mit dem Tode bestraft wird«[28]. Verwirklicht wurde dies allerdings erst durch einen Erlaß Hitlers vom 15. 11. 1941, der bestimmte, »daß ein Angehöriger der SS oder der Polizei, der mit einem anderen Manne Unzucht treibt oder sich von ihm zur Unzucht mißbrauchen läßt, ohne Rücksicht auf sein Lebensalter mit dem Tode bestraft wird. In minder schweren Fällen kann auf Zuchthaus oder auf Gefängnis nicht unter 6 Monaten erkannt werden«.[29]

Die Todesstrafe wurde aber nicht nur im unmittelbaren Herrschaftsbereich der SS eingeführt. Durch das »Gesetz zur Änderung des Strafgesetzes« vom 4. 9. 1941 wurde sie in »schweren Fällen« generell anwendbar und auch vollzogen[30]. 1943 erließ dann die Wehrmacht entsprechende »Richtlinien« für ihren Zuständigkeitsbereich[31].

Die meisten Homosexuellen wurden aber nicht von der Justiz direkt, sondern ohne mit ihr in Berührung gekommen zu sein oder nach Übergabe an die SS, in den Konzentrationslagern ermordet.

5. Systematische Einweisungen in Konzentrationslager

Bis in die ersten Kriegsmonate blieb die Einweisung von Homosexuellen in ein KZ eine zwar praktizierte[32], aber nicht systematisch gehandhabte Verfolgungsmaßnahme. Am 12. 7. 1940 ordnete Himmler dann an, »in Zukunft alle Homosexuellen – die mehr als einen Partner verführt haben, nach ihrer Entlassung aus dem Gefängnis in polizeiliche Vorbeugungshaft zu nehmen«[33], d.h. in ein Konzentrationslager einzuweisen. Von diesem Zeitpunkt an nahm die Zahl der homosexuellen KZ-Häftlinge, die mit einem rosa Winkel gekennzeichnet waren, kontinuierlich zu. Im KZ Buchenwald beispielsweise stieg ihr Anteil von 1939 bis 1942 um etwa 350 %[34].

6. Homosexuelle als »Gemeinschaftsfremde«: Kastration

Ausgenommen von der Verordnung vom Juli 1940 wurden zwei Monate später Homosexuelle, die kastriert waren oder sich kastrieren ließen[35]. Damit ist ein weiterer Aspekt ihrer Verfolgung angesprochen, den sie mit anderen Opfern des Rassismus teilen: die Verstümmelung.
Um die Frage der Kastration als Regelstrafe für Homosexuelle hat es im Nationalsozialismus eine kontroverse Diskussion gegeben. Der medizinische Nutzen galt als zweifelhaft, wie aus einem Literaturgutachten des Reichsjustizministeriums[36] hervorgeht. In »erschwerten Fällen« hielt das Gutachten die »Zwangskastration« aber »als schwerste leibliche Strafe« für »angebracht«[37]. Eine gesetzliche Grundlage dafür gab es jedoch nur in dem engen Rahmen des § 42 k StGB, der keine Handhabe bot, jeden Homosexuellen zu kastrieren. Die fehlende Rechtsgrundlage sollte mit dem »Gesetz zur Behandlung Gemeinschaftsfremder« geschaffen werden (s. S. 36 ff.).
Die Initiative ging von dem SS-Arzt Carl-Heinz Rodenberg aus, zeitweilig einer der Euthanasie-Gutachter[38], der im Reichssicherheitshauptamt tätig war; 1944 wurde er wissenschaftlicher Leiter der »Reichszentrale zur Bekämpfung der Homosexualität und der Abtreibung«[39]. Im September 1942 wies Rodenberg in einem Aufsatz über die »Frage des kriminaltherapeutischen Erfolges der Entmannung homosexueller Sittlichkeitsverbrecher« auf die juristische »Lücke im Anwendungsbereich dieser Sicherungsmaßnahme« hin[40] und sandte den Artikel im selben Monat an das Reichsjustizministerium. Wenige Tage später kündigte er an, daß er versuchen werde, »den Reichsführer SS dafür zu gewinnen, daß auch er sich für eine baldige Lösung des Problems einsetzt«[41]. Schon am 13. 12. 1942 vereinbarte Himmler in einer Besprechung über das »Gemeinschaftsfremdengesetz« mit dem Reichsjustizminister, »eine Ausdehnung der Entmannung« in Fällen qualifizierter homosexueller »Straftaten ... in Aussicht« zu nehmen[42], und äußerte, daß die Kastration auch in Fällen einfacher Homosexualität »zugelassen werde«[43]. Dem wurde entsprochen. Das »Gesetz zur Behandlung Gemeinschaftsfremder«, das am 1. 1. 1945 in Kraft treten sollte, sah vor, daß bei »Unzucht zwischen Männern« der Richter die Entmannung anordnen konnte[44]. Wieder hatten sich SS und Justiz gegen die Homosexuellen geeinigt.
Das »Gemeinschaftsfremdengesetz« wurde nicht mehr wirksam; seine Bedeutung liegt in der juristischen Bestätigung einer längst praktizierten Ausweitung des rassenpolitischen Instrumentariums. So waren auch viele Homosexuelle schon früher zur Kastration genötigt worden, besonders in den Konzentrationslagern[45], oder, um dem KZ zu entgehen.

Zum quantitativen Ausmaß der Homosexuellenverfolgung

Es ist nicht einfach, das Ausmaß der nationalsozialistischen Homosexuellen-Verfolgung zu quantifizieren, da es kaum entsprechende Quellen oder Untersuchungen gibt. Fest steht, daß die Bedrohung umfassend war. Aus der Bevölkerung gab es kaum Gegenstimmen, wenn sie auch z.B. in den Akten des Reichsministeriums für Justiz nachweisbar sind[46]. Es gab einige privilegierte Nischen, wie das Beispiel Gustav Gründgens zeigt. Möglich war natürlich auch das Überleben in Tarnexistenzen.
Von 1933 bis 1944 wurden im Deutschen Reich insgesamt etwa 50 000 Männer wegen Homosexualität verurteilt; wesentlich mehr wurden von der Gestapo erfaßt, allein von 1937 bis 1939 über 90 000.[47] In ca. 5 % der Fälle wurde wegen »Sodomie« verurteilt; etwa jedes fünfte Urteil erging wegen qualifizierter Homosexualität, d. h. es wurde Zwang, Abhängigkeit oder »Verführung« Jugendlicher unterstellt. Die weitaus größte Zahl der Verurteilten, zwischen 70 und 80 %, waren also erwachsene Männer, die sich erwiesenermaßen frei für ihre Beziehung entschieden hatten.[48]
Wesentlich unsicherer ist die Schätzung über die Zahl der Homosexuellen in den Konzentrationslagern. Die bislang fundierteste Untersuchung dazu stammt aus dem Jahr 1977. Die Autoren Lautmann, Grikschat und Schmidt meinen, daß sich in den Lagern ständig »anfangs einige Hundert, später um tausend« Männer »mit dem rosa Winkel« befanden. »Die Gesamtzahl derer, die wegen Homosexualität im KZ gewesen sind, bewegt sich« nach ihrer Schätzung »in der Größenordnung von 10 000 (es können aber auch 15 000 gewesen sein)«[49]. Auch hier ergab eine »Teilstichprobe« aus 250 Akten, daß 75 % der

Inhaftierten lediglich wegen einfacher Homosexualität verurteilt waren.[50]

Die Todesrate der Homosexuellen lag nach dieser Untersuchung bei 60 % gegenüber 14 %, die die Autoren für die politischen Häftlinge, und 35 %, die sie für die Zeugen Jehovas ermittelten.[51] Für die vergleichsweise geringe Chance, die ein Häftling mit dem rosa Winkel hatte, um das KZ lebend zu verlassen, gibt es eine Reihe von Gründen:

Die Homosexuellen wurden in der Regel den schwersten Arbeitskommandos zugewiesen.[52] Sie waren bevorzugte Objekte für medizinische Experimente[53] und wurden, wie z.B. aus Sachsenhausen, dem »Auschwitz« der Homosexuellen[54], berichtet wird, »gezielt auf Vergasungstransporte geschickt«[55] oder fielen Massenliquidationen vor Ort zum Opfer, so im Sommer 1943 ebenfalls in Sachsenhausen[56]. Im KZ Buchenwald starben vom 8. bis 13. Februar 1945 beispielsweise 96 Homosexuelle, das sind 13 % aller Todesfälle in diesen Tagen. Die letzte verfügbare Lagerstatistik vom 15. 12. 1944 zählte 192 Häftlinge dieser Kategorie; demnach wäre in der zweiten Februarwoche '45 mindestens die Hälfte liquidiert worden.[57]

Die geringe Überlebenschance der Homosexuellen hängt auch damit zusammen, daß sie in der Lagerhierarchie am untersten Ende rangierten. Ihr Leben war bestimmt durch systematische Stigmatisierungen von seiten der Bewacher und zumindest latente Vorurteile der Kameraden. Sie waren dadurch besonderen Schikanen ausgesetzt und von der für das Überleben notwendigen Teilhabe am Solidar- und Selbstverwaltungssystem der Häftlinge weitgehend ausgeschlossen. Die Möglichkeit, sich sexuell zu »verkaufen«, vergrößerte ihre Gefährdung, da die Entdeckung harte Strafen nach sich zog.[58]

Im Verhältnis zu den anderen Häftlingen gibt es aber auch Beweise sogar handfester Solidarität. Ein ehemaliger Sachsenhausen-Häftling hat folgenden Fall berichtet:

»Sechs Vorarbeiter und Blockälteste kommen am 12. September 42 vom Klinker, die an Quälereien vom ›§ 175ern‹ Anteil gehabt haben sollen. Als sie auf die Blocks zugeteilt sind, wird dem einen von ihnen nahegelegt, sich ja recht bald zu erhängen, da man dies sonst eines Nachts selbst besorgen würde, worauf er dies auch schon in der nächsten Stunde zur Ausführung bringt ... Ein anderer liegt bald darauf im Krankenhaus und drei andere werden auf ihren Blocks von den Häftlingen schwer verhauen.«[59] (s. S. 208)

Warum wurden die Homosexuellen im Nationalsozialismus verfolgt?

Eine zusammenfassende Antwort findet sich in der Rede Meisingers aus dem Jahr 1937. Drei Argumente stehen im Vordergrund:

1. Meisinger zeichnet das Bild eines Gegners, dessen soziales Umfeld von Juden und Kommunisten beherrscht sei und dessen Einfluß bis in die katholische Kirche hineinwirke. Die Homosexuellen seien feige, von Natur aus verlogen, sie seien eine Quelle der Kriminalität und des »Landesverrates«, sie bildeten ein in sich geschlossenes Milieu, gefährdeten das Leistungsprinzip und verfielen »in den meisten Fällen dem pazifistischen Gedankengut«.[60]
   Sieht man sich diese auf den ersten Blick absurde Charakterisierung genauer an, dann fällt auf, daß auf weite Strecken gar nicht die spezifische Gruppe der Homosexuellen beschrieben wird, sondern der NS-Gegner schlechthin. Meisinger spricht von Homosexuellen **und** Juden **und** Kommunisten **und** Demokraten **und** dem Katholizismus **und** dem Pazifismus. Beinahe jedes einzelne Kennzeichen, mit dem er die Gefährlichkeit der Homosexuellen unterstreicht, läßt sich im nationalsozialistischen Propagandabild anderer Feindgruppen nachweisen. Das bedeutet aber nichts anderes, als daß Homosexualität **ein** Aspekt des allgemeinen Feindbildes war, der in der gleichen Weise politisch gehandhabt wurde wie etwa Antikommunismus oder Antisemitismus. Die Verfolgung der Homosexuellen war Teil einer politischen Strategie, die ihre Ziele verfolgt, indem sie Sündenböcke zur Verfolgung freigibt. Meisingers Rede formuliert dies Prinzip als allgemeine Richtlinie für die Verfolgung der Homosexuellen durch seine Dienststelle.
2. Die Rede verweist auf einen weiteren Aspekt. Homosexualität wird als ein Milieu beschrieben, in dem zentrale Interessen faschistischer Herrschaft nicht Fuß fassen können. Dem scheint die Tatsache zu widersprechen, daß Homosexuelle in NS-Organisationen anzutreffen waren, und es wäre sicherlich absurd, den Text so zu interpretieren, daß jeder Homosexuelle zum Widerstandskämpfer wird. Gleichwohl belegt die Rede, daß es keinen inneren Zusammenhang zwischen Homosexualität und Faschismus gibt, wie das der oberflächliche Begriff des ›Homo-Nazi‹ unterstellt. Der Nationalsozialismus war keine Männergesellschaft, sondern die extreme Ausformung der bürgerlichen Klassengesellschaft mit ihrem radikalisierten, um die humanitäre Tradition verkürzten Tugend- und Wertesystem. Daran gemessen war Homosexualität ein resistentes Milieu, das sich der Anpassung an die Ziele der faschistischen Leistungsgesellschaft mit ihren brutalen Normierungen sozialer und sexueller Verhaltensweisen entzog und deshalb bekämpft wurde.
3. Meisinger war Leiter der »Reichszentrale zur Bekämpfung der Homosexualität und der Abtreibung«. Seine Rede behandelt die »Bekämpfung der Abtreibung

und der Homosexualität als politische Aufgabe«. Homosexualität und Abtreibung wurden von ihm unter dem gleichen bevölkerungspolitischen Gesichtspunkt kritisiert. Von den Homosexuellen heißt es: Da sie »erfahrungsgemäß für den normalen Geschlechtsverkehr unbrauchbar« würden, wirke »sich die Gleichgeschlechtlichkeit auch auf den Nachwuchs aus« und führe »zwangsläufig zu einem Geburtenrückgang«. Das führe zu einer »Schwächung der allgemeinen Volkskraft, durch die nicht zuletzt die militärischen Belange eines Volkes gefährdet werden«.[62] Nicht anders wird die Bekämpfung der Abtreibung begründet: gelänge es »jährlich 100 000 Abtreibungen zu verhindern«, so ergebe sich »in 30 Jahren eine Vermehrung der wehrfähigen Männer um die Zahl von 400 000. Das sind 8 Armeekorps. Diese einmal zu haben oder nicht zu haben, von dieser Frage kann vielleicht einmal die Geschichte Europas abhängen«[63].

Auch Himmler hat in seinen einschlägigen Reden immer Homosexualität und Abtreibung gemeinsam behandelt. Sein Leitgedanke war der nationale »Geschlechtshaushalt«, der die »Anwartschaft auf die Weltmacht und Weltbeherrschung«[64] sichern helfen sollte. Dazu gehörte der Gebärzwang für Frauen, also die Bekämpfung der Abtreibung, ebenso wie der Zeugungszwang für Männer, also die Bekämpfung der Homosexualität. Die Verfolgung der Homosexuellen war demnach ein integraler Teil des nationalsozialistischen »Geburtenkrieges«[65]. Was ihnen vorgeworfen wurde, war die Tatsache, daß sie sich der gebärpolitischen Funktionalisierung der Sexualität entzogen.

Das Gewicht, das diesem Argument beizumessen ist, wird durch die Begründung unterstrichen, die dazu geführt hat, daß Lesbierinnen weniger systematisch, wenn auch im Einzelfall mit derselben Härte und Konsequenz, verfolgt wurden[66]. In einem Brief des Reichsjustizministers an den »Reichskommissar für die besetzten norwegischen Gebiete« vom 18. Juni 1942 wurden z.B. drei Gründe benannt, weshalb gleichgeschlechtliche Beziehungen zwischen Frauen nach Meinung der Strafrechtskommission auch in Zukunft straflos bleiben sollten:

Das Problem sei zahlenmäßig bedeutungslos; die weniger exponierte soziale Stellung von Frauen mache die Frage der Abhängigkeitsverhältnisse nicht so dringlich und: »Endlich sind auch Frauen, die sich einem widernatürlichen Verkehr hingeben, nicht in der Weise wie homosexuelle Männer für immer als Zeugungsfaktoren verloren, da sie sich erfahrungsgemäß oft später wieder einem normalen Verkehr zuwenden.«[67]

Welche Bedeutung das gebärpolitische Argument bei der Homosexuellenverfolgung hatte, zeigen auch die Versuche, die der dänische SS-Arzt Carl Vernaet im KZ Buchenwald 1944 an Homosexuellen vornahm. Den Opfern wurden Hormondrüsen implantiert, die sie zu »normalen« Männern machen sollten.[68] Ihr Schicksal ist im einzelnen nicht aufgeklärt, nachweisbar sind mindestens zwei Todesfälle als Folge der Experimente.[69]

Das Ganze mutet wie eine grausame Kuriosität an, war aber mehr. In einem Brief an den Reichsarzt SS nannte Vernaet drei Anwendungsbereiche seiner Hormon-Forschungen, die »von direkt kriegswichtiger Bedeutung« seien: die »Erhaltung der ungeschwächten Arbeitsfähigkeit« bzw. ihre »Wiederherstellung«, bessere »Ernährungsmöglichkeiten« und eine »Steigerung der Geburtenzahl«.[70]

Der Gebär- und Zeugungszwang ist neben dem Gebär- und Zeugungsverbot und den verschiedenen Formen der Vernichtung rassisch »Unartiger« und »Entarteter« ein zentraler Teil der nationalsozialistischen Rassenpolitik. Sie bildet damit den Rahmen der Homosexuellenverfolgung. Die Homosexuellen erlitten das gleiche Schicksal wie die anderen Opfer des Rassismus. Die gegen sie erlassenen Gesetze stehen im zeitlichen, argumentativen und logischen Zusammenhang mit den anderen Rassegesetzen und verfolgen auf ihre Weise die gleichen aggressiven Ziele nach innen und außen. Wie die Beispiele Meisingers und Rodenbergs zeigen, waren es auch die gleichen Personen und Organisationen, die Homosexuelle, Juden oder psychisch Kranke verfolgten. Dieser Zusammenhang ist unauflösbar; wer ihn leugnet, kann dies nur auf der Basis einer rassistischen Argumentation tun.

Obgleich dieser Sachverhalt eigentlich recht klar ist, war »für die Homosexuellen ... das Dritte Reich« 1945 »noch nicht zu Ende«, wie der Religions- und Kulturhistoriker Hans-Joachim Schoeps 1963 feststellen konnte[71]. Für die Homosexuellen endete der Faschismus erst 1969. Bis dahin nämlich galt (mit Ausnahme der Todesstrafe natürlich) das nationalsozialistische Homosexuellen-Strafrecht, vom Bundesverfassungsgericht unter Berufung auf die NS-Rechtssprechung ausdrücklich bestätigt[72]. Den Einschnitt in die Geschichte des Umgangs mit den Homosexuellen brachte das Jahr 1933, nicht das Jahr 1945. Die Diskussion in der Weimarer Republik war immerhin schon so weit, daß der Strafrechtsausschuß des Reichstages empfohlen hatte, gleichgeschlechtliche Beziehungen zwischen erwachsenen Männern nicht mehr zu verfolgen[73]. Der durch die nationalsozialistische Diktatur herbeigeführte Bruch in der Rechtstradition wurde erst 1969 und 1973 gemildert, geheilt ist er bis heute nicht.

Die Formulierung von Schoeps ist gewiß eine Übertreibung, sie markiert aber die ganze Problematik unserer Gesellschaft im Umgang mit den Opfern der nationalsozialistischen Homosexuellen-Politik und mit den Homosexuellen überhaupt. Allzuviel hat unsere Gesellschaft aus dem Nationalsozialismus nämlich auch in diesem Punkt nicht gelernt.

Anmerkungen:

1 Heinrich Himmler: Rede vom 18.2.1937 vor SS-Gruppenführern in Bad Tölz. In: B.F. Smith u. A.F. Peterson (Hrsg.): Heinrich Himmler, Geheimreden 1933 bis 1945 und andere Ansprachen. Frankfurt/M., Berlin, Wien 1974, S. 97

2 K.-A. Eckhardt: Widernatürliche Unzucht ist todeswürdig. In: Das Schwarze Korps, 22.5.1935, S. 13

3 Josef Meisinger: Bekämpfung der Abtreibung und der Homosexualität als politische Aufgabe. In: Zusammenstellung der auf der Dienstversammlung der Medizinal-Dezernenten- und -Referenten am 5. und 6. April 1937 in Berlin gehaltenen Vorträge: Staatsarchiv Sigmaringen, Ho 235 St. Paket 108 (M oo.4), fol. 1–31

4 Bericht der Bundesregierung über Wiedergutmachung und Entschädigung für nationalsozialistisches Unrecht sowie über die Lage der Sinti, Roma und verwandter Gruppen. Bundestagsdrucksache 10/6 287, vom 31.10.1986

5 vgl. Hans-Georg Stümke u. Rudi Finkler: Rosa Winkel, rosa Listen. Reinbek 1981 (rororo aktuell 4827), S. 208

6 Meisinger (wie Anm. 3), fol. 7

7 Militärgeschichtliches Forschungsamt (Hrsg.): Deutsche Militärgeschichte in sechs Bänden 1648 – 1939. München 1983, Bd. 3, Abschnitt 6, S. 142

8 Siehe z.b. Stümke/Finkler (wie Anm. 5), S. 162 ff.

9 Gesamtverband deutscher antikommunistischer Vereinigungen (Hrsg.): Ein Kampf um Deutschland. München 1933, S. 18

10 Hans-Georg Stümke: Vom »unausgeglichenen Geschlechtshaushalt«. Zur Verfolgung Homosexueller. In: Projektgruppe für die vergessenen Opfer des NS-Regimes in Hamburg (Hrsg.): Verachtet – verfolgt – vernichtet. Hamburg 1986, S. 51

11 Eckhard (wie Anm. 2). Zur Zitierung durch Himmler siehe: Harry Wilde: Das Schicksal der Verfemten. Tübingen 1969, S. 36

12 Stümke/Finkler (wie Anm. 5), S. 216 f. 13 a.a.O., S. 262

14 vgl. Rüdiger Lautmann: Seminar: Gesellschaft und Homosexualität. Frankfurt/M. 1977, S. 319

15 vgl. Lautmann (wie Anm. 14), S. 319

16 siehe z.B. Bundesarchiv Koblenz, R 22/4203, fol. 95–118

17 Das fehlte gerade. In: Das Schwarze Korps, 15.02.1940

18 Notiz über ein Telefongespräch zwischen dem RMJ und dem Präsidenten des Reichsgerichts vom 15.3.1940. Bundesarchiv Koblenz, R 22/970, fol. 20.

19 Das Reichsgericht revidierte seine Auffassung erstmals mit einem Urteil am 4.6.1940; vgl. Brief des Oberreichsanwalts an den Staatssekretär im RMJ vom 27.11.1940. Bundesarchiv Koblenz, R 22/970, fol. 47.

20 wie Anm. 17

21 zur Datierung vgl.: Lautmann (wie Anm. 14), S. 318 22 a.a.O.

23 Geheimer Runderlaß des Reichsführer SS und Chef der Deutschen Polizei vom 10.10.1936: Archiv der Hamburger Stiftung für Sozialgeschichte des 20. Jahrhunderts, Hamburg. Für den Hinweis auf das Dokument danke ich Herrn H.-G. Stümke, Hamburg.

24 vgl. J. Kammler u. D. Krause-Vilmar (Hrsg.): Kassel 1933-1945. Kassel 1984, S. 211

25 Brief an Astel vom 4.9.1937: Zentrale Stelle der Landesjustizverwaltungen, Ludwigsburg, USA, Film 1, Ordner 2, Bild 353. Über die SS-Forschung an Homosexuellen siehe auch Stümke (wie Anm. 10), S. 59 ff

26 Brief von Astel an Himmler vom 14.6.1937: Zentrale Stelle (wie Anm. 25), Bild 392

27 Himmler (wie Anm. 1), S. 97

28 Rede des Reichsführers SS auf der Tagung der Auslandsorganisationen in Stuttgart am 2.9.1938. Bundesarchiv Koblenz, NS 21/792-56, fol. 5.

29 Der Reichsführer SS und Chef der Deutschen Polizei; Erlaß vom 7.3.1942, Abschrift: Bundesarchiv Koblenz, NS 19 neu/2376

30 vgl. Bernhard Düsing: Die Geschichte der Abschaffung der Todesstrafe. Offenbach 1952, S. 204. – Hans Peter Bleuel: Das saubere Reich. Bern, München, Wien 1972, S. 259 f. – vgl. Anm. 16

31 Der Chef des Oberkommandos der Wehrmacht; Richtlinien für die Behandlung von Strafsachen wegen widernatürlicher Unzucht (§ 175, 175 a und 330 a RStGB), 19.5.1943: Bundesarchiv Koblenz, R 22/5007, fol. 14

32 Den Leidensweg eines jüdischen Homosexuellen schildert z.B. Elke Fröhlich: Ein »Volksschädling«. In: M. Broszat u. E. Fröhlich (Hrsg.): Bayern in der NS-Zeit. Bd. 6. München, Wien 1983, S. 76–114

33 Runderlaß des RSHA vom 12.7.1940: KZ-Museum Dachau, 16.005

34 Nach den Stärkemeldungen befanden sich im KZ Buchenwald am 7.6.1938: 4 Homosexuelle; am 19.4.1939 waren es 30, und am 31.5.1942: 98 Häftlinge mit dem rosa Winkel: Bundesarchiv Koblenz, NS 4 Bu/137 u. 142

35 Runderlaß des Reichskriminalamtes vom 23.9.1940: KZ-Museum Dachau, 16.007.

36 Ursachen der Homosexualität und Entmannung Homosexueller – Überblick über das Schrifttum: Bundesarchiv Koblenz, R 22/950, fol. 39–65

37 a.a.O., fol. 56

38 vgl. Ernst Klee: »Euthanasie« im NS-Staat. Frankfurt/M. 1983, S. 278

39 Götz Aly: Medizin gegen Unbrauchbare. In: Beiträge zur Nationalsozialistischen Gesundheits- und Sozialpolitik 1(1985), S. 21

40 C.-H. Rodenberg: Zur Frage des kriminaltherapeutischen Erfolges der Entmannung homosexueller Sittlichkeitsverbrecher. In: Deutsche Justiz 10(1942) Ausg. B, S. 586

41 Brief von Rodenberg an Ministerialrat Rietzsch vom 3.10.1942: Bundesarchiv Koblenz, R 22/943, fol. 262

42 Protokoll von Rietzsch vom 21.12.1942; a.a.O., fol. 269.

43 Aktenvermerk von Rietzsch vom 25.2.1943, a.a.O., fol. 301

44 Gesetz über die Behandlung Gemeinschaftsfremder, § 10

45 vgl. Walter Poller: Arztschreiber in Buchenwald. Hamburg 1946, S. 105-121. Ferner: Brief des Standortarztes an die Kommandantur des KZ Buchenwald vom 12.10.1937: Bundesarchiv Koblenz, NS 4 Bu/45

46 Bundesarchiv Koblenz, R 22/970, fol. 9–10; 62–63.

47 vgl. Stümke/Finkler (wie Anm. 5), S. 262 f.

48 Berechnet nach Stümke/Finkler, a.a.O., und »Ergebnisse der Reichskriminalstatistik bis zum 3. Vierteljahr 1941«: Bundesarchiv Koblenz, R 22/1158, fol. 283 ff.

49 Lautmann (wie Anm. 14), S. 333 50 a.a.O., S. 329 f. 51 a.a.O., S. 350 f.

52 Zum Schicksal der Homosexuellen im KZ siehe: Lautmann, a.a.O., S. 325-365; Stümke/Finkler (wie Anm. 5), S. 268-338; Heinz Heger, Die Männer mit dem rosa Winkel. Hamburg 1979

53 Siehe z.B. die Aussage von Ferdinand Roemhild im Nürnberger Ärzteprozeß; in: The Holocaust. Bd. 9. New York, London 1982, S. 83

54 Heger (wie Anm. 53), S. 41 55 Lautmann (wie Anm. 14), S. 350

56 P. F. u.a., Bericht über das Konzentrationslager Sachsenhausen, o.D.: Zentrale Stelle der Landesjustizverwaltungen, Ludwigsburg, Verschiedenes, Ordner 301 Aaa (Bd. 81), fol. 246

57 Berechnet nach dem Tagebuch des KZ Buchenwald (Bundesarchiv Koblenz, NS 4 Bu/130) und den Stärkemeldungen (a.a.O., NS 4 Bu/143)

58 siehe z.B. die Vernehmungsprotokolle aus dem KZ Natzweiler: Bundesarchiv Koblenz, NS 4 Na/55

59 E.B., Abschrift meiner Erklärung vor der USA-›War-Crimes-Commission‹: Zentrale Stelle der Landesjustizverwaltungen, Ludwigsburg, KL Sachsenhausen 406 AR-3748/65, fol. 202

60 siehe Anm. 3

61 siehe hierzu: Stümke/Finkler (wie Anm. 9), S. 119–162; Eckhard Seidel, Schwule, Faschismus, Kapitalismus. In: Heinz-Dieter Schulling (Hrsg.), Schwule und Faschismus. Berlin 1983, S. 68–86

62 Meisinger (wie Anm. 3), fol. 12 63 a.a.O., fol. 22

64 Himmler (wie Anm. 1), S. 94 65 vgl. Stümke (wie Anm. 15), S. 58

66 Über Lesbierinnen im Faschismus siehe Stümke, a.a.O., S. 47; Ilse Kokula: Lesbisch leben von Weimar bis zur Nachkriegszeit. In: Berlin Museum (Hrsg.), Eldorado. Berlin 1984, S. 149–161

67 Bundesarchiv Koblenz, R 22/970, fol. 64

68 Umfangreiche Unterlagen über die Experimente befinden sich im Bundesarchiv Koblenz, NS 3/21

69 Mitteilung des Standortarztes der Waffen-SS, Weimar-Buchenwald, an Vernaet vom 3.1.1945: Bundesarchiv Koblenz, NS 4 Bu./50; Eugen Kogon: Der SS-Staat. München 1946, S. 211

70 Tätigkeitsbericht von Vernaet vom 24.8.1944: Bundesarchiv Koblenz, NS 3/21

71 zitiert nach Wilde (wie Anm. 11), S. 38

72 siehe z.B. Entscheidungen des Bundesverfassungsgerichts. Bd. 6. Tübingen 1957, S. 389–443

73 vgl. Hermann Sievert: Das Anomale bestrafen. Homosexualität, Strafrecht und Schwulenbewegung im Kaiserreich und in der Weimarer Republik. Hamburg 1984 (Ergebnisse 24, April 1984)

Zur Geschichte des § 175 des Strafgesetzbuches (StGB)

Der § 175 StGB, neben dem § 51 StGB wohl der einzige Strafparagraph, der jedem Bürger unseres Landes schon seit Kindertagen bekannt ist, existiert seit 1870/71 unter dieser Ziffernfolge; zunächst im Norddeutschen Bund, dann im neuen Reichsstrafgesetzbuch (RStGB). Dieser Paragraph artikulierte die Strafbarkeit einer »widernatürlichen Unzucht« zwischen erwachsenen Männern, soweit »beischlafähnliche Handlungen« nachgewiesen werden konnten. Das vorgegebene Strafmaß lautete auf Geldstrafe bzw. Gefängnis bis zu 5 Jahren. Eine Verurteilung, oft genug auch bereits der öffentlich gewordene Verdacht, bedeutete den beruflichen, finanziellen und gesellschaftlichen Ruin des Betroffenen.

War die Strafbarkeit der männlichen Homosexualität zunächst mit kirchlich-religiösen Moralvorstellungen begründet worden, im »entschuldbarsten« Falle war von einer Krankheit die Rede, änderte sich die Begründung einer »Strafnotwendigkeit« bald nach der Machtergreifung durch die Nazis.

Das geschlossene Homosexuellen-Lokal »ELDORADO« in Berlin-Schöneberg (Aufnahme vom 5. März 1933)

Im Jahre 1935 wurde der § 175 RStGB verschärft. Zuvor waren nur »beischlafähnliche Handlungen«, die als »widernatürliche Unzucht« galten, strafwürdig gewesen. Nunmehr galt jegliche gleichgeschlechtliche Handlung als »Unzucht«. Auf den Begriffsteil »widernatürlich« wurde absichtsvoll verzichtet. Zur strafverfolgungswürdigen Handlung zählte nun auch ein Kuß zwischen Männern. Die von Dritten beobachteten und als »begehrlich« interpretierten Blicke zwischen Männern begründeten zumindest einen Anfangsverdacht, der polizeiliche Ermittlungen zur Folge haben konnte. Das Strafmaß lag zwischen 3 Monaten Gefängnis und 10 Jahren Zuchthaus. Richtschnur für die Urteilsfindung war nicht der Wortlaut des Gesetzes, sondern, wie auch heute, die Interpretation durch den Strafrechtskommentar.

Der in der **Bundesrepublik Deutschland** bis 1969 gültige Gesetzestext von 1935 war 1951/1952 vom Bundesgerichtshof und 1957 vom Bundesverfassungsgericht ausdrücklich bestätigt worden. Im Jahre 1969 wurden homosexuelle Handlungen zwischen Männern über 21 Jahren von der Strafbarkeit befreit. Als 1973 das Volljährigkeitsalter von 21 auf 18 Jahre gesenkt wurde (Wahlrechtsentscheidung) mußte auch die Strafbarkeitsgrenze entsprechend gesenkt werden. Dazu gab es Streit im Bundesrat, ein Vermittlungsausschuß wurde einberufen. Das Bundesverfassungsgericht hat dann entschieden. Alle Versuche, die Unvereinbarkeit des § 175 StGB mit dem Grundgesetz feststellen zu lassen, sind bis 1989 kläglich gescheitert. Hintergrund dieser Versuche u. a.: Lesbische sexuelle Kontakte waren seit 1794 bzw. 1851 in den deutschen Ländern, dem Deutschen Reich von 1871, der Weimarer Republik, dem Nazi–Reich und der BRD nicht vom Strafgesetz erfaßt. Das Bundesverfassungsgericht stellte die Unvergleichbarkeit von männlicher und weiblicher Homosexualität und damit die Vereinbarkeit mit den Grundgesetz-Artikeln 2, 3 und 25 fest. Daß sich der Deutsche Bundestag 1969 schrittweise von der Nazi-Fassung des § 175 StGB entfernte, ist eng mit dem Engagement des Sexualwissenschaftlers Hans Giese (1920–1970) und der Courage des Bundespräsidenten Gustav Heinemann (SPD, 1899–1976) verbunden.

In der **DDR** nahm die Strafrechtsentwicklung einen anderen Verlauf. Der Wortlaut des Gesetzes von 1935 wurde zunächst beibehalten. Die ausdrückliche Begründung: Die Rechtseinheit zwischen beiden deutschen Staaten sollte gewahrt werden. Im hier wirksamen Strafrechtskommentar wurde allerdings die Kommentierung der Weimarer Zeit, die sich auf »beischlafähnlichen Handlungen« beschränkt hatte, übernommen. 1957 trat in der DDR ein Strafrechtsänderungsgesetz inkraft. Dessen § 8 bedeutete die faktische Aufhebung der Strafbarkeit für gleichgeschlechtliche sexuelle Handlungen zwischen erwachsenen Männern (Volljährigkeit seit 1950: 18 Jahre). Frauen waren nach wie vor nicht betroffen. 1968 wurde im Strafgesetzbuch der DDR der Wortlaut des NS-Paragraphen gestrichen. Für den Sexualstrafbereich galten nun Neufassungen im Strafgesetzbuch: §§ 149, 150 und 151. Die §§ 149 und 150 galten für Heterosexuelle beiderlei Geschlechts. Die Strafbarkeit galt für sexuelle Handlungen Erwachsener mit Jugendlichen zwischen 14 und

16 Jahren. Der § 151 regelte die »gleichgeschlechtliche Sexualität« beider Geschlechter. Lesbische Sexualität wurde nunmehr »ernstgenommen«. Die Strafrechtsgrenze lag für beide Geschlechter, für Schwule und Lesben, bei 18 Jahren. Diese Gleichstellung von Schwulen und Lesben in der DDR mag eine Basis für deren Zusammenarbeit in den Emanzipationsgruppen gewesen sein, wie es sie, in Ost-Berlin seit 1973 beginnend, in mehreren Großstädten der DDR gegeben hat. Im Dezember 1988 beschloß die Volkskammer, den Straftatbestand »Homosexualität« ganz zu streichen und ein Schutzalter von 16 Jahren neutral zu formulieren. Hetero- und Homosexualität waren gleichgestellt. Der bisherige § 151 wurde ersatzlos gestrichen, die §§ 149 und 150 auf Geschlechtsneutralität verkürzt. Für den Fortschritt der Strafrechtsentwicklung in der DDR sei hier stellvertretend für viele der Dresdener Arzt Rudolf Klimmer (1905–1977) genannt.

Die Vereinigung beider deutscher Staaten mit Wirkung vom 3. Oktober 1990 machte eine Rechtsangleichung dringend erforderlich. Es dauerte aber noch bis zum 10. März 1994, bis diese Rechtsangleichung im Bundestag beschlossen wurde, die dann einige Monate später inkraft trat. In der Bundestagsdebatte betonten am 10. März 1994 alle Redenden die Bedeutung dieses Schrittes, obwohl sich das Parlament zu einer ersatzlosen Streichung des § 175 StGB nicht hatte durchringen können. Aber immerhin hatte man sich zur Tilgung des Straftatbestandes »Homosexualität« entschlossen und war mit einer geschlechtsneutral formulierten »Jugendschutzbestimmung« den Befürwortern einer fortdauernden Strafverfolgung oder Weiterexistenz des geteilten Rechts entgegengetreten. Lesbische Sexualität war nun »gleichberechtigt« einbezogen. Kein Mitglied kam auf die Idee, Generationen homosexueller Männer für die lange Zeitspanne der Strafbarkeit ihrer sexuellen Orientierung um Entschuldigung zu bitten.

Aus: Der homosexuellen Opfer gedenken. – Denkschrift, hrsg. vom »Fachbereich für gleichgeschlechtliche Lebensweisen« bei der Senatsverwaltung für Jugend und Familie in Zusammenarbeit mit der Initiative Schwulendenkmal, Berlin 1995.

Aktion der Initiative HOMO MONUMENT während der »Christopher Street Day«-Demonstration am 28. Juni 1977 in Berlin

Hier entsteht
im Auftrag der Bundesrepublik Deutschland
zu einem noch unbestimmten Zeitpunkt

Das HomoMonument Berlin

zur Erinnerung an die Inhaftierung und Ermordung schwuler Männer während des Nationalsozialismus

zur Erinnerung an die Zerschlagung lesbischer und schwuler Organisationen während des Nationalsozialismus

zur Erinnerung an die Opfer des bis 1994 gültigen § 175 StGB

zur Mahnung an das fortdauernde Unrecht verweigerter Entschädigung für die KZ-Opfer

als Aufforderung an neue Generationen schwuler Männer und lesbischer Frauen, ihren Weg zur Emanzipation fortzusetzen und zu verteidigen

als Aufforderung an alle Bewohner der Bundesrepublik Deutschland, Verschiedenheit als Bereicherung zu verstehen und auf die Gleichberechtigung ihrer Mitglieder hinzuarbeiten

Planung	Entwurf	Unterstützung
Die Bundesrepublik Deutschland, vertreten durch eine Gruppe engagierter BürgerInnen	Ein/e im künstlerischen Wettbewerb zu bestimmende/r Künstlerin	Wir danken der International Lesbian and Gay Association, dem Bezirk Schöneberg und der FUBAC Großflächenwerbung

Informationen bei der
Initiative HomoMonument
c/o Albert Eckert
Fehrbelliner Straße 87
10119 Berlin
Tel. 030-44 34 10 69

Initiative HomoMonument
für ein lebendiges Zeugnis lesbischer Frauen und schwuler Männer im Nationalsozialismus

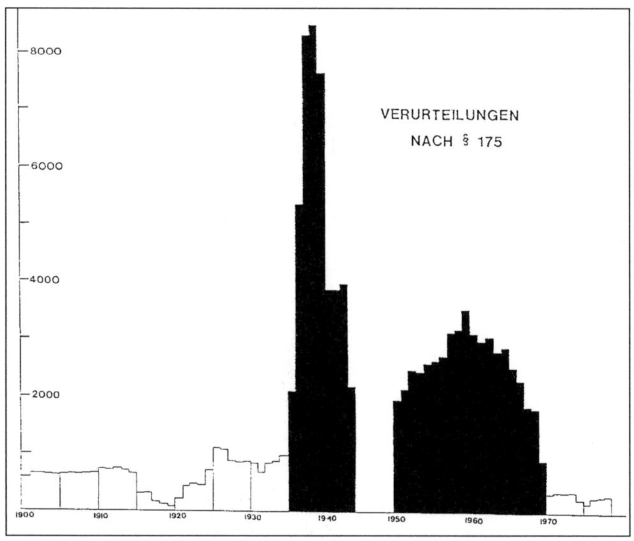

Verurteilungen nach § 175 im Deutschen Reich (bis 1945) und in der Bundesrepublik (ab 1950)

Leben und Leiden von Homosexuellen während der NS-Zeit

Literatur und Medien

Gad Beck: und gad ging zu david. Berlin 1995.

Helmut Blazek: Rosa Zeiten für rosa Liebe – Zur Geschichte der Homosexualität. Frankfurt am Main 1996.

Heinz Dörner: Und alles wegen der Jungs – Pfadfinderführer und KZ-Häftling. Berlin 1994.

Eldorado Homosexuelle Frauen und Männer in Berlin 1850–1950. Berlin 1992[2].

Günter Grau: Homosexualität und NS-Zeit. Dokumente einer Diskriminierung und Verfolgung. Frankfurt am Main 1993 (gegenwärtig vergriffen).

Heinz Heger: Die Männer mit dem rosa Winkel. Hamburg 1993.

Elmar Kraushaar (Hg.): 100 Jahre schwul. Eine Revue. Reinbek 1997.

Burkhard Jellonek: Homosexuelle unter dem Hakenkreuz. Die Verfolgung von Homosexuellen im Dritten Reich. Paderborn 1990.

Richard Plant: Frankfurt, Basel, New York ... Berlin 1996.

Richard Plant: Rosa Winkel. Der Krieg der Nazis gegen die Homosexuellen. Frankfurt/ New York 1991.

Claudia Schoppmann: Nationalsozialistische Sexualpolitik und weibliche Homosexualität. Pfaffenweiler 1998.

Claudia Schoppmann: Zeit der Maskierung. Lebensgeschichten lesbischer Frauen im »Dritten Reich«. Berlin 1993

Pierre Seel: Ich, Pierre Seel, deportiert und vergessen (Original: Moi, Pierre Seel, déporteé homosexuel). Köln 1996.

Hans-Georg Stümke: Homosexuelle in Deutschland. Eine politische Geschichte. München 1989.

Lutz van Dijk: Ein erfülltes Leben trotzdem ... Erinnerungen Homosexueller 1933–1945. Reinbek 1992.

Maxi Wartelsteiner: Rückkehr unerwünscht ... Schwul-Sein und das ewig gesunde Volksempfinden. Schkeuditz 1995.

Audio-visuelle Medien der Landesbildstelle Berlin

Wir hatten ein großes »A« am Bein. Verfolgung der Homosexuellen im Dritten Reich. (45 min., Verleih-Nr.: 42 530 95).

Zum Inhalt: Drei alte Herren – 76, 86 und 90 Jahre alt – erzählen über ihre Leidensgeschichte in der NS-Zeit, einer von ihnen, der in eine Zwangssterilisation einwilligte, – aus Angst vor möglicher Diskriminierung – nur anonym.

Ein Jugendbuch über schwule Liebe in der NS-Zeit

Der Roman von Lutz van Dick »Verdammt starke Liebe. Eine wahre Geschichte« (Rotfuchs TB 587, 1991) beruht auf einer authentischen Lebensgeschichte. Thema ist die Situation männlicher Homosexueller während des Nationalsozialismus. Ein polnischer Junge und ein deutscher Soldat verlieben sich ineinander – damit machen sie sich jeder für sich in seinem Bezugsrahmen unmöglich; Stefan muß sich im von Deutschland besetzten Polen gegen den Verdacht seiner Landsleute wehren, er sei ein Verräter. Als Willi an die Ostfront geschickt wird, schreibt Stefan ihm voller Sorge einen Brief, durch den ihre intime Beziehung offenbar wird. Was aus Willi wird, bleibt im Dunkel. Der junge Pole kommt in Konzentrationslager und Gefängnisse, aber er hat überlebt und ist der Zeitzeuge des Autors. – Der Erzähltext wird ergänzt u. a. durch ein Literaturverzeichnis mit Buchempfehlungen über die Geschichte der Homosexualität und weitere (Jugend-)Romane zur Lebenssituation von Homosexuellen heute.

Das Schicksal einer lesbischen Liebe in der NS-Zeit

Die dokumentarische Erzählung »Aimée & Jaguar Eine Liebesgeschichte, Berlin 1943« von Erica Fischer (München: dtv 8406, 1998) handelt von der Liebesbeziehung zweier Frauen während der NS-Zeit. Die eine – Aimée –

ist, als sie 1942 der anderen – Jaguar – begegnet, 29 Jahre alt und Mutter von vier Kindern. Es ist Liebe – fast – auf den ersten Blick. »Jaguar« jedoch ist Jüdin. Am 21. August 1944 wird sie gefangen genommen und deportiert. Die heute über 80-jährige »Aimée« hat der Autorin über diese faszinierende Liebesbeziehung erzählt.

Anders l(i)eben als die meisten

Literatur und Unterrichtsanregungen zur Homosexualität

»Anders l(i)eben als die meisten« ist der Titel einer »Unterrichtsanregung« (für die Sek I) zum Thema »Homosexualität« von Karla Etschenberg aus dem Heft »Anders« der »Zeitschrift »Unterricht Biologie«, Heft 204 (Mai 1995) (s. S. 14). Dieser Beitrag sei hier eingangs sehr empfohlen.

Eine ausdrückliche Empfehlung verdient auch eine **»Materialkiste«** zum Themenkomplex **»(Homo-) Sexualität und (lesbisch/schwule) Lebensweisen«**, zu der ein Begleitheft erschienen ist. Die »Materialkiste« enthält fünf Sammelordner, deren Inhalt nach unterschiedlichen Schwerpunkten zusammengestellt ist. Dabei handelt es sich um Bücher, Broschüren, Beratungs- und Fortbildungsangebote, Buch- und Filmrezensionen, Textsammlungen, Filme und didaktische Anregungen sowie ausführliche Literatur- und Standorthinweise. Die Materialien sind kostenlos zu entleihen in der BIL-Bibliothek, Seydelstr. 2, 10117 Berlin (U-Bahnhof Spittelmarkt). Weitere fünf Standorte zum Entleihen (in Berlin) sind zu erfragen bei der Senatsverwaltung für Schule, Jugend und Sport, Fachbereich für gleichgeschlechtliche Lebensweisen: Beuthstraße 6–8, 10117 Berlin, Frau Lähnemann, Tel.: 90 26 - 56 06.

Als Literatur und zur Orientierung für Lehrende seien des weiteren genannt: **Sexualpädagogik – Aids-Prävention.** Handbuch für Lehrerinnen und Lehrer. Ein fachübergreifender Ansatz für die Klassen 7–13. Hrsg. vom Landesinstitut Schleswig-Holstein für Praxis und Theorie der Schule. Bestelladresse: IPTS, Schreberweg 5, 24119 Kronshagen.

J. Hartmann, Chr. Holzkamp, L. Lähnemann, K. Meißner, D. Mücke: **Lebensformen und Sexualität.** Herrschaftskritische Analysen und pädagogische Perspektiven. Bielefeld: Kleine Verlag, 1998.

Es folgt eine Liste mit Literatur und Hinweisen, die in Nr. 12/1998 der blz (Zeitschrift der GEW Berlin) zu finden ist:

Materialien für Schülerinnen und Schüler der Grundschule

Robie H. Harris/Michael Emberley: Total normal. Was du schon immer über Sex wissen wolltest. Frankfurt: Alibaba, 1995.
Michael Willhoite: Papas Freund. Berlin: magnus, 1994.
Silvia Pah/Joke Schat: Zusammengehören. Ruhnmark: Donna Vita, 1994.
Gabriele Kreuzsaler: Eberhard, die »schwule Sau«. Koblenz: taormina, 1998.

Für Sekundarstufe I und II

Peter Süß/Christine Wolfrum: So wild nach deinem Erdbeermund. München: dtv, 1996.
Thomas Grossmann: Schwul – na und?. Reinbek: Rowohlt, 1994.
Marion Dane Bauer (Hg.): Am I blue? 14 Stories von der anderen Liebe. Hamburg: Carlsen, 1996.
Lutz van Dijk: Coming out. Lesben und Schwule aus aller Welt. Düsseldorf: Patmos, 1997.
Todd Brown: Das knallrosa Tagebuch (Roman). München: Knaur, 1997.
Marlies Arold: Einfach nur Liebe. Sandra liebt Meike (Roman). Bindlach: Loewe, 1996.
Doris Meißner: Amor kam in Leinenschuhen (Roman). Bitter-Verlag, 1996.

Folgende Broschüren sind kostenlos erhältlich, z.T. auch in größerer Auflage:

In jeder Klasse. Lesbische und schwule Jugendliche in der Schule – Eine Studie aus den Niederlanden. Hrsg. GEW BERLIN und KomBi, 1995. Zu bestellen: GEW BERLIN, Ahornstraße 5, 10787 Berlin.
Unser Kind fällt aus der Rolle. Über Geschlechtsrollen und sexuelle Orientierung. Bundeszentrale für gesundheitliche Aufklärung, Köln 1994 (BZgA, 51101 Köln).
Verliebte Jungs, Deutsche AIDS-Hilfe e. V., Dieffenbachstraße 33, 10967 Berlin.
Mehr als Freunde – Arkadastanda ileri, zweisprachig – türkisch-deutsch. Eine sexualpädagogische Broschüre für die Jungenarbeit. KomBi.
Was ist schlimmer – lesbisch oder schwul zu sein? Eine Broschüre zur Aufklärungs- und Bildungsarbeit mit Jugendlichen zum Thema »Gleichgeschlechtliche Lebensweisen«, KomBi.
Wären Sie lieber ein normaler Mensch? Berliner Jugendliche über lesbische und schwule Lebensweisen. Eine Befragung des Aufklärungsprojekts Lambda Berlin e. V.
Lesben gibt es – aber wie?!, Informationen für Angehörige, ArbeitgeberInnen und PädagogInnen. Hrsg.: Niedersächsisches Frauenministerium, Hamburger Allee 26–30, 30161 Hannover.
Eine kommentierte Literaturliste für pädagogische Fachkräfte ist erhältlich bei KomBi.

In der Landesbildstelle kann folgendes Video ausgeliehen werden:

Mein Kind ist homosexuell. Eltern berichten über ihre Ängste, Erfahrungen und Schwierigkeiten, die gleichgeschlechtliche Liebe ihrer erwachsenen Kinder zu akzeptieren (Verleih-Nr.: 42 53899).

Informationsveranstaltungen für Schulklassen und Jugendgruppen bietet an:

Aufklärungsprojekt beim Jugendnetzwerk **Lambda,** Kopernikusstraße 23, 10245 Berlin, Tel.: (030) 282 79 90, Fax: (030) 285 8989.
KomBi (Kommunikation und Bildung vom anderen Ufer), Kluckstraße 11, 10785 Berlin-Tiergarten, Tel.: (030) 215 37 42, Fax: (030) 2655 6634.
Mann-O-Meter (zum Thema Homosexualität und schwule Lebensweisen), Motzstraße 5, 10777 Berlin, Tel.: (030) 2175 1011.

Angebote des Schwulen Museums

Das Schwule Museum präsentiert in ca. 3–4-monatigem Wechsel Ausstellungen zu den Themenbereichen schwuler Geschichte, Biographien und Kunst. Es will damit einen Beitrag zur Emanzipation und zum Abbau gesellschaftlicher Diskriminierung leisten. Außerdem besitzt das Museum eine Bibliothek mit ca. 4000 Bänden, ein Zeitschriftenarchiv, ein Archiv gedruckter Materialien mit ca. 30 000 Artikeln nach 2500 Stichwörtern geordnet.
In den Programmen des Museums gibt es auch immer Angebote für Jugendgruppen (telefonisch erfragen).

Anschrift: Mehringdamm 61, 10961 Berlin (Kreuzberg), Tel.: (030) 693 11 72, Fax: (030) 693 40 37, Mi–So 14–18 Uhr (Gruppen bitte anmelden).

Kriegsdienstverweigerer und Deserteure

Inhaltsverzeichnis

Kriegsdienstverweigerer und Deserteure in der NS-Zeit 165
Norbert Haase

Opfer der Wehrmachtsjustiz – Materialien 174

Autobiographisches von Deserteuren 175

Materialien zur Kriegsdienstverweigerung: Hermann Stöhr, Franz Jägerstätter, Zeugen Jehovas 176

Befehl, Gehorsam, Verantwortung 178
Heinrich Böll

Alle Tage 178
Ingeborg Bachmann

Umseitig: Die Skulptur »Denkmal des unbekannten Deserteurs« in Potsdam, geschaffen von dem türkischen Bildhauer Mehmet Aksoy, ursprünglich für einen Standort in Bonn. – Die Skulptur besteht aus grauem Carrara-Marmor und stellt eine durch einen Einschuß beschädigte Wand dar, aus der sich ein Mensch gelöst hat. Die entstandene Lücke, ein in Negativform dargestellter menschlicher Körper, soll »die Flucht vor der blinden Zerstörung hin zum Leben« (Aksoy) symbolisieren. Verbunden mit dem Denk-Mal ist folgende Texttafel:

Die Tafel

Uns fehlen Tafeln.
Uns fehlt diese eine:
Hier lebte ein Mann,
der sich geweigert hat,
auf seine Mitmenschen
zu schießen.
Ehre seinem Andenken!

Kurt Tucholsky (1925)

Erläuterungen

Nach einem langwierigen diskursiven Prozeß, der noch in der »alten« Bundesrepublik begonnen hatte, ist es in den vergangenen Jahren gelungen, die weitgehende Nichtwürdigung von Kriegsdienstverweigerern der NS-Zeit zu überwinden und die Diskriminierung von Deserteuren der Wehrmacht zumindest auf juristischer und offizieller politischer Ebene abzubauen. Teilweise wird mittlerweile sogar der Vorbildcharakter jener Verweigerungshaltungen betont. Aus welchem Grunde aber lassen sich Kriegsdienstverweigerer und Deserteure als Opfer des NS-Rassismus verstehen?
Den Schlüssel zur Antwort liefert die Anzahl der Todesurteile und deren Begründungen. Bei etwa gleich großer Personalstärke der Militärkräfte gab es auf deutscher Seite im 1. Weltkrieg 48 vollstreckte Todesurteile wegen Desertion, im 2. Weltkrieg 22 750 wegen Desertion (von 33 000 Verurteilungen) und etwa 5 000 wegen »Wehrkraftzersetzung« (wozu häufig allein die Äußerung leisester Zweifel am »Endsieg« zählte). In der Zahl der vollstreckten Todesurteile gegen Kriegsdienstverweigerer (deren Verurteilung im übrigen nie publik gemacht wurde, also einen wie auch immer verstandenen »Abschreckungs«-Effekt überhaupt nicht haben konnte) und Deserteure offenbart sich ein extrem rassistisch geprägter Vernichtungswille.
Die Militärjustiz hatte sich der rassistisch ausgerichteten NS-Strafrechtslehre unterworfen, indem sie zur Sicherung der »Bluts-, Opfer- und Schicksalsgemeinschaft« des Volkes beitragen wollte. Verräterisch ist sodann das Vokabular: Verweigerer und Deserteure galten als »Schädlinge«, »Schwächlinge«, »Schlappschwänze« und »Minderwertige«. Zweifelsfrei rassistisches Vokabular und keine irgendwelchen Rechtsbegriffe, was sich mit beliebig vielen Beispielen weiter belegen läßt. So forderte der Obergerichtsrat des Dienstaufsichtsbezirks 2 (Kassel) die Gerichte seines Bezirks im September 1943 auf, ihm Todesurteile für einen Bericht zuzusenden, der ergeben sollte, »daß es sich bei den Todesurteilen aus dem Bereich der Heeresgerichtsbarkeit um eine mit großem Verantwortungsbewußtsein geführte **Reinigungsarbeit** (Hervorhebung durch die Redaktion), nicht nur von den soldatischen Geist zersetzenden, sondern schlechthin asozialen Elementen handelt«. (Belege bei M. Messerschmidt.) Neben den hingerichteten Kriegsdienstverweigerern und exekutierten Deserteuren/»Wehrkraftzersetzern« müssen als Opfer der NS-Militärjustiz auch jene Soldaten angesehen werden, die zwar begnadigt wurden, aber in »Bewährungseinheiten« den Tod fanden oder in Militär-KZ (Moorlagern u. ä.) zu Tode geschunden worden sind.

Kriegsdienstverweigerer und Deserteure in der NS-Zeit

Norbert Haase

Zehntausende junger Wehrpflichtiger nehmen jährlich in Deutschland das in der Verfassung verbriefte Grundrecht in Anspruch, aus Gewissensgründen den Kriegsdienst mit der Waffe zu verweigern. Andere, die sich als »Totalverweigerer« verstehen, kalkulieren eher eine strafrechtliche Verfolgung ein als sich einer Dienstpflicht zu beugen, die sie – auch ohne Waffe – als militärisch zweckorientiert bewerten. Angesichts der veränderten geopolitischen Lage in Europa nach 1989 wird Ende der 90er Jahre öffentlich auch in der Bundesrepublik über eine Abschaffung der Wehrpflicht nachgedacht. Im letzten Jahrzehnt des Jahrhunderts hat obendrein ein grundsätzlicher Meinungswandel dazu geführt, daß erstmals Deserteure, die sich einem verbrecherischen Krieg – hier: in Bosnien – entzogen, von Fall zu Fall den Schutz der europäischen Demokratien in Anspruch nehmen konnten. Vor diesem allgemeinen Hintergrund ist die Vergegenwärtigung der Geschichte von Kriegsdienstverweigerern und Deserteuren in der NS-Zeit besonders schwierig, zumal die Bundesrepublik sich zögerlich erst in der Gegenwart zu einer Rehabilitierung und öffentlichen Anerkennung dieser Verfolgtengruppe im Umfeld von Verweigerung und Widerstand gegen die nationalsozialistische Diktatur durchgerungen hat.

Im Hinblick auf das gesamte Ausmaß des völkerrechtswidrigen Vernichtungskrieges der deutschen Wehrmacht wird von Nachgeborenen heute automatisch die Frage nach der Legitimität von Wehrpflicht und militärischem Gehorsam im Unrechtsstaat gestellt. Die Jüngeren, Angehörige der Enkel- und Urenkelgeneration der Kriegsteilnehmer, wollen wissen, unter welchen Umständen junge Männer in den Jahren 1939 bis 1945 Soldaten wurden, ob sie sich nachher überhaupt auf einen Befehlsnotstand berufen durften, welche Handlungsspielräume ihnen zustanden, im totalen militärischen Ernstfall Zivilcourage zu zeigen.

Ein historischer Rückblick zeigt, daß die Auseinandersetzung mit den Grenzen des Gehorsams keineswegs allein Generalstäblern wie den Verschwörern des 20. Juli 1944 vorbehalten war. Vor allem die Kriegführung gegen die Sowjetunion seit dem Juni 1941 bot vielen deutschen Soldaten Anlaß, über die Rechtmäßigkeit des Krieges und die Loyalität gegenüber der politischen und militärischen Führung kritisch nachzudenken. Faktisch befanden sich die jungen Rekruten, unabhängig von der weitverbreiteten Akzeptanz des Soldatenberufs im »Dritten Reich«, in einer Art Geiselhaft: Die Verpflichtung zum Kriegsdienst war mit dem auf die Person Adolf Hitlers geleisteten Fahneneid verbunden, in dem sich der einzelne dem »Führer« zu bedingungslosem Gehorsam verpflichtete. Die Wirklichkeit des nationalsozialistischen Systems ließ dem Wehrpflichtigen kaum alternative Handlungsmöglichkeiten. Ein Recht auf Kriegsdienstverweigerung oder ein Schutzrecht für religiöse Minderheiten, deren Gewissensgebote die Eidesleistung oder den Kriegsdienst ausschlossen, stand dem Grundgedanken einer »Wehrhaftmachung« des deutschen Volkes im Sinne der Nationalsozialisten entgegen. Wer dem Oberbefehlshaber der Wehrmacht, Adolf Hitler, und der »wehrhaften Volksgemeinschaft« durch Kriegsdiensverweigerung oder Desertion die Gefolgschaft aufkündigte, der wurde seit Beginn des Zweiten Weltkrieges und dem Inkrafttreten eines eigens hierfür entwickelten Kriegssonderstrafrechts mit der Todesstrafe bedroht.

Pazifisten waren durch den Terror des NS-Regimes seit 1933 unterdrückt und vielfach ins Exil verbannt worden. Sie traf eine von Militärs und völkisch-national gesinnten Kreisen bereits in der Weimarar Republik kultivierte Feindbildprojektion gegen jegliche Kriegsgegnerschaft. Die traumatische Erfahrung der Niederlage des Ersten Weltkrieges hatte zu dieser Sichtweise erheblich beigetragen. Adolf Hitler, der in der »Armee von Deserteuren« des Jahres 1918 Mitverantwortliche an der Novemberrevolution sah, schrieb in »Mein Kampf«: »Es muß der Deserteur wissen, daß seine Desertion gerade das mit sich bringt, was er fliehen will. An der Front kann man sterben, als Deserteur muß man sterben. Nur durch solch eine drakonische Bedrohung jedes Versuches zur Fahnenflucht kann eine abschreckende Wirkung nicht nur für den einzelnen, sondern für die Gesamtheit erzielt werden.«

I.

Nach der Machtübernahme der Nationalsozialisten wurde dieser Gedanke von der Militärstrafrechtswissenschaft aufgegriffen. Der Marburger Militärstrafrechtler Erich Schwinge war davon überzeugt, daß es sich bei der Mehrzahl der Fahnenflüchtigen um »Psychopathen« handelte. Durch eine exzessive Anwendung der Todesstrafe sollten »Wehrmachtschädlinge« beseitigt werden. Die Rechtsentwicklung auf dem Gebiet des Wehrstrafrechts verlief nach 1933 entsprechend rasant. Mit Wirkung vom 1. Januar 1934 arbeiteten die Kriegsgerichte wieder, die durch die Weimarer Verfassung 1919 abgeschafft worden waren. Mit der Wiedereinführung der Wehrpflicht im Jahre 1935 wurden Belange religiöser Minderheiten ausschließlich nach strafrechtlichen Gesichtspunkten bewertet. Im Zuge der Kriegsvorbereitungen auf den Zweiten Weltkrieg wurde seitens des Reichsjustiz- und Reichskriegsministeriums das militärische Strafrecht erheblich verschärft, Tatbestandsmerkmale ausgeweitet, die Strafandrohung vielfach mit der Todesstrafe verbunden. Dem Mißbrauch des gerichtlichen Verfahrens waren somit Tür und Tor geöffnet. Die Wehrmacht vollzog hiermit die Politisierung des Strafrechts im NS-Staat für den wehrrechtlichen Bereich nach. In aller Regel wurden Eides- und Kriegsdienstverweigerer während des Krieges vom in diesen Fällen allein zuständigen Reichskriegsgericht, das 1936 in Berlin-Charlottenburg als Nachfolgebehörde des kaiserlichen Reichsmilitärgerichts »wieder« ins Leben gerufen worden war, auf Grundlage des § 5 Kriegssonderstrafrechtsverordnung (KSSVO) vom 26. August 1939 verurteilt. Ein am 1. November 1939 nachträglich eingefügter § 5a KSSVO, der die »Überschreitung des regelmäßigen Strafrahmens« regelte, ließ es zu, »in jedem Einzelfall (...) bis zur Todesstrafe« zu gehen, immer dann, wenn eine Strafe »nach gesundem Volksempfinden nicht ausreicht«.

Die Hauptaufgabe der Militärjustiz bestand in der Sicherung der Schlagkraft der Truppe, der Absicherung der Kriegsziele. Ihre schützenswerten Rechtsgüter waren im Zweifel nicht die Gerechtigkeit gegenüber dem Individuum oder die Schutzwürdigkeit seines Lebens, sondern die innere Disziplin der Truppe – auch als »Manneszucht« definiert – oder die allgemeinen militärischen bzw. staatlichen Bedürfnisse. Unverhohlen sprachen führende Juristen von der »doppelten Führungsfunktion« der Wehrmachtjustiz, die zum einen ein Instrument der militärischen Führung zur Durchsetzung der Disziplin sei, zum anderen aber die Gesetze und Weisungen des NS-Staates zur Anwendung brächte. Die Unabhängigkeit des Richters vor dem Gesetz als oberster Verfassungsgrundsatz einer rechtsstaatlichen Justiz war im »Dritten Reich« ohnehin außer Kraft gesetzt. Die »Lehren« aus dem Ersten Weltkrieg und die Bindung der Militärs an traditionelle Vorstellungen von Disziplin und »Manneszucht« durchliefen einen Anpassungsprozeß der Wehrmachtjustiz an die ideologisierte Rechtsentwicklung im NS-Staat. Auch in der Wehrmacht setzten sich völkisch geprägte Gemeinschaftsrechtsvorstellungen gegenüber den als liberalistisch verworfenen individualrechtlichen Traditionen durch.

Die KSSVO verfolgte nun den Zweck, jede »wehrfeindliche Agitation« oder andere »Zersetzungserscheinungen« zur »Erringung des Endsieges« im Keim zu ersticken. Nach dieser Vorschrift wurde wegen »Zersetzung der Wehrkraft« mit dem Tode bestraft, »wer es unternimmt, sich oder einen anderen durch Selbstverstümmelung, durch ein auf Täuschung berechnetes Mittel oder auf andere Weise der Erfüllung des Wehrdienstes ganz, teilweise oder zeitweise zu entziehen.« Der Strafrahmen bei Fahnenflucht (§ 70 MStGB) – dem eigenmächtigen Verlassen der Truppe mit der Absicht einer dauernden Entziehung – wurde auf Todesstrafe festgelegt. Nach Hitlers Fahnenflucht-Richtlinien vom 14. April 1940 war die Todesstrafe geboten, wenn der Deserteur aus Furcht vor persönlicher Gefahr handelte oder wenn es die »Aufrechterhaltung der Manneszucht« erforderte. Erlasse der Wehrmachtführung verlangten im Verlauf des Krieges entschiedenes Durchgreifen. Die Wehrmachtjustiz verhängte allein wegen Fahnenflucht circa 35 000 Urteile, davon 22 750 Todesurteile, von denen etwa 15 000 vollstreckt wurden.

Schon dieser sehr gedrängt skizzierte rechtliche Rahmen zeigt, daß die nationalsozialistische Führung in Wehrdienstentziehungsdelikten elementare Verstöße gegen das herrschende Rechtsverständnis erblickte: Verstöße gegen die Treuepflicht gegenüber dem Führer, Vergehen gegen die Gehorsamspflicht, die sich aus dem Fahneneid herleitete. Jegliche Abweichungen von der Norm einer kampfbereiten, formierten »Wehrgemeinschaft« wurden hart sanktioniert.

Je länger der Zweite Weltkrieg andauerte, desto mehr wurde vielen Soldaten der verbrecherische Charakter der nationalsozialistischen Kriegführung und Besatzungspolitik offenbar. Noch mehr brachte die skrupellose Opferung der eigenen Soldaten, die symbolhaft mit dem Schicksal der sechsten Armee in Stalingrad verbunden ist, viele Wehrmachtsangehörige in Opposition zu einer verantwortungslosen militärischen Führung. Vielen wurde klar, daß ein weiteres Mitmachen bedeutete, für die Verbrechen, die hinter der Front begangen wurden, mitverantwortlich zu sein. Zahlreiche Soldaten waren selbst Zeugen von Massenerschießungen geworden. Als schließlich die eigene Heimat durch den Bombenkrieg in Schutt und Asche gelegt wurde, glaubten immer weniger Soldaten an den Sinn einer durch NS-Propaganda bemäntelten Kriegsverlängerung um jeden Preis, zumal der Untergang des nationalsozialistischen Deutschland besiegelt war. Ein Beispiel: In der »Murellenschlucht« unweit der Berliner Waldbühne wurden allein im letzten halben Jahr des Zweiten Weltkrieges mehr als 200 zumeist sehr junge Wehrmachtsoldaten, zumeist Deserteure, durch Exekutionspelotons der Wehrmacht erschossen.

Der Gehorsam der meisten Soldaten bis zuletzt läßt sich

wohl kaum allein aus dem sehr hohen gesellschaftlichen Ansehen herleiten, das der Soldatenberuf im »Dritten Reich« genoß. Wehrdienst galt als »Ehrendienst am deutschen Volke«. Die Folge des politischen Anpassungsprozesses der Wehrmachtführung an den Nationalsozialismus war eine im Verlauf des Krieges forcierte politische Formierung der Soldaten. Extreme Gehorsams- und Disziplinforderungen und eine gnadenlose Abschreckungsjustiz sorgten neben militärspezifischen Konformitätszwängen, der Anziehungskraft »militärischer Tugenden« und der Plausibilität einer Verteidigung des in Gefahr geratenen eigenen Landes dafür, daß die große Mehrheit des Millionenheeres bei der Fahne blieb.

II.

Unter den **Kriegsdienst- oder Eidesverweigerern** nahmen die **Zeugen Jehovas** die bei weitem größte Gruppe ein. Lange vor dem Krieg hatten sie sich der Mitgliedschaft in jeglichen Zwangskörperschaften des NS-Staates aber auch seiner Gruß- und Eidesrituale verweigert. Ihre auch unter der Bezeichnung »Ernste Bibelforscher« bekannte Glaubensgemeinschaft wurde von den Nationalsozialisten 1935 verboten. Tausende kamen in Konzentrationslager oder wurden von Sondergerichten zu langen Haftstrafen verurteilt. Der Präsident des Reichskriegsgerichts, Admiral Max Bastian, berichtete im Mai 1940 dem Oberkommando der Wehrmacht: »Die zu Kriegsbeginn aufgetretene Massendienstverweigerung der Bibelforscher ist abgeklungen. Es waren meist ältere Leute. Der Jugend liegt diese Bewegung ferner. (...) Wiederholt ist die Frage nach einer Veröffentlichung der Todesurteile über Bibelforscher aufgeworfen worden. Ich vertrete nach wie vor den ablehnenden Standpunkt, da eine solche Veröffentlichung vom feindlichen Ausland nur zu einer gegen Deutschland gerichteten Propaganda ausgenutzt würde, die Bibelforscher aber durch diese Veröffentlichung nicht abgeschreckt, sondern in ihrem Fanatismus als Märtyrer gestärkt würden.«

Die hohe Zahl von 63 Todesurteilen gegen diese Gruppe in den ersten neun Monaten des Krieges wurde mit Verweis auf die »Kriegsnotwendigkeiten« gerechtfertigt. Die Glaubenstreue der »kleinen Leute« hatte innerhalb der Richterschaft des Reichskriegsgerichts, die zu einem Teil über die schreckliche Konsequenz der herrschenden Spruchpraxis verunsichert war, gleichsam »zersetzende« Wirkung. Gefangenenseelsorger und Militärgeistliche suchten nach Auswegen. Präsident Bastian bestand auf militärische Zwecklogik, da er nach Möglichkeiten suchte, »der Wehrmacht in ernstester Kriegszeit noch einen brauchbaren Kämpfer zuzuführen bzw. zu erhalten.«

Tatsächlich wurden im Verlauf des Krieges mehrere Zeugen-Jehovas-Familien mit Vätern und Söhnen Opfer der Spruchtätigkeit des Reichskriegsgerichts. Beispielhaft ist etwa die Bielefelder Familie Kusserow zu nennen, deren andere Angehörige als Bibelforscher zum Teil in Konzentrationslagern umkamen. Unter dem Oberbegriff »Bibelforscher« firmierten in der Terminologie der Verfolgungsbehörden auch die Siebenten-Tages-Adventisten, Angehörige der »Menschenfreundlichen Versammlung«, einer Abspaltung der Zeugen Jehovas, oder anderer Gemeinschaften. Aus den Akten der Militärjustiz gewonnene Erkenntnisse lassen eine starke Motivation aus dem christlichen Glauben erkennen.

Im Zusammenhang mit einer Gestapo-Aktion gegen Zeugen Jehovas in Berlin und der Mark Brandenburg wurde der zwanzigjährige Gerhard Liebold, der sich mit anderen kriegsdienstflüchtigen Freunden in Spandau versteckt hielt, Ende Dezember 1942 verhaftet. Nach einer ihrer Helferinnen ist heute in Berlin-Moabit eine Straße benannt: Emmy Zehden, die am 9. Juni 1944 nach Verurteilung durch den Volksgerichtshof in Plötzensee ermordet wurde. Gerhard Liebold, dessen Vater bereits im Mai 1941 als Kriegsdienstverweigerer in Brandenburg enthauptet worden war, vertrat die Auffassung, daß die Bibel die Leistung des Fahneneides und den Waffengebrauch verbot. In der Urteilsbegründung des Reichskriegsgerichts vom 2. April 1943 heißt es: »Der Angeklagte, ein gesunder junger Mensch, hat sich in einer Zeit, wo jeder anständige wehrpflichtige Deutsche freudig sein Letztes für sein Vaterland hingibt, 1 ¹/₄ Jahr in der Heimat verborgen gehalten, zeitweise mit seiner Freundin zusammengelebt und häufig Vergnügungsstätten aufgesucht. Er hat sich mit großer Hartnäckigkeit seiner Treuepflicht gegenüber seinem Vaterland im Krieg entzogen. Damit hat er sich selbst aus der Volksgemeinschaft ausgeschlossen. Gegen Menschen seines Schlages muß die ganze Schärfe des Gesetzes angewandt werden.« Liebold starb am 6. Mai 1943 unter dem Fallbeil. Das Reichskriegsgericht verurteilte einen weiteren Glaubensbruder zum Tode, ein dritter wurde mit einer Zuchthausstrafe bestraft.

Admiral Bastian hob in dem zitiertem Bericht besonders den Staatswissenschaftler **Dr. Hermann Stöhr** hervor. Hermann Stöhr wurde 1898 in Stettin geboren. Nach der prägenden Erfahrung des Ersten Weltkrieges, an dem er als Marinefreiwilliger teilgenommen hatte, studierte Stöhr Volkswirtschaft, Öffentliches Recht und Sozialpolitik. In den zwanziger Jahren setzte er sich vehement für den politischen Ausgleich mit dem Nachbarland Polen ein. Als Mitglied des Internationalen Versöhnungsbundes galt sein Augenmerk dem Einigungsgedanken und der Wohlfahrtspflege. Der Pazifist Stöhr forderte nach der Machtübernahme der Nationalsozia-

KRIEGSDIENSTVERWEIGERER UND DESERTEURE

listen von seiner Kirche, auch die politisch Verfolgten in ihre Fürbitten miteinzubeziehen. Den Stettiner Juden versicherte er ausdrücklich seine Solidarität. Bereits bei der Einberufung zu einer Wehrübung im März 1939 verweigerte Stöhr den Kriegsdienst, was ihm zunächst eine Gefängnisstrafe von einem Jahr einbrachte. Von November 1939 bis zu seiner Überstellung nach Berlin war Stöhr Häftling im Wehrmachtgefängnis Fort Zinna in Torgau. Hier weigerte er sich auch, den Fahneneid auf Hitler zu leisten. Am 16. März 1940 verurteilte das Reichskriegsgericht in Berlin Hermann Stöhr wegen »Wehrkraftzersetzung« zum Tode und ließ ihn am 21. Juni 1940 in Berlin-Plötzensee ermorden. Ein Brief an das Wehrbezirkskommando Stettin vom 2. März 1939 überliefert Stöhrs kompromißloses Bekenntnis zur Kriegsgegnerschaft: »Den Dienst mit der Waffe muß ich aus Gewissensgründen ablehnen. Mir wie meinem Volke sagt Christus: ›Wer das Schwert nimmt, soll durchs Schwert umkommen.‹ (Matth. 26,52) So halte ich die Waffenrüstungen meines Volkes nicht für einen Schutz, sondern für eine Gefahr. (...) Positives Christentum weist m.W. den Völkern höhere Ziele, als sich in Kriegsrüstungen gegenseitig zu übertreffen und einen immer größeren Prozentsatz der nationalen Energien hierfür einzusetzen. Das KdF-Schiff ›Wilhelm Gustloff‹ rettet auf seiner Probefahrt schiffbrüchige Engländer. Deutsche Flugzeuge bringen Februar 1939 dem Erdbebengebiet in Chile Hilfe. Zu derartigen Taten nationaler Hilfsbereitschaft hat Gott unser hochbegabtes Volk berufen. Sie sollten nicht nur gelegentlich erfolgen und in Fällen ganz krasser Not, sondern unserem nationalen Wollen sein Hauptgepräge geben – bis hin zur praktischen Betätigung von Feindesliebe. Angesichts solcher Gottesgebote zu helfen und zu dienen erscheint mir der Dienst mit der Waffe überflüssig und schädlich.« Der Platz vor dem Berliner Ostbahnhof trägt seit 1997 den Namen Hermann Stöhr. Ein Gedenkstein erinnert dort an den protestantischen Kriegsdienstverweigerer.

Biographien protestantischer Kriegsdienst- und Eidesverweigerer sind außer dem mit Helmuth James Graf von Moltke und Carl-Dietrich von Trotha befreundeten Wuppertaler Kirchenjuristen **Martin Gauger** (1905–1941), der 1941 nach mißlungener Flucht ins Ausland über das Konzentrationslager Buchenwald in die »Euthanasie«-Tötungsanstalt Pirna-Sonnenstein verschleppt und ermordet wurde, kaum erforscht. Auch Gauger, der als Jurist den Beamteneid auf Hitler schon 1934 abgelehnt hatte, begründete seine Weigerung Kriegsdienst zu leisten mit einer kategorischen Gegnerschaft gegen den von ihm als schweres Unrecht empfundenen Angriffskrieg.

Eine ebenso geringe Zahl von Kriegsdienstverweigerern läßt sich unter den Christen katholischen Bekenntnisses ermitteln. Der Österreicher **Franz Jägerstätter** (1907–1943) fand als einfacher Bauer in seiner märtyrerhaften Volksfrömmigkeit gegen den Rat seiner geistlichen Hirten zu diesem Entschluß. Sein schriftlicher Nachlaß überliefert beeindruckende moraltheologische Überlegungen eines einfachen Mannes, als Christ gegen die Anmaßungen und das Unrecht des NS-Systems zu widerstehen. An sein Schicksal erinnert eine Gedenktafel am Gebäude des ehemaligen Reichskriegsgerichts in der Charlottenburger Witzlebenstraße. Ein einziger Priester, der österreichische Palottinerpater Franz Reinisch (1903–1942), dem wegen seiner oppositionellen Haltung bereits 1940 ein Redeverbot erteilt worden war, stellte sich gegen die eingeforderte Treue von Wehrmacht und NS-Staat. Als »Antwort« auf die Unterdrückung einer freien Glaubensausübung leistete er dem Einberufungsbefehl nicht Folge: »Von einem Staatsfeind (...) könne man nicht verlangen, daß er für das gegenwärtige Regime Wehrdienst leiste«, wird seine Haltung in der Begründung des Todesurteils wiedergegeben.

Aus dem Umfeld der Christkönigsgesellschaft in Meitingen um den Freiburger Priester und engagierten Pazifisten **Dr. Max Josef Metzger** (1887–1944), der 1944 vom Volksgerichtshof zum Tode verurteilt und hingerichtet wurde, sind uns die Kriegsdienstverweigerer **Michael Lerpscher** (1907–1940) und **Josef Ruf** (1905–1940) bekannt, die durch die Erfahrung klösterlichen Lebens in ihrem Glauben sehr stark gefestigt waren, bevor sie den Kriegsdienst verweigerten.

Im Gegensatz zu den von ihrer Gemeinschaft getragenen Zeugen Jehovas hatten die evangelischen und katholischen Verweigerer kaum mit Unterstützung ihrer Kirchen zu rechnen. Auch die Bekennende Kirche bot keinen Rückhalt. Die deutschen katholischen Bischöfe hatten im September 1939 in einer Erklärung ihre Absicht ausgedrückt, »unsere katholischen Soldaten (zu ermuntern und zu ermahnen) in Gehorsam gegen den Führer, opferwillig, unter Hingabe ihrer ganzen Persönlichkeit ihre Pflicht zu tun.« Zahlreiche Hirtenbriefe und Predigten, Gottesdienste, Gebetsstunden und Feldgesangbücher beider Amtskirchen appellierten an Opferbereitschaft und Einsatzwillen der Soldaten für Führer, Volk und Wehrmacht.

Hierüber ist auch der katholische Kriegsdienstverweigerer **Alfred Andreas Heiß** (1904–1940) aus Oberfranken in Vergessenheit geraten. Ebenfalls aus bäuerlichen Verhältnissen stammend, hatte er zu Beginn der dreißiger Jahre in Berlin zu einem sehr politischen Selbstverständnis seines Glaubens gefunden. Heiß, der der Zentrumspartei angehörte, wurde 1935 im Konzentrationslager Columbia in Berlin-Tempelhof gefangengehalten. Belege für seine Gewissenstreue und religiöse Selbstbehauptung finden sich auch in der Anklageverfügung des Reichskriegsgerichts vom 3. August 1940: »Bei seiner richterlichen Vernehmung am 27.7.1940 hat der Beschuldigte erklärt, daß er auch jetzt nicht in der Lage sei, den Deutschen Gruß zu erweisen und Uniformstücke anzulegen, die mit dem Hoheitszeichen versehen sind. Da der Nationalsozialismus antichristlich eingestellt sei, müsse er es ablehnen, für den nationalsozialistischen Staat Dienst als Soldat zu tun. Bei dieser Weigerung ist er trotz Hinweises auf die vom Gesetz angedrohte Strafe geblieben.«

Mehr als 250 Verweigerer aus den hier genannten Gruppen sind vom Reichskriegsgericht zum Tode verurteilt worden. Der innere Antrieb der meisten wurzelte im christlichen Glauben und war allein auf ihn gerichtet, gepaart mit der Bereitschaft, den eigenen Tod in Kauf zu nehmen. Ein politischer Pazifismus läßt sich für diese Opfer des Nationalsozialismus kaum attestieren. Die meisten von ihnen starben in den Hinrichtungsstätten Berlin-Plötzensee und Brandenburg-Görden. Doch nicht alle Verweigerer wurden hingerichtet. Das Reichskriegsgericht ermöglichte ihnen einen Widerruf mit der Konsequenz der Umwandlung des Todesurteils in eine Haftstrafe. Die Strafpraxis war dadurch kaum weniger drakonisch, da mit der Gefängnisstrafe meist eine Kommandierung in ein Feldstraflager oder eine »Bewährungseinheit« verbunden war, die für viele den sicheren Tod zur Folge hatte. »Träger wehrfeindlichen Geistes« und andere als »Wehrmachtschädlinge« bezeichnete Soldaten gerieten nicht selten in die schlimmsten Vollzugsformen des Wehrmachtstrafsystems.

Um gegen die mit den Methoden des Unrechtsstaates durchgesetzte Wehrpflicht Widerstand zu leisten, kam es neben der offenen Kriegsdienstverweigerung vor allem zu **Desertionen.** Diese geschahen in vielfältiger Form, etwa indem Soldaten an der Front desertierten, zu gegnerischen Truppen oder Partisanen in den besetzten Ländern überliefen oder versuchten, ins neutrale Ausland zu entkommen bzw. sich daheim in der Illegalität zu verbergen. Motive des oftmals spontanen Widerstandes, der zumeist die Tat eines einzelnen war, sind ebenso vielfältig wie vielschichtig. So zwang zum Beispiel die Zeugenschaft an Kriegsverbrechen und möglicherweise daraus resultierende Hilfe für Verfolgte einzelne in den Widerstand. Der Berliner Sozialist **Fritz Hasselhuhn** (1910–1943), der vor 1933 der Sozialistischen Arbeiterpartei (SAP) angehört hatte, fälschte während seines Untertauchens 1942 von seiner Truppe im besetzten Dänemark in Berlin Ausweispapiere, um sich selbst und anderen Verfolgten dadurch ein Überleben zu sichern. Im Juli 1943 wurde er verhaftet und aufgrund eines Todesurteils am 13. Dezember 1943 im Zuchthaus Brandenburg ermordet. Die ständige Ausstellung in der Berliner Gedenkstätte Deutscher Widerstand erinnert an ihn, sein Grab auf einem Friedhof am Südstern im Bezirk Kreuzberg ist vergessen.

Besonders bekannt geworden ist das Beispiel des oppositionellen Soldaten **Stefan Hampel**, Jahrgang 1918, der im Mai 1942 Zeuge der Judenmorde im Ghetto von Wassiliski in Weißrußland wurde. Infolge kritischer Äußerungen zum deutschen Überfall auf Polen nahm die Gestapo den jungen Studenten 1939 für fast ein Jahr in »Schutzhaft«. Nach seiner Einberufung zur Wehrmacht im Herbst 1940 wurde Hampel wiederholt Zeuge von Kriegsverbrechen. Im Mai 1942 erlebte er die Massenerschießungen von Juden durch ein Einsatzgruppenkommando im Ghetto von Wassiliski (Weißrußland) und desertierte daraufhin. Als einziger Deutscher einer polnisch-litauischen Widerstandsgruppe in Litauen beteiligte er sich an Hilfeleistungen für verfolgte Juden und sowjetische Kriegsgefangene. 1943 versuchte Hampel im Auftrag der Widerstandsgruppe das Internationale Rote Kreuz in der Schweiz wegen der deutschen Verbrechen an der jüdischen Bevölkerung zu alarmieren. Vergeblich. Nach seiner Festnahme wurde Hampel am 11. August 1943 wegen Fahnenflucht vom Gericht der Wehrmachtkommandantur Berlin zum Tode verurteilt. Da er wider Erwarten begnadigt wurde, kam Hampel in die emsländischen Moorlager und wurde mit Hunderten anderer Strafsoldaten im November 1944 in das Wehrmachtgefängnis Torgau-Fort Zinna überführt. Nur durch Zufall konnte Stefan Hampel den Einsatz im Bewährungsbataillon 500 überleben.

Die Flucht in das neutrale Ausland gelang indes nur wenigen. Etwa 550 politischen Deserteuren gelang die Flucht in die Schweiz, circa 300 Soldaten desertierten nach Schweden. Der Kriegsfreiwillige **Peter Schilling** (geb. 1923), brandenburgischer Pfarrerssohn, erzogen und aufgewachsen in preußischer und zugleich humanistischer Tradition, geriet mit seinem Gewissen in Konflikt, als er im Verlauf des Jahres 1942 Zeuge der Grausamkeiten deutscher Soldaten an der Ostfront wurde. Er nahm illegale Verbindungen zu französischen Zwangsarbeitern auf und floh in die Schweiz, als diese Verbindung aufzufliegen drohte. Von dort flüchtete Schilling im Frühsommer 1944 nach Frankreich, um sich dem Maquis anzuschließen. Er wurde jedoch bei Besançon verhaftet, durch ein Wehrmachtgericht verurteilt und bei der Feldstrafgefangenenabteilung 19 im Oberelsaß eingesetzt. Bei den tschechischen Partisanen erlebte Schilling das Kriegsende.

Nach einem vergeblichen Versuch, in den Vatikan zu gelangen, schaffte es der Erfurter Katholik **Heinz Riegel**, Jahrgang 1920, im Februar 1942 auf einem Truppen-

transport nach Norwegen, in Schweden vom fahrenden Zug abzuspringen. Im polizeilichen Protokoll heißt es, »Anlaß zur Desertion sei es gewesen, daß er kein Nationalsozialist gewesen sei und nicht weiter für diesen Zweck kämpfen könne. (...) Er ist der Auffassung, nicht für die deutsche Sache in Rußland kämpfen zu können, da er in Kenntnis der Methoden, die zur Anwendung kämen, behaupten könne, daß sie eines Soldaten nicht würdig seien. Sein Land wolle er verteidigen aber nicht das dort herrschende Regime.« Riegel wurde dennoch abgeschoben und in Norwegen wegen unerlaubter Entfernung kriegsgerichtlich verurteilt. Später gelang ihm an der Ostfront das Überlaufen zur Roten Armee.
Während manche Soldaten erst durch die Konfrontation mit dem Unrechtsregime zum Widerstand fanden, stand für die als politische Häftlinge seit Ende 1942 zwangsrekrutierten Soldaten der »Bewährungseinheiten 999« ihre Gegnerschaft zum Nationalsozialismus von vornherein fest. Bis 1942 hatten sie als »wehrunwürdig« gegolten. Daß es hier wie bei der ebenfalls als »Bewährungseinheit« fungierenden SS-Sonderformation Dirlewanger zu organisierten größeren Überlaufaktionen und sogar Aufstandsversuchen kam, ist vielfältig dokumentiert.
Der Frankfurter **Ludwig Gehm**, Jahrgang 1905, Angehöriger der sozialistischen Widerstandsgruppe Internationaler Sozialistischer Kampfbund (ISK), wurde nach Jahren der politischen Verfolgung wie auch der der Kommunistischen Parteiopposition (KPO) angehörende **Wolfgang Abendroth** (1909–1985) Anfang 1943 in die Bewährungseinheiten 999 gepreßt. Auf der ägaischen Insel Volos lief Gehm zu den Partisanen der griechischen Befreiungsbewegung ELAS über und rief von dort Kameraden zum Überlaufen auf. Abendroth machte ähnliche Erfahrungen auf der Insel Lemnos, wo er im August 1944 zur ELAS »in die Berge ging«.
Der Widerstandsgruppe »Rote Kapelle« gehörten die Berliner **Heinrich Scheel** (1915–1996) und **Hans Lautenschläger** (geb. 1916) an, die sich nach ihrer Verurteilung durch das Reichskriegsgericht an der Front »bewähren« sollten. Lautenschläger lief im August 1944 als »Bewährungssoldat« der »500er-Formation« zur Roten Armee über und wirkte in den sowjetischen Kriegsgefangenenlagern an der Antifa-Arbeit mit. Scheel ging Ende Oktober 1944 mit anderen Kameraden freiwillig in amerikanische Kriegsgefangenschaft. Desertionen aus milieugebundenem Widerstandsverhalten hat es freilich auch bei regulären Verbänden gegeben. **Falk Harnack** (1913–1991), dessen Bruder Arvid als einer der führenden Köpfe der Roten Kapelle im Dezember 1942 ermordet wurde, und der seinerseits enge Kontakte zur Weißen Rose unterhielt, schloß sich in Griechenland der ELAS an und gründete dort 1944 das Antifaschistische Komitee »Freies Deutschland« – A.K.F.D. Auch unter den Gründungsmitgliedern des im Juli 1943 in der Sowjetunion gegründeten Nationalkomitees »Freies Deutschland« befanden sich mehrere Deserteure, die aus dem kommunistischen Arbeitermilieu stammten. Überläufer mit derartigem biographischen Hintergrund gingen auch im Westen zu den Alliierten über.
Nach dem 20. Juli 1944 hatten einzelne Angehörige der Verschwörer kaum eine andere Wahl, als zu desertieren, auch, da die Nationalsozialisten im Rahmen ihrer »Sippenhaft«-Maßnahmen nicht einmal Familienmitglieder vor Verfolgungsmaßnahmen verschonten. Der Mitverschwörer **Ludwig Freiherr von Hammerstein**, dem am 20. Juli 1944 als Ordonnanzoffizier die Flucht aus der Bendlerstraße gelang, ging im Herbst 1944 mit gefälschten Papieren in den Untergrund. **Heinrich von Trott zu Solz** desertierte am 26. August 1944, dem Tag der Hinrichtung seines Bruders, des Widerstandskämpfers Adam von Trott zu Solz, in Frankreich zusammen mit einigen Freunden. Ein enger Freund Claus Graf Schenck von Stauffenbergs, Major im Generalstab **Joachim Kuhn**, der zusammen mit Oberleutnant Albrecht von Hagen und Generalmajor Hellmuth Stieff den Sprengstoff für das Attentat vom 20. Juli 1944 beschafft hatte, entkam dem Schicksal der meisten Verschwörer ebenfalls nur durch Desertion. Am 28. Juli 1944 lief er an der Ostfront zur Roten Armee über. Das Reichskriegsgericht verurteilte ihn in Torgau am 6. Februar 1945 in Abwesenheit zum Tode.
Nicht in allen Bereichen des Widerstandes gegen das NS-Regime galt die Desertion als erwägbare Option. Vorbehalte gegen den individuellen Ausstieg aus dem Krieg existierten vor allem bei Kommunisten und bei der Militäropposition – aus sehr verschiedenen Gründen. Zu bedenken gilt, daß die vormalige partielle Interessenidentität einzelner Vertreter der Militäropposition mit den nationalsozialistischen Machthabern – man denke hier an den Heeresjustiz-Chef Sack, den Wehrmachtkommandanten von Berlin, Generaloberst von Hase und General Friedrich Olbricht, der als Chef des Allgemeinen Heeresamtes auch für das Strafgefangenenwesen zuständig war – in der konkreten historischen Situation einen kaum zu überbrückenden Gegensatz zu einem »militärischen Widerstand der unteren Linie« (Günther Weisenborn) schuf. Das NKFD überwand diesen nur mit Mühe, wie durch den Handschlag des Generals Walther von Seydlitz mit dem Deserteur Hans Zippel belegt. Aufrufe zur individuellen Desertion durch Widerstandsgruppen sind im Gegensatz zu einer verbreiteten Überlaufpropaganda nicht überliefert. Erst in den letzten Kriegsmonaten organisierten Widerstandskreise im Reichsgebiet Netzwerke, um verfolgten Deserteuren zu

Eigenhändige Zeichnung des Soldaten K. aus seiner Gefängniszelle. K. wurde am 26. Januar 1944 in Kiel wegen »Wehrkraftzersetzung« zum Tode verurteilt und am 12. Mai 1944 hingerichtet.

helfen, so zum Beispiel die Berliner Gruppe »Ernst« oder die »Gemeinschaft für Frieden und Aufbau« in Luckenwalde südlich Berlin.

In der Endphase des Krieges befanden sich unter den Deserteuren immer jüngere durch die Durchhaltepropaganda des NS-Regimes beeinflußte Soldaten. Konfrontiert mit der Realität der zusammenbrechenden Fronten wuchsen in ihnen Angst und Verzweiflung ebenso wie die Erkenntnis der Sinnlosigkeit des Krieges. Ihre Fahnenflucht war meist Ausdruck der Sorge um Angehörige, Auflehnung gegen die Zerstörung der Heimat und eine Kriegsverlängerung um jeden Preis. Bis zum Kriegsende desertierten weit über 100 000 deutsche Soldaten.

III.

Freilich wird an diesen »politischen Opfern der Wehrmachtjustiz« (Manfred Messerschmidt) deutlich, daß die Aufkündigung militärischer Konsensforderungen nicht ohne weiteres als politischer Widerstand zu erfassen ist. Desertion und andere Formen verdeckter Verweigerung bis hin zu psychischen Abwehrreaktionen gegen das militärische Herrschaftssystem im NS-Staat wurden als abweichendes Verhalten von einem sozialdarwinistischen und rassistischen Gewaltapparat verfolgt. Man muß Widerstand und Verfolgung auch hier graduell differenzieren nach den Phasen des Kriegsverlaufs ebenso wie nach Motiven und Werthaltungen der Verweigerer und Deserteure sowie ihren Handlungsspielräumen und ihrer Wirkungsgeschichte.

In der Nachkriegszeit dominierte der literarische Diskurs die Wahrnehmung der Desertion als Ausdruck politischer Gegnerschaft gegen das NS-Regime. Die zumeist autobiographischen literarischen Reflexionen einiger Autoren unterschiedlicher weltanschaulicher Prägung fassen die Desertion als Gegenwehr auf – gegen eine erzwungene Mittäterschaft (Justus F. Wittkop, Wolfdietrich Schnurre). In ihr drückt sich die Ablehnung der Legitimität der Kriegführung und des erzwungenen Fahneneides aus; im Mittelpunkt steht die gewissensethische Verantwortung des einzelnen (Otl Aicher, Alfred Andersch). Aber auch Nonkonformität und Freiheitssehnsucht werden als existentielle Erfahrungen im Widerstehen gegen das militärische Herrschaftssystem beschrieben (Gerhard Zwerenz, Alfred Andersch).

Das wichtigste literarische Dokument eines Wehrmachtsdeserteurs stellt zweifelsohne der Bericht »Die Kirschen der Freiheit« dar, den Alfred Andersch (1914-1980) 1952 veröffentlichte. In idealtypischer Verdichtung sind hierin Geschichte, Motive und Selbstreflexion deutscher Deserteure des Zweiten Weltkrieges gebündelt. Andersch begreift seine Desertion von der italienischen Front im Sommer 1944 als »mächtige, von niemandem gelenkte und stillschweigende Sabotage.« In bewußter Abkehr vom Konformitätszwang der Kameradschaft beruft er sich auf individuelle Freiheit und Unabhängigkeit, auch im Sinne einer Autonomie gegenüber der sozialistisch-kommunistischen Widerstandsgeschichte. In bewußter politischer Gegnerschaft kommt er zu dem Schluß: »Mein ganz kleiner privater 20. Juli fand bereits am 6. Juni statt.«

Die menschenrechtliche Dimension von Desertion und Befehlsverweigerung in einem völkerrechtswidrigen Angriffskrieg ist vor allem von Autoren wie Alfred Andersch und Heinrich Böll erfaßt worden. Letzterer äußerte 1964 in seinen Frankfurter Vorlesungen vor dem Hintergrund des Auschwitz-Prozesses: »Es wird, wenn das Wort Befehl vor Gericht steht, zuwenig von denen geredet, die Befehle nicht ausgeführt haben: Erschießungsbefehle, Sprengungsbefehle. Menschen wurden vor dem Tode gerettet, Städte und Brücken bewahrt: Das Inhumane darf sich auf Befehlsnotstand berufen, das Humane scheint suspekt zu sein, weil es vom Befehlsnotstand keinen Gebrauch machte.« Daß es dieses humane Verhalten, wenn auch viel zu selten, gegeben hat, gehört zu den unabweisbaren Erfahrungen der Geschichte der NS-Diktatur.

IV.

Kaum eine Frage der jüngeren Zeitgeschichte war indes so umstritten wie die Legitimität einer auf einer individuellen Gewissensentscheidung basierenden Desertion bzw. Kriegsdienstverweigerung und die Legalität deren strafrechtlicher Verfolgung durch Kriegsgerichte zur Durchsetzung militärischer und staatlicher Interessen.
Führende Militärjuristen bemühten sich nach 1945, ihr Handeln während des Zweiten Weltkrieges in ein für sie günstiges Licht zu rücken. Das verband diese Berufsgruppe mit anderen Militärs, die im Zuge der Wiederbewaffnung der Bundesrepublik ihre Verwendung beim Aufbau neuer Streitkräfte anstrebten. Die bundesrepublikanische Nachkriegsgesellschaft kam ihnen weit entgegen. Weder wollte die Bevölkerung an eigene Verbrechen des Krieges gemahnt, noch die Politik dringend benötigter »Spezialisten« beraubt werden. Man versuchte, das ganze Ausmaß der Spruchtätigkeit zielstrebig zu vertuschen, was immerhin für ein latentes Unrechtsbewußtsein nach 1945 spräche. Doch gleichzeitig ist erkennbar, daß die Kriegsrichter in ihrem Rechtspositivismus darauf beharrten, im Kriege nur dem Recht gedient zu haben. Von wenigen Ermittlungsverfahren abgesehen, wurden sie von der bundesdeutschen Justiz nie zur Verantwortung gezogen. Zur Verweigerung der deutschen Nachkriegsjustiz, ihre NS-Vergangenheit aufzuarbeiten, gehörte auch, daß sich die ehemaligen Angehörigen des Justizoffizierskorps sich oft gegenseitig schützten, wenn Hinterbliebene ihre Verurteilung anstrebten. Die ehemaligen Kriegsrichter – so ist einer Denkschrift führender Wehrmachtjuristen an die Bundesminister der Justiz, des Innern und der Verteidigung, die Justizminister der Länder sowie den Rechts- und den Verteidigungsausschuß des Deutschen Bundestages vom November 1957 zu entnehmen – glaubten sich dadurch entlastet, »daß nach dem Kriege eine verhältnismäßig große Zahl von ehemaligen Wehrmachtrichtern wieder in angesehene und verantwortliche Stellen gelangt sind, nicht nur innerhalb der Justiz.«
Seit den frühen 50er Jahren fanden viele von ihnen auf regelmäßigen Heeresrichterkameradschaftstreffen zusammen, wo sie eine Rechtfertigungsstrategie entwickelten und eine Materialsammlung zur Geschichte der Wehrmachtjustiz anlegten. Diese apologetische »Kameradschaftsarbeit« gab Erich Schwinge 1977 heraus. Sie festigte das manipulierte Geschichtsbild der Militärgerichtsbarkeit im NS-Staat. In den darin auszugweise publizierten Erinnerungen des Präsidenten des Reichskriegsgerichts, Admiral Bastian, ist rückblickend etwa von einer »behutsamen« und »humanen« Rechtsanwendung die Rede. Besonders Schwinge war es, der sich bei der öffentlichen Rechtfertigung hervortat und nach 1945 bis zu seinem Tode 1994 nie müde wurde, die Wehrmachtjustiz als »antinationalsozialistische Enklave« und »Justiz im Widerstand« zu verteidigen. 1959 faßte er die Exkulpierung wie folgt zusammen: »Die deutsche Militärgerichtsbarkeit vermag vieles für sich zu verbuchen: das günstige Urteil auf ehemals feindlicher und neutraler Seite, das scharfe Mißtrauen der Machthaber des Dritten Reiches, die Hinrichtung des einstigen Chefs der Heeresjustiz, das Vertrauen der Truppe und weitester Teile der Bevölkerung bis in die letzte Phase des Krieges hinein, schließlich viele, viele Urteile, durch die schweres Unheil von Soldaten und Zivilpersonen abgewendet worden ist.« Das waren durchschaubare Schutzbehauptungen. Ohne daß hier auf die Frage von Schuld und Verantwortung Hanns Karl Filbingers eingegangen werden soll, drückte doch die dem einstigen baden-württembergischen Ministerpräsidenten und vormaligen Marinerichter der Wehrmacht 1978 nachgesagte Äußerung »Was damals rechtens war, kann heute kein Unrecht sein« die Geisteshaltung der Zunft aus. Rechtspositivistisches Denken und eine auf Generalprävention im Krieg gerichtete Rechtfertigungsideologie ließen überhaupt keinen Zweifel zu.
Kriegsgerichtliche Verurteilungen galten in der höchstrichterlichen Rechtsprechung zum Wiedergutmachungsrecht – auf das die Militärjuristen als Gutachter unmittelbaren Einfluß hatten – nicht als nationalsozialistisches Unrecht. Die Justiz argumentierte, die Richter hätten sich an die Wahrung formellen Rechts gehalten. Der Bundesgerichtshof (BGH) hat sich seit Ende der fünfziger, Anfang der sechziger Jahre in mehreren Verfahren zum Wiedergutmachungsrecht von Opfern der Wehrmachtjustiz mit der justitiellen Hinterlassenschaft deutscher Kriegsgerichte befaßt. Dabei kam er stets zu dem Schluß, kriegsgerichtliche Todesurteile wegen Wehrdienstverweigerung stellen keineswegs einen »Verstoß gegen rechtsstaatliche Grundsätze« dar, da die Bestrafung doch in den meisten Ländern gang und gäbe sei. Der BGH sprach dem Widerstand des einfachen Rekruten bei ei-

ner sehr engen Auslegung des Widerstandsbegriffs die Legitimität ab. 1964 legitimierte der BGH in einer Entscheidung, die ein Widerstandsrecht wehrpflichtiger Soldaten mit Rücksicht auf ein abstraktes Staatsinteresse verneinte, abermals die Kriegssonderstrafrechtsverordnung: Sie sei nicht »eindeutig als Ausdruck und Ausfluß einer rechtsstaatswidrigen Ordnung gekennzeichnet« und habe sich deshalb keineswegs als Unrechtsnorm dargestellt. Deutlich zeigt sich die Motivation für den pauschalisierenden Freispruch in der Begründung: »Diese Folgerung würde bedeuten, daß Richter, die seinerzeit auf Grund dieser Norm Strafen verhängt haben, damit in jedem Falle nicht Recht gesprochen, sondern schlechthin Unrecht verübt hätten.«

Die hier angesprochene herrschende Rechtsauffassung hatte bis 1991 Bestand. Erst im September 1991 erkannte das Bundessozialgericht (BSG) zugunsten der Hinterbliebenen von Verfolgten der Wehrmachtjustiz erstmals höchstrichterlich den Unrechtscharakter kriegsgerichtlicher Todesurteile an, indem es zudem grundsätzliche Zweifel an der Legalität und Legitimität solcher »Gerichte« erhob. In einer Grundsatzentscheidung des Bundesgerichtshofes gegen einen ehemaligen DDR-Richter wegen Rechtsbeugung wurde 1995 dann das Versagen der Bundesjustiz im Umgang mit der justitiellen Hinterlassenschaft des Nationalsozialismus nach 1945 auch ausdrücklich auf den Umgang mit den Kriegsgerichten bezogen.

Nach unermüdlicher Überzeugungsarbeit der Bundesvereinigung Opfer der NS-Militärjustiz e.V. und ihres Vorsitzenden Ludwig Baumann sowie einer langwierigen Diskussion im Deutschen Bundestag gelangte man schließlich am 15. Mai 1997 zu einer Entschließung, die in Grundzügen den Feststellungen im Sinne der BSG-Entscheidung entgegenkam. Der Zweite Weltkrieg wurde darin unzweideutig als ein »Angriffs- und Vernichtungskrieg, ein vom nationalsozialistischen Deutschland verschuldetes Verbrechen« bezeichnet. Das Parlament bezeugte den Opfern und ihren Familien, gemeint waren Tausende wegen »Kriegsdienstverweigerung«, »Desertion/ Fahnenflucht« und »Wehrkraftzersetzung« Verurteilte und Hingerichtete, »Achtung und Mitgefühl«. Es wurde festgestellt, daß die von der Wehrmachtjustiz während des Zweiten Weltkriegs wegen Kriegsdienstverweigerung und Desertion verhängten Urteile unter Anlegung rechtsstaatlicher Maßstäbe Unrecht waren. Die förmliche Erklärung beinhaltete aber auch den Hinweis, daß die Rehabilitierung von Deserteuren keine Abwertung der deutschen Soldaten des Zweiten Weltkrieges bedeutete. Von der historischen Situation hob der Bundestag die gegenwärtige Rechtslage unmissverständlich ab: »Das Grundgesetz ... gewährt die Kriegsdienstverweigerung und verbietet jede auf einen Angriffskrieg angelegte Handlung; darüber hinaus ist den Soldaten der Bundeswehr gesetzlich verboten, verbrecherische Befehle zu befolgen.« Deshalb könne die Rehabilitierung und Entschädigung der Opfer der Wehrmachtjustiz keine negativen Auswirkungen auf die Bundeswehr haben.

Die trotz dieser Erklärung immer noch unbefriedigende Rechtslage für viele ehemals Verfolgte führte schließlich 1998 zu einem Beschluß des Parlaments, ein »Gesetz zur Aufhebung nationalsozialistischer Unrechtsurteile in der Strafrechtspflege« zu verabschieden, das am 25. August 1998 in Kraft trat. Durch dieses Gesetz werden, wie es in § 1 heißt, »verurteilende strafgerichtliche Entscheidungen, die unter Verstoß gegen elementare Gedanken der Gerechtigkeit nach dem 30. Januar 1933 zur Durchsetzung oder Aufrechterhaltung des nationalsozialistischen Unrechtsregimes aus politischen, militärischen, rassischen, religiösen oder weltanschaulichen Gründen ergangen sind, aufgehoben.« In der Anlage zum Gesetz ist eine Übersicht gesetzlicher Vorschriften aus der NS-Zeit beigefügt, auf die diese Qualifizierung zutrifft, darunter auch die »Kriegssonderstrafrechtsverordnung«.

53 Jahre hatte es gedauert, bis die Bundesrepublik sich auf diesem Sektor unmißverständlich von der Geschichte des Dritten Reiches abgegrenzt und eine neue Rechtslage geschaffen hat. Einer kleinen Gruppe noch lebender Verfolgter der Wehrmachtjustiz bedeutet die mit einer kleinen einmaligen Entschädigungszahlung verbundene Aufhebung eine reichlich späte Rehabilitierung.

Literaturhinweise

Karsten Bredemeier: Kriegsdienstverweigerung im Dritten Reich. Baden-Baden 1991

Ulrich Bröckling/ Michael Sikora (Hg): Armeen und ihre Deserteure. Vernachlässigte Kapitel einer Militärgeschichte der Neuzeit. Göttingen 1998

Detlef Garbe: Zwischen Widerstand und Martyrium. Die Zeugen Jehovas im Dritten Reich. München 1993

Norbert Haase/ Gerhard Paul (Hg.): Die anderen Soldaten. Wehrkraftzersetzung, Gehorsamverweigerung und Fahnenflucht im Zweiten Weltkrieg. Frankfurt am Main 1997 (2. Auflage)

Norbert Haase: Das Reichskriegsgericht und der Widerstand gegen die nationalsozialistische Herrschaft. Berlin 1993

Manfred Messerschmidt/ Fritz Wüllner: Die Wehrmachtjustiz im Dienste des Nationalsozialismus. Zerstörung einer Legende. Baden-Baden 1987

Manfred Messerschmidt: „Was damals Recht war..." NS-Militär- und Strafjustiz im Vernichtungskrieg. Hrsg. von Wolfram Wette. Essen 1996

Günter Saathoff, Michael Eberlein, Roland Müller: Dem Tode entronnen. Hrsg. von der Heinrich-Böll-Stiftung. Köln 1993

Wolfram Wette (Hg.): Deserteure der Wehrmacht. Feiglinge – Opfer – Hoffnungsträger? Dokumentation eines Meinungswandels. Essen 1995

Opfer der Wehrmachtsjustiz – Materialien

Die späte Würdigung von Kriegsdienstverweigerern und Deserteuren während der NS-Zeit kann zwar einigermaßen plausibel erklärt werden – man vergegenwärtige sich nur die negativen Reaktionen auf die Ausstellung des Hamburger Instituts für Sozialforschung »Vernichtungskrieg. Verbrechen der Wehrmacht 1941 bis 1944« –, nichtsdestoweniger ist dieses Faktum der langen Nichtwürdigung verwunderlich. Wenn auch für viele Jahre ehemalige Nazis und »Mitläufer« in allen Bereichen der westdeutschen Gesellschaft noch meinungsbildend (und u. a. auch rechtsprechend) gewirkt haben, so war doch zumindest verbal unbestritten, daß der Zweite Weltkrieg planvoll von den Nazis vorbereitet und als Aggressionskrieg begonnen worden war. Hätten da nicht jene, die sich von vornherein weigerten, an diesem verbrecherischen Krieg teilzunehmen, bzw. sich ihm in seinem Verlauf zu entziehen suchten, eine deutliche Anerkennung erfahren müssen?

Auch auf dem Hintergrund des Umstandes, daß namentlich in den Geschichtsbüchern dieses Element des Widerstandes in Deutschland lange Zeit ausgeblendet blieb, wurde am »Berliner Institut für Lehrerfort- und -weiterbildung und Schulentwicklung (BIL)« Anfang der 90er Jahre eine Publikation erarbeitet, mit der diese Lücke zumindest für das Aufgabenfeld des BIL tendenziell zu schließen begonnen wurde. Die Publikation »Die Opfer der Wehrmachtsjustiz« (so der Titel der 2. Auflage; die 1. Auflage erschien unter dem Titel »Torgau im Zweiten Weltkrieg – ein neuralgischer Punkt deutscher Geschichte«) thematisiert die Tätigkeit des Reichskriegsgerichts, dessen Sitz im August 1943 von Berlin nach Torgau verlegt wurde, in den Jahren 1939 bis 1945 sowie – an Beispielen ausführlich dokumentiert – das Schicksal von Opfern: Kriegsdienstverweigerern, Deserteuren, Kriegsmüden.

Norbert Haase. Die Opfer der Wehrmachtsjustiz. Darstellung und Dokumente. Hrsg. vom BIL. Berlin 1997 (2. Aufl.).

Einem Teil von ihnen, nämlich den Deserteuren »aus politischer Gegnerschaft«, ist in der »Gedenkstätte Deutscher Widerstand« (GDW) bereits die gebührende Aufmerksamkeit zuteil geworden. 1992 hat die GDW erstmalig mit Unterstützung der Senatsverwaltung für Justiz und in Zusammenarbeit mit der Neuen Richtervereinigung das Thema Reichskriegsgericht und Widerstand in einer Sonderausstellung einer breiten Öffentlichkeit vorgestellt.

Literatur hierzu:

Norbert Haase: Das Reichskriegsgericht und der Widerstand gegen die nationalsozialistische Herrschaft. Katalog zur Sonderausstellung der Gedenkstätte Deutscher Widerstand in Zusammenarbeit mit der Neuen Richtervereinigung. Hrsg. von der GDW. Berlin 1993.

Bernd Schimmler: Recht ohne Gerechtigkeit. Zur Tätigkeit der Berliner Sondergerichte im Nationalsozialismus. Berlin: WAV, 1984.

In der Publikation des BIL werden vier Rechtsfälle exemplarischer Kriegsdienstverweigerung behandelt:
Der Fall
- des Stettiner protestantischen Christen Hermann Stöhr,
- der drei Stettiner katholischern Geistlichen Carl Lampert, Friedrich Lorenz und Herbert Simoleit,
- des Judenretters und Deserteurs Stefan Hampel und
- des Zeugen Jehovas Wilhelm Hirsch.

Mit Hilfe dieser Schicksale können grundsätzliche Fragen der Ethik, Fragen von Befehl und Gehorsam, Befehlsnotstand und Ungehorsam, Mut und Feigheit, Recht und Gerechtigkeit, Fragen eines an Gewissenentscheidungen orientierten Handelns zur Sprache kommen.

Die Gedenkstätte Deutscher Widerstand thematisiert »Deserteure aus politischer Gegnerschaft« unter dem Thema »Widerstand im Kriegsalltag«. Das Informationsblatt zeigt Angehörige der »Bewährungseinheit« 999 in Griechenland auf dem Rückzug im Herbst 1944.

Die Auseinandersetzung mit Kriegsdienstverweigerung und Desertion in der NS-Zeit berührt existentielle Fragen universeller Moral- und Wertvorstellungen, wie sie im Grundrechtskatalog des Grundgesetzes der Bundesrepublik Deutschland ihren historischen Niederschlag gefunden haben, namentlich Art. 4 (3) (Kriegsdienstverweigerung), Art. 20 (4) (Widerstandsrecht) und Art. 26 (Verfassungswidrigkeit eines Angriffskrieges). *Klaus Matußek*

Autobiographisches von Deserteuren

Der Schriftsteller *Alfred Andersch* und der Designer *Otl Aicher*, zeitweiliger Rektor der Hochschule für Gestaltung in Ulm, sind während des 2. Weltkrieges desertiert. Ihr Handeln haben sie im nachhinein dargestellt und begründet. Das Buch »**Kirschen der Freiheit**« (detebe 20001) von **Alfred Andersch** (1914–1980) beinhaltet Erfahrungen und den Reflexionsprozeß eines politisch motivierten Deserteurs. Dieser erstmals 1952 erschienene Text – Andersch nennt ihn »Bericht« – darf als der geeignetste literarische Versuch für die pädagogische Erarbeitung einer Desertionsentscheidung angesehen werden.

Andersch läßt den Leser an der bestechenden – auch emotionalen – Logik seines existentiellen Entschlusses teilhaben, ohne eine Entscheidungskategorie auszulassen – allerdings auch kein Tabu, wie beispielsweise »Kameradschaft«. »Mein Buch hat nur eine Aufgabe: einen einzigen Augenblick der Freiheit zu beschreiben.« – Durch seine Fahnenflucht will Andersch die »Fähigkeit des Menschen zu wählen« demonstrieren. Für ihn ist Desertion eine »Tat der Freiheit«, wobei es für den Menschen Freiheit ohnehin nur in wenigen Momenten des Lebens geben könne: »In Augenblicken, die kostbar sind.« (S. 84) Auf eine solchen Augenblick läuft die Erzählung von Andersch zu.

Breiten Raum nimmt u. a. die Reflexion über die Verbindlichkeit des Eides auf Hitler ein, dessen Wortlaut im übrigen bekannt sein sollte, wenn Desertion während der Nazi-Zeit thematisiert wird. Hier die Eidesformel:

»Ich schwöre bei Gott diesen heiligen Eid, daß ich dem Führer des deutschen Reiches und Volkes, Adolf Hitler, dem Obersten Befehlshaber der Wehrmacht, unbedingten Gehorsam leisten und als tapferer Soldat bereit sein will, jederzeit für diesen Eid mein Leben einzusetzen.«

Eine verpflichtende Bindung aufgrund dieses Schwures setze die Freiheit des Schwörenden voraus, argumentiert Andersch, um dann festzustellen: »Der Eid wurde unter Zwang geleistet. Auf seine Verweigerung stand der Tod. Er war damit null und nichtig.« (S. 102) Eine einfache Wahrheit sozusagen. Wie auch diese:

»Nicht eidesfähig war ferner ihr (der Soldaten, G. J.) Führer ...« (S. 103). Für Andersch ist seine Desertion die »äußerste Form der Selbstverteidigung« gewesen (S. 108).

Ein anderer renommierter Schriftsteller, **Heinrich Böll** nämlich (1917–1985), hat sich im übrigen ebenfalls mit dem Soldatsein in der NS-Zeit auseinandergesetzt und seinen stark durch ironisierende Distanz geprägten Text, der erstmals ab 27. Juli 1964 in Folgen als Vorabdruck in der FAZ erschienen ist, »**Entfernung von der Truppe**« (dtv 11593) genannt.

Otl Aicher (1922–1991) hat in seinem erst 40 Jahre nach Kriegsende publizierten Aufzeichnungen mit dem Titel »**Innenseiten des Krieges**« (Fischer TB 13795) beschrieben, wie es möglich war, sich in Deutschland der Nazi- und Kriegszeit Freiheit und Selbstachtung zu bewahren.

Seine »Entfernung von der Truppe« reflektiert er folgendermaßen (Kleinschreibung im Original).

»alles, was ich will, ist, mich von diesem krieg nicht einspannen und als blinder untertan verheizen lassen. mag ich umkommen, aber ich will nicht als angepaßter jasager mich vereinnahmen lassen. ich will mich nicht aufs kreuz legen lassen. dieser krieg ist der selbstzweck eines heruntergekommenen nationalstaates. ich will nur eins, nicht mitgemacht haben. ich will nicht, daß ich mir sagen muß, ich hätte den speichel der nazis geleckt. mag sein, daß alle, die ihn geleckt haben, eines tages sagen werden, sie seien gezwungen worden, mag sein, daß sie ihre weißen hemden von der braunen brühe gereinigt haben. es ist ihre sache, wenn sie noch tiefer sinken. (...) was die eines tages ihren kindern vorlügen werden, ist ihre sache. ich möchte mir noch selber glauben können.« (S. 245) Zugleich fragt Aicher, geleitet durch eine »abstruse idee«: »könnte es einmal eine zeit geben, wo deserteure ein denkmal erhalten?« (S. 240)

Nun, mittlerweile gibt es ein solches Denkmal, wenn es auch – wie könnte das anders sein! – eine denkwürdige Geschichte hat. Und nach einem der ersten Kriegsdienstverweigerer der NS-Zeit, nach Hermann Stöhr, ist an einem zentralen Ort in Berlin ein Platz benannt worden. (Siehe dazu in dieser Publikation die Seiten 163/164 bzw. 176.)

Im einzelnen nicht minder eindrucksvoll sind Berichte von Deserteuren der NS-Wehrmacht mit weniger literarischer Begabung. Als eine Publikation mit Zeitzeugeninterviews sei hier empfohlen:
Günter Saathoff, Michael Eberlein, Roland Müller: **Dem Tode entronnen.** Zeitzeugeninterviews mit Überlebenden der NS-Militärjustiz. Hrsg. von der Heinrich-Böll-Stiftung. Köln 1993.

Materialien zu Hermann Stöhr

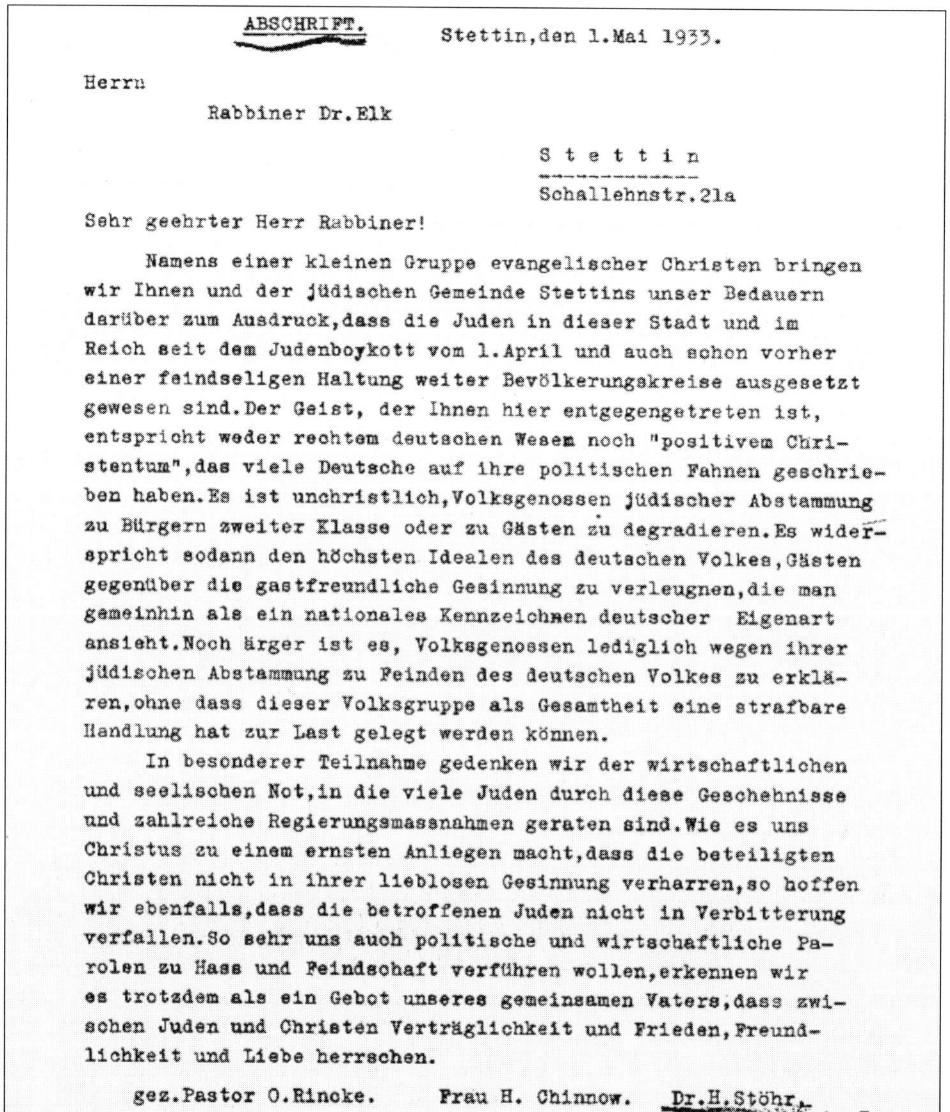

ABSCHRIFT. Stettin,den 1.Mai 1933.

Herrn

Rabbiner Dr.Elk

Stettin

Schallehnstr.21a

Sehr geehrter Herr Rabbiner!

Namens einer kleinen Gruppe evangelischer Christen bringen wir Ihnen und der jüdischen Gemeinde Stettins unser Bedauern darüber zum Ausdruck,dass die Juden in dieser Stadt und im Reich seit dem Judenboykott vom 1.April und auch schon vorher einer feindseligen Haltung weiter Bevölkerungskreise ausgesetzt gewesen sind.Der Geist, der Ihnen hier entgegengetreten ist, entspricht weder rechtem deutschen Wesen noch "positivem Christentum",das viele Deutsche auf ihre politischen Fahnen geschrieben haben.Es ist unchristlich,Volksgenossen jüdischer Abstammung zu Bürgern zweiter Klasse oder zu Gästen zu degradieren.Es widerspricht sodann den höchsten Idealen des deutschen Volkes,Gästen gegenüber die gastfreundliche Gesinnung zu verleugnen,die man gemeinhin als ein nationales Kennzeichnen deutscher Eigenart ansieht.Noch ärger ist es, Volksgenossen lediglich wegen ihrer jüdischen Abstammung zu Feinden des deutschen Volkes zu erklären,ohne dass dieser Volksgruppe als Gesamtheit eine strafbare Handlung hat zur Last gelegt werden können.

In besonderer Teilnahme gedenken wir der wirtschaftlichen und seelischen Not,in die viele Juden durch diese Geschehnisse und zahlreiche Regierungsmassnahmen geraten sind.Wie es uns Christus zu einem ernsten Anliegen macht,dass die beteiligten Christen nicht in ihrer lieblosen Gesinnung verharren,so hoffen wir ebenfalls,dass die betroffenen Juden nicht in Verbitterung verfallen.So sehr uns auch politische und wirtschaftliche Parolen zu Hass und Feindschaft verführen wollen,erkennen wir es trotzdem als ein Gebot unseres gemeinsamen Vaters,dass zwischen Juden und Christen Verträglichkeit und Frieden,Freundlichkeit und Liebe herrschen.

gez.Pastor O.Rincke. Frau H. Chinnow. Dr.H.Stöhr, Scharnhorststr.7.

Hermann Stöhr (Beitrag Haase, S. 167/168) ist der bislang einzige Kriegsdienstverweigerer, nach dem in Deutschland ein öffentlicher Raum benannt worden ist. Anläßlich der 100. Wiederkehr seines Geburtstages am 4. Januar 1998 wurde der Platz östlich des Ostbahnhofs (früher: Schlesischer Bahnhof) nach ihm benannt und ein Gedenkstein eingeweiht. Hier, in Berlin-Friedrichshain, waren in den 20er Jahren Stätten seines Wirkens, vornehmlich für soziale Projekte zugunsten eltern- und arbeitsloser sowie drogengefährdeter Jugendlicher. Aufgrund seiner entschiedenen christlichen und pazifistischen Grundhaltung verlor Hermann Stöhr bereits 1931 seine Anstellung als wissenschaftlicher Mitarbeiter bei der Inneren Mission.

Hier ist ein bemerkenswertes Dokument aus dem Leben Stöhrs wiedergegeben, die Entschuldigung einer Gruppe evangelischer Christen gegenüber dem Rabbiner Stettins (dem damaligen Wohnort Stöhrs) anläßlich des von der NSDAP deutschlandweit am 1. April 1933 inszenierten Boykotts gegen Geschäfte von Juden und jüdische Ärzte, Rechtsanwälte u. a.

Foto und Dokument sind entnommen bei: Eberhard Röhm: Sterben für den Frieden. Stuttgart 1985

Materialien zu Franz Jägerstätter

Das Schicksal des katholischen österreichischen Bauern Franz Jägerstätter (Beitrag Haase, S. 168) ist in einem dokumentarischen Spielfilm beschrieben:

Der Fall Jägerstätter.
Kriegsdienstverweigerer im Dritten Reich.
Ein dokumentarischer Spielfilm von Axel Corti
1978, 90 Min., Labi Berlin, Verleih-Nr.: 42 54574

Der Film beschreibt anschaulich und einfühlsam das Handeln Franz Jägerstätters, der den Kriegsdienst in der (groß-)deutschen Wehrmacht verweigerte und am 9. August 1943 im Zuchthaus Brandenburg enthauptet wurde. Das dazugehörende umfangreiche **Begleitheft** enthält Informationen, die erklären, weshalb Franz Jägerstätter seinen individuellen Weg ging, aus seiner Sicht gehen mußte, weshalb fast alle anderen Menschen anders dachten und sich anders verhielten, weshalb erst seit den letzten zehn Jahren Franz Jägerstätter von einem unverstandenen Einzelgänger immer mehr zu einem geehrten, ja verehrten Vorrbild in der Öffentlichkeit, auch in der katholischen Kirche, geworden ist. Das Begleitheft gibt ferner erste allgemeine Informationen zur Wehrdienstverweigerung während des Zweiten Weltkrieges und beinhaltet eine Liste mit Publikationen über Franz Jägerstätter.

Materialien zu den Zeugen Jehovas

Noch später als bei den Homosexuellen hat eine wissenschaftliche Aufarbeitung des Schicksals der Zeugen Jehovas während der NS-Zeit in der Bundesrepublik eingesetzt, ganz zu schweigen von dessen Wahrnehmung selbst in einer interessierten Öffentlichkeit. Tatsächlich weist die Verfolgung der »Ernsten Bibelforscher«, wie sie seinerzeit bezeichnet wurden, bemerkenswerte Besonderheiten auf: So zählten die Zeugen Jehovas zu den ersten verfolgten Gruppen. – Keine andere christliche religiöse Gemeinschaft hat mit vergleichbarer Geschlossenheit dem Druck des NS-Regimes widerstanden. – Während der 30er Jahre stellten sie in manchen KZ die stärkste Häftlingsgruppen, namentlich unter den Frauen. In den KZ waren sie mit dem »lila Winkel« gesondert gekennzeichnet. Auch in den Jugendkonzentrationslagern Moringen und Uckermark gab es in größerer Zahl Gefangene dieser Religionsgemeinschaft (s. S. 181 ff.). – Unter den im Zweiten Weltkrieg abgeurteilten Kriegsdienstverweigerern stellten sie die mit Abstand größte Zahl.

Den Gesamtumfang der Verfolgung beschreibt Detlef Garbe (s. u.) folgendermaßen: »Von den 25 000 Personen, die sich zu Beginn des ›Dritten Reiches‹ zu den Zeugen Jehovas bekannten, sind etwa 10 000 für eine unterschiedlich lange Dauer inhaftiert worden; von ihnen wurden über 2 000 in Konzentrationslager eingewiesen. Die Zahl der Todesopfer unter den deutschen Zeugen Jehovas liegt bei 1 200, von denen ungefähr 250 – überwiegend aufgrund einer wehrmachtgerichtlichen Verurteilung wegen Kriegsdienstverweigerung – hingerichtet wurden.«

Die Zeugen Jehovas verstanden ihre Verweigerungen nicht als politische Verhaltensweisen, sondern ausschließlich als ein Zeugnis ihres Glaubens. In diesem Sinne widersetzten sie sich dem weltanschaulichen Totalitätsanspruch des NS-Systems.

Literatur

Detlef Garbe: Zwischen Widerstand und Martyrium. Die Zeugen Jehovas im »Dritten Reich«. München 1997[3]

Hans Hesse (Hrsg.): »Am mutigsten waren immer wieder die Zeugen Jehovas« Verfolgung und Widerstand der Zeugen Jehovas im Nationalsozialismus. Bremen 1998

Widerstand aus christlicher Überzeugung: Jehovas Zeugen im Nationalsozialismus. Dokumentation einer Tagung. Essen 1998.

Video-Dokumentation

Von der »Watch Tower Society« ist eine Video-Dokumentation mit dem Titel »**Standhaft trotz Verfolgung. Jehovas Zeugen unter dem NS-Regime**« produziert worden. Diese Dokumentation wurde in der Vergangenheit verschiedentlich als religiöse Propaganda kritisiert. Ein Gutachten der Landesbildstelle Berlin kommt zu der Einschätzung, daß sich die Art der Darstellung grundsätzlich nicht von der anderer Opfergruppen unterscheidet (Labi-Verleih-Nr.: 42 552405).

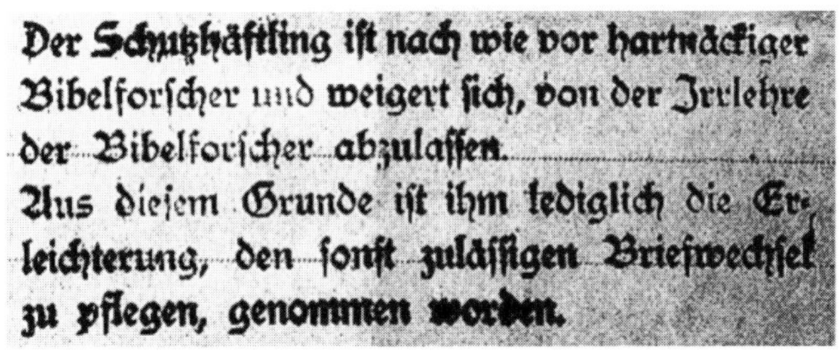
Der Schutzhäftling ist nach wie vor hartnäckiger Bibelforscher und weigert sich, von der Irrlehre der Bibelforscher abzulassen.
Aus diesem Grunde ist ihm lediglich die Erleichterung, den sonst zulässigen Briefwechsel zu pflegen, genommen worden.

Befehl, Gehorsam, Verantwortung

Heinrich Böll

Morgen* beginnt in Jerusalem die Gerichtsverhandlung gegen einen Mann, der schuldig ist am Tod von mehr Menschen, als Hamburg Einwohner hat. Hamburg und seine Umgebung menschenleer, wir sind nicht fähig, es uns vorzustellen. (...)
Das Fürchterliche an der nationalsozialistischen Seuche war, daß sie nicht als Episode abgetan, für erledigt betrachtet werden kann; sie hat das Denken verseucht, die Luft, die wir atmen, sie hat die Worte, die wir sprechen und schreiben, in einer Weise vergiftet, die nicht vor einem Gerichtshof bereinigt werden kann; im Wirkungsbereich dieser Seuche hat das Wort Verantwortung keinen Platz, es wird ersetzt durch das Wort Befehl – und es ist dieses Wort, das in Jerusalem vor Gericht steht. (...) Es fängt mit kleinen Befehlen an, über die man lachen, die man mit einem inneren Lachen ausführen kann: linksum, rechtsum, kehrt; es folgen größere, größere gewichtigere Befehle: auf eine Pappscheibe zu schießen; Befehle, immer mehr, kleine und große, die sich zu dem ungeheuerlichen Befehl addieren, Menschen zu töten. Das kann auf mancherlei Weise geschehen, zu bedenken ist nur, daß die, die man tötet, auf dieser Erde nichts zu suchen haben; sie sind Feinde, sie sind Auswurf, und man hat keine Verantwortung für ihren Tod; denn dahinter steht das schreckliche Wort, das einem alle Verantwortung abnimmt: Befehl.
Es wird in Jerusalem oft ausgesprochen werden, dieses Wort und das zweite, das unzertrennlich dazugehört: Gehorsam. Man sollte nicht nur Zeugen und Überlebende mit Adolf Eichman konfrontieren, auch solche, die den Befehl nicht ausgeführt haben; es hat sie gegeben; mehr als wir ahnen, es sind in diesem Krieg, der mit Eichmann vor Gericht steht, so viele Befehle nicht ausgeführt worden: Erschießungsbefehle, Sprengungsbefehle; Menschen wurden vor dem Tod bewahrt, Städte und Brücken vor der Vernichtung gerettet, weil Befehle *nicht* ausgeführt wurden; Befehlsverweigerung – ein ehrenwertes Delikt: man sollte sie in den Lesebüchern unserer Kinder verewigen, die Unzähligen, die Befehle verweigert haben, die gestorben sind, weil sie nicht morden und nicht zerstören wollten, und die die Mächte zu beseitigen versuchten, von denen Adolf Eichmann an jene Stelle getragen wurde, wo er die Befehle ausführen konnte. Er war gehorsam in einer Zeit, wo Ungehorsam eine Tugend war.

* Der Prozeß gegen Adolf Eichmann begann am 11. April 1961.

Alle Tage

Ingeborg Bachmann

Der Krieg wird nicht mehr erklärt,
sondern fortgesetzt. Das Unerhörte
ist alltäglich geworden. Der Held
bleibt den Kämpfen fern. Der Schwache
ist in die Feuerzonen gerückt.
Die Uniform des Tages ist die Geduld,
die Auszeichnung der armselige Stern
der Hoffnung über dem Herzen.

Er wird verliehen,
wenn nichts mehr geschieht,
wenn das Trommelfeuer verstummt,
wenn der Feind unsichtbar geworden ist
und der Schatten ewiger Rüstung
den Himmel bedeckt.

Er wird verliehen
für die Flucht vor den Fahnen,
für die Tapferkeit vor dem Freund,
für den Verrat unwürdiger Geheimnisse
und die Nichtachtung
jeglichen Befehls.

Aus: Ingeborg Bachmann: Gesammelte Werke. Bd. 1, München: Piper, 1978

Hinweis
Heinrich Böll hat dokumentiert, daß er dieses Gedicht von Ingeborg Bachmann wenige Tage vor seiner Vorlesung vom 10. April 1961 gelesen hatte.

Aus: Frankfurter Vorlesung vom 10. April 1961. In: Heinrich Böll, Essayistische Schriften und Reden I, hrsg. von Bernd Balzer, Köln 1979.
Die Textüberschrift ist von der Redaktion formuliert.

5
6
7

Inhaltsverzeichnis

Die Jugendkonzentrationslager Moringen und Uckermark 181
Gernot Jochheim

Das »Außenkommando« des »Jugendschutzlagers« Moringen in Berlin-Weißensee 189

Das Kinderkonzentrationslager in Lodz 190

»Wir hatten noch gar nicht angefangen zu leben« 192
Eine Ausstellung zu den Jugendkonzentrationslagern Moringen und Uckermark 1940–1945

Tod durch Erziehung?! 193
Eine Klasse forscht zum Thema Jugend-KZ

Vom Namen zur Nummer 193
Einlieferungsrituale in Konzentrationslagern

Das Jugend-KZ Moringen in der Literatur 194

Die »Swing-Jugend« – ein störendes Element im Nazi-Staat 195
Detlev Peukert

»Hopfen und Malz verloren« 197
Aus den »Meldungen aus dem Reich«

Das umseitige Foto wurde im Sommer 1940 im Olympischen Schwimmstadion in Berlin von Friedrich Seidenstücker aufgenommen.

Erläuterungen

In der Regel werden in Geschichtsbüchern oppositionelle Verhaltensweisen oder Widerstandshandlungen von jungen Menschen entweder als solche zu wenig betont – beispielsweise im Zusammenhang mit der »Weißen Rose« –, oder sie werden nur kursorisch angesprochen (»Edelweißpiraten«, »Swing-Jugend«). Die Erwähnung der Berliner Gruppe Baum (s. S. 61) kann nicht einmal sicher angenommen werden. Es gibt daneben andere herausragende Beispiele von jungen Menschen, die sich der NS-Herrschaft widersetzt haben. Mit Blick auf den Berliner Raum seien als Beispiele genannt: Eva-Maria Buch, Liane Berkowitz, Cato Bontjes van Beek, Hanno Günther (s. Literaturliste, S. 196). Diese und andere junge Menschen, die 19-, 20- oder 21-jährig ihr Leben unter dem Fallbeil ließen, dürfen auch als Opfer jenes rassistisch genährten Vernichtungswillens angesehen werden, wie ihn die Militärjustiz gegen Kriegsdienstverweigerer, Deserteure und »Wehrkraftzersetzer« walten ließ.

In diesem Teil wird eine Erscheinung des NS-Unterdrükkungssystems thematisiert, die weitgehend unbekannt ist: die **Jugendkonzentrationslager.** Es bestand eines für männliche Jugendliche in Moringen (nahe Göttingen) und eines für weibliche Jugendliche in unmittelbarer Nachbarschaft zum Frauenkonzentrationslager Ravensbrück und mit diesem organisatorisch eng verknüpft. Ein Blick auf die Gründe, derentwegen Jugendliche in die Konzentrationslager eingewiesen wurden (s. S. 173), offenbart die generelle rassistische Komponente der Verfolgung sinnfällig. Andere Jugendliche, die eher wegen unangepaßter Verhaltensweisen (»Swing-Jugend«) in die Konzentrationslager kamen, scheinen diesem Kriterium nicht zu genügen. Sie wurden der rassistischen Repression jedoch unterworfen. Denn in den Lagern wurden sie zu Objekten der kriminalbiologischen Untersuchungen des Instituts von Robert Ritter (s. S. 30 ff.) und gemäß diesen Erkenntnissen hinsichtlich ihrer Besserungsfähigkeit eingestuft. Wenn im weiteren die »Swing-Jugendlichen« exemplarisch thematisiert werden, so hat dies seinen Grund darin, daß deren Schicksal mit dem Jugend-KZ Moringen eng verknüpft ist und in den Medien darüber wesentlichen Raum einnimmt. Offenbar berührt der Komplex »Swing-Jugend« das Interesse von Jugendlichen heute in besonderer Weise. Sie können das mit einer bestimmten Musik verknüpfte Lebensgefühl nachvollziehen und ihnen wird, wie wir aus entsprechenden Äußerungen wissen, deutlich, daß ihre eigenen Lebensweisen sie in der Nazi-Zeit ebenfalls einer Verfolgung ausgesetzt hätte.

Die Jugendkonzentrationslager Moringen und Uckermark *

Gernot Jochheim

Zur geographischen Orientierung: Moringen ist eine Kleinstadt, 80 km südlich von Hannover, knapp 10 km westlich von Northeim gelegen. Zur Nazizeit hatte Moringen 2 500 Einwohner. In einem Gebäudekomplex inmitten dieses Ortes (Postanschrift: Langestraße 32) wurde 1940 ein sogenanntes »Jugendschutzlager« für männliche Jugendliche eingerichtet.
Der Landschaftsname »Uckermark« wurde 1942 zum Namen eines weiteren »Jugendschutzlagers«, nunmehr für weibliche Jugendliche, – ein Barackenlager, eineinhalb Kilometer vom Frauenkonzentrationslagers Ravensbrück, inmitten eines Sumpf- und Waldgebietes.
Beide sogenannten »Jugendschutzlager« waren 1942/43 für die Dauer von 15 Monaten der in Oranienburg ansässigen Inspektion der Konzentrationslager unterstellt und wurden von SS-Mannschaften bewacht, die zumindest in Moringen nachweislich teilweise in Auschwitz Dienst getan hatten. Danach waren sie dem Amt V des Reichssicherheitshauptamtes, dem Reichskriminalpolizeiamt (RKPA), zugeordnet. In den Fahrplänen der Reichsbahn tauchten die Lager in den Kursbüchern für Gefangenentransporte auf.

* Die Informationen dieses Beitrages sind im wesentlichen der im Anschluß angeführten Literatur entnommen.

Die Errichtung der »Jugendschutzlager«
Die Geschichte der Jugendkonzentrationslager konkretisierte sich am 1. Februar 1940. An jenem Tag trat der »Reichsverteidigungsrat« unter dem Vorsitz Görings zu einer Sitzung über »Jugendbetreuung« zusammen. Die Situation der Jugend unter dem Einfluß des Krieges war Thema. Unter anderem sollten Maßnahmen beredet werden, um einer drohenden bzw. von Seiten der Nazi-Führer befürchteten »Verwilderung« vorzubeugen. Reinhard Heydrich, 1939 als 36jähriger zum Leiter des Reichssicherheitshauptamtes (siehe S. 40) avanciert, machte den Vorschlag, »polizeiliche Jugenderziehungslager« einzurichten. Bereits ein knappes Jahr zuvor hatte Heydrich im Reichskriminalpolizeiamt eine solche Maßnahme thematisiert: »Einrichtung von Jugenderziehungslagern für diejenigen männlichen und weiblichen Jugendlichen, die bereits durch den Grad ihrer Verwahrlosung eine Gefährdung für die übrige Jugend darstellen.«
Im folgenden soll außer Acht gelassen werden, daß mit der Forderung nach derartigen Maßnahmen sich in der Wirklichkeit des nationalsozialistischen Herrschaftssystems ein Konflikt einstellen würde, zwischen Justiz und Polizei nämlich. Bestanden doch zu jenem Zeitpunkt noch funktionierende Jugendämter, Vormundschaftsgerichte und eine Jugendgerichtsbarkeit. Zwar gab es bereits

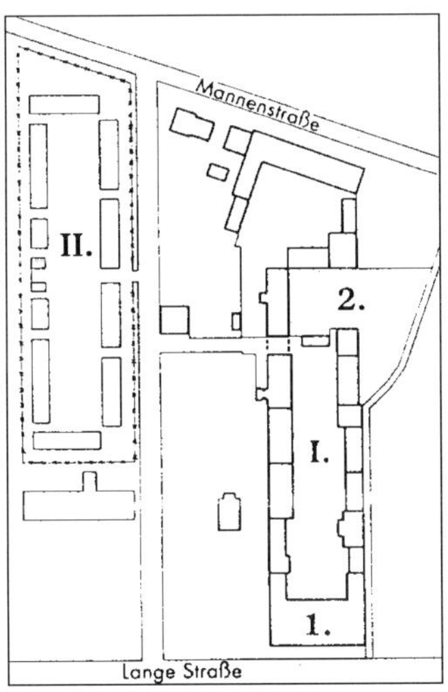

Lageplan des Jugend-KZ Mohringen
I = Appellplatz des Lagers I;
1 = Kommandantur;
2 = Schlackeplatz („Blutacker");
II = Appellplatz des Lagers II

rechts: Der Gebäudekomplex des Jugend-KZ in einer Luftaufnahme aus der Nachkriegszeit

JUGENDLICHE

Entwürfe zu einem »Gemeinschaftsfremdengesetz«, die eine Aufgabe von noch bestehenden Resten traditioneller Rechtsideen zugunsten polizeilicher Allmacht implizierten (siehe hierzu den Beitrag S. 34 ff.), aber es handelte sich eben lediglich um Entwürfe.

Aktennotizen des Reichsjustizministeriums lassen erkennen, daß die »Jugendschutzlager« als experimenteller Vorgriff auf dieses Gesetz angesehen wurden. Aus dem angedeuteten Konflikt ging jedenfalls letztendlich das Reichssicherheitshauptamt als Gewinner hervor, indem es zum einen schlicht Fakten schuf und zum anderen ein polizeiliches Strafverfügungsrecht unabhängig von der Justiz erwirkte, wonach Jugendarrest »auch im Weg der polizeilichen Strafverfügung für zulässig« erklärt wurde. Hiervon machten die Polizeibehörden in der Folge extensiv Gebrauch. Das Faktum, daß das Reichssicherheitshauptamt noch vor einer entsprechenden Kodifizierung schuf, war eben die Errichtung eines Konzentrationslagers für männliche Jugendliche in Moringen.

In Moringen unterhielt die hannoversche Provinzialverwaltung einen Gebäudekomplex als »Landeswerkhaus«, eine Einrichtung, wo Arbeitshausgefangene untergebracht wurden. Nach der Machtübernahme der Nazis in Deutschland veranlaßte das neugegründete Staatspolizeiamt in Berlin, daß dort jene Gefangenen zusammengefaßt werden sollten, die an den verschiedensten Orten der Provinz Hannover – zumeist von der SA – willkürlich festgehalten wurden. So entstand im April 1933 in Moringen eines der ersten Konzentrationslager des NS-Staates. Gefangengehalten wurden im Laufe der folgenden Monate etwa 950 Männer und einige Frauen vorwiegend aus den Parteien und Organisationen der Arbeiterbewegung. Gegen die ungesetzliche Freiheitsberaubung protestierten die Gefangenen zeitweise mit einem Hungerstreik.

Dieses Lager wurde im November 1933 aufgelöst. Die meisten Häftlinge wurden in Polizeiaufsicht entlassen, eine geringere Zahl in andere Konzentrationslager gebracht. Bereits im Oktober war damit begonnen worden, auf dem Gelände ein Frauenkonzentrationslager einzurichten, das erste in Preußen. Aus dem gesamten Reichsgebiet kamen die Gefangenen. Bis zu seiner Auflösung im März 1938 waren im Frauenkonzentrationslager Moringen etwa 1350 Frauen gefangen, politisch, rassistisch und religiös verfolgte, sowie Frauen, die als »Asoziale« oder »Berufsverbrecherinnen« galten. Die Gefangenen wurden im März 1938 in das Frauenkonzentrationslager Lichtenburg bei Torgau gebracht. (Das Frauenkonzentrationslager Ravensbrück ist erst im März 1939 fertiggestellt worden.)

Mit dem Juni 1940 entstand auf dem Gelände in Moringen schließlich das sogenannte »Jugendschutzlager« für männliche Jugendliche und junge Männer – nicht allein aus dem Reichsgebiet, sondern auch aus den militärisch besetzten Ländern. 1941 wurde neben dem Gebäudekomplex ein Barackenlager nach Konzentrationslagerart mit doppelter Stacheldrahtumzäunung, Wachtürmen und Einsichtsblenden errichtet, im Frühsommer 1944 ein landwirtschaftlicher Betrieb angegliedert. Das Konzentrationslager Moringen hatte »Außenkommandos« in einer unterirdischen Munitionsfabrik im nahe gelegenen Volpriehausen und in Berlin-Weißensee (siehe hierzu S. 189/190).

Die Errichtung einer entsprechenden Lagers für Mädchen und junge Frauen verzögerte sich anscheinend, obwohl sie von den verschiedensten Stellen angemahnt wurde. Am 30. März 1942 gab das Reichsicherheitshauptamt schließlich in einem Erlaß bekannt:

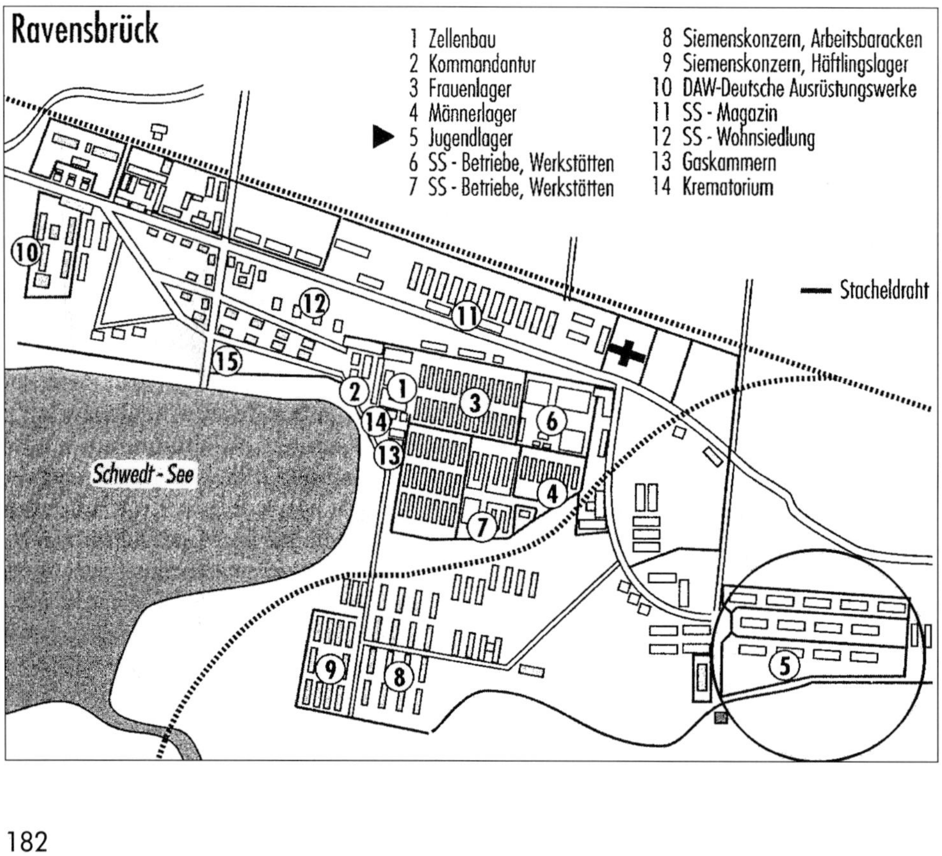

Aus: Enzyklopädie des Holocaust (Hervorhebungen durch die Redaktion eingefügt)

»Mit der Unterbringung einer vorläufig beschränkten Anzahl weiblicher Minderjähriger in dem Jugendschutzlager Uckermark, Post Fürstenberg (Mecklenburg), kann voraussichtlich ab 1. Juni 1942 begonnen werden. Die Richtlinien für die Unterbringung männlicher Minderjähriger gelten auch hier.«
Das Lager war von männlichen KZ-Häftlingen aus Ravensbrück errichtet worden. Es bestand zunächst aus sechs primitivsten Baracken und wurde später erweitert. Seit dem 1. Juni 1944 gab es in Dallgow-Döberitz, unmittelbar westlich der Stadtgrenze Berlins in Richtung Nauen gelegen, ein sogenanntes »Außenkommando« des Lagers Uckermark. Ein großer Teil der Mädchen dieses Lagers arbeitete in einem nahen Rüstungsbetrieb.

Haftgründe
Aus welchen Gründen nun kamen Jugendliche in diese Konzentrationslager? Angesichts der Auflistung von Haftgründen gilt es, sich zu vergegenwärtigen und dies gegebenenfalls auch unterrichtlich zu erarbeiten, daß die genannten Kriterien auf dem Hintergrund einer rassistisch geprägten Gemeinschaftsideologie, die von einem großen Teil der Bevölkerung direkt und indirekt mitgetragen wurde, zu sehen und zu bewerten sind. Beispielsweise definierte ein Erlaß über die »vorbeugende Verbrechensbekämpfung« vom 14. Oktober 1937 den Begriff »asozial« in folgender Weise:
»Als asozial gilt, wer durch gemeinschaftswidriges, wenn auch nicht verbrecherisches Verhalten zeigt, daß er sich nicht in die Gemeinschaft einfügen ..., sich der in einem nationalsozialistischen Staate selbstverständlichen Ordnung nicht fügen« will. Es ist sinnfällig, daß auf der Grundlage eines solchen Erlasses eine angebliche Normabweichung einigermaßen willkürlich festgestellt werden konnte. So gelangte ein Teil der Jugendlichen aufgrund von Denunziationen durch Nachbarn, Block- und Hauswarte, Arbeitgeber, Lehrherren in die »Jugendschutzlager«, oder staatliche Stellen, Erziehungsheime oder Jugendämter entledigten sich mißliebiger oder auch tatsächlich verhaltensauffälliger Jungen und Mädchen.

Die Einlieferung
Im folgenden werden zwei Berichte von ehemaligen Inhaftierten aus Moringen bzw. Uckermark wiedergegeben, in denen sie ihr Erleben bei der Einlieferung in das jeweilige Lager darstellen. Ohne einzelne Berichte überbewerten zu wollen, so scheint doch die Feststellung zulässig zu sein, daß die Aufnahmerituale in Moringen eher militärisch ausgerichtet waren (Stichwort: Kaserne), während die Praktiken in Uckermark offenbar stark durch das benachbarte KZ geprägt worden sind.

Haftgründe

- wegen Verweigerung des HJ- oder BDM-Dienstes bzw. Ausschlusses aus der Hitler-Jugend (HJ-Disziplinarmaßnahme)
- wegen Ausschlusses aus der SA (Disziplinarmaßnahme)
- wegen sog. »Arbeitsverweigerung«, »Arbeitsbummelei« oder Sabotage
- wegen sog. »Unerziehbarkeit«, »Renitenz«, »Kriminalität«
- »Sippenhaft«, z. B. bei politischen Aktivitäten der Eltern
- wegen Zugehörigkeit zur sog. »Swing-Jugend«
- wegen Homosexualität (sog. »Strichjungen«)
- aus eugenischen Gründen (Behinderte, psychisch Kranke, Zwangssterilisierte)
- aus religiösen Gründen (z. B. Zeugen Jehovas)
- aus rassistischen Gründen (Juden, Sinti und Roma)
- wegen sog. »sittlicher und sexueller Verwahrlosung«
- wegen sog. »Rassenschande«
- wegen Opposition und Widerstand (u. a. auch junge Partisaninnen und Partisanen aus dem slowenisch-österreichischen Grenzgebiet)

Aus einem Bericht von Friedrich Axt:
»Wir mußten uns in der Vorhalle aufstellen. Nach einer Stunde, während der wir uns nicht rühren durften, erschien ein SS-Sturmbannführer. Sein Name war, wie ich später erfuhr, Dieter. Er sagte uns etwa sinngemäß, aus uns würden jetzt Menschen im Sinne des Nationalsozialismus gemacht. Wer da nicht ›mitspielen‹ würde, der würde schon sehen, was er davon habe. ›Führt euch gut, so habt ihr's gut!‹ Im Laufschritt ging es dann auf der anderen Seite eine breite Treppe hinunter auf den Hof, begleitet von den SS-Männern, die mit Flüchen und Fußtritten ›nachhalfen‹ ... Auf dem Hof mußten wir in Dreierreihen antreten und wurden nach einer Liste aufgerufen. Jeder von uns bekam eine Nummer zugeteilt. Ich erhielt die Nummer 316. Von nun an wurden wir nur noch: ›He, Du da!‹ gerufen, oder es wurde mit dem Finger auf uns gedeutet. Dann mußten wir in strammer Haltung melden: ›Lagerzögling Nr. XXX meldet sich zur Stelle!‹ – zum Rapport, zum Strafsport oder zur Bestrafung. Noch während wir zu Nummern wurden, kam ein SS-Mann mit einer Schere. Ein Junge trug einen Stuhl herbei. Auf dem mußten wir der Reihe nach Platz nehmen, und der SS-Mann ›schnitt‹ uns die Haare auf halbe Streichholzlänge. Wenn er mit einem fertig war, trat er gegen den Stuhl, daß dieser mitsamt dem Draufsitzenden umfiel und brüllte: ›Der Nächste!‹ Wer sich nicht gleich bei dem ›Listenmann‹ zurückmeldete, durfte gleich ›zum Eingewöhnen‹ 10 Runden um den etwa 50 x 200 m großen Hof laufen. Wer eine Ecke schnitt, mußte eine Runde mehr laufen.
Dann wurden wir zum Duschen in die Duschbaracke geführt. Zuerst unter kochendheißes, dann unter eiskaltes Wasser. Unsere Sachen wurden ohne Bestandsaufnahme in Säcke gestopft und weggebracht. Nach dem Duschen mußten wir nackt über den Hof rennen, zur Kleiderkammer. Dort bekamen wir einen blau-weiß gestreiften Anzug und eine ebensolche runde Mütze, ein paar derbe Lederschuhe, Stoffunterwäsche, ein Nachthemd, Handtuch, Zahnbürste, Becher und ein Stück Seife, hart wie Stein und schmierend wie Lehm. Ferner ein Kochgeschirr und einen Löffel. Wir mußten die Sachen anziehen und wieder draußen antreten. ›Die letzten 10 machen heute Abend eine Stunde Strafsport!‹ Natürlich war ich unter den letzten Zehn.«

Die folgende Schilderung über Uckermark stammt von einer Frau, die anonym bleiben wollte.
»Wir sind losgefahren und auf einmal sind wir bei einem eisernen Tor reingefahren. Das habe ich dann eben unten gehört, das war Ravensbrück, ein Frauenlager. Das war ca. 6.00 oder 7.00 Uhr in der Frühe, eine Uhr hatte ich ja nicht. Da war ich das erste Mal geschockt, denn da ging eine Arbeitskolonne raus – von alten Frauen. Mit SS-Bewachung. Da war eine alte Frau, der hing der Verband in Fetzen herunter und sie ist niedergefallen, und der hat sie getreten. Das war mein erster Eindruck, und da habe ich gedacht: ›Um Gottes Willen, was ist? Wo bin ich hier?‹ Aber zum Denken sind wir nicht viel gekommen. Da war eine Badeanstalt, da mußten wir alle rein. ... Da mußten wir uns ganz ausziehen und alles abgeben, die Halskette und was man so bei sich hatte. Die sind laufend rechts bei einer Tür hinein, da war ein Duschraum. Wie ich an die Reihe gekommen bin, habe ich nur kurz meine Akte gesehen: ›Achtung! Fluchtgefahr!‹ Zu mir haben sie gesagt: ›Setz Dich da hin!‹ Ich habe gedacht: ›Was machen die jetzt?‹ Auf einmal ging es ratsch, ratsch, ratsch – da haben sie mir die Haare geschoren. Das war der zweite Schock. Dann bin ich photographiert worden, und Fingerabdrücke haben sie genommen. Dann sind wir rein und sie haben die Duschen aufgedreht und wir mußten alle duschen. Als wir fertig waren, mußten wir uns in Reih und Glied aufstellen. Da sind zwei SS-Männer gewesen – wahrscheinlich

Ärzte – die uns dann wie die Viecher begutachtet haben. Das muß ich schon sagen. Wie auf dem Viehmarkt, mit Mund aufreißen usw... Ich habe nur einfach Angst gehabt. Als ich an die Reihe gekommen bin, hat mich der SS-Arzt in die Brustwarze gezwickt und hergezogen und gesagt: ›Aha, eine Jüdin!‹ Ich war nicht einmal im Stande, darauf was zu sagen. Vor lauter Angst konnte ich kein Wort sagen. Ja, daß ich keine Jüdin bin. (...) Dann haben wir unsere Kleider bekommen, so leinerne Hemden und Hosen und die gestreiften Kleider. (...) Da sind wir dann so auf einen Block geführt worden, im KZ Ravensbrück. Ich konnte zwei oder drei Tage nichts essen. Ich habe gebrochen, ich habe nichts hinuntergebracht. Ich hab das nicht verkraften können ... Morgens beim Appell bin ich rumgelaufen wie eine Irre. Da waren zwar ein paar alte Frauen, die waren sehr lieb zu mir. Die haben mich getröstet, denn ich habe geweint, geweint und geweint. Ich solle ruhig sein und ich solle dort nicht hinschauen. Doch ich hatte das schon gesehen. Dort hat auf dem elektrischen Stacheldraht ein Mensch gehangen. Eine Frau. Ja, und das waren meine ersten Eindrücke. Ich bin vor Angst gestorben.«

Lageralltag

Der Lageralltag war für die Gefangenen nach den Grundsätzen der Konzentrationslager organisiert. Für das Lager Uckermark ergab sich dies angesichts der Verknüpfung mit dem KZ Ravensbrück ohnehin quasi zwangsläufig; beim Lager Moringen stellte sich zudem eine geschlechtsspezifische Ergänzung ein. So hieß es in einem Bericht des Lagerkommandanten, des SS-Sturmbannführers Kriminalrat Kare Dieter:

»Das Jugendschutzlager Moringen wird nach SS-mäßigen und militärischen Gesichtspunkten geführt. Diese Ausrichtung leuchtet ein, wenn man sich klar macht, daß es sich bei den Lagerzöglingen um männliche Minderjährige im Alter von 16 bis 21 Jahren (Durchschnittsalter 19 bis 20 Jahre) handelt, also zum größten Teil um junge Menschen, die ihrem Alter nach bereits ihrer Wehrpflicht genügen könnten, die zudem aber ihrer Artung nach einer besonders straffen Zucht und Disziplinierung bedürfen. Der Lagerkommandant und seine engeren Mitarbeiter sind SS-Führer, die übrigen Einsatzkräfte SS-Unterführer und SS-Männer«. (Aus: Mitteilungsblatt des Reichskriminalpolizeiamtes, Jg. 1944, S. 605–615)

Als wesentliches Erziehungsmittel wurde in den Lagern Arbeit angesehen, was in der Wirklichkeit auf eine rücksichtslose Ausbeutung der Arbeitskraft von größtenteils noch physisch und psychisch in der Entwicklung begriffenen jungen Menschen hinauslief. Nach den vorliegenden Berichten gab es für die Häftlinge in Moringen u.a. folgende Arbeitsstätten bzw. -felder: eine betriebseigene Schlosserei, eine betriebseigene Landwirtschaft von 100 Morgen, eine Heereswerkstätte, die bereits eingangs genannte Heeresmunitionsanstalt im Kalischacht Volpriehausen, Autobahnbau, Erdarbeiten für die Post, Flußregulierungsarbeiten an der Leine, Schotterkarren auf dem Güterbahnhof. Die Mädchen und jungen Frauen in Uckermark waren beispielsweise bei der Urbarmachung von Sumpfland, in landwirtschaftlichen Betrieben der Umgebung, in kriegswichtigen Betrieben wie den »Siemens-Baracken« innerhalb des KZs Ravensbrück, bei schwersten Waldarbeiten sowie im Lager selbst in einer Schneiderei und einer Spielzeugwerkstatt tätig.

Völlig unzureichende Ernährung, ein schikanöses und brutales Bestrafungssystem, mangelhafte Versorgung bei Erkrankungen – dies sind weitere Stichworte, die den Alltag in den sogenannten »Jugendschutzlagern« kennzeichneten. Auf dem Friedhof in Moringen sind vom Juni 1942 bis zum Mai 1945 54 junge Menschen anonym beerdigt worden; der jüngste Junge war nicht einmal 16 Jahre alt. Darunter waren drei Fälle von Selbsttötung und ein Fall der Tötung bei einem Fluchtversuch. Daneben sind noch weitere 35 Todesfälle durch die SS dokumentiert. Für das Lager Uckermark gibt es keine entsprechenden Unterlagen. Erst Anfang der 80er Jahre wurde auf dem Friedhof in Moringen ein Gedenkstein für die Opfer errichtet.

Opfer der Kriminalbiologie

In Verbindung mit den Jugendkonzentrationslagern Moringen und Uckermark begegnen wir Institutionen und Menschen, welche die rassistische Verfolgung von Menschen im Nationalsozialismus maßgeblich mitgetragen und beeinflußt haben, namentlich Robert Ritter und Eva Justin, Direktor der »Rassenhygienischen und bevölkerungsbiologischen Forschungsstelle des Reichsgesundheitsamtes« und seiner wichtigsten Mitarbeiterin. In jener Funktion erarbeiteten beide entscheidend die »wissenschaftlichen« Grundlagen für die Verfolgung der Zigeuner als einer »artfremden Rasse« (siehe S. 30 ff.). 1941 war zudem die Ernennung Ritters zum Leiter des »Kriminalbiologischen Instituts der Sicherheitspolizei und des SD« erfolgt. In diesem Zusammenhang wurden unter anderem die Jugendlichen in den Konzentrationslagern zu ihren hilflosen »Forschungs«-Objekten. Galt es doch, den Nachweis zu führen bzw. die Bestätigung zu erhalten, daß »Asozialität« und »Kriminalität« erblich bedingt und an bestimmten körperlichen Merkmalen erkennbar wären und in jedem Einzelfall entsprechende Gutachten zu erstellen.

Auf diesem Hintergrund wurde die Aufgabe der Jugendkonzentrationslager auch formal neu definiert. So hieß es im »Ministerialblatt der inneren Verwaltung«, Nr. 19/1944:

»Aufgabe der Jugendschutzlager der Sicherheitspolizei ist, ihre Insassen nach kriminalbiologischen Gesichtspunkten zu sichten, die noch Gemeinschaftsfähigen so zu fördern, daß sie ihren Platz in der Volksgemeinschaft ausfüllen können, die Unerziehbaren bis zu ihrer endgültigen anderweitigen Unterbringung unter Ausnutzung ihrer Arbeitskraft zu verwahren.«

Das »Block«-System
Ergebnis der kriminalbiologischen Differenzierung war das sogenannte »Block«-System, das hier nach der oben bereits zitierten Darstellung des Lagerkommandanten Dieter wiedergegeben wird. Diese Auflistung zeigt im übrigen, welches Schicksal den so abgestempelten jungen Menschen bevorstand, wenn sie einen Erwachsenenstatus erreicht hatten: Konzentrationslager, Militär, Anstalten. Also direkte und indirekte Todesurteile. Selbst für jene, die aus dem »Block der Erziehungsfähigen« kamen, gab es offenbar keinen direkten Weg zurück in ein freies Leben.

1. B-Block = Beobachtungsblock
Sämtliche Neuzugänge kommen zunächst in diesen Block. In der Regel nach Ablauf eines halben Jahres wird der Lagerzögling durch den Blockführer (Erzieher) eingehend beurteilt. Der Blockführer schlägt dabei vor, in welchen der sechs anderen Blocks der Lagerzögling weitergegeben werden soll. Zu diesem Vorschlag nimmt der Kriminalbiologe Stellung. Die endgültige Entscheidung trifft der Lagerkommandant.

2. U-Block = Block der Untauglichen
Hier werden Geistesschwache und geistig Geschädigte verwahrt. Sie sind am schnellsten zu erkennen. Meist sind sie nicht voll einsatzfähig und können sich in die Lagerdisziplin nur mangelhaft einfügen; im freien Leben vermögen sie sich infolge ihrer geistigen Minderwertigkeit nicht zu halten. Bei Erreichung des Entlassungsalters (23 bis 25 Jahre) oder bei Untragbarkeit für das Lager erfolgt Entlassung in eine Heil- und Pflegeanstalt oder in eine Bewahrungsanstalt.

3. S-Block = Block der Störer
Hier handelt es sich um besonders schwierige Naturen (charakterlich hochgradig Abartige und geistig etwas Beschränkte), die in ständigem Konflikt mit der Gemeinschaft leben und dauernd der Sicherung bedürfen. Es sind die in engerem Sinne »Frühkriminellen«, kriminell aktiv veranlagte junge Menschen, Überrege, Erregbare, anlagemäßig Unzufriedene, rücksichtslose Gauner, die den Nachwuchs der Berufs- und Gewohnheitsverbrecher bilden. Auch bei ihnen handelt es sich um klare Bewahrungsfälle. Entlassungen erfolgen vornehmlich in Konzentrationslager oder in eine geschlossene Bewahrungsanstalt.

4. D-Block = Block der Dauerversager
Hierher gehören Charakterschwächlinge, z.B. Antriebsarme und Unstete, die in der Freiheit und sogar im Lager jeder größeren Belastungsprobe erliegen und einen Hang zum Abwegigen haben. Es ist die große Gruppe der Haltlosen, zu denen mit veränderten Vorzeichen auch die Lagerzöglinge des G-Blocks (siehe Ziffer 5) gehören. Entlassungen aus diesem Block können nur verantwortet werden in geschlossene, in seltenen Fällen auch in halboffene Bewahrungsanstalten, in besonders schweren Fällen in die Konzentrationslager.

5. G-Block = Block der Gelegenheitsversager
Es sind ebenfalls unselbständige, leichtsinnige Menschen, die in der Freiheit hochgradig gefährdet sind, rückfällig zu werden, bei denen aber der ihnen im Jugendschutzlager gebotene Halt für eine gute Führung dort ausreicht. Da sie meist gutwillig sind, kommt ihre Entlassung in halboffene und geschlossene Bewahrungsanstalten in Frage. In einigen Fällen ist auch schon mit Rücksicht auf den dringenden Wehrmachtsbedarf eine Entlassung zur Wehrmacht mit einem Hinweis auf die bedingte Verwendbarkeit erfolgt.

6. F-Block = Block der fraglich Erziehungsfähigen
Hier werden diejenigen Lagerzöglinge eingewiesen, bei denen der Versuch erzieherischer Einwirkung aussichtsreich erscheint. Es handelt sich meist um Ungeratene, schwer Verwahrloste, möglicherweise auch Spätreifende, deren Resozialisierbarkeit geprüft werden soll. Schlägt der Versuch fehl und erweisen sie sich als unerziehbar, so erfolgt die Überstellung in einen der vorgenannten Blocks. Ergibt sich, daß der Zögling noch zu erziehen ist, wird er dem E Block (Ziffer 7) überwiesen.

7. E-Block = Block der Erziehungsfähigen
Dieser Block umfaßt Zöglinge, die von dem F-Block als erziehbar überwiesen werden. Es sind vorwiegend Verwahrloste, schwer Erziehungsgeschädigte oder Pubertätsversager. Sie sollen soweit gefördert werden, daß sie später in die Freiheit entlassen werden können. In den meisten Fällen erfolgt heute ihre unmittelbare Entlassung zur Wehrmacht. Für Wehruntaugliche wird in besonderen Fällen, wenn die Entlassung in die Heimat nicht gleich gewagt werden kann, zunächst die Überstellung in eine halboffene Anstalt als Übergang ins freie Leben gewählt.
Nach der Erinnerung von Betroffenen waren die Häft-

linge gemäß ihrer Blockzugehörigkeit mit farbigen Dreiecken (sog. »Winkeln«) ähnlich denen in den KZs gekennzeichnet.

Der Bericht des Lagerkommandanten gibt folgende Prozentzahlen für die Aufteilung auf die Blöcke an:

U-Block (Untaugliche)	5 – 10 %
S-Block (Störer)	5 – 10 %
D-Block (Dauerversager)	10 – 15 %
G-Block (Gelegenheitsversager)	10 – 15 %
F-Block (fragl. Erziehungsfähige)	20 – 25 %
E-Block (Erziehungsfähige)	6 – 8 %

1814 Bundesgesetzblatt, Jahrgang 1977, Teil I

Lfd. Nr.	Konzentrationslager und Außenkommandos	Hauptlager der Außenkommandos
668	Jena/Thüringen, Reichsbahn-Ausbesserungswerk, ab 4. 10. 1944	Buchenwald
669	Jena/Thüringen, ab 7. 6. 1943	Buchenwald
670	Jesau/Ostpreußen, 21. 9. 1944 bis 15. 1. 1945	Stutthof
671	Jewe = Johvi, ab 1. 10. 1943	Vaivara
672	Jezeri, siehe Eisenberg	
673	Jiretin, siehe St. Georgenthal	
674	Johanngeorgenstadt, Kreis Schwarzenberg/Sachsen, 1. 12. 1943 bis 16. 4. 1945	Flossenbürg
675	Johvi, siehe Jewe	
676	Jörstadmoen/Norwegen, 30. 3. 1942 bis 12. 4. 1942	
677	Jugendschutzlager Berlin-Weißensee, Kdo. v. Jugendschutzlager Moringen, ab 14. 9. 1943	
678	Jugendschutzlager Dallgow/Döberitz, Kdo. v. Uckermark, ab 1. 6. 1944	
679	Jugendschutzlager Litzmannstadt = Lodz, ab 1. 12. 1942	
680	Jugendschutzlager Litzmannstadt, Kdo. Gut Dzierzazna, ab 12. 1. 1943	
681	Jugendschutzlager Litzmannstadt, Kdo. Tuchingen = Konstantynow, ab 16. 8. 1943	
682	Jugendschutzlager Moringen, 15. 8. 1940 bis 9. 4. 1945	
683	Jugendschutzlager Volpriehausen, Kdo. v. Jugendschutzlager Moringen, 1. 7. 1944 bis 4. 4. 1945	
684	Jugendschutzlager Uckermark bei Ravensbrück, 1. 6. 1942 bis 20. 4. 1945	
685	Jumpravmuiza, siehe Jungfernhof	
686	Jungfern Breschan = Panenske Brezany bei Prag/Tschech., ab 11. 2. 1944	Flossenbürg

Dieser Bericht bestätigt schließlich, daß die Block-Einteilung nur vordergründig mit Erziehung zu tun hatte, sondern anderen Zwecken diente: »Die biologisch vorgenommene Wertung und Differenzierung der Jugendlichen zeigt, daß die Verworfenheit sehr vieler Zöglinge biologisch bedingt ist. Die biologische Sichtung der Zöglinge soll neben ihrer Auswertung für Forschungszwecke und neben der Unschädlichmachung erkannter *Gemeinschaftsfremder* durch Bewahrung dazu dienen, noch Erziehungsfähige auszusondern und weitmöglichst zu fördern«. Der hier auftauchende Begriff des Gemeinschaftsfremden verweist auf das damals in Vorbereitung befindliche »Gemeinschaftsfremdengesetz«. Im Lager Uckermark war die Blockeinteilung weniger differenziert. Hier gab es ein Drei-Stufen-System, innerhalb dessen sich die Mädchen »hocharbeiten« konnten. Daneben bestanden ein Block mit Partisanenkindern und ein Block mit Gestapo-Häftlingen, die im sogenannten »Ausleseblock« untergebracht waren. Die Besonderheit dieses Block soll am Beispiel des Lagers Moringen erläutert werden.

Der »Stapo-Block«

Zu einem anscheinend nicht mehr exakt festzustellenden Zeitpunkt wurde in Moringen ein sogenannter »Stapo-Block« eingerichtet, der für politische Häftlinge bestimmt war.

Im Jahre 1977 erschien im Bundesgesetzblatt eine Auflistung aller NS-Konzentrationslager und deren Außenkommandos im Deutschen Reich und in den besetzten Gebieten. Unter den laufenden Nummern 677 bis 684 sind die sogenannten »Jugendschutzlager« mit ihren Außenkommandos aufgeführt. Die Auflistung erfolgt in alphabethischer Reihenfolge. Mit dem Buchstaben J wird erst die laufende Nummer 700 erreicht. Insgesamt werden 1634 Lager benannt.

Erwin Rehn, ein Betroffener, berichtet:
»Auf dem ST-Block befanden sich ca. 120–180 Mann. Sie bestanden aus politischen Einzeltätern, der Gruppe der sog. ›Swing-Boys‹ aus Hamburg, die in größerer Zahl anwesend waren, einem Juden aus Berlin und wahrscheinlich einem Judenstämmling aus Holland, einem Holländer, Norweger und Russen, einigen Polen und Tschechen, einigen Österreichern, zwei Luxemburgern. Ab Frühjahr 1944 trafen dann laufend Slowenen ein, deren Eltern man wegen Partisanenbegünstigung oder weil sie selbst Partisanen waren, teils hingerichtet oder in Haft genommen hatte. Sie machten bald ein Drittel des Blocks aus. Ferner kamen laufend Angehörige der ›SA-Standarte Feldherrnhalle‹, die zwar Häftlinge der Gestapo waren, aber wegen hauptsächlich krimineller Delikte eingeliefert wurden, so Überschreitung des Urlaubs, Entfernung von der Truppe, wegen Trunkenheit und die meisten wegen Kameradendiebstahls. Teilweise stahlen sie sogar im Lager weiter. Sie wurden auch wegen ihres Betragens von der Gemeinschaft der rein politischen Häftlinge abgelehnt. Das Leben auf dem ST-Block unterschied sich erheblich von dem im übrigen Lager. Es kam dem auf dem S-Block nahe. Bewegung war nur im Laufschritt möglich. Es verging kein arbeitsfreier Tag, an dem sich die Häftlinge nicht ›sportlich‹ betätigten, ohne Rücksicht auf die Witterung. Abends, nach Einschluß, blieb der Blockführer E. noch auf dem Block, und dann ging es hier weiter bis teilweise 2 Uhr in der Nacht. Bestrafungen wurden schon für geringfügige Sachen, für die es sonst nur ein paar Faustschläge gab, ausgesprochen. Appelle wurden durchgeführt, darunter der menschlich so entwürdigende ›Gesundheitsappell‹, bei dem der Blockführer die Geschlechtsteile der Häftlinge inspizierte. Es gab keinen Sonntag und keinen Feiertag.«
Zu den Folgen der »kriminalbiologischen Untersuchung« zählten auch Zwangssterilisierungen, was in Moringen für 22 Fälle nachgewiesen ist. Für das Lager Uckermark existieren entsprechende Unterlagen nicht (mehr ?). Von 38 Mädchen wird erwähnt, daß sie bei der Einlieferung sterilisiert gewesen sind.

Die Auflösung der Lager

Angesichts des Vormarsches der Alliierten befahl das Reichskriminalpolizeiamt die Auflösung der beiden »Jugendschutzlager«. Das Lager Uckermark soll zu jenem Zeitpunkt mit etwa 1.200 Gefangenen belegt gewesen sein. Im Januar 1945 kamen 211 der Mädchen ins KZ Ravensbrück, andere wurden in Landwirtschafts- und Industriebetrieben der Umgebung untergebracht. Einen Teil der Baracken des Lagers Uckermark, abgetrennt durch einen Sichtschutz, nutzte die SS in den letzten Kriegswochen als Vernichtungs- und Selektionslager. Unter den blindwütig umgebrachten Frauen waren viele, die aus anderen Konzentrationslagern, so auch aus Auschwitz, nach Ravensbrück getrieben worden waren. Aus dem Lager Moringen wurden im März 1945 250 Häftlinge zur Wehrmacht »überstellt«. Es läßt sich leicht vermuten, wie es diesen militärisch nicht ausgebildeten jungen Männern in den Kämpfen jener Wochen ergangen ist. Im April 1945 mußten sich dann etwa 500 Gefangene aus Moringen auf einen Marsch begeben, dessen Ziel wahrscheinlich ein Rüstungsbetrieb im Harz gewesen ist. Die Qualen endeten nach etwa 100 Kilometern, als die SS-Wachen vor den herannahenden Amerikanern flüchteten.

Literaturhinweise

Martin Guse, Andreas Kohr/ Friedhelm Vahsen: Das Jugendschutzlager Moringen – Ein Jugendkonzentrationslager. In: Hans-Uwe Otto, Heinz Sünker (Hg.): Soziale Arbeit und Faschismus. Bielefeld 1986

Michael Hepp: Vorhof zur Hölle. Mädchen im »Jugendschutzlager« Uckermark. In: Angelika Ebbinghaus (Hg.): Opfer und Täterinnen. Frauenbiographien im Nationalsozialismus. Frankfurt a. M.: FTB 18094, 1996, S. 239ff.

KZ Moringen. Männerlager, Frauenlager, Jugendschutzlager. Eine Dokumentation. Hrsg. von der Gesellschaft für christlich-jüdische Zusammenarbeit Göttingen e. V. und dem evangelisch-lutherischen Pfarramt Moringen. O. O. (1983) (Bezug: Steidl Verlag, Düstere Straße 4, 37073 Göttingen)

Heinrich Muth: Das »Jugendschutzlager« Moringen. In: Dachauer Hefte 5 (1989), S. 222ff.

Erwin Rehn: Gedächtnisbericht über das SS-Sonderlager (Jugendschutzlager) MORINGEN und über das Außenlager VOLPRIEHAUSEN. In: Mitteilungen der Dokumentationsstelle zur NS-Sozialpolitik, Hamburg, 1. Jg. (1985), Heft 9/10, S. 91 ff.

»Wir hatten noch gar nicht angefangen zu leben«. Eine Ausstellung zu den Jugendkonzentrationslagern Moringen und Uckermark 1940–1945. Katalog zur Ausstellung der Lagergemeinschaft und Gedenkstätteninitiative KZ Moringen e.V. und der Hans-Böckler-Stiftung. Moringen 1992

Das »Außenkommando« des »Jugendschutzlagers« Moringen in Berlin-Weißensee

Es mag überraschen, daß ein sogenanntes »Außenkommando« des Jugendkonzentrationslagers Moringen, also ein dauerhaftes Nebenlager, in Berlin bestanden hat – immerhin mehrere hundert Kilometer vom Hauptlager entfernt, allerdings am Ort der zuständigen Reichsbehörde, dem Reichssicherheitshauptamt.
Die Örtlichkeit des Lagers läßt sich noch in der Gegenwart ohne weiteres bestimmen: In Berlin-Weißensee gab es bis zur Nazi-Herrschaft ein reges lokales jüdisches Leben; zudem war dieser 18. Bezirk von Groß-Berlin mit geprägt durch die beiden seit 1880 bestehenden jüdischen Friedhöfe.[1] In dem Gebäude Wörthstraße 20 (heute: Smetanastr. 53) bestand seit 1923 ein – so die damalige offizielle Formulierung – »Dauerheim für erwachsene jüdische Schwachsinnige«. Das Heim existierte bis zum Herbst 1942, als die letzten der etwa 140 Insassen deportiert wurden. Der Leitung war es während der Nazi-Herrschaft im übrigen anscheinend gelungen, die männlichen und weiblichen Insassen vor einer »rassenhygienischen« Verfolgung zu bewahren.
Für die lokalen Behörden offenbar überraschend, richtete im Sommer 1943 das Reichssicherheitshauptamt in dem leerstehenden Gebäude ein Lager für »Zöglinge« aus Moringen ein, die dort zum »Arbeitseinsatz« abgeordnet sein sollten. Nach Aussagen eines ehemaligen Angehörigen der Wachmannschaften soll es sich um ein »Übergangslager« gehandelt haben, wie es etwa für »Erziehungsfähige« vorgesehen war.

1 Siehe hierzu: Juden in Weißensee. Hrsg. Kulturamt Weißensee und Stadtgeschichtliches Museum. Berlin: Edition Hentrich, 1994. Über das »Dauerheim« insbesondere S. 167 ff

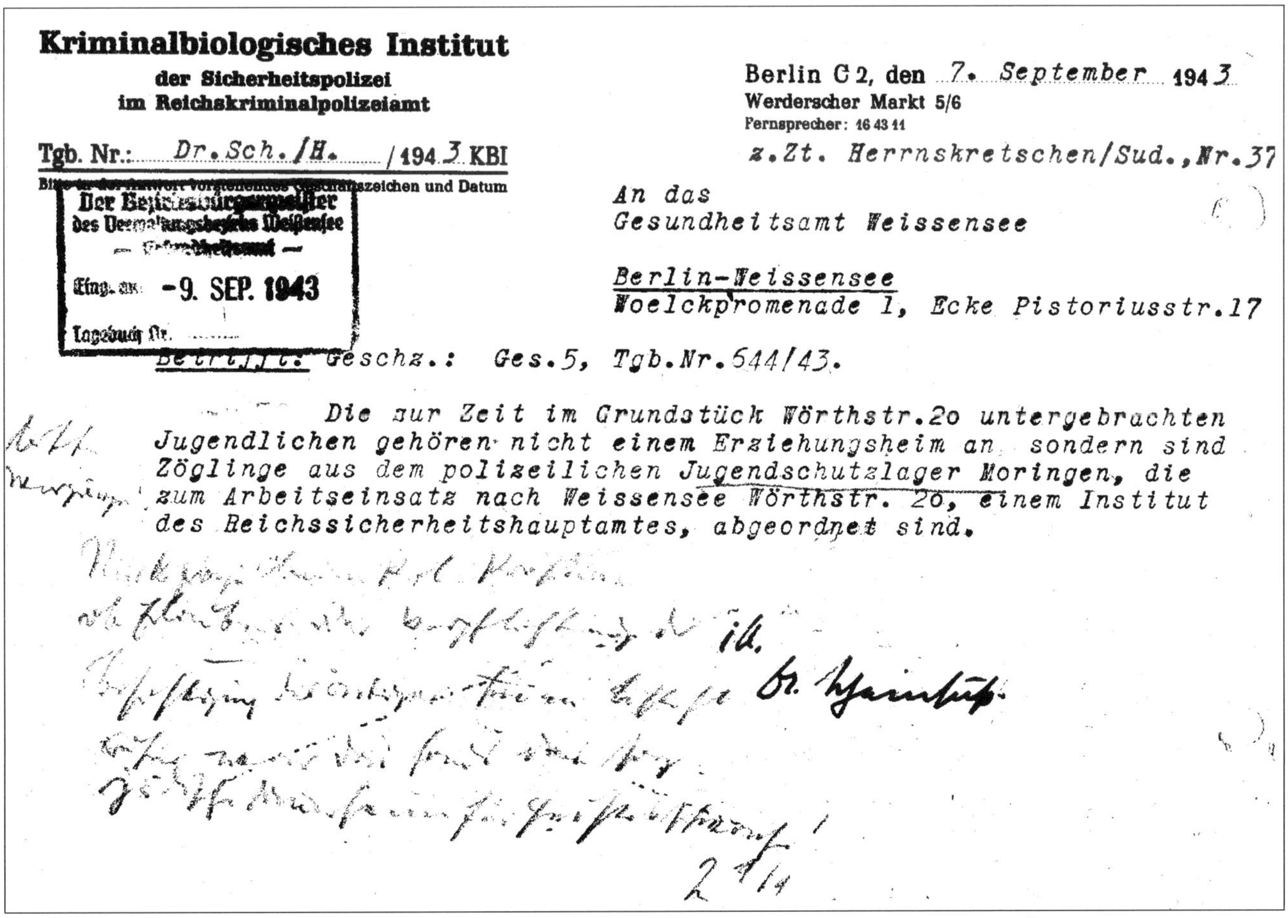
Kriminalbiologisches Institut
der Sicherheitspolizei
im Reichskriminalpolizeiamt

Tgb. Nr.: Dr. Sch./H. /1943 KBI
Bitte in der Antwort vorstehendes Geschäftszeichen und Datum

Der Bezirksbürgermeister des Verwaltungsbezirks Weißensee
— Gesundheitsamt —
Eing. am: -9. SEP. 1943
Tagebuch Nr.

Berlin C 2, den 7. September 1943
Werderscher Markt 5/6
Fernsprecher: 16 43 11
z.Zt. Herrnskretschen/Sud., Nr.37

An das
Gesundheitsamt Weissensee

Berlin-Weissensee
Woelckpromenade 1, Ecke Pistoriusstr.17

Betrifft: Geschz.: Ges.5, Tgb.Nr.544/43.

Die zur Zeit im Grundstück Wörthstr.2o untergebrachten Jugendlichen gehören nicht einem Erziehungsheim an, sondern sind Zöglinge aus dem polizeilichen Jugendschutzlager Moringen, die zum Arbeitseinsatz nach Weissensee Wörthstr. 20, einem Institut des Reichssicherheitshauptamtes, abgeordnet sind.

i.A.

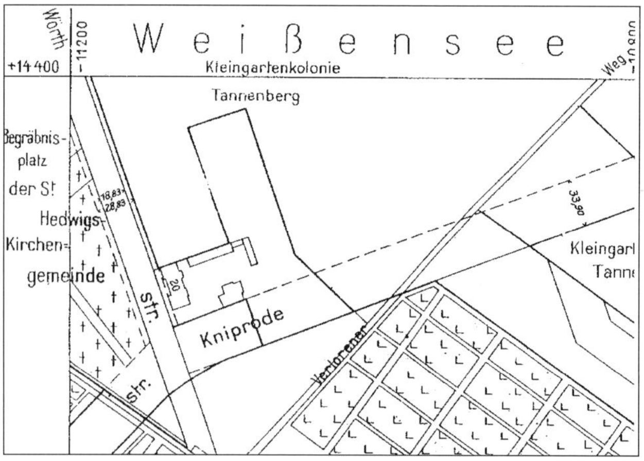

Gebäudekomplex Wörthstraße 20, 1941 (heute: Smetanastraße 53)

Das Gebäude Smetanastraße 53 im Jahre 1988, von Nordwesten fotografiert. Auch die auf dem Plan von 1941 auf dem Grundstück eingezeichneten Hofgebäude sind noch erhalten.

Es gäbe einige interessante Fragestellungen:

- Aus welchen Motiven wurde das Lager in Weißensee errichtet? Gab es möglicherweise Häftlinge, die aus Berlin oder der Umgebung direkt in dieses Lager kamen?
- Wie sah der Arbeitseinsatz für die Jugendlichen aus?
- Waren die Häftlinge Objekte »kriminalbiologischer« Untersuchungen?
- Wie wurde das Lager aufgelöst?

Im Zusammenhang mit der Erarbeitung dieser Handreichung war es nicht möglich, weiterführende Nachforschungen über das Lager anzustellen. Wenn auch schriftliche Quellen nicht mehr existieren mögen oder bislang nicht aufgefunden wurden, so ist es doch wahrscheinlich, daß einige ältere Menschen aus Weißensee über dieses Lager noch erzählen könnten. Dem nachzugehen wäre ein lohnendes Projekt für eine Gruppe von Schülerinnen und Schülern aus Weißensee. *Gernot Jochheim*

Das Kinderkonzentrationslager in Lodz (Litzmannstadt)

»Die Ortschaft Lidice, die aus 95 Häusern besteht, wurde vollständig niedergebrannt, 199 männliche Einwohner über 15 Jahren wurden an Ort und Stelle erschossen, 184 Frauen in das Konzentrationslager Ravensbrück, 88 Kinder nach Litzmannstadt überführt, während sieben Kinder unter einem Jahr in ein Heim nach Prag gebracht wurden. Drei Kinder wurden zur Eindeutschung in das Altreich gebracht.«

Diese Vergeltungsmaßnahmen vom 10. Juni 1942 meldete der Leiter der Staatspolizeistelle Prag nach dem Attentat auf Reinhard Heydrich nach Berlin[1]. – »88 Kinder nach Litzmannstadt«, so heißt es. »Litzmannstadt« war der Name, den die Nazis dem polnischen Lodz gegeben hatten, der größten Industriestadt des Landes. Das alte jüdische Ghetto von Lodz, dessen Bewohner ebenso wie die dorthin deportierten deutschen Juden (Die ersten vier Deportationstransporte aus Berlin mit über 4 000 Menschen im Oktober/ November 1941 endeten ebenfalls in Lodz.) längst umgebracht waren, war 1942 als Konzentrationslager für polnische Kinder und Jugendliche eingerichtet worden.

Das Kinderkonzentrationslager von Lodz hatte einen gänzlich anderen Charakter als die Jugendkonzentrationslager Moringen und Uckermark im Reichsgebiet, denn es war für Kinder und Jugendliche eines von vornherein als »minderwertig« eingestuften Volkes bestimmt – ein Umstand, der den Lageralltag maßgeblich geprägt hat. So hieß es in einer Stellungnahme des deutschen Polizeipräsidenten von Litzmannstadt:

1 Siehe hierzu: Karl Vogel: Lidice – ein Dorf in Böhmen. Rekonstruktion eines Verbrechens. Hrsg. von der Landesbildstelle Berlin. Berlin: Colloquium Verlag, 1989. Das Heft kann bei der Landesbildstelle kostenlos bezogen werden.

»Nach den hiesigen kriminalpolizeilichen Feststellungen beginnt die Kriminalität der polnischen Jugendlichen bereits mit dem 7. Lebensjahr. Der Pole ist – rassisch gesehen, ebenso wie es geschichtlich erwiesen ist – ein Mensch minderwertigen Charakters, eine Knechtsnatur, und will auch als solche behandelt werden. Der Pole als Knecht gehorcht, er erhält für seine Arbeit seinen Unterhalt, und wenn er faul und träge wird, muß mit der Knute nachgeholfen werden.«

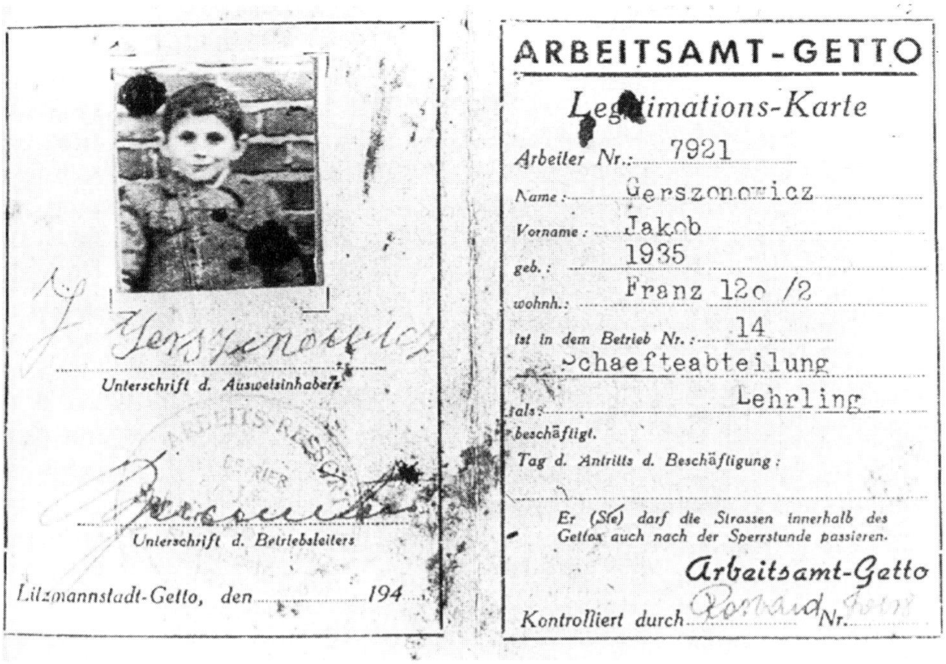

Unterschrift d. Ausweisinhabers

Unterschrift d. Betriebsleiters

Litzmannstadt-Getto, den .... 194...

ARBEITSAMT-GETTO

Legitimations-Karte

Arbeiter Nr.: 7921

Name: Gerszonowicz

Vorname: Jakob

geb.: 1935

wohnh.: Franz 12c /2

ist in dem Betrieb Nr.: 14

Schaefteabteilung

als: Lehrling

beschäftigt.

Tag d. Antritts d. Beschäftigung:

Er (Sie) darf die Strassen innerhalb des Gettos auch nach der Sperrstunde passieren.

Arbeitsamt-Getto

Kontrolliert durch .... Nr.

In das Kinder-KZ Litzmannstadt – offiziell »Polen-Jugendverwahrlager« kamen Kinder von umgebrachten oder gefangengenommenen Polen, beispielsweise von Partisanen, sowie Kinder, die in den Kriegswirren elternlos umherzogen und aufgegriffen worden waren. Ihre Zahl betrug mehrere Tausend. Das jüngste Kind des Lagers war bei seiner Einlieferung zwei Jahre alt. Die Kinder mußten Zwangsarbeit leisten und erlitten jene Behandlung, wie sie in anderen Konzentrationslagern ansonsten den Erwachsenen widerfuhr. Brutale Übergriffe der (erwachsenen) Bewacher und Bewacherinnen – oft mit tödlichem Ausgang – und »normales« Sterben angesichts der Entbehrungen waren an der Tagesordnung.

Die Geschichte des Kinderkonzentrationslagers Litzmannstadt ist bislang nicht geschrieben worden. Es gibt einen älteren wissenschaftlich fundierten Beitrag von Michael Hepp (s. Literaturhinweise, S. 188). Die Illustrierte »Stern« veröffentlichte in ihrer Ausgabe vom 26. September 1985 einen Beitrag zu den Jugend- bzw. Kinderkonzentrationslagern Moringen, Uckermark und Lodz (*»Verschleppt, gepeinigt, vergessen. Die Kinder-KZs der Nazis«*) und im Heft 19/1991 einen Bericht ausschließlich über Lodz (»Das Kinder-KZ von Lodz«), dem im übrigen die beiden obigen Zitate entnommen sind. Insbesondere der letztgenannte Beitrag ist für eine unterrichtliche Arbeit geeignet.

Gernot Jochheim

Literaturhinweis

Michael Hepp: Denn hier ward die Hölle. Kinder und Jugendliche im »Polenverwahrlager Litzmannstadt«. In: Mitteilungen der Dokumentationsstelle zur NS-Sozialpolitik (Hamburg), 2. Jg. (1986), Heft 11/12 (April 1986), S. 49–71.

Im Kinderkonzentrationslager Lodz

»Wir hatten noch gar nicht angefangen zu leben«

Eine Ausstellung zu den Jugendkonzentrationslagern Moringen und Uckermark 1940–1945

Die »Lagergemeinschaft und Gedenkstätte KZ Moringen e.V.« hat über die beiden Jugendkonzentrationslager eine relativ leicht verfügbare Ausstellung erarbeitet, deren breiter thematischer Ansatz es gestattet, sie zu einem der Leitmedien eines Unterrichts, vorzugsweise eines Projektunterrichts, über den Nationalsozialismus zu machen.

Die Ausstellung hat fünf thematische Abschnitte:

1. Jugend im Nationalsozialismus – ein Überblick

Der erste Teil bietet auf insgesamt fünf Tafeln einen zusammenfassenden Überblick über die grundlegenden Bedingungen jugendlichen Lebens und des Aufwachsens im nationalsozialistischen Deutschland.

2. Errichtung und Scheinlegitimierung der Jugend KZ

Der zweite Teil der Ausstellung stellt die Entstehungsgeschichte der beiden Jugendkonzentrationslager in Moringen (1940 bis 1945) und Uckermark (1942 bis 1945) dar. Bei der Errichtung der Jugend-KZ kam es zur gezielten und planmäßigen Zusammenarbeit unterschiedlicher Behörden. So stellte zum Beispiel die Reichsbahn den reibungslosen Transport der jugendlichen Häftlinge sicher.

3. Der Weg ins Jugend-KZ: Biographische Skizzen zu ehemaligen Häftlingen

In diesem zentralen Teil werden die Lebenswege einiger ehemaliger Häftlinge der beiden Jugend-KZ bis zu ihrer Inhaftierung in diesen Lagern nachgezeichnet. Die Jugendlichen wuchsen unter den verschiedensten Lebensbedingungen auf, mit jeweils unterschiedlichen Chancen und Möglichkeiten der Alltagsbewältigung. Die aus diesen Umständen resultierenden Ziele und Wünsche werden ebenso verdeutlicht wie die Ängste und Sorgen der Mädchen und Jungen.

Aus einer Vielzahl von Gründen gerieten diese Jugendlichen in die Verfolgungsmaschinerie des SS- und Polizeiapparates, was letztlich zur Haft in Moringen oder Uckermark führte.

4. Terror, Zwangsarbeit, Selektion und Tod – Die Haft im Jugend-KZ

Auf insgesamt 14 Tafeln erfolgt in diesem Teil der Versuch einer Annäherung an den »Alltag« – an die Bedingungen des Lebens, d.h. besser: Überlebens – in den Lagern Moringen und Uckermark. In einer altersbedingt wichtigen Entwicklungsphase waren die betroffenen Jugendlichen – im System der KZ-Hierarchie zu recht- und namenlosen »Nummern« abgestempelt – dem SS-Apparat nahezu hilflos ausgeliefert. Willkür und Terror, Sanktionen und Strafen, kriminalbiologische Selektion sowie die bedingungslose Ausnutzung ihrer Arbeitskraft bei völlig unzureichender Verpflegung und mangelnder medizinisch-hygienischer Versorgung. Diese Faktoren bildeten für die Inhaftierten über Monate und Jahre hinweg eine Erfahrungswelt, die für sie, soweit sie überlebt haben, heute negative Nachwirkungen zeigt.

5. 1945 bis heute – Jahrzehnte der Mißachtung und des Verdrängens

Dieser letzte Bereich dokumentiert die »zweite Schuld«, das Verdrängen bzw. Verschweigen des Unrechtes, das in den beiden Jugend-KZ geschah. Während die ehemaligen Häftlinge nach 1945 ignoriert oder ausgegrenzt und damit zu vergessenen Opfern wurden, blieben die Täter aus den Reihen der SS und der Polizei unbehelligt. **Alle 33 Ausstellungstafeln sind in einem 50seitigen Katalog wiedergegeben (DM 10,–).**

Die Ausstellung (33 DIN A2-Plakate) und der Katalog können zum Preis von DM 150,– (plus Versandkosten) bezogen werden.

Bezug:
Lagergemeinschaft und Gedenkstätte KZ Moringen
Lange Straße 58, 37186 Moringen,
Tel.: 05554/2520, Fax: 05554/8807

Tod durch Erziehung?!

Eine Klasse forscht zum Thema Jugend-KZ

Unter dem Titel »Tod durch Erziehung?!« sind zwei empfehlenswerte Medien verfügbar, die nicht allein die Beschäftigung von jungen Erwachsenen zum Thema der Jugend-KZ in der Nazi-Zeit dokumentieren, sondern zugleich Informationen über jugendliches Leben während der Nazi-Zeit beinhalten.

Es handelt sich um die Ergebnisse eines Medienprojekts mit dem Titel »Ein Blick zurück und in die Zukunft«, in dessen Rahmen sich 1995/96 eine Klasse der Abteilung Berufsfachschule für Sozialwesen der Anna-Freud-Oberschule in Berlin-Charlottenburg mit Jugend und Erziehung während des Nationalsozialismus und mit ihrer eigenen Lebenssituation auseinandergesetzt hat. Die dokumentierten Ergebnisse: ein 40-minütiges **Video** und eine umfangreiche **Broschüre**.

Das Video zeigt zum einen Bilder von der Studienfahrt zu den Jugend-KZ Moringen und Uckermark, zum anderen bemerkenswert gelungene Spielszenen über das Schicksal von nicht angepaßten Jugendlichen während der NS-Zeit, gestaltet von beteiligten Schülerinnen und Schülern. Dabei steht die sogenannte »Swing-Jugend« im Mittelpunkt. Die Broschüre dokumentiert – in einer Spannweite von Informationssammlung über Kontroversen innerhalb der Gruppe bis hin zu stark emotionalen Aussagen und Gedichten – stärker als das Video den Erarbeitungsprozeß durch die Schülerinnen und Schüler. Lehrpersonen finden hier zudem eine Reihe didaktisch-methodischer Anregungen, beispielsweise zu dem Themenkomplex »Täter-Opfer-Mitläufer-Gegner«.

Das **Video** ist in der Landesbildstelle Berlin ausleihbar (Tod durch Erziehung?!, Verleih-Nr. 42 55640); die **Broschüre** kann über die Lagergemeinschaft und Gedenkstätte Moringen (s. oben) zum Preis von DM 10,– bezogen werden.

Vom Namen zur Nummer

Einlieferungsrituale in Konzentrationslagern/Ausstellung und Begleitheft

In Verbindung mit dem Erleben eines Konzentrationslagers berichten Betroffene über den Schock, der bereits mit der Ankunft verbunden gewesen ist. Auch die Überlebenden der Jugend-KZ Moringen und Uckermark bringen dies in ihren Erzählungen zum Ausdruck (s. S. 183/184). Die Einlieferungsrituale in Konzentrationslagern hatten sich 1995/96 Religionsschülerinnen und -schüler der Kooperativen Gesamtschule (KGS) Stuhr (Niedersachsen) zum Thema gemacht und eine Ausstellung erarbeitet. Das Begleitheft zur Ausstellung beinhaltet eindrucksvolle Texte und Bilder.

Informationen über die **Ausstellung:**
KGS-Stuhr-Brinkum, Ilse Henneberg,
Tel.: 04240 – 1067, Fax: – 95053.

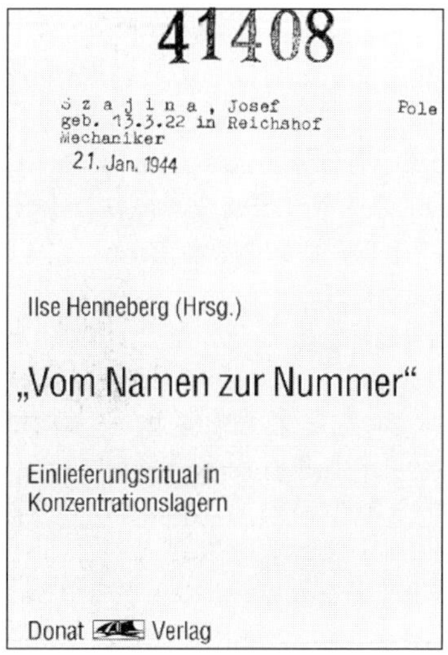

Ilse Henneberg (Hg.)
»Von Namen zur Nummer«
Einlieferungsrituale
in Konzentrationslagern
Bremen: Donat Verlag,
1996

JUGENDLICHE

Das Jugend-KZ Moringen in der Literatur

Arnulf Zitelmann
Paule Pizolka oder Eine Flucht durch Deutschland
Mit einem Nachwort von Arno Klönne
Weinheim: Beltz TB, 1997

Paule Pizolka, Jahrgang 1927, ist kein Held. Er ist weder ein begeisterter Hitlerjunge noch ein Edelweißpirat. Paule Pizolka, genannt Pelle, ist ein ganz normaler Gymnasiast aus Oberhausen, der im Dezember 1943 in einem Kinderlandverschickungslager in den Bergen darauf wartet, daß der Krieg zu Ende geht. Der Alltag mit Schule, Sport und Exerzieren in Zürs ist militarisiert. Stubenappelle, Bettenbauen, Spind aufräumen und wehe, es liegt nicht alles auf Kante! Doch Paule hat damit keine Probleme, er war schon einmal in einem Wehrertüchtigungslager, kann mit Karabiner und Maschinenpistole umgehen und trifft meistens ins Schwarze, zur Freude seiner Vorgesetzten. Doch Paule schaut lieber mit seinem Freund in die Sterne und ist sich längst nicht mehr so sicher, daß die Deutschen den Krieg gewinnen. Arnulf Zitelmann hat das Bild dieses Jungen in seinem Roman gezeichnet, eines Jugendlichen, der durch die ständige Schikane des Systems zum »Staatsfeind« wird.

Paule wird mit seinem Freund beim Onanieren auf der Toilette erwischt und der homosexuellen Handlungen bezichtigt. Der Lagerleiter wirft ihm vor: »*Du bist nicht mit wirklicher Überzeugung bei der Sache, du gehorchst Befehlen nicht freiwillig, nicht aus eigenem Antrieb, sondern gezwungen. Ihr seid die gefährlichsten Leute. Nicht die Juden, sondern Leute von deinem Schlag!*« Zur Strafe muß er jeden Tag vor dem Lagerleiter den entwürdigenden Spruch von Reichsjugend(ver)führer Baldur von Schirach aufsagen: »*Dein Körper gehört deiner Nation, denn ihr verdankst du dein Dasein. Du bist ihr für deinen Körper verantwortlich.*«

Das zwingt Paul zum Nachdenken, in ohnmächtiger Wut auf den Lagerleiter kehrt er den Satz für sich um: »*Mein Körper gehört mir.*« Er weiß, daß der Lagerleiter seinen freien Willen nicht brechen kann, und damit hat dieser den Keim des Widerstands in Paule gelegt. Paule will aus dem Lager flüchten, bevor er zur Armee eingezogen wird. Auch wenn die Briefe seines Vaters vom schrecklichen Bombenkrieg auf Frankfurt ihn vor lauter Empörung vielleicht noch dem System als Freiwilligen in die Arme treiben könnten, der Terror und die Schikane des Lagers bestärken ihn in seinem Willen zur Flucht.

Paule hat ein neues Ziel. Im Ort hat er Ulla kennengelernt, die bald nach Duisburg zurückkehren wird. In sie hat er sich unsterblich verliebt. Sie ist für ihn das Wichtigste geworden, die Stütze und Motivation für alles, was er noch vor sich hat. Mit seiner Flucht aus dem Lager – zuvor hatte er alle Papiere vernichtet – begeht er Fahnenflucht. Aber auch das kann Paule nicht mehr schrecken.

Zitelmann schildert nun die atemberaubende Flucht durch das sich in Auflösung befindliche Deutschland. Er erlebt den Bombenkrieg in Frankfurt und Duisburg, lernt Ullas Mutter kennen, die noch an den Endsieg glaubt. Ullas Vater ist ein überzeugter Nazi, der sich mit dem Schild »Kauft nicht bei Juden« fotografieren ließ, während Paules Vater zur gleichen Zeit im KZ saß. Zitelmann erspart Paule nichts. Er landet im **Jugend-KZ Moringen,** wo er die Hölle auf Erden erlebt. Hier wird versucht, die Persönlichkeit der Jugendlichen zu brechen, indem man sie beispielsweise mit nacktem Rücken über einen Schotterplatz, den »Blutacker«, robben läßt, bis die Haut in Fetzen hängt. Aber Paule läßt sich nicht brechen, denn er hat erkannt, daß die Gedanken ihm gehören.

Rolf Brockschmidt

Manfred Flügge
Meine Sehnsucht ist das Leben
Eine Geschichte aus dem deutschen Widerstand
Berlin: Aufbau TB, 1998

Im Mittelpunkt dieses Buches stehen nicht Erfahrungen und Handlungen, die wie bei Paule Pizolka einen aufmüpfigen Jungen während des Nazi-Regimes quasi zwangsläufig den Sanktionsmechanismen des Terror-Systems ausliefern mußten. Hier handelt es sich um eine authentische Geschichte aus dem Kreis des politischen Widerstandes. Während für die junge Frau – es handelt sich um Cato Bontjes van Beek – das Leben unter dem Fallbeil endet, gerät der männliche Jugendliche – der am Beginn der Erzählung 16-jährige Claus Küchenmeister – ins **Jugend-KZ Moringen.** Dieses bewegende Buch mit seiner wundersamen und erregenden Ausgangskonstellation im Polizeigefängnis am Alexanderplatz zählt zur unbedingt empfehlenswerten Widerstandsliteratur. *G. J.*

Die »Swing-Jugend« – ein störendes Element im Nazi-Staat

Detlev Peukert

Mitten während der Winterschlacht vor Moskau bemühte sich der »Reichsführer SS und Chef der Deutschen Polizei«, Heinrich Himmler höchstpersönlich, seinen Stellvertreter Heydrich über den Swing zu unterrichten. Am 26. Januar 1942 schrieb er aus dem Führerhauptquartier:

Lieber Heydrich!
Anliegend übersende ich Ihnen einen Bericht, den mir der Reichsjugendführer Axmann über die »Swing-Jugend« in Hamburg zugesandt hat.
Ich weiß, daß die Geheime Staatspolizei schon einmal eingegriffen hat. Meines Erachtens muß aber das ganze Übel radikal »ausgerottet« (sic!) werden. Ich bin dagegen, daß wir hier nur halbe Maßnahmen treffen.
Alle Rädelsführer, und zwar die Rädelsführer männlicher und weiblicher Art, unter den Lehrern diejenigen, die feindlich eingestellt sind und die Swing-Jugend unterstützen, sind in ein Konzentrationslager einzuweisen. Dort muß die Jugend zunächst einmal Prügel bekommen, und dann in schärfster Form exerziert und zur Arbeit angehalten werden. Irgendein Arbeitslager oder Jugendlager halte ich bei diesen Burschen und diesen nichtsnutzigen Mädchen für verfehlt. Die Mädchen sind zur Arbeit im Weben und im Sommer zur Landarbeit anzuhalten.
Der Aufenthalt im Konzentrationslager für diese Jugend muß ein längerer, zwei bis drei Jahre sein. Es muß klar sein, daß sie nie wieder studieren dürfen. Bei den Eltern ist nachzuforschen, wieweit sie das unterstützt haben. Haben sie es unterstützt, sind sie ebenfalls in ein KL zu verbringen und das Vermögen ist einzuziehen.
Nur wenn wir brutal durchgreifen, werden wir ein gefährliches Umsichgreifen dieser anglophylen (sic!) Tendenz in einer Zeit, in der Deutschland um seine Existenz kämpft, vermeiden können.
Ich bitte um weitere Berichte. Diese Aktion bitte ich im Einvernehmen mit dem Gauleiter und dem höheren SS- und Polizeiführer durchzuführen.
Heil Hitler! – Ihr H. H. (Paraphe)

Was den »Reichsführer« so sehr erregt hatte, läßt sich aus einer Denkschrift der Reichsjugendführung ersehen. Sie dokumentiert unter anderem den Augenzeugenbericht von einem öffentlichen Tanzfest in Hamburg, an dem im Februar 1940 über 500 Jugendliche teilgenommen hatten. Der Berichterstatter hielt das Bild, das sich ihm bot, für »verheerend«:

»Kein Paar tanzte normal, es wurde in übelster Form geswingt. Teils tanzten zwei Jünglinge mit einem Mädel, teils bildeten mehrere Paare einen Kreis, wobei man sich einhakte und in dieser Weise dann umherhüpfte, mit den Händen schlug, ja sogar mit den Hinterköpfen aneinanderrollte und dann in gebückter Stellung, den Oberkörper schlaff nach unten hängend, die langen Haare wild im Gesicht, halb in den Knien, mit den Beinen herumschlenkerte. Als die Kapelle einmal einen Rumba spielte, gerieten die Tanzenden in eine wilde Ekstase.«
Dem Abscheu des Beobachters entsprach das »Durchgreifen« der Polizeibehörden. Swing-Feste wurden verboten. Die Übertretung dieser Norm fiel unter den umfangreichen Katalog von Delikten, die die Gestapo »behandelte«.
Damit war der Swing jedoch nicht aus der Welt. Immer wieder brachen Jugendliche bei öffentlichen Tanzkonzerten in Begeisterungsstürme aus, sobald die Musik flotter wurde, und bedrängten die Kapellmeister mit der Bitte, Swing zu spielen. Musik- und Tanzveranstaltungen wurden argwöhnisch von der Gestapo beobachtet (s. S 197/198).
Wenn schon das alles in allem harmlose öffentliche Auftreten von Swing-Fans Empörung bei den nationalsozialistischen Ordnungshütern auslöste, so mußte sie das »Treiben« in privaten Swing-Cliquen gänzlich aus der Fassung bringen. Man spielte in der sturmfreien Bude, der Wohnung der Eltern oder auf der Nachtwache heiße Jazz-Platten, tanzte und gab sich ganz lässig »englisch«. Schlimmer noch, man nutzte die Gelegenheit zu unkontrollierter Sexualität.

»Lotterleben« in der Clique

Die Swing-Cliquen bestanden vor allem aus Jugendlichen des gehobenen Mittelstandes, die aus der Schule Fremdsprachenkenntnisse mitbrachten, deren Eltern, z.B. in den norddeutschen Hafenstädten, über kommerzielle Verbindungen ins Ausland verfügten, denen Radios, Plattenspieler und genügend Geld für den Besuch von Tanzveranstaltungen zur Verfügung standen und in deren sozialem Milieu es anders als etwa in den Arbeiterwohnungen Räumlichkeiten für Budenzauber und Hausfeste gab. Das Resultat der öffentlichen Verpönung des Swing war bei der Mehrheit der Jugendlichen, daß sie an ihrer Jazz- und Swing-Vorliebe festhielten, diese aber nur privat artikulierten. Bei einer Minderheit hingegen führte die Ver-

drängung in den Privatraum zur Bildung festerer und deutlich gegen das nationalsozialistische Kulturideal ausgerichteter Cliquen.

Immer noch nutzten die »Swing-Boys und -Girls« jedoch auch die Angebote städtischer Tanzkonzerte, die ganz im Sinne des Propagandaministers Goebbels die Heimatfront während des Krieges bei Laune halten sollten. Wo der UFA-Schlager einzelne rhythmische Elemente des internationalen Jazz entschärft aufnahm und in gesittete Tanzcafé-Atmosphäre einbettete, forderten die Swing-Jugendlichen »hot jazz« und ermutigten jeden dissonanten Ausbruch aus der harmonischen Harmlosigkeit.

Die Swing-Musik drückte ein lockeres, entspanntes Lebensgefühl aus, das sich den verkrampften Anforderungen der Ordnungsinstanzen, der schulischen Disziplin, dem paramilitärischen Drill der HJ, dem »markigen« Auftreten der NS-Amtswalter und der allgegenwärtigen Einzwängung in Pflichten entzog. Der musikalischen Vorliebe entsprach daher eine lässige Haltung, die man englischen und amerikanischen Filmhelden nachempfand, eine betont modische, mondän-lässige Kleidung aus langen, karierten englischen Sakkos, Schuhen mit Krepp-Sohlen, Unger-Diplomat-Hüten und Regenschirmen, die auch bei strahlendem Wetter mitgeführt und bei schlechtem nie geöffnet wurden, und einer Haartracht, die, wie die nationalsozialistischen Quellen ausdrücklich mehrfach anmerken, bis zum Rockkragen oder darüber hinaus reichte. Eine zeitgenössische Tagebucheintragung: »*So lotterten wir beim lässigen Bar-Swing bis in den frühen Morgen hinein*« wird von einer HJ-Quelle nicht zu Unrecht kommentiert: »*Ihr Ideal ist das Lotterleben*«. Dies Schlagwort faßt den Lebensstil der Swing-Jugend präzise zusammen, der es um Entpflichtung gegenüber den obrigkeitlichen Anforderungen, Entkrampfung des eigenen Verhaltens und Enttabuisierung der Sexualität ging. Mit der Swing-Jugend trat ausgerechnet im bürgerlichen Mittelstand, dem historisch bedingten Hauptrekrutierungsfeld der Nationalsozialisten, eine gänzlich anders orientierte Gegenbewegung auf. Sie war lässig, individualistisch, betonte den eigenen Standard gegenüber bürokratisch-gleichmacherischen Tönen der Volksgemeinschaftspropaganda; sie nahm »Juden« und »Halbjuden« selbstverständlich in ihre Cliquen auf und ahmte ausgerechnet den lässigen amerikanischen Kriegsgegner nach. Sie repräsentierten einen in vielem gänzlich anderen Sozialisationstyp als die Vorkriegsgeneration, der Heinrich Himmler entstammte. In gewisser Weise antizipierten sie die Jugendsubkulturen der späteren Wirtschaftswunderzeit.

Die Swing-Jugend ist nicht eigentlich politisch, wie auch die nationalsozialistischen Quellen anerkennen, aber sie tut dem Ideal des »soldatischen Mannes« den schlimmsten Tort an: Sie nimmt es nicht ernst.

Der Beitrag ist eine stark gekürzte Fassung des Aufsatzes »Heinrich Himmler und der Swing« in: Journal für Geschichte, 2. Jg. (1980), Heft 6, S. 53–56.

Literaturhinweise

Heinz Boberach: Jugend unter Hitler. Blindach 1990

Wilfried Breyvogel (Hg.): Piraten, Swings und Junge Garde – Jugendwiderstand im NS. Bonn 1991

Peter Dudek: Jugend 1933–1945. Begeisterung – Zwang – Opposition. Frankfurt a. M.: WOCHENSCHAU Nr. 3/1984

Dirk Hegmanns: Rheinpiraten. Wuppertal 1996

Arno Klönne: Jugend im Dritten Reich. Die Hitler-Jugend und ihre Gegner. München 1995

Detlev Peukert: Die Edelweißpiraten. Köln 1988

Verachtet – verfolgt – vernichtet – zu den vergessenen Opfern des NS-Regimes. (Hamburg 1988 (s. S. 35)

Zur Gruppe Baum, zu Eva-Maria Buch, Liane Berkowitz, Cato Bontjes van Beek und Hanno Günther:

Volker Hoffmann: Hanno Günther, ein Hitlergegner. Geschichte eines unvollendeten Lebens. Berlin 1992

Wilfried Löhken/Werner Vathke (Hg.): Juden im Widerstand. Drei Gruppen zwischen Überlebenskampf und politischer Aktion. Berlin 1939 bis 1945. Berlin 1993

Kurt Schilde: Eva-Maria Buch und die »Rote Kapelle«. Berlin 1992 (darin auch über L. Berkowitz und C. Bontjes van Beek).

Audio-visuelle Medien der Landesbildstelle Berlin:

Coco, der Ghetto-Swinger. (45 min., Verleih-Nr. 42 52197)

Widerstand im 3. Reich. Es gab nicht nur den 20. Juli ... Jugend. (16 mm-Film, 32 min., Verleih-Nr. 32 1977).

»Hopfen und Malz verloren«

Aus »Meldungen aus dem Reich«, den geheimen Lageberichten des Sicherheitsdienstes der SS, über die »Swing-Jugend«, 1942

Jugendliche und Jazzmusik
Im Laufe der letzten Monate gehen in steigendem Maße Meldungen aus verschiedensten »Großstädten« ein, die übereinstimmend folgendes besagen: Wenn es in den Konzert-Kaffees zur Darbietung ausgesprochen englischer und amerikanischer Jazzmusik käme, so sei das nicht mehr ausschließlich Schuld einzelner Kapellen. Von einer Minderheit von Jugendlichen, die zum Stammpublikum dieser Unterhaltungsstätten gehöre, werde eine anständige, deutschem Geschmack entsprechende Unterhaltungsmusik so eindeutig boykottiert und andererseits Jazzmusik teilweise mit so drastischen Mitteln verlangt, daß die Kapellen allmählich »weich werden«, diesem Drange nachgeben und umso hemmungsloseren Beifall dieser Jugendlichen ernten, je wilder, verjazzter und verhotteter die gebotene Musik wird.

Einzelbeispiele
1. Aus *Berlin* wird gemeldet:
Wie in Erfahrung gebracht wurde, ist die belgische Kapelle *Fud Candrix* mit den besten Vorsätzen bezüglich der Art ihrer Musik nach Berlin gekommen.
Schon die zuständigen deutschen Führungsstellen in Belgien und der Manager der Kapelle haben aus dem Repertoire die englischen und amerikanischen Jazzschlager gestrichen. In den ersten 14 Tagen spielte die Kapelle im »Delphi« durchaus anständige Musik. Dann sei aber laufend zu beobachten gewesen, wie sich jugendliche Besucher um die Kapelle drängten und immer ungestümer nach amerikanischen Schlagern verlangten, die dann schließlich auch geboten wurden.

2. Aus *Saarbrücken* wird berichtet:
daß anläßlich des Gastspieles der holländischen Kapelle Ferdinand Rikkers im Kaffee Wien, die verschiedentlich stark verjazzte Musik spielte, die Kapelle nicht nur den Beifall zahlreich vertretener Jugendlicher erntete, sondern daß diese beim amerikanischen Jazz geradezu »getobt« und durch »Wunschzettel« die Wahl der einzelnen Musikstücke veranlaßt haben.

3. Als die Kapelle Willy *Arteit* im »Georgs-Palast« in *Hannover* angeblich original englischen Jazz gebracht habe, hätte ein Teil der Gäste und vor allem Parteigenossen bei Beginn dieser Jazzmusik das Lokal unter Protest verlassen. Dafür hätten dann aber die Jugendlichen dieser Musik in überschwenglicher Form Beifall gezollt. Beim »Tiger-Rag« sei es zu wahren Beifallsstürmen gekommen.

4. Über dieselbe Kapelle wird aus *Hamburg* gemeldet:
Der Kapellmeister arbeitet anscheinend in Ekstase. Mit krummem Rücken und verdrehten Augen dirigiert er, begleitet von dem Gebrüll der Zuhörer. Orkanartig prasselnden Beifall gebe es bei den Missakkorden. Der Alster-Pavillon war bis auf den letzten Platz vorwiegend mit Jugendlichen im »Swing-Jugend« Stil besetzt.

5. Im April gastierte die Kapelle *Wolff* in Hamburg in der »Caricata-Bar«.
Darüber wird gemeldet:
Wolff trug einen fast bis an die Knie reichenden englischen Sakko. Er hielt sich mit seinen Verrenkungen, Grimmassen und der häufigen Aufeinanderfolge von Pralltrillern eng an das Vorbild der ausgefallensten amerikanischen Negersänger. In ähnlich übler Weise benahm sich der Klatschbaß-Spieler, der offensichtlich nach dem Vorbild des Klatschbaß-Spielers der Kapelle Andre Canjas wahre Bauchtänze zum Spielen vollführte. Die Kapelle spielte in erster Linie deutsche Schlager, die sie stark verhottete. Als sie den Schlager »Über den Dächern einer großen Stadt« spielte, leitete sie am Schluß unauffällig in den englischen »Flat foot flogee« über. Während bei den vorhergehenden Schlagern fast überhaupt nicht Beifall geklatscht wurde, kam es nach dem »Flat foot flogee« zu starkem Beifall. Wolff sagte verschiedentlich andere Schlager an als in Wirklichkeit gespielt wurden. So sagte er beispielsweise: Sie hören jetzt das alte Lied »Laterne, Laterne«. Daraufhin spielte die Kapelle den original-englischen Schlager »A tisket, a tasket« und sang dazu die Worte des deutschen Kinderliedes »Laterne, Laterne«. Der Swing-Jugend-Schlager: »Tiger Rag« wurde angesagt als das Lied »Wo ist der Papa«. Der Beifall nach diesen englischen Schlagern war außerordentlich stark und hob sich deutlich von dem den deutschen Schlagern gezollten Beifall ab. Weiter wurde u.a. der englische Schlager »sweet sue« gespielt und dazu gesungen: »Lest das Mittagsblatt, lest das Tageblatt«. Da dieser Text in der abgewandelten Form »Lest das Mittagsblatt, lest das Tageblatt, alles Lüge, alles Dreck« von jeher in der Swing-Jugend gesungen wurde und überall be-

kannt ist, erntete dieses Stück einen besonders starken Beifall.
Parallel zu dieser Zustimmung für ausländische Jazzmusik läuft die Ablehnung deutscher Unterhaltungsmusik durch diesen Typ von Jugendlichen.
Beispiele:
1. In *Wien* spielte sich bei einer Veranstaltung der Spielschar der JH-Banners 503 folgender Vorgang ab:
Die Veranstaltung im Sofiensaal, die sich »2 Stunden Frohsinn« betitelte, und zu der die Jugend der Betriebe des Kreises III geladen war, zeigte einen äußerst bedauerlichen Verlauf. Obwohl die Darbietungen der JH-Spielschar sehr erfrischend und natürlich waren und sich die Darsteller alle Mühe gaben, war der Erfolg äußerst kläglich. Die »Schlurfe« und ihr weiblicher Anhang verließen schon nach den ersten Programmpunkten den Saal. Volkslieder und gemeinsam gesungene Jugendlieder wurden mit Gelächter aufgenommen oder durch dauernden Applaus gestört. Obwohl sich verschiedene Betriebsjugendwalter, Ortsjugendwalter und -walterinnen alle Mühe gaben, die Leute am Fortgehen zu hindern, blieb ihr Bemühen erfolglos. Bis zur Pause war der halbe Saal leer.
2. Aus *Dresden* wird gemeldet:
Schon verschiedentlich konnte festgestellt werden, daß alle Orchester, die moderne Tanzmusik bringen, in erster Linie ein Stelldichein der Jugendlichen im Pubertätsalter sind. Die vielfach gehörte Behauptung, daß man diese Tanzorchester brauche, um die Stimmung breiter Bevölkerungskreise hochzuhalten, wirkte deshalb nicht überzeugend. Nach den bisherigen Beobachtungen seien diese Tanzorchester ziemlich ausschließlich für die halbwüchsige Jugend da, während der schaffende Mensch unter dem zuhörenden Publikum fast überhaupt nicht zu bemerken sei.
3. Nach einer Meldung aus *Berlin* kam es während des Abschiedsabends der bereits erwähnten Kapelle Fud Candrix im »Delphi« zu folgenden Vorgängen:
Man mußte das beschämende Bild erleben, daß den einzelnen Mitgliedern der Kapelle, in der Hauptsache von Jugendlichen, Autogramme förmlich aus der Hand gerissen wurden. Um jeden einzelnen Musiker bildete sich in der kurzen Zeit während der Pause ein Kreis von »jazzhungrigen Lebejünglingen«, die sich als Autogrammjäger betätigten. Anscheinend erregte diese Haltung der Jugend bei einigen anwesenden Soldaten große Verärgerung, die ihrem Mißfallen entsprechend Ausdruck verliehen und einigen Jungen die Karten mit Autogrammen zerrissen und ihnen Ohrfeigen anboten. Jedoch gingen diese einzelnen Zusammenstöße in dem allgemeinen Trubel unter, so daß ernstere Auseinandersetzungen größeren Stils vermieden wurden. Bezeichnend war es, daß ausnahmslos alle Kellner des Betriebes das Vorgehen der Soldaten guthießen und sich freuten, daß es noch einige Vernünftige gäbe, die das schamlose Verhalten der Jugendlichen einer ausländischen Kapelle gegenüber ebenfalls empörend fanden.
In den Meldungen heißt es, daß an diesen Vorgängen erfreulicherweise nur ein recht zweifelhafter Teil der Großstadtbevölkerung beteiligt sei. Umso kritischer und ablehnender seien deswegen die Stellungnahmen von Parteigenossen und von anständigen Menschen aus dem arbeitenden Volke, die Zeuge dieser Vorgänge geworden seien. Äußerungen wie »Diese Jugendlichen gehören gleich zusammen mit ihrer Kapelle in eine Munitionsfabrik« oder »Wozu brauchen wir überhaupt diese Kaffeehausmusiker, um diese Tagediebe zu unterhalten«, seien mehrfach zu hören gewesen. Die Stellungnahme der Parteigenossenschaft läßt sich etwa folgendermaßen zusammenfassen:
An einem Teil dieser Jugendlichen sei ohnehin schon Hopfen und Malz verloren. Umso weniger aber brauche man sich durch sie die kulturpolitische Arbeit der Partei verderben lassen.

Aus: Meldungen aus dem Reich, 10. August 1942 (Nr. 307), Bundesarchiv Berlin

Zu den Gestapo-Maßnahmen

Die Verfolgung der »Swing-Jugend« hatte ihren Schwerpunkt in Hamburg. Der zitierte Brief Himmlers (s. S. 195) führte aufgrund von Anweisungen des Reichsicherheitshauptamtes zu verschärften Verfolgungsmaßnahmen. Zwischen 40 und 70 Jugendliche aus Hamburg wurden wegen ihrer öffentlich bekundeten Vorliebe für Swing- und Jazzmusik in SS-Lager eingewiesen, auch in die Jugend-KZ Moringen und Uckermark. Da die Gestapo sie als »Politische« einstufte, mußten sie in den KZ den roten Winkel tragen. Die meisten überlebten die Gefangenschaft, wenn auch häufig mit schweren gesundheitlichen Schäden, die zu Behinderungen und frühem Tod führten. In den Kreisen der »Swing-Jugend« Hamburgs gab es auch jüdische Jugendliche bzw. Jugendliche jüdischer Herkunft, die in Auschwitz umgebracht worden sind.

G. J.

Literaturhinweis

Ausführlich über die Hamburger Verhältnisse: Rainer Pohl: »Das gesunde Volksempfinden ist gegen Da und Jo«. In: Verachtet – verfolgt – vernichtet – zu den vergessenen Opfern des NS-Regimes. Hamburg 1988 (s. S. 35).

Anne Frank Zentrum Berlin

Gedenkstätte
Haus der Wannsee-Konferenz

Stiftung
»Neue Synagoge Berlin –
Centrum Judaicum«

Gedenkstätte Deutscher Widerstand

Topographie des Terrors

Deutsch-russisches Museum,
Berlin-Karlshorst

Gedenkstätte und Museum
Sachsenhausen

T-Gebäude (Oranienburg)
Inspektion der Konzentrationslager

Geschichtspark Klinkerwerk
(Oranienburg)

Hier werden Lernorte vorgestellt, die erfahrungsgemäß für die Arbeit im Raum Berlin von Bedeutung sind. Zukünftig wird das Jüdische Museum Berlin auch zu diesen Einrichtungen zählen.

Anne Frank Zentrum

Das Anne Frank Zentrum ist die deutsche Partnerorganisation des Anne Frank Hauses, Amsterdam. Über die Beschäftigung mit Anne Frank fördert das Anne Frank Zentrum die Erinnerung an die nationalsozialistischen Verbrechen und trägt die Botschaft ihres Tagebuches in die heutige Zeit. Das Anne Frank Zentrum setzt sich ein für Toleranz und Völkerverständigung und arbeitet gegen Antisemitismus, Vorurteile und jegliche Diskriminierung von Menschen. Insbesondere sollen persönliche Entscheidungsspielräume aufgezeigt werden, die in ganz alltäglichen Situationen von Ausgrenzung oder Gruppenzwang ein Handeln ermöglichen. Die pädagogische Arbeit mit jungen Menschen bildet einen Schwerpunkt des Anne Frank Zentrums.
Das Anne Frank Zentrum koordiniert und organisiert den Einsatz der internationalen **Wanderausstellung »Anne Frank – eine Geschichte für heute«** in der Bundesrepublik Deutschland.
Das Anne Frank Zentrum bietet **Projekttage** mit Jugendlichen an. Schulklassen beschäftigen sich mit dem Leben der Anne Frank und mit dem Holocaust und stellen Bezüge zur Gegenwart her. Ziel ist es, Jugendliche zur intensiven Auseinandersetzung mit Themen wie Nationalsozialismus, Zivilcourage oder Freundschaft zu motivieren.
Weiter führt das Anne Frank Zentrum im Rahmen des Konzepts »Jugendliche führen Jugendliche« **Stadtrundgänge** für Schulklassen und andere Jugendgruppen durch. Thematisch geht es um jüdische Geschichte, um Ausgrenzung, Auswanderung und Deportation in den dreißiger und vierziger Jahren.
Das Anne Frank Zentrum organisiert zudem Gespräche mit Zeitzeuginnen und Zeitzeugen, Lesungen sowie die Präsentation verschiedener Filme.
Beim Anne Frank Zentrum sind die pädagogischen **Materialien** des Anne Frank Hauses Amsterdam erhältlich: die »Anne Frank Zeitung«, Filme und Projektpakete. Ein »Anne Frank Journal« informiert über die aktuelle Arbeit des Anne Frank Zentrums sowie über die Erfahrungen und Projekte unserer Partnerorganisationen.
Kosten: Ein Programm für Schulklassen und Jugendgruppen im Anne Frank Zentrum kostet 50,– DM pro Gruppe. Dauer ca. $1^1/_2$–3 Stunden, nach Absprache.

Anne Frank Zentrum Berlin e.V.,
Oranienburger Str. 26, 10117 Berlin,
Telefon (030) 30 87 29 88, Telefax (030) 30 87 29 89

Gedenkstätte Haus der Wannsee-Konferenz

Die Gedenk- und Bildungsstätte »Haus der Wannsee-Konferenz« befindet sich in jenem Villengebäude, in der am 20. Januar 1942 die sogenannte »Endlösung«, also die Ermordung der europäischen Juden, nicht etwa »beschlossen«, wie noch allzu oft gesagt wird, sondern die Massenvernichtung in organisatorischer Hinsicht geregelt wurde. Zum 50. Jahrestag der Konferenz wurde in dem Gebäude eine Gedenkstätte eingerichtet. Das Haus der Wannsee-Konferenz versteht sich als Lernort der Geschichte und wendet sich mit einem differenzierten Bildungsangebot an Schüler aller Schularten, Jugendliche in der Berufsausbildung, Lehrer und Ausbilder sowie Erwachsene in der politischen und beruflichen Weiterbildung.
In der ständigen **Ausstellung** werden Grundinformationen über den Prozeß der Verfolgung und Ermordung der Juden Europas vermittelt. In Gesprächskreisen, in produktorientierter Arbeit oder durch die Analyse von Photographien, Filmen und Dokumenten können sich die Schüler eingehend mit der Zeitgeschichte auseinandersetzen. Die Ausstellung und die **Mediothek** mit einer umfangreichen Sammlung von Büchern, Bildmaterial, Videos und Tondokumenten stehen dazu zur Verfügung.
Geschichte ist nicht nur politische Ereignisgeschichte. Alle Bereiche der Gesellschaft haben ihre einschlägige Vergangenheit. Fast jede Berufsgruppe, jede Institution hatte mit der Diskriminierung und Ausgrenzung der Juden zu tun.
In berufsspezifischen Seminaren können Auszubildende und Berufstätige aus den verschiedenen Institutionen des öffentlichen Dienstes, z. B. der Justiz, der kommunalen Finanz-, Gesundheits- und Sozialbehörden sowie dem Militär und der Polizei, aber auch aus der Wirtschaft, Wissenschaft und Kultur an Dokumenten und Fachzeitschriften aus der NS-Zeit untersuchen, wie auch ihre Be-

rufsgruppe damals arbeitsteilig an der Durchführung der »Endlösung« beteiligt war. Obwohl wir heute in einem demokratisch verfaßten Staat unter anderen politischen Bedingungen leben, bleibt doch die Frage aktuell, inwieweit Denk- und Verhaltensweisen, die den Menschen zum bloßen Objekt von Verwaltungshandeln machen, überwunden sind.
Ein Team von pädagogisch-wissenschaftlichen Mitarbeitern und Mitarbeiterinnen bietet Beratung und Hilfe bei der Planung und Durchführung von Seminaren an, organisiert Veranstaltungen mit den jeweiligen Partnern, bereitet Vorträge und Arbeitsmaterialien vor, moderiert die Gesprächsgruppen und assistiert bei der Arbeit mit Dokumenten.
Ein Thema aus der Geschichte des Nationalsozialismus bzw. der jüdischen Geschichte kann an einem Studientag oder in mehrtägiger Projektarbeit exemplarisch erarbeitet und diskutiert werden (Auswahlliste für Themen anfordern).
Für Lehrkräfte werden spezielle Fortbildungsveranstaltungen angeboten.

Der Ort der Wannsee-Konferenz vom 20. Januar 1942

Anmeldung
Für Führungen, Studientage und Seminare ist eine rechtzeitige telefonische oder schriftliche Voranmeldung erforderlich.

Gedenkstätte Haus der Wannsee-Konferenz
Am Großen Wannsee 56–58, 14109 Berlin
Tel.: (030) 805 001-0, 805 001-26; Fax: (030) 805 001-27

Stiftung »Neue Synagoge Berlin – Centrum Judaicum«

Die neue Synagoge, fertiggestellt 1866, im Jahre 1870

Mit ihrer ständigen **Ausstellung »Tuet auf die Pforten ...«** will die Stiftung »Neue Synagoge Berlin – Centrum Judaicum« die Geschichte des Hauses und das mit ihm verbundene jüdische Leben nachzeichnen. Die Personen, die in der schwierigsten Zeit der Neuen Synagoge – nach 1933 – mit ihr in Verbindung standen, mußten größtenteils emigrieren oder wurden in den Vernichtungslagern ermordet. Auch die meisten Gegenstände, die über das Haus etwas erzählen könnten, wurden zerstört. Insofern ist es erstaunlich, daß überhaupt eine Ausstellung über die Neue Synagoge in Berlin zusammengekommen ist. Aber bei den Aufräumungs- und Sicherungsarbeiten, die der Rekonstruktion der erhalten gebliebenen historischen Bausubstanz vorangingen, wurden einige architektonische Fragmente sowie Teile der Inneneinrichtung entdeckt. Die ständige Ausstellung bietet dreimal wöchentlich eine öffentliche Führung an: Mittwoch 16 Uhr, Sonntag 14 und 16 Uhr.

Stiftung
»Neue Synagoge Berlin – Centrum Judaicum«
Oranienburger Straße 28–30
10117 Berlin-Mitte
Tel. 28401-316, Fax 28401-320

LERNORTE

Gedenkstätte Deutscher Widerstand

Die Gedenkstätte Deutscher Widerstand ist ein **Ort der Erinnerung**, der **politischen Bildungsarbeit**, des aktiven Lernens, der Dokumentation und der Forschung. Mit einer umfangreichen **Dauerausstellung**, wechselnden **Sonderausstellungen** und einem vielfältigen **Veranstaltungs-** und **Veröffentlichungsangebot** informiert sie über den Widerstand gegen den Nationalsozialismus. Sie will zeigen, wie sich einzelne Menschen und Gruppen in den Jahren 1933 bis 1945 gegen die nationalsozialistische Diktatur gewehrt und ihre Handlungsspielräume genutzt haben. Die Gedenkstätte Deutscher Widerstand betreut auch die **Gedenkstätte Plötzensee**. In der Hinrichtungsstätte Plötzensee wurden zwischen 1933 und 1945 fast 3 000 Menschen durch den Strang oder mit dem Fallbeil ermordet.

Angebote

Die Gedenkstätte Deutscher Widerstand bietet nach vorheriger **Anmeldung** für Besuchergruppen unterschiedliche Veranstaltungen an. Die Teilnahme an allen Veranstaltungen ist kostenfrei.

- Führungen durch ausgewählte Bereiche der Ausstellung mit Informationsgesprächen über beispielhafte Widerstandsaktivitäten einzelner Menschen oder Gruppen sowie über deren Motive und Ziele. Dauer: 90–120 Minuten. (Anmeldung bitte mindestens vier Wochen vor dem gewünschten Termin.)
- Seminare zu einzelnen Bereichen des Widerstandes gegen den Nationalsozialismus.
  Themen: nach Absprache
  Dauer: zwischen 2 und 4 Stunden.
- Filmvorführungen an jedem ersten Sonntag im Monat um 10.00 Uhr oder nach Anmeldung. Zur Auswahl steht eine große Zahl von Dokumentar- und Spielfilmen.
- Rundfahrten (Gruppen mit eigenem Bus) oder Stadtrundgänge mit sachkundiger Begleitung zu Stätten des Terrors und Widerstandes in Berlin.
  Themen: nach Absprache; Dauer: etwa 3,5–4 Stunden.
- Fort- und Weiterbildungsveranstaltungen für Lehrerinnen und Lehrer sowie andere Multiplikatoren in der Bildungs- und Ausbildungsarbeit.
  Themen und Dauer: nach Absprache.
- Projektveranstaltungen zur Erarbeitung von Sonderausstellungen zu einzelnen Themen des Widerstandes gegen den Nationalsozialismus.
  Themen und Dauer: nach Absprache.

Innenhof der Gedenkstätte Deutscher Widerstand mit der Skulptur eines jungen Mannes mit gebundenen Händen von Richard Scheibe.

Termine zu Vortrags- und anderen öffentlichen Veranstaltungen der Gedenkstätte Deutscher Widerstand werden in der Presse veröffentlicht. Auf Wunsch wird Ihre Anschrift gerne in den Veranstaltungsverteiler der Gedenkstätte Deutscher Widerstand aufgenommen.

Gedenkstätte Deutscher Widerstand
Stauffenbergstraße 13–14 (Eingang über den Ehrenhof), 10785 Berlin-Tiergarten
Öffnungszeiten
Montag bis Freitag 9–18 Uhr
Sonnabend, Sonntag und an Feiertagen 9–13 Uhr, Eintritt frei
Anmeldung
Tel.: (030) 2699 5000, Fax: (030) 2699 5010,
e-mail: gdw@kulturbox.de,
http: / / www.kulturbox.de/ GDW

Verkehrsverbindungen
Bus 129 (bis Gedenkstätte Deutscher Widerstand)
Bus 148 (bis Kulturforum, 5 Minuten Fußweg)
U-Bahn Kurfürstenstraße (15 Minuten Fußweg)
S- und U-Bahn Potsdamer Platz (15 Minuten Fußweg)

Topographie des Terrors

Die Dokumentation »Topographie des Terrors. Gestapo, SS und Reichssicherheitshauptamt« ist seit 1987 auf dem »Prinz-Albrecht-Gelände« im Zentrum Berlins zu sehen. Zwischen 1933 und 1945 befanden sich auf diesem durch die Prinz-Albrecht-Straße (heute Niederkirchnerstraße) und Wilhelmstraße begrenzten Gelände die wichtigsten Einrichtungen des NS-Terrorapparates. In der Prinz-Albrecht-Straße 8 war das Geheime Staatspolizeiamt. Das benachbarte Hotel Prinz Albrecht diente als Sitz der Reichsführung SS. Der Sicherheitsdienst (SD) der Reichsführung SS schließlich war in der Wilhelmstraße 102 untergebracht. Seit 1939 war die Prinz-Albrecht-Straße 8 zudem die Adresse des neugegründeten Reichssicherheitshauptamtes (RSHA).

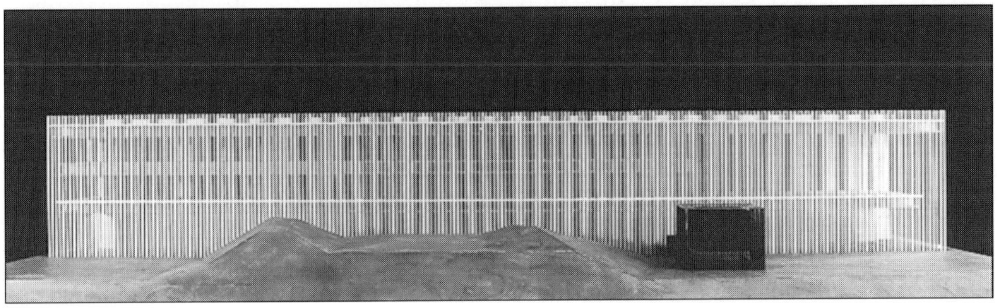

Modell des neuen Dokumentationszentrums

Das »Prinz-Albrecht-Gelände», zu Recht auch als das Regierungsviertel der SS bezeichnet, stellt einen zentralen historischen Ort nationalsozialistischer »Schreibtischtäter« dar.
In der letzten Phase des Zweiten Weltkrieges wurden die Dienstgebäude durch Bomben und Nahkämpfe teils stark beschädigt. Ungeachtet der Möglichkeit des Wiederaufbaus wurden die Gebäude in der Nachkriegszeit (1949 bis 1956) abgerissen. Das an der Schnittstelle zwischen Ost und West gelegene Gelände geriet in Vergessenheit. Der Bau der Mauer 1961 zementierte die Randlage des »Prinz-Albrecht-Geländes«.
Die Wiederentdeckung des historischen Ortes setzte erst Ende der siebziger Jahre ein, als Einzelpersonen, Verfolgtenverbände und Bürgerinitiativen die Aufmerksamkeit auf das ehemalige »Gestapo-Gelände« lenkten. Im Zusammenhang mit der 750-Jahr-Feier der Stadt Berlin 1987 wurde das Gelände gesichert, öffentlich zugänglich gemacht und durch Informationstafeln und eine Dokumentationsausstellung zur Geschichte des Geländes erschlossen. Die materiellen Spuren der abgerissenen Gebäude, Keller- und Fundamentreste und Spuren des »Hausgefängnisses«, wurden freigelegt und in die Gesamtdokumentation einbezogen.
Die zunächst in einem provisorischen Pavillon untergebrachte und nur für wenige Wochen angelegte Ausstellung zur »Topographie des Terrors« wurde angesichts großer Zustimmung in der Öffentlichkeit zu einem »Dauerprovisorium«. 1992 schließlich beschloß der Senat, an dieser Stelle eine zentrale Dokumentations- und Begegnungsstätte zur Geschichte des NS-Terrorapparates zu errichten und mit Beteiligung des Bundes eine Stiftung »Topographie des Terrors« zu gründen (seit 1995 selbständige Stiftung).
Im selben Jahr wurde ein Wettbewerb für den Neubau des geplanten Dokumentationszentrums ausgeschrieben, den der Schweizer Architekt Peter Zumthor mit seinem »Stabwerk« – Entwurf für sich entschied. Geplant ist ein Gebäude aus vorgefertigten glatten weißgetauchten Betonstäben und eingefügten Glaselementen, das wie eine »Gebäudehülle« wirkt. Es widerspricht üblichen architektonischen Zuordnungen und verweist auf die Besonderheit des historischen Geländes. Die innere und äußere Transparenz sollen den Blick auf die historische Umgebung richten: So ist für den Ausstellungsbesucher jederzeit der Sichtkontakt zwischen dem Dokumentationsmaterial im Innenraum und dem überlieferten historischen Außengelände offen.
Der Baubeginn für das neue Dokumentationszentrum wurde am 8. Mai 1995 mit einem symbolischen Festakt im Berliner Abgeordnetenhaus vollzogen. Mitte 1997 mußte die provisorische Ausstellungshalle im Zuge der Bauarbeiten geschlossen und abgetragen werden. Seit Dezember 1997 wird die historische Dokumentation als Open-Air-Präsentation in den Ausgrabungen an der Niederkirchnerstraße gezeigt. Die Eröffnung des neuen Dokumentationszentrums, das über verschiedene Dauer- und Wechselausstellungen, über eine öffentliche Fachbibliothek, einen Veranstaltungssaal, Seminarräume und Multi-Media-Einrichtungen verfügen wird, soll im Jahr 2000 erfolgen.

Topographie des Terrors
Stresemannstraße 110, 10963 Berlin
Öffnungszeiten: täglich 10 bis 18 Uhr,
Mai-September 10 bis 20 Uhr,
Führungen nach Vereinbarung Tel.: 25-486703

Deutsch-russisches Museum, Berlin-Karlshorst

Neben der Vernichtung des Judentums in Europa stellt der Krieg gegen die Sowjetunion den zweiten großen Verbrechenskomplex der nationalsozialistischen Herrschaft dar. Ziel des Museum ist es, dieses bisher in der Wissenschaft, der interessierten Öffentlichkeit und auch in der Schule zu wenig beachtete Thema aufzuarbeiten. Von daher versteht sich das Museum als Lernort und Gedenkstätte, wo Reflexion und Analyse von Geschichte, aber auch Erinnerung und lebendige Vergegenwärtigung der Opfer des Krieges stattfinden sollen.

Kurzer Überblick über die inhaltliche Konzeption der Ausstellung

Entsprechend der Zielsetzung des Museums zeigt die Ausstellung den weltanschaulichen Charakter des Krieges gegen die Sowjetunion, der, von rassenideologischen Motiven bestimmt, als Vernichtungs- und kolonialer Eroberungskrieg geplant und durchgeführt worden ist.
Um die historischen Voraussetzungen des Weltanschauungskrieges gegen die Sowjetunion zu zeigen, wird im ersten Raum der Ausstellung auf die von Ressentiments und Vorurteilen, aber auch von strategischer Kooperation bestimmten deutsch-sowjetischen Beziehungen in der Weimarer Republik eingegangen. Daran anknüpfend zeigt die Ausstellung die Feindbildkonstruktionen sowie die Lebensraumideologie der Nationalsozialisten, die nach der Machtübernahme popularisiert wurden. Weiterhin werden die machtpolitisch motivierte Vertragsbeziehung zwischen Hitlerdeutschland und der Sowjetunion (Hitler-Stalin-Pakt), die Kriegsplanung »Barbarossa« sowie der Verlauf des Krieges gegen die Sowjetunion gezeigt.
Einen breiten Raum nimmt in der Ausstellung die Auseinandersetzung damit ein, wie die Menschen auf der deutschen und der sowjetischen Seite den Krieg erlebten. Hierzu zeigt die Ausstellung den deutschen und sowjetischen Soldatenalltag, die Situation der sowjetischen und deutschen Zivilbevölkerung im Krieg sowie das Schicksal von deutschen und sowjetischen Kriegsgefangenen. Ein Raum der Ausstellung setzt sich gesondert mit der deutschen Vernichtungspolitik im Osten auseinander und dokumentiert hierbei die Lebensbedingungen in den von Deutschen errichteten Kriegsgefangenen- und Arbeitslagern.
Der historische Kern des Hauses ist der Kapitulationssaal, dessen besondere Atmosphäre durch eine große Videoleinwand unterstützt wird, auf der Filmaufnahmen die historischen Ereignisse in der Nacht vom 8. auf 9. Mai 1945 vergegenwärtigen.
Methodisch nutzt die Ausstellung eine Vielzahl von Medien, die besonders Schüler anzusprechen versuchen. Neben schriftlichen Dokumenten setzt das Museum vor allem visuelle Medien ein. Gezeigt werden Fotos, Plakate, Vitrinen mit Realien, Videodokumentationen. An Computern können Schüler und Schülerinnen selbständig arbeiten.

Deutsch-russisches Museum Berlin-Karlshorst
Zwieseler Straße 4
Ecke Rheinsteinstraße
10318 Berlin-Karlshorst
Tel.: (030) 501 508 41
Fax: (030) 501 508 40
S3, Bahnhof Karlshorst
Straßenbahn 26, 27, 28
Di bis So 10–18 Uhr
Eintritt frei
Führungen n. Anmeldung

Der »Kapitulationssaal« (Aufnahme: 1995)

Lernorte in Oranienburg

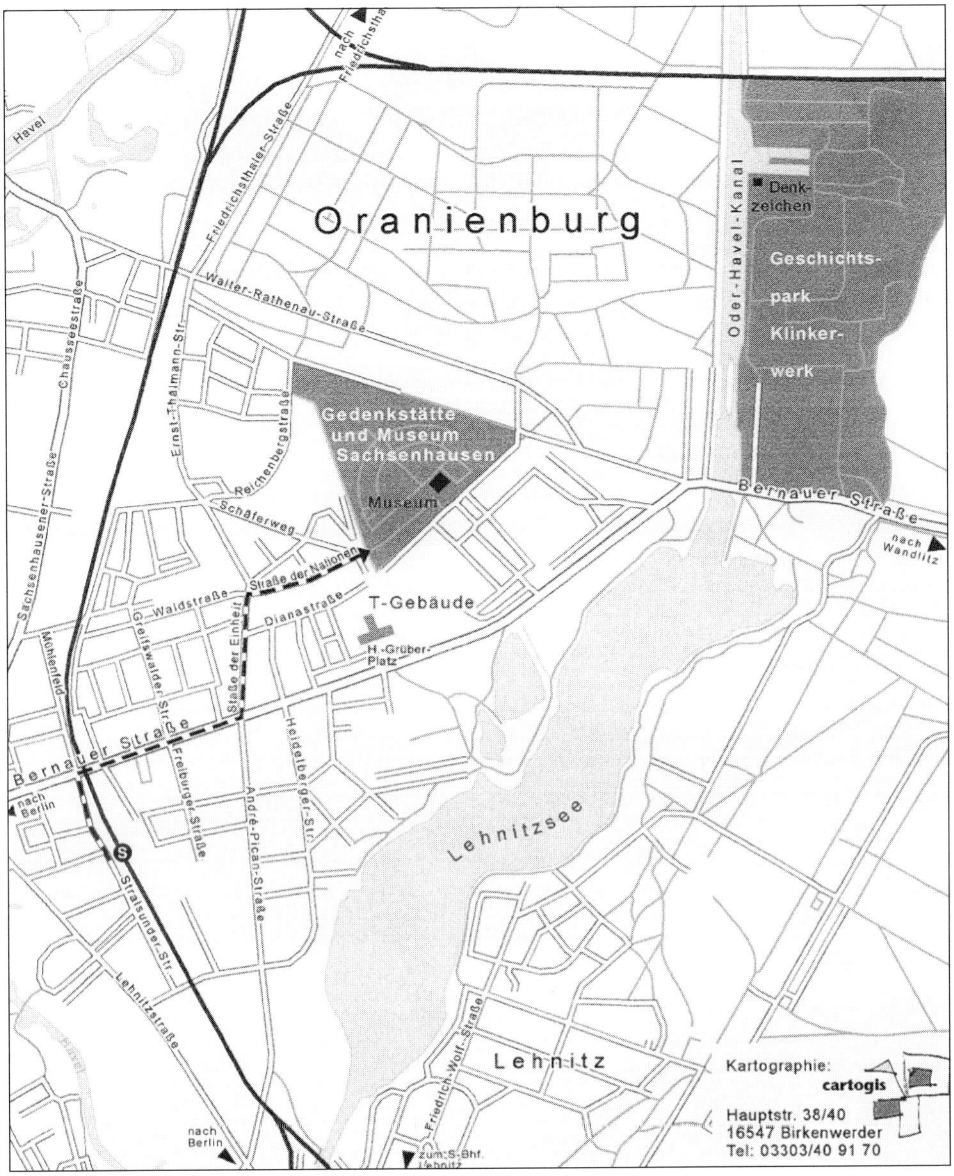

In Oranienburg – im »T-Gebäude« – hat die **»Stiftung Brandenburgische Gedenkstätten«** ihren Sitz (Heinrich-Grüber-Platz, 16515 Oranienburg, Tel.: (03301) 81 09 12 / 25, Fax: 81 09 28). Sie faßt die Gedenkstätten Sachsenhausen (mit Außenstelle »Museum des Todesmarsches im Belower Wald«) und Ravensbrück (ehemaliges Frauen-Konzentrationslager, Tel.: (033 093) 39 241, Lagerplan s. S. 182) und die »Dokumentationsstelle Zuchthaus Brandenburg a. H.« (Tel.: (033 81) 76 15 06 oder 71 89 80) in einer Organisation zusammen. Die Stiftung hat für die von ihr betreuten Einrichtungen sehr empfehlenswerte Informationsblätter herausgegeben. – Zu dem Konzentrationslager Sachsenhausen, der Inspektion der Konzentrationslager und dem Klinkerwerk finden sich auf den folgenden Seiten Informationen.

Die unmittelbar nördlich von Berlin gelegene Kleinstadt Oranienburg, die 1933 etwa 17 500 Einwohner hatte, war während der Nazi-Diktatur ein zentraler Ort des nationalsozialistischen Terrors. Hier wurde am 21. März 1933, dem »Tag von Potsdam«, in einer stillgelegten Brauerei in der Berliner Straße das erste deutsche Konzentrationslager errichtet. Dem sozialdemokratischen Reichstagsabgeordneten Gerhart Seger gelang am 4. Dezember 1933 die Flucht. Seine 1934 in Prag veröffentlichte Schrift zählt zu den ersten authentischen Darstellungen über ein Konzentrationslager in Deutschland.

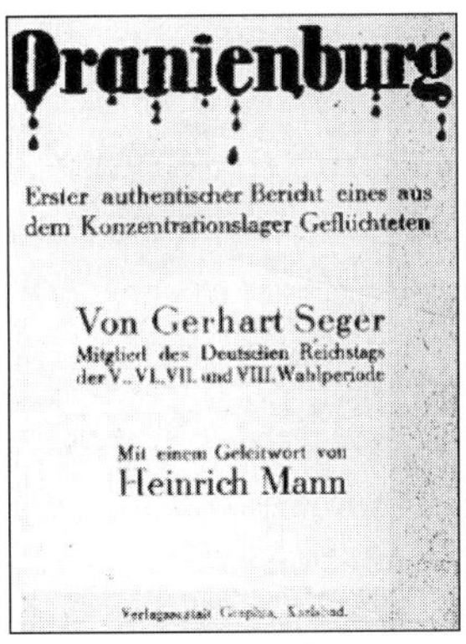
Oranienburg

Erster authentischer Bericht eines aus dem Konzentrationslager Geflüchteten

Von Gerhart Seger

Mitglied des Deutschen Reichstags der V., VI., VII. und VIII. Wahlperiode

Mit einem Geleitwort von Heinrich Mann

Gedenkstätte und Museum Sachsenhausen

Das Konzentrationslager Sachsenhausen wurde 1936/37 auf Befehl der SS durch Häftlinge aus den Emslandlagern erbaut. Der Entwurf folgte – unter den Aspekten von Funktion und Geometrie – einem »Idealplan«: Dreiecksgrundriß, symmetrischer Aufbau, fächerförmig um den Appellplatz gruppierte Baracken, rundum verteilte Sonderbereiche. Diese bauliche Gestaltung war unmittelbarer architektonischer Ausdruck von Ideologie und Machtanspruch, von Kontrolle und Terror.
Durch die Nähe zu Berlin und damit zur Gestapozentrale in der Prinz-Albrecht-Straße nahm Sachsenhausen eine Sonderrolle im KZ-System ein. Ein großes SS-Kontingent wurde hierher verlegt, das Lager selbst diente zugleich als Ausbildungsort für KZ-Kommandanten und Bewachungspersonal im ganzen NS-Bereich. In etwa 100 Außenlagern, die meisten davon in Berlin, leisteten die Häftlinge Zwangsarbeit für die Rüstungsindustrie. Vor dem Lagerbereich, im sogenannten »T-Gebäude«, saß seit 1938 die für alle KZ zuständige »Inspektion der Konzentrationslager«.
Insgesamt waren in Sachsenhausen etwa 200 000 Häftlinge aus annähernd 40 Nationen eingesperrt: Verfolgte aus politischen und rassistischen Gründen darunter viele Angehörige des Widerstandes, Juden, Sinti und Roma, Kriegsgefangene, Homosexuelle, sogenannte »Arbeitsscheue« und sogenannte »Berufs-, Gewohnheits- und Sittlichkeitsverbrecher«. Es wird geschätzt, daß etwa 100 000 Menschen ermordet wurden. Ab 1941 wurden Massenmorde an über zehntausend nicht registrierten sowjetischen Kriegsgefangenen verübt, in Vergasungsfahrzeugen, mit Genickschußanlagen und durch nicht behandelten Typhus.
Am 22. April 1945 wurden 3 000 kranke und nicht gehfähige Häftlinge im Hauptlager befreit. Mehr als 35 000 hatten bereits zwei Tage zuvor die Baracken verlassen müssen. Sie wurden auf dem Todesmarsch in Richtung Schwerin von Einheiten der Alliierten befreit.

Das Speziallager Sachsenhausen 1945–1950
Im August errichtete die sowjetische Militärverwaltung in dem gerade geräumten KZ das »Speziallager Nr. 7«. Es wurde mit rund 60 000 Häftlingen innerhalb von fünf Jahren zum größten der elf Internierungslager in der SBZ, in die NS-Funktionäre (eher der unteren und mittleren Ebene), Wehrmachtsangehörige, Jugendliche unter Werwolfverdacht, aber auch politisch Mißliebige und völlig willkürlich Verhaftete eingewiesen wurden. Zwar wurde in Sachsenhausen wie in anderen Internierungslagern kein planmäßiger Mord betrieben, doch starben nach bisherigen Kenntnissen mindestens 12 000 Häftlinge an Hunger und Krankheiten, Kälte und Mißhandlungen. Besonders schlimm waren die vollkommene Isolierung von der Außenwelt sowie das Lese- und Arbeitsverbot in den ersten drei Jahren. 1950 wurde das »Speziallager Nr. 7«. aufgelöst.

1961 wurde Sachsenhausen als dritte »Nationale Mahn- und Gedenkstätte« der DDR eingeweiht. Seit 1993 gehören Gedenkstätte und Museum Sachsenhausen zur vom Land Brandenburg gegründeten Stiftung Brandenburgische Gedenkstätten. Seitdem sind neue Ausstellungen u.a. über jüdische Häftlinge im KZ Sachsenhausen, über die Geschichte des KZ Oranienburg sowie das Schicksal der 20. Juli-Häftlinge im KZ erarbeitet worden. Die durch einen rechtsextremistischen Brandanschlag stark beschädigten »jüdischen Baracken« 38 und 39 wurden wiederaufgebaut. Die Baracke 38 beherbergt seit November 1997 das Museum der Geschichte der jüdischen Häftlinge in Sachsenhausen. Die Baracke 39 dient als Museum des alltäglichen Lebens der Häftlinge im Konzentrationslager.

Mit der **Besucherbetreuung** kann ein Programm für Gruppen vereinbart werden.

Gedenkstätte und Museum Sachsenhausen
Straße der Nationen 22, 16 515 Oranienburg
Telefon: (03301) 80 37 15-17
Telefax: (03301) 80 37 18

Öffnungszeiten
Museen/Ausstellungen:
April – September: Di – So 8.30 – 18.00 Uhr
Oktober – März: Di – So 8.30 – 18.00 Uhr
(**Montags geschlossen**)

Archiv/ Bibliothek:
Di – Fr 9.00 – 15.00 Uhr
Archivnutzung nach terminlicher Voranmeldung

Die Inspektion der Konzentrationslager 1938–1945

Eine Ausstellung im »T-Gebäude«

In dem »T-Gebäude« – so benannt nach seinem Grundriß – hatte seit 1938 die Inspektion der Konzentrationslager ihren Sitz, seit 1942 als Amtsgruppe D des SS-Wirtschafts-Verwaltungshauptamtes. Die Inspektion verwaltete und beaufsichtigte alle Konzentrationslager im deutschen Machtbereich.
Die Dokumentation im ersten Stock des T-Gebäudes informiert über die Täter und über die hier geplanten und koordinierten NS-Gewaltverbrechen. Die Informationen der Ausstellung können mit verschiedenen Opfergruppen des nationalsozialistischen Massenmordes verknüpft werden, mit Juden, mit Sinti und Roma, mit Zwangsarbeitern, mit sowjetischen Kriegsgefangenen. Charakter und Bedeutung der Thematik lassen es als wenig sinnvoll erscheinen, den Besuch von Museum und Gedenkstätte Sachsenhausen mit einem Besuch dieser Ausstellung zeitlich unmittelbar – also etwa an einem einzigen Tag- zu verbinden.

Literaturhinweis

Die Inspektion der Konzentrationslager 1938–1945. Das System des Terrors. Eine Dokumentation von Johannes Tuchel. Schriftenreihe der Stiftung Brandenburgische Gedenkstätten, Nr. 1. Berlin: Edition Hentrich, 1994

Die Ausstellungsteile

I. Die Inspektion 1934–1939

1. Die Errichtung der Inspektion 1934
2. Die Täter: Zur Biographie von Theodor Eicke
3. Das System des Terrors
4. Hitlers Entscheidungen 1935
5. Neue Lager 1935–1937
6. Die SS-Totenkopfverbände
7. Der Umzug nach Oranienburg
8. Neue Lager 1938–1939

II. Die Inspektion im Krieg 1939–1942

9. Die Täter: Zur Biographie von Richard Glücks
10. Neue Lager 1939–1940
11. Die Inspektion 1939–1940
12. Die Täter: Zur Biographie von Arthur Liebehenschel
13. Der Massenmord an den sowjetischen Kriegsgefangenen
14. Die Mordaktion »14 f 13«

III. Die Amtsgruppe D des SS-Wirtschafts-Verwaltungshauptamtes

15. Oswald Pohl und das SS-Wirtschafts-Verwaltungshauptamt
16. Die Eingliederung der Inspektion als Amtsgruppe D in das SS-Wirtschafts-Verwaltungshauptamt
17. Amt D I – Das »Zentralamt«
18. Häftlingsstrafen
19. Morde
20. Die Registratur des Todes

IV. Zwangsarbeit

21. Die Täter: Zur Biographie von Gerhard Maurer
22. Amt D II – »Arbeitseinsatz der Häftlinge«
23. Die Organisation der Zwangsarbeit im KZ
24. Zwangsarbeit auf dem Land
25. Rüstungsbetriebe in den KZ
26. Zwangsarbeit in der Rüstungsindustrie
27. Der Wert des Menschen – Zur Abrechnung der Zwangsarbeit

V. Ärzte ohne Verantwortung

28. Amt D II – »Sanitätswesen und Lagerhygiene«
29. Das Amt D III und die medizinischen Experimente

VI. Bürokratie und Verbrechen

30. Amt D IV – »KL-Verwaltung«
31. Das Amt D IV und die Lebensbedingungen der Häftlinge
32. Die Amtsgruppe D und der Völkermord an den Juden Europas
33. Die Amtsgruppe D und der Genozid an den Sinti und Roma
34. Die Täter: Zur Biographie von Rudolf Höß
35. Der Terror 1944
36. Die Amtsgruppe D 1944
37. Das Ende 1945

VII. Nach 1945

38. Das Nachkriegsschicksal der Täter
39. Das Nachkriegsschicksal der Täter
40. Das Gebäude nach 1945

Die Inspektion der Konzentrationslager 1938–1945
Heinrich-Grüber-Platz, 16515 Oranienburg
Telefon (03301) 81 09 12
Öffnungszeiten Montag bis Freitag 8.00 bis 17.00 Uhr

LERNORTE

Geschichtspark Klinkerwerk (im Werden)

Gut einen Kilometer nordöstlich der Gedenkstätte Sachsenhausen – an der Lehnitzschleuse am Oder-Havel-Kanal zwischen Lehnitzsee und Grabowsee an der B 273 – liegt das Gelände des ehemaligen Klinkerwerks. Die Arbeiten an diesem weltweit größten Ziegelwerk begannen im Spätsommer 1938. Hier sollte der größte Teil der Baustoffe hergestellt werden, die für die Verwirklichung der Pläne des »Generalbauinspekteurs für die Reichshauptstadt Berlin«, Albert Speer, für den gigantomanischen Umbau Berlins zu »Germania« benötigt wurden.
Als Standort für das erste Klinkerwerk der SS – weitere Ziegelwerke wurden ebenfalls noch 1938 in der Nähe der KZ Buchenwald und Neuengamme erbaut – bot sich das Gelände an der Lehnitzschleuse an, weil im nahe gelegenen KZ Sachsenhausen kostenlose Arbeitskräfte zur Verfügung standen und über den Hohenzollernkanal zwischen Oder und Havel die Ziegel kostengünstig transportiert werden konnten.
Seit August 1938 marschierten täglich bis zu 1500 Häftlinge des KZ Sachsenhausen zu dem Waldstreifen nördlich der Lehnitzschleuse, um dort das Klinkerwerk aufzubauen. Unter großen Verlusten an Menschenleben entstanden ein Hafen mit zwei Becken, eine kleine Werkhalle mit Tischlerei und Schlosserei, ein Klärwerk, Gebäude für die Werksleitung und die SS-Wachmannschaften sowie Wohnungen für Zivilarbeiter und ihre Familien.
Da der für die Ziegelproduktion benötigte Ton in einer Grube im etwa neun Kilometer entfernten Zehlendorf gewonnen wurde, war die Anlage einer Lorenbahn erforderlich, für deren Gleisführung Teile des Stintgrabens von Häftlingen trockengelegt werden mußten.
Das Arbeitskommando Klinkerwerk war zunächst ein Strafkommando für Häftlinge, die wegen tatsächlicher oder angeblicher Verstöße gegen die Lagerordnung bestraft oder wegen ihrer Zugehörigkeit zu einer für rassisch oder biologisch minderwertig erklärten Gruppe möglichst nicht überleben sollten.
Das Kommando bestand überwiegend aus Juden und Sinti und Roma, aus Homosexuellen und aus »Zeugen Jehovas«.
Die schlimmsten und gefährlichsten Arbeitskommandos im Klinkerwerk waren die Tongrube, die kaum jemand überlebte, der Tonberg, wo der Ton eine Zeitlang abhängen mußte, der sumpfige Erlengrund, in dem die Häftlinge den Stintgraben trockenzulegen hatten, und der Hafenbau.
1941 erhielt das Strafkommando »Klinker« den Status eines Außenlagers des KZ Sachsenhausen. Damit die Häftlinge nicht täglich zwischen dem überfüllten Hauptlager und dem Klinkerwerk hin- und hermarschieren mußten, wurde südöstlich des Werks ein Barackenlager angelegt.
1943 wurde das Klinkerwerk teilweise auf Rüstungsproduktion umgestellt. Die gnadenlose Ausbeutung der Arbeitskraft der Häftlinge diente nicht nur der Rückgewinnung von Rohstoffen und der Rüstungsproduktion, sondern auch der gezielten Vernichtung von Angehörigen bestimmter Häftlingsgruppen. So wurden bei einer planmäßigen Mordaktion zwischen Juli und September 1942 im Außenlager »Klinker« 180 bis 200 homosexuelle Häftlinge umgebracht.

Bei einem anglo-amerikanischen Bombenangriff am 10. April 1945 wurden die Anlagen des Klinker- und des Steinbearbeitungswerks fast völlig zerstört.
Im April 1998 wurde auf dem Gelände ein Gedenkplatz eingeweiht. An der Südspitze des Hafenbekkens erinnert – ergänzt durch Informationstafeln – ein etwa ein Meter hohes liegendes Dreieck aus gelben Klinkersteinen an die dort zu Tode gekommenen Gefangenen. Das Gebiet soll zukünftig zu einem »Geschichtspark Klinkerwerk« ausgebaut werden. *Kerstin Engelhardt*

Das Erinnerungszeichen für die zu Tode gekommenen Gefangenen: ein aus Klinkern gemauertes Dreieck